V&R

Volker Bernius / Peter Kemper / Regina Oehler /
Karl-Heinz Wellmann (Hg.)

Der Aufstand des Ohrs – die neue Lust am Hören

Reader Neues Funkkolleg

Mit 4 Abbildungen

Vandenhoeck & Ruprecht

Die Texte wurden in ihrer jeweiligen Rechtschreibung belassen.
Im Original enthaltene Anmerkungen und Zitatangaben wurden für diese Lese-Ausgabe weggelassen. Die genauen Quellenangaben sind jeweils am Ende der Beiträge angegeben.

Wir danken den Autoren und Verlagen für die freundliche Abdruckgenehmigung der einzelnen Beiträge. Wir haben uns bemüht, alle Inhaber von Urheber- und Verwertungsrechten der Texte ausfindig zu machen und ihre Zustimmung zur Veröffentlichung einzuholen. Sollte dies in einem Fall nicht ausreichend gelungen sein, werden wir berechtigten Forderungen von Rechteinhabern unverzüglich nachkommen, sobald wir einen Hinweis erhalten.

Bibliografische Information der Deutschen Bibliothek

Die Deutsche Bibliothek verzeichnet diese Publikation in der Deutschen Nationalbibliografie; detaillierte bibliografische Daten sind im Internet über ‹http://dnb.ddb.de› abrufbar.

ISBN 10: 3-525-49095-X
ISBN 13: 978-3-525-49095-2

Printed in Germany
Satz: KCS GmbH, Buchholz/Hamburg
Druck und Bindung: ⊕ Hubert & Co, Göttingen

Gedruckt auf alterungsbeständigem Papier.

Inhalt

II Crescendo

III Schwingungen

IV Zwischentöne

V Resonanzen

VI Zukunftsmusik

Erlebnis Zuhören – Ein Vorwort

Könnte ein Mensch aus dem Mittelalter in die Jetztzeit versetzt werden, dann würde ihm vor allem zweierlei auffallen: Es ist überall viel lauter als vor 500 Jahren, und es wird stärker als jemals zuvor mit Hilfe von visuellen Medien kommuniziert. Erst seit einigen Jahren wird die zentrale Bedeutung des Hörens und vor allem des Zuhörens für die menschliche Kommunikation wiederentdeckt. Je mehr Bilder, Daten und Geräusche um unsere Aufmerksamkeit buhlen, desto seltener können wir wirklich »ganz Ohr« sein.

Und so wird in vielen Bereichen der Gesellschaft eine Zuhörfähigkeit festgestellt, die es zu verbessern gilt. Wichtig ist es, die Aufmerksamkeit auf das sinnerschließende Hören und Zuhören zu lenken, denn ohne gekonntes Zuhören ist eine aktive Teilnahme am kulturellen Leben und in der Welt der Medien nicht möglich. Hören und Zuhören sind unverzichtbar für den politischen und gesellschaftlichen Diskurs. Zuhören ist eine Schlüsselqualifikation für Kommunikation und Verstehen, für Sprache und Lernen, für ästhetischen Genuss und Gesundheit – in Beruf, Freizeit und Familie. Wer dem Hören und Zuhören einen Wert gibt, ist auf dem Weg zur Achtsamkeit sich selbst und anderen gegenüber. Zuhörfähigkeit wird zu einer Metakompetenz, die in allen Bereichen benötigt wird.

Seit einigen Jahren weist der Boom am Hörbuchmarkt auf eine neue Lust am Hören hin. Beim Hören entstehen wie beim Lesen eigene Bilder, Vorstellungen und kreative Ideen. Die Erkenntnis, dass Zuhören eher gefördert als eingefordert werden sollte, ist gestiegen. Modelle der Zuhörförderung werden sowohl für Kinder und Jugendliche als auch in der Erwachsenenbildung angeboten. In Veranstaltungen werden die fachlichen Aspekte zwischen den verschiedenen Wissensdisziplinen thematisiert, Hörerlebnisse durch ein gemeinsames Hören von Hörspielen geschaffen oder Hören und Zuhören ganz praktisch und spielerisch geübt; und jüngst wird sogar ein zunehmendes Interesse an qualitativen Worten im Radio festgestellt.

Kein Zweifel: Die Zuhör-Kultur ist in Bewegung geraten. Das Wissen über die Vorgänge des Hörens ist in den letzten zehn Jahren – nicht im Eiltempo, aber stetig – gewachsen. Welche psychischen Voraussetzungen des Zuhörens gibt es, warum bewerten Menschen Höreindrücke unterschiedlich? Wie sollte die Welt klingen? Welche Möglichkeiten gibt es, Lärm zu vermeiden? Wie werden Produkte über das Ohr verkauft? Wie hörte man 1650? Wie entstehen Missverständnisse? Wie lernt man Zuhören? Gibt es ein Recht auf Stille? Wie kann man Zuhören als Lebenskunst entdecken?

Es wäre vermessen, in einem Buch alle verschiedenen Aspekte des interdisziplinären Themas »Hören und Zuhören« darstellen zu wollen. Die Texte des Buches »Aufstand des Ohrs – die neue Lust am Hören« sind überwiegend in den letzten 25 Jahren entstanden, sie sind aus medizinischer, philosophischer, psychologischer, soziologischer, pädagogischer und medientheoretischer Sicht geschrieben. Die Originaltexte sind für diese Lese-Ausgabe teilweise gekürzt worden*, sie sprechen eine fächerübergreifende Vielfalt der Wissensgebiete an: von der Geschichte des Hörens, den Bedingungen der akustischen Umwelt, über philosophische Anmerkungen, dem Zuhören in sozialen Situationen und Kommunikation bis hin zu Hörübungen mit einem direkten Aufforderungscharakter. Zuhören lernt man durch Hörenmachen. Die Übungen sind zwischen den einzelnen Beiträgen des Buches zu finden und stammen alle vom kanadischen Komponisten und Hörforscher R. Murray Schafer (aus: Anstiftung zum Hören. Hundert Übungen zum Hören und Klänge Machen. Aarau, Musik Verlag Nepomuk, MN 714, 2002; hg. von Justin Winkler).

Dieses Buch ist zugleich ein Angebot an die Hörerinnen und Hörer des Neuen Funkkollegs »Erlebnis Zuhören«, sich davor oder im Anschluss an die Radiosendungen vertiefend mit den Themen der Sendereihe zu befassen. Die vom Hessischen Rundfunk produzierten 30 Halbstunden-Sendungen zeichnen den Weg nach von der Neurobiologie des Hörens bis zu Hörstörungen, von den Wirkungen des Lärms bis zur Hörpflege, von Geräuschlandschaften bis zur Entwicklung des Hörbuchs, von der Psychoakustik bis zur Zuhörfähigkeit in Wirtschaft und Politik, von Stille bis zur Musik in den Medien, von der Handy-Kommunikation bis zur Hörarchitektur, vom Sounddesign bis zur Musik als Universalsprache, von der Kultur des Hörens bis zur Zuhörförderung.

Wie das Neue Funkkolleg insgesamt, so richtet sich auch dieses Buch an alle, die sich solide, allgemeinverständlich und auf dem neusten Stand der Wissenschaft über Geschichte und Zukunft des Hörens und des Zuhörens informieren wollen; an Lehrkräfte aller Schultypen sowie an Erzieherinnen und Erzieher, die ihr Fachwissen vertiefen und Anregungen für Unterrichtsangebote oder Diskussionsrunden sammeln möchten; an Multiplikatoren in der Erwachsenenbildung, Psychologen, Architekten, Kommunikationsfachleute, Journalisten und Medienpädagogen; an Studierende der geisteswissenschaftlichen und der naturwissenschaftlichen Fachbereiche sowie an Schülerinnen und Schüler der Sekundarstufe II; an Beschäftigte und Führungskräfte aller Sparten und sonstige Interessierte, für die eine Auseinandersetzung mit Forschungsergebnissen eine berufsbezogene Aus-, Fort- und Weiterbildung ist.

Anknüpfend an das seit Jahrzehnten erprobte Funkkolleg-Modell wird so ein im besten Sinne populärwissenschaftlicher Orientierungskurs geboten, der 30 Kollegsendungen im Hörfunk, Angebote für Aus-, Fort- und Weiterbildung und die Materialien in diesem Buch enthält. Nähere Informationen bei www.wissen.hr-online.de.

Am Ende des Neuen Funkkollegs »Erlebnis Zuhören« werden im Sommer 2007 alle Beiträge der Sendungen in einem Ergebnisband (Verlag Vandenhoeck & Ruprecht, Reihe »Edition Zuhören«) zur Verfügung stehen.

Die Herausgeber

Das Neue Funkkolleg »Erlebnis Zuhören« Die Sendungen in hr2

07.10.06
Klingeltöne – Den akustischen Raum erkunden (Einführung)
14.10.06
Machtlose Ohren? – Zuhören in Politik und Wirtschaft
21.10.06
Die Freiheit nehm' ich mir! – Handy, Mailbox, Anrufbeantworter und Co.
28.10.06
Mit den Ohren sehen? – Hören im Ensemble der Sinne
04.11.06
Vom Rauschen der Dinge – Schall, Ton, Klang und Lärm
11.11.06
Trommel-Fälle – Die Evolution des Hörens
18.11.06
Ohr-Geschichte(n) – Zur Entwicklung der Hörkultur
25.11.06
Von der Edison-Walze zum iPod – Technikgeschichte des Hörens
02.12.06
Vom Schall zum Sinn – Die Neurobiologie des Hörens
09.12.06
Zum Verhältnis von Hören und Sprechen
16.12.06
Nicht Körper, nicht Geist – Die Stimme
13.01.07
Wann etwas Sinn macht – Hören und Zuhören
20.01.07
Schläft ein Lied in allen Dingen – Vom Musik-Hören
27.01.07
Schweigen – Der Klang der Stille
03.02.07
Sound-Landschaften – Aspekte der Klangökologie
10.02.07
Vom Hörensagen – Orale Traditionen
17.02.07
Zuhören in den Religionen
24.02.07
Sirenengesänge – Hören und Macht
03.03.07
Klang-Tapeten und Clip-Kultur – Musikhören in den Medien
10.03.07
Nano-Sounds
17.03.07
Vom Brüllen der Motoren – Das Ohr als Wirtschaftsfaktor
24.03.07
Stadt, Land, Fluss – Zur akustischen Gestaltung von Räumen
21.04.07
Ohr heilt mit – Zuhören in Medizin
28.04.07
Laut und Luise – Hören in der Literatur
05.05.07
Tonwalzen und Sprechplatten – Zur Geschichte des Hörbuchs
12.05.07
Die Töne der Welt – Archive des Hörens
19.05.07
Wie bitte? – Körperliche Ursache von Hörstörungen
02.06.07
Zu viel Lärm von Anfang an – Wie kann man Hörschäden vorbeugen?
09.06.07
Hört, Hört! – Wege der Zuhörförderung
16.06.07
Kampf um Aufmerksamkeit – Zur Renaissance des Hörens

Texte und Audios bei www.wissen.hr-online.de

I Lautundleise

Ich höre des gärenden Schlammes
geheimnisvollen Ton,
einsames Vogelrufen –
so war es immer schon.

Theodor Storm

Der Zu-Hörer

von Johannes Goebel

Von 1990 bis 2002 war Johannes Goebel Leiter des ZKM-Instituts für Musik und Akustik in Karlsruhe. Seit 1977 ist er auch als Visiting Composer dem Computermusikzentrum der Stanford Universität (USA) verbunden. Neben seiner Arbeit im digitalen Bereich hat er immer wieder »andersartige« Musikinstrumente aus Holz und Metall entworfen und gebaut, Musikprojekte mit Kindern durchgeführt und häufig mit bildenden Künstlern zusammen gearbeitet. Seit 2002 ist Goebel Direktor des neu eingerichteten Experimental Media and Performing Arts Center (EMPAC) am Rensselaer Polytechnic Institute/Staat New York. Musik ist für ihn die hervorragendste Möglichkeit, uns im Hören und Zuhören in der ständig sich verändernden, voranschreitenden Zeit zu erleben und darin einen Sinn jenseits von Sprache finden zu können. Je besser wir hören und zuhören können, desto mehr haben wir die Chance, uns selbst und andere außerhalb von Rechtfertigungsstrategien zu erleben und wahrzunehmen.

Hören beginnt bei dem, was akustisch an unser Ohr gelangt. Das Ohr als Sinnesorgan beginnt sogleich mit dem, was wir Signalverarbeitung nennen mögen. Es ordnet die es bewegenden Töne, bündelt sie, wandelt sie in den Nervenbahnen in angemessene Signale um und schickt sie weiter. Die physiologischen Grundlagen dieser Verarbeitung sind körperlich manifest gewordene Interpretation dessen, was die Menschheit als ihr »bekömmlich« annahm.

Ein Hörsturz macht deutlich, wie ein Einzelner sich gegen diese gattungsmäßig vorgegebenen Möglichkeiten abgrenzt. »Ich kann es nicht mehr hören«, »ich kann dich nicht mehr riechen«, und »ich kann dich nicht mehr sehen« können als verärgerte Ausrufe ausgestoßen werden oder als Feststellung fehlender Wahrnehmungsmöglichkeiten. Und wie oft verstumpfen unsere Sinne – für einen Moment oder für immer –, weil wir meinen, die empfangenen Eindrücke nicht mehr ertragen zu können.

Aber – auch das wollen wir hier nicht vergessen – Opa hört natürlich immer noch genau das, was, leise gesprochen, nicht für sein Ohr bestimmt war.

Hören hat mit Interpretation zu tun: Ich höre den Hund bellen, das Auto vorbeifahren. Gehe ich zurück, werde ich gebissen, laufe ich geradeaus, werde ich überfahren. So bleibe ich stehen.

Hören bezieht sich auf einen kleinen, begrenzten Zeitausschnitt. Der hörende Mensch angelt sich zu einem Zeitpunkt aus all jenen akustischen Bewegungen, die an sein Ohr dringen, bestimmte heraus. Was auch immer ihn dazu bewogen haben mag, bewußt oder unbewußt.

Aber: Ich höre dem Hund zu, wie er bellt, ich höre dem Motor zu, wie er unrund läuft. Wo ist die Hündin? Habe ich die Zündkabel in ihrer Reihenfolge vertauscht?

Zuhören bewegt sich über einen längeren Zeitraum, und zwar bewußt, gerichtet, geneigt.

Wenn wir sagen, daß wir etwas hören, beziehen wir uns auf einen kleinen Zeitrahmen, der eine schnelle Interpretation unsererseits ermöglicht. Kommt das Geräusch von einer Maus oder von einem Einbrecher? Da wir das nicht gleich entscheiden können, hören wir noch einmal hin. Aber viel Zeit zum Zuhören nehmen wir uns da nicht. Denn eventuell müssen wir schnell reagieren.

Wenn wir sagen, wir hörten etwas Bestimmtes, dann sagen wir, wir nähmen etwas wahr. Wir können auf das Wahrgenommene verweisen. Wenn wir von jemand anderem oder von uns als Zuhörenden sprechen, umspannen wir stets einen längeren Zeitraum, der über die Identifikation und kurzfristige Interpretation eines akustischen Ereignisses hinausreicht. Die Wahrnehmung ist beim Zuhören eingebettet in einen sich stets verändernden Zusammenhang des Was und des Wie von Wahrnehmung und Wahrgenommenem.

Wenn wir sagen, wir hörten etwas Bestimmtem zu, dann sagen wir, wir nähmen einen Zusammenhang wahr. Wir können auf das Wie von Wahrgenommenem und Wahrnehmung verweisen.

Der Unterschied von Hören und Zuhören ist kein qualitativer. Hören beruht auf Mustern, es verändert im Nachhinein nicht mehr das Gehörte. Zuhören schafft Muster. Es verändert im Nachhinein das zuvor Gehörte.

Wir hören einen Musikfetzen und sagen »9. Symphonie« oder »I can't get no«.

Wir hören einem Wasserfall oder einem Musikstück zu, das wir schon oft hörten, und können ihm gleichwohl wieder zuhören – alles ist gleich und wieder anders.

Hören bezieht sich aufs Gleiche, Zuhören aufs Andere.

Das Gesichtsfeld ist begrenzt durch die Richtung der Nase. Das akustische Einzugsfeld ist horizontal und vertikal unbegrenzt, kugelförmig. Das bewußt gesteuerte selektive Sehen wird mehr gefordert als bewußtes selektives Hören. »Guck mal – da« sagen wir häufiger als »hör mal genau hin«.

Mit den Augen können wir Größen präziser schätzen als mit den Ohren. Betreten wir allerdings eine riesige Halle oder ein kleines Zimmer, teilt sich uns über das Ohr das architektonische Volumen als Gesamteindruck sofort mit, während das Auge herumgeführt werden muß, um sich ein Bild machen zu können.

Das Ohr ist direkt zeitrichtungsabhängig, das Auge scheint Zeit momentan anhalten zu können, indem es vor- und zurückwandert. Ein Sich-Vergewissern mit den Ohren ist wesentlich seltener als mit den Augen. Die Augen kann man schließen, ein tiefsitzender Reflex schützt das Auge und dient zum Feststellen der Grenze zwischen Leben und Tod; für das Ohr gibt es nichts Entsprechendes.

Das Eindringen von Außen in die Köpfe der Menschen geschieht leichter über die Ohren, öfter, intensiver, über die Augen. Die Ohren überwachen das Gebiet, auf das die Augen nicht gerichtet sind, und stehen daher in direkterer Verbindung mit körperlichem Reagieren («Stop! Ein Auto!« und nicht: »Wenn du mal nach rechts blickst, wirst du ein Auto sehen«); die Ohren müssen alles ungefilterter vordringen lassen. Im Schlaf wacht das Ohr mehr als das Auge, es überwacht die Umgebung des Schlafenden, trennt im Schlaf Gewohntes von Ungewohntem, Wichtiges von Unwichtigem in wesentlich feinerer Differenzierung als im Wachsein, wenn das Auge die Feinselektion steuert, das Auge klärend eingreifen kann. Das Ohr muß ungeschützt sein, weil die Augen alleine nur Tiefe im begrenzten Blickwinkel auffangen, aber kein Raumgefühl im umfassenden Sinn simultan vermitteln können.

Vor der Erfindung des Lautsprechers konnte der Mensch nur akustische Ereignisse schaffen, deren Intensität sich mit der Reichweite des Auges messen konnte. Zwar wurde die Fähigkeit des Ohrs genutzt, um die Ecke zu hören – bei den Trommelsprachen, die es nicht nur etwa in Afrika gab, sondern auch im deutschen Mittelgebirge, im Harz –, als auch die Möglichkeit, die Ohren nicht schließen zu können – beim Marschieren zu Trommelschlägen. Doch konnte ein akustisches Ereignis stets nur mit einer Lautstärke erzeugt werden, die rein mechanisch möglich war; ein Flüstern mit der Lautstärke einer großen Trommel war nicht möglich. Erst der Lautsprecher als Instrument, das elektrische Schwingungen wieder in mechanische verwandelt, ermöglicht die volle Ausnutzung, die volle Ausbeutung des menschlichen Ohrs, das sich nicht schließen kann.

Mit dem Lautsprecher und der technischen Reproduzierbarkeit von Klängen wurden die Augen von den Ohren getrennt. Nun ist es nicht mehr nötig, daß die Hersteller von Klängen sich mit den Zuhörern treffen. Der soziale Kontext der sich ergänzenden Fähigkeiten von Auge und Ohr wurde aufgelöst.

Hören und Zuhören – Das akustische Ereignis

Die technische Reproduktion der Interpretation eines Musikstükkes scheint einen vergangenen Augenblick stets wiederholen zu können. Wir setzen uns stets den exakt gleichen Schwingungsmustern bei jedem Anhören aus, doch: »Eins, zwei, drei im Sauseschritt vergeht die Zeit – wir ziehen mit.« Also: Welch ein Irrtum: Wir sind älter geworden – es ist lediglich noch das gleiche Stück –, wir als Zuhörer haben uns verändert.

Und es ist völlig müßig, darüber zu spekulieren, ob das Stück nun noch dasselbe oder das gleiche sei, obwohl der Zuhörer sich geändert hat. Natürlich ist es noch das gleiche oder dasselbe – und zwar gleichgültig, unter welchem philosophischen, psychologischen oder wie auch immer gearteten Gesichtspunkt wir das betrachten wollen. Weil Zeit stets nur im Nacheinander geschieht – oder mit Pathos formuliert: Weil zu einem Herzschlag stets der vorangegangene gehört, kann menschliche Wahrnehmung nur in der im ganzen Menschen verankerten Kontinuität von Vorher und Jetzt gedeihen.

Es ist also klar, daß sich »technische Reproduktion« lediglich auf das akustische Material bezieht, nicht auf das der Rezeption. Und selbstverständlich beeinflußt das Hören technisch reproduzierter Musik das Zuhören.

Es wird an Computerprogrammen gearbeitet, die hören können, die Hören also technisch reproduzierbar machen. Man spielt etwa eine Orchesteraufnahme in einen Computer ein und erhält einen Notenausdruck zurück. Noch gibt es das nicht in befriedigender Qualität, aber es wird daran gearbeitet, und es ist grundsätzlich realisierbar. Zuhören entzieht sich jedoch technischer Reproduzierbarkeit – und zwar schon deshalb, weil das Vergehen von Zeit nicht reproduzierbar ist, denn Zuhören beruht auf der verändernden Interpretation von Ereignissen in vergehender Zeit. Das akustische Material eines Musikstücks kann zwar reproduziert werden, aber um ihm zuzuhören, muß es wieder in vergehende Zeit umgewandelt werden.

An diesem Punkt kann nun gesagt werden, daß es nicht entscheidend für Hören oder Zuhören ist, ob das akustische Ereignis gerade vom ursprünglichen Klangerzeuger »live« geschaffen oder aber technisch reproduziert wird. Das Wie von Hören oder Zuhören wird natürlich sehr stark davon mitbestimmt, in welcher Situation und unter welchen akustischen Bedingungen etwas gehört wird.

Aber ob man hört oder zuhört, ist in seiner grundsätzlichen Unterscheidung davon unabhängig.

Noch einmal: Hören beruht auf Mustern, Zuhören schafft Muster. Hören bezieht sich aufs Gleiche, Zuhören aufs Andere.

Das bedeutet nun, daß die akustischen Ereignisse für Hören und Zuhören auch unterschiedlich beschaffen sein mögen. Ein akustisches Ereignis, das ein Autor fürs Zuhören dachte, kann natürlich lediglich auf einen Hörer stoßen. Andererseits wird einem Ereignis, das fürs Hören bestimmt ist, sehr viel seltener zugehört.

Zunächst wieder eine Gesprächssituation. Ein uns seit langem bekannter Mensch erzählt ein Ereignis aus seiner Kindheit oder umreißt seine politische Grundüberzeugung. Wir kennen es oder sie fast wörtlich, wir haben es oder sie schon unzählige Male gehört. Bereits bei den ersten einleitenden Worten des Gegenübers wußten wir genau, was wir zu erwarten hatten. Wir nehmen es hin, hören nicht mehr zu, hören vielleicht hindurch und sagen uns: Er oder sie kann nicht anders – ich bin nicht hier, um zuzuhören, sondern, um dazusein. Und die wiederholende Rede des anderen ist tatsächlich ein Zeichen dafür, daß sich der andere im Gegenstand seiner Rede aus der Zeit verabschiedet hat. Es geht um etwas anderes als das, was erklingt. Es ist nicht mehr auf Zuhören angelegt. Es ist Selbstgespräch, nach außen verlagerter Gedanke, der den anderen halten sollen aus anderen Gründen als denen, die den Äußerungen direkt entnehmbar sind. Dem Hörer genügt ein kurzer Ausschnitt zur Identifikation der Geschichte (des Musters), dann kann er abdriften, schnappt zwischendurch mal das eine oder andere Wort auf, um festzustellen, ob schon die nächste Geschichte begonnen hat.

Zuhören richtet sich aufs Andere. Von dieser Aussage über das Zuhören kann nicht direkt auf die Beschaffenheit dessen geschlossen werden, dem man zuhört. Etwa in dem Sinne, daß stets etwas Unerhörtes, Noch-nie-Dagewesenes zu bieten sei.

Eines allerdings ist unabdingbare Voraussetzung, damit ein Ereignis zuhörenswert wird. Es muß in sich eine Tiefe enthalten, die das Entdecken von Anderem ermöglicht. Der in dem Ereignis und durch das Ereignis hergestellte Zusammenhang bestimmt diese Tiefe. Im Fall von Musik entscheidet neben dem Hörer, der Zuhörer wird, vor allem der durch das Stück entwickelte Kontext, wie lange, wie oft diesem Stück zugehört werden kann. Dieser im klingenden Material komponierte Kontext ist nun nicht rückbezüglich auf sich selbst, sondern bezieht den Hörer mit ein. Andersherum ausgedrückt: Wir können nicht einem Ereignis zuhören, dessen Kontext uns völlig fremd ist. Denn das Andere entsteht nur im Bekannten.

Zuhören und Medientechnologie

Wenn wir heute von medialer Begabung sprechen, meinen wir nicht einen Künstler, der die Medien begabt anwendet. Pythia saß im Orakel über der Spalte, aus der Dämpfe aufstiegen, und weissagte. Sie war Medium, Trägerin von etwas anderem. Ebenso wie Papier mit Buchstaben darauf Träger dessen sind, was beim Lesen in uns wachgerufen wird.

Medien gibt es also schon immer. Sie sind die Träger jener Ereignisse, die unsere Sinne beeindrucken – Luft, Licht, Papier, was auch immer. Ohne Medien wären wir voneinander völlig isoliert, es gäbe nur die direkte körperliche Berührung.

Wenn wir von Medientechnologie sprechen, beziehen wir uns auf jene Medien, die ihre Energie aus der Steckdose beziehen. Sie bedürfen stets wieder der Umwandlung in Träger, die von unseren Sinnen wahrgenommen werden können.

Nicht vergessen werden darf an dieser Stelle allerdings die Entwicklung, die Sinnesorgane zu umgehen, indem direkt elektrische Impulse in die Nerven eingespeist werden. Und tatsächlich: Wenn erst einmal alle Sinnesorgane elektrisch umgangen werden können, bleibt uns wieder nur noch die körperliche Berührung als einziger direkter Eindruck. Ich stelle mir eine Gruppe von Menschen vor, die alle Sinneseindrücke über implantierte Empfänger erhält. Ihre Haut und die Nerven, die die Signale des Körpers weitergeben, sind noch aus Überlebensgründen notwendig. So drängen sie sich ganz dicht aneinander wie eine Herde verängstigter Schafe, um die anderen und sich selbst noch für wahr zu nehmen. Diese Vorstellung ist deprimierend. Wir sind noch nicht so weit. Das genügt.

Bislang nehmen Menschen mit ihren fünf Sinnen (auf die ich mich hier beschränken möchte) jene Energieformen wahr, auf die sich ihre Sinnesorgane eingerichtet haben.

Bis zur Erfindung elektrischer Energie haben wir stets direkt jene Materialien bearbeitet, die die entsprechenden Sinneseindrücke hervorrufen: Wir spielten Instrumente, die über die Luft unser Trommelfell direkt in Schwingung versetzten, wir mischten Farben, die direkt auf unser Auge trafen, wir erfanden Waffen, die direkt in die Körper eindrangen. Wir mischten Düfte, die uns betörten, wir verfeinerten Kochrezepte, schufen Wärme mit Feuer und Skulpturen, um die wir herumgehen konnten. Wir modellierten die Materialien, modulierten die Träger, die unseren Sinnesorganen angemessen waren.

Mit der Erfindung der elektrischen Energie haben sich unsere Sinnesorgane noch nicht verändert, wohl aber die Ebene, auf der wir Sinneseindrücke formen können. Ich spreche nicht von extrasensorischer Wahrnehmung, nicht von langfristigen chemischen Veränderungen, denen unser Körper unterworfen wird und die dann plötzlich wahrnehmbar werden, nicht von Mikrowellen, radioaktiven Strahlen oder homöopathischen Dosen. Und ich rede auch nicht von Wahrnehmungen, die wir in uns selber erzeugen. Kurz: Ich rede von Wahrnehmungen, die mittels formbarer Medien über unsere Sinne zu uns gelangen.

In diesem Jahrhundert explodierte die Medientechnologie durch Elektrizität. Die traditionellen mechanischen Reproduktions- und Produktionstechniken für die Formbarkeit von Sinneseindrücken – wie Bücher, Bilder, Theater, Skulpturen – werden überzogen von elektronischen Techniken, die einen Sinneseindruck in ein elektrisches Signal verwandeln und wieder für die Sinne wahrnehmbar zurückübersetzen.

Die Elektrizität ermöglichte nicht nur, verwandelte Sinneseindrücke mit Lichtgeschwindigkeit an jeden Punkt der Erde zu bringen, sondern sobald die elektronischen Reproduktionsmedien erfunden waren, wurden sie auch als Produktionsmedien verwendet. Es braucht nun nicht mehr nur ein Abbild gewandelt zu werden, sondern es kann direkt im elektrischen Medium geformt werden.

Die letzten zehn Jahre haben im akustischen Bereich durch die Möglichkeit der Digitalisierung des gehörmäßig wahrnehmbaren Bereichs eine Revolution mit sich gebracht, die so schnell vor sich ging, daß niemand von uns auch nur im entferntesten erfaßt haben kann, was da vor sich ging: Audio-CDs, CDs mit Bild und Ton, digitaler Rundfunk.

In den nächsten fünf Jahren wird sich die gleiche Entwicklung im visuellen Bereich vollzogen haben. Die digitalen Bearbeitungsmöglichkeiten von Bildern werden qualitativ jenen von Tönen gleichgestellt sein.

Und so sprechen wir heute von Medientechnologie erst in dem Moment, wo Auge und Ohr gleichermaßen mit Sinneseindrücken konfrontiert werden können, die im gemeinsamen digitalen Medium geformt werden. Unsere Sinne selbst können dieses Medium nicht wahrnehmen, unsere Hände können es nicht formen. Das digitale Medium kann als Metamedium bezeichnet werden. In diesem Metamedium werden Sinneseindrücke abstrakt kodiert und können abstrakten, losgelösten Prozessen unterzogen werden.

Die digitale Verwandlung dessen, was wir mit Auge und Ohr aufnehmen können, ist nicht mehr Voraussetzung, um etwas von Auge und Ohr Wahrnehmbares zu schaffen. Es genügt die symbolische Formulierung im Metamedium. Aber erst die Wandlung in ein Medium, das unsere Sinne wahrnehmen können, ermöglicht die Kontrolle durch Erfahrung, ermöglicht Sinn.

Und das bleibt auch heute noch so wie zuvor: Erst die Wahrnehmung durch die Sinne ermöglicht Sinn.

Wurde die durch den Lautsprecher erfolgte Trennung der Ohren von den Augen bereits im Tonfilm und im Fernsehen scheinbar aufgehoben, vermag die digitale Kodierung nun wieder ein ganzheitliches Erleben zu ermöglichen. Alle Informationen sind im gleichen Medium, im Metamedium, vorhanden.

Es scheint nahezuliegen, diese gemeinsame Grundlage in der digitalen Kodierung auch als eine inhaltliche Gemeinsamkeit zu sehen. Texte, Zahlen, Daten, Graphiken, Bilder, Töne – alles ist miteinander verknüpfbar, zunächst nur im digitalen Medium, doch warum nicht auch in unseren Sinnen.

Mit Computern können ungeheure Mengen von Daten erzeugt werden, die vorher nicht denkbar und nicht machbar waren. Doch wie erschließen wir diesen Datenfluß unseren Sinnen, wie können wir ihnen Sinn beimessen?

Nehmen wir an, wir haben eine riesige Menge von Daten gesammelt, deren Bezüge uns nicht klar sind, nicht vor Augen stehen. Wir entwickeln einen dreidimensionalen Raum, in dem diese Daten entsprechend ihrer Zuordnung zu den drei Achsen ihren Platz finden und entsprechend anderer Kriterien auch eingefärbt werden. Dieser Raum wird nur im Computer gebildet. Wir setzen uns eine Brille auf, mit der wir in diesen Raum sehen können. Dort sehen wir nun Gebilde, die von oben besehen einem Stadtplan gleichen. Mit unserer Hand können wir steuern, uns in Häuserschluchten begeben, Wege suchen, in die Höhe fliegen, durch die Gebilde hindurch segeln. Wir entdecken Ecken und Fassaden, die ähnlich aussehen, und markieren diese Stellen mit Klängen. Nach und nach entsteht eine Klanglandschaft, die mit bestimmten Datenkonstellationen verbunden ist. Wir nähern uns einem komplexen Gebilde, hören einen bestimmten Klang und erinnern uns sofort: aha, das war dieser bestimmte Zusammenhang. Nachdem wir solche Strukturen gesammelt und orchestriert haben, geben wir dem Computer den Befehl, nach weiteren ähnlichen Konstellationen zu suchen und sie akustisch zu markieren. Anschließend fliegen wir durch diese Welt und orientieren uns zugleich an den Klängen.

Dies ist keine Science-fiction-Phantasie. Das Berufsbild des »Daten-Orchestrators« ist bereits im Gespräch. Es geht bei seiner

Arbeit nicht um die Gestaltung zuhörenswerter Ereignisse. Ziel ist eine rasche Identifizierbarkeit über die speziell vom Ohr bereitgestellten Möglichkeiten. Die vielen Einzeldaten werden zunächst mehrdimensional in Raum und Farbe zusammengefaßt, doch auch der visuellen Erinnerung fällt die Orientierung schwer. Da muß jenes Sinnesorgan einspringen, das besonders auf die Überwachung des Umfeldes eingerichtet ist, während Augen, Hände und Geist anderweitig beschäftigt sind. Es besitzt eine hohe zeitliche Auflösung. Die Ortung, woher ein Klang kommt, geschieht im Millisekundenbereich. Charakteristische Klänge lassen sich in einem Sekundenbruchteil identifizieren.

Menschen werden trainiert, um den Unterwassergeräuschen des Meeres U-Bootbewegungen abzulauschen. Im Schlaf unterscheidet die Mutter den Schrei des Kindes von allen anderen Geräuschen. Einer Nähmaschine, die so leise arbeitet, daß man sie kaum mehr hört, wird das alte Geräusch künstlich beigebracht. Die Mercedestür soll noch genauso satt zuschlagen wie die des vorhergehenden Modells. Akustikdesign soll weniger die Ohren schützen als vielmehr »angenehme« Ereignisse unter Umgehung des Bewußtseins vermitteln.

Das Schlagwort von Multimedia erklingt überall. Gemeint ist die digitale Verknüpfung von Bildern, Tönen und Texten, die in eine zeitliche Abfolge gebracht werden können, und der Endverbraucher kann den Ablauf selbst steuern. Könnte es sein, daß hier Auge und Ohr wieder miteinander verbunden werden?

Telepräsenz ist ein anderes medientechnologisches Stichwort. Wir sind durch unsere Sinne mit anderen Menschen verbunden, der momentane Ort eines jeden ist dabei gleichgültig. Wir tauschen uns in der elektrisch erstellten Verbindung über Augen, Ohren und Fühlen aus. Schöne neue Welt? Nein – ganz bestimmt kommende Wirklichkeit; und nicht so neu: Wir telephonieren ja schon fast ein Jahrhundert.

Die Menge des Hör-, Seh- und Interpretierbaren hat sich erweitert. Und sie wird weiter explodieren mit der Einführung von digitalem Rundfunk und Fernsehen, einem Netz stationärer Telekommunikationssatelliten um die Erde herum, mit Weltraumteleskopen und in Leibern implantierten Robotern, von denen der Herzschrittmacher noch ein grobe Maschine darstellt.

Alle Entwicklungen der Medientechnologie sind aber bereits paradigmatisch in den letzten 100 Jahren abgelaufen. Wir können sie betrachten. So wurde zum Beispiel die Fähigkeit zum Zuhören wohl kaum durchs Telephon verbessert. Nein, neben dem Austausch von Informationen dient das Telephon vor allem der Verstärkung momentan bestehender Gefühle, der Bestätigung des Gleichen.

Und dann können wir feststellen – wenn wir wollen –, daß die zunehmende Qualität technischer Reproduktionen und Produktionen unsere Sinne selbst und den Sinn in uns nicht weiter differenziert oder klarer gestaltet haben.

Hören richtet sich auf das Gleiche, Zuhören auf das Andere.

Mit der Medientechnologie und der mit, ihr verbundenen Verfügung über zeitliche Abläufe werden »das Gleiche« und »das Andere« im alltäglichen Umgang vielleicht verändert. Die Menge des Anderen wird zum Gleichen, und das Gleiche zum vermeintlichen Teil unserer Natur, zu einer Notwendigkeit, ohne die wir nicht leben zu können meinen.

Zuhören kann nicht Ziel von Medientechnologie sein. Geneigtsein und Zuwendung sind keine vermarktbaren Eigenschaften. Hören, Schmecken, Kleiden, Sehen können alle im steten Ablauf des Gleichen etwas Anderes vorgeben.

Zuhören, Hinsehen sind menschliche Qualitäten, die der lebenslangen Pflege eines jeden bedürfen; sie sind nicht vereinnehmbar oder abstreifbar. Sie stehen nicht unter dem Zugriff von Medientechnologie.

Aber – und das ist die andere Seite – Zuhören und Hinsehen haben sehr wohl in der von Medientechnologie bestimmten Umwelt ihren Platz; nämlich jenen, den wir ihnen einräumen. Daran hat sich im Laufe der Menschheitsgeschichte nichts geändert.

Und da mögen Künstler sein, die mit Medientechnologie etwas

Anderes gestalten. Nicht die Vorwegnahme des kommenden Gleichen, sondern Ereignisse, die zum Zuhören oder Hinsehen einladen. Und dann sind wir als Zuhörer es selbst, die über den stets neu eingekleideten Kaiser lächeln, wie er sich nackt vor seinem Spiegel dreht, oder die ihr Auge und Ohr dem Anderen zuneigen.

Aus: Johannes Goebel: Zuhören – Ziel der Medientechnologie. In: Kunst- und Ausstellungshalle der Bundesrepublik Deutschland (Hg.): Welt auf tönernen Füßen. Göttingen, Steidl-Verlag, 1994, S. 347–361.

Es gibt Klänge, die sich an Ihnen vorbeibewegen. Andere verharren an ihrem Ort, während Sie an ihnen vorübergehen. Und dann gibt es solche, die sich mit Ihnen mitbewegen. Diese Übung könnte mit der Sammlung von Beispielen zu den folgenden Erscheinungsweisen beginnen:

Ortsfeste Klänge	Bewegliche Klänge	Von Ihnen in Bewegung gebrachte Klänge
Kirchenglocken	Verkehr	Ihre Stimme
Fabriksirenen	Flugzeuge	Ihre Schritte
Heizungs- und Lüftungsaggregate	Vögel	Ihre Kleider und Schmuck
Apparate		Ihr Auto oder Fahrrad

Klänge verändern ihren Charakter, wenn sie in Bewegung sind. Ich verdeutliche das gerne so: Ich bitte die Gruppe, mit geschlossenen Augen meiner Stimme zu lauschen, während ich herumgehe. (Es wird noch einige Übungen in diesem Büchlein geben, die mit geschlossenen Augen durchzuführen sind. Ihre Schüler sollen sich von Anfang an daran gewöhnen!) Ich schlendere also sprechend herum und die Gruppe folgt mir mit den Ohren. Können die Schüler meine Stimme lokalisieren, indem sie auf mich zeigen? Durch den herumwandernden Sprecher können viele Feinheiten und Unterschiede in der Klangqualität aufgezeigt werden: Bin ich ihnen zu- oder von ihnen abgewandt?

Stehe ich in einer Ecke oder gehe ich durch eine Tür? Wird meine Stimme gedämpft, wenn ich hinter einen Vorhang schlüpfe?

All diese Veränderungen können wahrgenommen werden. Schon nach ein paar Minuten geduldigen Hörens ist eine Gruppe in der Lage, »akustische Schatten« zu hören: Das Vorbeigehen hinter kleineren Objekten wie einem Pult oder einem Stuhl verursacht sehr feine Veränderungen im Klang. Die Gruppe wird staunen, wie gut sie mit den Ohren zu »sehen« beginnt – genau wie die Blinden es tun.

R. M. Schafer, Hörübung 4

Auf dem Weg zu einer Kultur des Hörens?

von Wolfgang Welsch

Prof. Dr. Wolfgang Welsch ist Philosophieprofessor an der Universität in Jena. Der vorliegende Text entstand für ein Symposium zum Thema »Der Klang der Dinge: Akustik – eine Aufgabe des Design« im Jahr 1991. Welsch fragt zunächst, warum der visuelle Sinn historisch und im Alltag dominiert, geht dann auf Unterschiede ein zwischen Sehen und Hören und tritt für eine Gleichwertigkeit ein – ohne Dominanz eines der beiden Sinne. Schließlich benennt er Kriterien für eine »Kultur des Hörens«.

»Kultur des Hörens«

Die Rede von einer »Kultur des Hörens« kann in zweifachem Sinn verstanden werden. Sie kann einen großen, anspruchsvollen, metaphysisch-umfassenden Sinn haben, also auf eine Gesamtumstellung der Kultur mit dem Hören als neuem Grundmodell unseres Selbst- und Weltverhaltens zielen. Oder sie kann einen kleineren, bescheideneren, wohl auch pragmatischeren Sinn haben. Dann zielt sie in erster Linie auf eine Kultivierung nur der Hörsphäre, unserer zivilisatorischen Lautsphäre. Im einen Fall also soll das Hören zum Medium einer Revision der Kultur, ja geradezu zum Leitsinn einer neuen Kultur werden. Im anderen Fall beschränkt man sich auf eine Verbesserung der Hörverhältnisse innerhalb der bestehenden Kultur. Das letztere wäre angesichts der faktischen Unterprivilegierung des Hörens und einer akustisch verrotteten Zivilisation noch immer wichtig genug.

Daher wird nicht erst die große Hör-Revolution, sondern schon die kleine Hör-Revision auf den Gesamthaushalt unserer Kultur ausstrahlen können. Platon beispielsweise – bekanntlich nicht gerade ein Sinnenfreund – hatte ein sehr genaues Gespür dafür, daß die Einführung neuer Musikformen die Formen des Zusammenlebens und die Gesetze des Staates nicht unberührt lassen werde. Wie wir Menschen als Sinneswesen mit unseren Sinnen umgehen, wirkt sich auch auf unser übriges Selbstsein und unser Weltverhalten insgesamt aus.

Zum Vorhaben

Drei Fragenkreise werde ich eingehender behandeln:

- Ist unsere Tradition und Gegenwart tatsächlich durch einen Visualprimat bestimmt? Warum ist dieser uns zum Problem und andererseits das Hören zur Hoffnung geworden?
- Worin besteht der typologische Unterschied zwischen Sehen und Hören? Was sind die Motive der traditionellen Bevorzugung des Sehens? Wodurch würde sich eine auditive von einer visuellen Kultur unterscheiden?
- Mit welchen guten Gründen können wir für den Übergang zu einer Kultur des Hörens argumentieren, ja diesen legitimieren? Und was sind die Forderungen und Kriterien einer solchen Kultur?

Hugo Kükelhaus, der große alte Mann einer Rehabilitierung unserer Sinne, hat einmal beklagt, daß den Menschen, die von den akustischen Fehlformen der Zivilisation und Technik betroffen seien, die »Argumente zu ihrer Verteidigung« fehlten. Sie hätten nichts in der Hand »außer dem Hinweis auf ihr Empfinden«. Damit aber, mit solchen Hinweisen auf das Empfinden, könne man gegenüber politischen Entscheidungsträgern und Institutionen nicht operieren. – Ich will versuchen, Argumente der von Kükelhaus so schmerzlich vermißten Art anzugeben.

I. Der traditionelle Visualprimat und seine aktuelle Infragestellung

1. Visualprimat – von den Griechen bis heute

Ursprünglich war die abendländische Kultur gar nicht eine Kultur des Sehens, sondern des Hörens. Zu einer Kultur des Sehens ist sie erst geworden. Die griechische Gesellschaft war anfänglich vom Hören bestimmt. Egon Friedell wies daraufhin, daß »die Empfänglichkeit und Empfindlichkeit der Griechen für die Macht der Töne [...] geradezu pathologisch« gewesen sein müsse. Und Nietzsche, von dem Friedell diese Auffassung übernommen hat, leitete die zentrale Erfindung der klassischen griechischen Kultur, die Tragödie, aus dem Geist der Musik ab. In der homerischen Adelsgesellschaft war das Hören zentral.

Zu einem Primat des Sehens kam es erst an der Wende zum vierten vorchristlichen Jahrhundert und vornehmlich in den Bereichen Philosophie, Wissenschaft und Kunst.

So erklärte Heraklit – obwohl er sich selber gelegentlich noch, vor allem im Blick auf den Kosmos, musikalischer Metaphern bediente –, daß die Augen »genauere Zeugen« seien »als die Ohren«. Er nannte Pythagoras, den Erfinder der Sphärenharmonie, auf den sich heute wieder viele Apologeten einer auditiven Kulturrevolution berufen, gar den »Ahnherrn der Schwindler«. Das signalisiert den Abschied vom Hörprimat und den Übergang zum Sehprimat.

Bei Platon hat sich das visuelle Modell dann vollständig durchgesetzt. Die Grundbestimmungen des Seins heißen nun »Ideen«, werden also bis ins Wort hinein als Gegenstände des Sehens bestimmt. Zum höchsten Vollzug des Menschen wird die Theorie, die Schau dieser Ideen; der Weg des Menschen führt aus der Dunkelheit der Höhle und der Schattenbilder zum Tageslicht, um schließlich, nach langen Übungen, zur Schau des Lichtursprungs, der Sonne, des reinen Guten zu führen. Der Weg ist somit von Anfang bis Ende visuell bestimmt. Die Wahrheit des Kosmos wird fortan in der Grammatik des Sehens, nicht mehr in den Strukturen des Hörens gesucht. Damit ist der Visualprimat auf absehbare Zeit befestigt. Er wird die neuplatonische und mittelalterliche Lichtmetaphysik ebenso wie das neuzeitliche und moderne Lichtpathos der Aufklärung bestimmen.

Einzig in einer Anekdote verrät sich noch ein Bewußtsein davon, daß die Wahrheit des Sehens vielleicht doch nicht die ganze Wahrheit ist. Wenige Stunden vor seinem Tod erzählt Sokrates seinen Schülern von einem Traum, der ihm oftmals geboten habe, Musik zu treiben, aber stets habe Sokrates unter dieser Musik das Philosophieren verstanden – das doch wohl die vortrefflichste Musik sei. Jetzt aber, angesichts des Todes kämen ihm Bedenken, ob nicht vielleicht doch Musik im üblichen Sinn gemeint gewesen sei. Daher dichtet Sokrates am Ende ein Proömium auf Apoll, den Gott der Musik. – Nietzsche, der erste jener neueren Philosophen, die über zweitausend Jahre nach Heraklit, Platon und Sokrates der Metaphysik des Sehens mißtrauten und eher wieder am Leitfaden des Hörens zu denken versuchten, hat diese Anekdote als Zeugnis des schlechten Gewissens gelesen, zu dem alle Fanatiker des Sehens Anlaß hätten. Zwar haben sie eine Wahrheit entdeckt – aber sie haben dafür eine andere preisgegeben und die ihre fälschlich für die ganze Wahrheit gehalten.

Geschichtlich jedoch hat sich, wie gesagt, die Vorherrschaft des Sehens durchgesetzt. Die aristotelische Metaphysik beginnt mit einem Lob auf das Sehen und dessen Modellcharakter für jegliche Einsicht und Erkenntnis; die neuplatonische und mittelalterliche Lichtmetaphysik ist eine einzige Ontologie der Sichtbarkeit; die christliche Metaphysik interpretiert noch das göttliche Wort in visuellen Metaphern, und natürlich wird den Heiligen eine *visio beatifica* zuteil; selbst in der Wendung gegen das (wie man später sagen wird) »finstere Mittelalter« bleibt die Auszeichnung des Sehens erhalten, ja sie steigert sich sogar, wenn Leonardo da Vinci das Sehen göttlich nennt und ihm die Erfassung der Grundwahrheiten der Welt zuerkennt; die Aufklärung bringt die Metaphorik von Licht und Sichtbarkeit vollendet zur Geltung; und noch die Moderne kennt keinen höheren Wert als die Transparenz.

Der Visualprimat nistet – gemeinhin für selbstverständlich geltend – auch in zahllosen Details unserer alltäglichen Orientierung. Zum Beispiel: Hört einer Stimmen, so wird er in eine Anstalt verbracht; hat er aber Visionen, so gilt er als Vordenker, ja als Prophet. Ebenso sind noch heute all unsere Erkenntnisausdrücke – ›Einsicht‹, ›Evidenz‹, selbst ›Intelligenz‹ – von visuellem Zuschnitt. Auch unsere politische Rhetorik und unsere privaten Erwartungen sind visuell bestimmt: Man erwartet Offenheit und will einander auf den Grund der Seele sehen.

Natürlich ist auch die Wissenschaft von diesem Visualprimat – schärfer formuliert: von dieser Okulartyrannis – geradezu behext. Das reicht bis zu absurden Details. Murray Schafer hat vor Jahren darauf hingewiesen, daß die Wissenschaftler sogar akustische Phänomene vorwiegend nach Art visueller Erscheinungen behandeln und analysieren – Akustik wird ihnen zu einer Sache des Auges statt des Ohres. Ebenso blieb das Design – als Kind der Moderne – herkömmlicherweise auf Aspekte der Visualität und der Form fixiert. Seit den siebziger Jahren lernte man, auf taktile Dimensionen zu achten. Hinsichtlich der akustischen Gestaltung steht vieles noch aus.

2. Kritik des Visualprimats – Plädoyer fürs Hören

a. Philosophische Kritik

Seit Jahrzehnten ist der Visualprimat unter Beschuß geraten. War die Philosophie traditionell eine Disziplin der Durchsetzung des Visualprimats, so ist sie in unserem Jahrhundert zu einer eindringlichen Kritikerin der Sehdominanz geworden. Die beiden wichtigsten Denker der ersten Hälfte dieses Jahrhunderts, Heidegger und Wittgenstein, haben die Orientierung am Sehen geradezu als das *proton pseudos* der abendländischen Denkgeschichte identifiziert und dagegen Momente des Hörens zur Geltung gebracht.

Heidegger hat Platons Wendung zum Sehen als den Sündenfall

der abendländischen Philosophie überhaupt begriffen. Durch ihn sei das Seiende von Grund auf zu einem Objekt, zu einem Gegenstand der Feststellung und Herstellung geworden. Mit der Wende zum Sehen beginne die abendländische Rationalisierung, die das Seiende berechenbar macht und die in der modernen Technik gipfelt, für die das Seiende nur noch verfügbarer Bestand oder maßzuschneiderndes Produkt ist. Demgegenüber hat Heidegger für den Übergang zum Hören, zum Vernehmen, zum sorgenden Umgang mit den Dingen plädiert.

Und Wittgenstein hat die herkömmliche Bedeutungstheorie, die am Modell der Vorstellung orientiert ist – Bedeutungen sollen Objekte eines geistigen Sehens sein –, durch eine Gebrauchstheorie der Bedeutung ersetzt: Der Sinn unserer Ausdrücke liegt in ihrem Gebrauch, und dieser ist von sozialen Formen der Verständigung und damit vom Hören unabtrennbar.

Der Übergang von der Bewußtseinsphilosophie zum Paradigma der Kommunikation, wie er sich in den letzten Jahrzehnten in verschiedenen europäischen und amerikanischen Denkrichtungen vollzogen hat, bedeutet jedesmal auch einen Übergang von der traditionellen Favorisierung des Sehens zu einer neuen Betonung des Hörens.

b. »Panopticon« und Überwachungsgesellschaft

Daß es in alledem nicht um philosophische Glasperlenspiele, sondern um eine Kritik alltäglicher kultureller Prägungen geht, hat Michel Foucault gezeigt. Er demonstrierte, wie sehr das Sehen die Institutionen und Architekturen der Moderne bestimmt und wie sich dabei Maßnahmen der Befreiung in Szenarien der Überwachung und Disziplinierung verkehren.

Das schlagendste Beispiel ist Jeremy Benthams »Panopticon« von 1787, der Idealtyp einer Strafanstalt. Die Zellen sind im Kreis um einen Zentralturm angeordnet, und da sie, anders als die früheren Kerker, mit viel Licht von außen versehen sind, genügt ein einziger Beobachtungsposten im Zentrum, um alle Insassen perfekt zu überwachen. Er kann jede Bewegung in den Zellen im Schattenriß verfolgen. Das »Panopticon« ist eine perfekte Überwachungsarchitektur.

Zugleich handelt es sich um eine bildhafte Manifestation des optischen Weltverhältnisses überhaupt: Ein Auge im Zentrum ist der Herr aller Erscheinungen. Aufschlußreich ist zudem, wie hier das Licht, das hehre Symbol der Aufklärung, nicht als Medium der Freiheit, sondern als Falle fungiert, als Überwachungsmittel. Je mehr Licht, Sichtbarkeit und Transparenz – um so mehr Überwachung, Kontrolle und Disziplinierung. Darin besteht Benthams ingeniöse Ausnutzung der Dialektik der Sichtbarkeit. Für Foucault ist es ein Paradebeispiel von »Dialektik der Aufklärung«.

Sehprimat und Überwachungsgesellschaft bilden einen schlüssigen Zusammenhang. Wenn man sich ständiger Transparenz und Überwachbarkeit ausgesetzt weiß, wird man bald anfangen, sich selber zu kontrollieren – am Ende wird es also nicht einmal mehr den einen Wachtposten brauchen, wir disziplinieren uns selbst, die Gesellschaft vollständiger Transparenz wird die Gesellschaft vollständiger Überwachung sein.

c. Narziß und Echo

Ist man für derartige Zusammenhänge erst einmal sensibilisiert, so entdeckt man sie – überrascht und erschreckt – auch in zahlreichen älteren Dokumenten. Die Dialektik, ja letztlich die Tödlichkeit des Sehens wurde unserer Kultur schon im Mythos prophezeit – in der Geschichte von Narziß. Als dessen Mutter den weisen Teiresias fragte, ob ihrem Sohn ein langes Leben beschieden sein werde, antwortete Teiresias: »Nur dann, wenn er sich selbst nicht schaut.« – Man weiß, wie die Geschichte ausging. Narziß starb durch die Liebe zu seinem Spiegelbild, die ihn auf nichts anderes mehr achten ließ. Und doch ist das nur die eine Hälfte der Geschichte; man darf die andere nicht unterschlagen. Narziß verfiel der tödlichen Faszination des Sehens, genau nachdem er die Nymphe Echo – also die mythische Inkarnation reinen Tons – verschmäht, sie nicht ›erhört‹ hatte. So führt uns der Mythos in der Geschichte des Narziß die Doppelfigur von Sehprivileg und Hörverachtung mitsamt ihren tödlichen Folgen vor Augen. Er verkündet dem Abendland die Tödlichkeit eines Sehens, das nur noch sehen will und gegen das Hören sich blind verhält.

d. Griechische und jüdische Kultur

Übrigens kennt das Abendland die Bedeutung des Hörens nicht nur aus seiner später überlagerten Frühzeit, sondern auch aufgrund seiner Begegnung mit der jüdischen Kultur. Diese ist eine Kultur des Hörens. Jakob Taubes, als jüdischer Rabbi und abendländischer Philosoph in beiden Kulturen kompetent, schrieb: »Wenn Hellas das ›Auge der Welt‹ genannt wird, so läßt sieh [...] von Israel sagen, daß es das ›Gehör der Welt‹ ist.« Viele der gegenwärtigen Plädoyers für eine Kultur des Hörens stammen von Intellektuellen jüdischer Provenienz. Vermutlich enthält der traditionelle Visualprimat ein Moment von Abwehr jüdischer Kultur – umgekehrt könnte in der Zuwendung zum Hören die Chance einer Versöhnung liegen.

e. Gründe zur Vorsicht

Trotz aller plausiblen Gründe, den Sehprimat zu verabschieden und für eine Kultur des Hörens zu plädieren, muß man auch vor der umgekehrten Einseitigkeit warnen. Mit dem Übergang zu einer Kultur des Hörens verbinden wir die Hoffnung, das Subjekt-Objekt-Denken und das Zwillingspaar von Fremd- und Selbstunterwerfung hinter uns zu bringen und zu Strukturen der Einfügung, der Symbiose, einer ökologischen Integration von Mensch und Welt zu gelangen. Aber ist nicht auch hier mit einer Dialektik zu rechnen? Schließlich hatte auch die Kultur des Sehens mit reinen

Glücksversprechen begonnen – um dann in Disziplinierung und Selbstgefährdung zu enden. Könnte Vergleichbares nicht auch einer Kultur des Hörens bevorstehen?

Die Gefahr der Hörigkeit liegt keineswegs ganz fern; Heideggers Plädoyer für ein Hören auf das Sein beispielsweise war dem Aufruf zum Hören auf den Führer gefährlich nahe.

Auch die andere, vielstrapazierte Empfehlung des Hörens, wonach wirkliche Vernunft, ihrem Namen »Ver-nunft« gemäß, vernehmende, also hörende Vernunft im Unterschied zur rechnenden und berechnenden Vernunft sein müsse, ist zumindest ambivalent. ›Vernehmen‹ enthält zwar einen Anklang an das Hören, aber ebenso an die polizeiliche bzw. gerichtliche Vernehmung, an die peinliche Befragung, wo man – ganz im Sinn jener stellenden und rechnenden Vernunft, die man angeblich hinter sich bringen möchte – zu Antworten gezwungen wird. – Es muß zutiefst bedenklich stimmen, wenn die Prediger des Hörens für solche Ambivalenzen taub sind.

II. Typologische Unterschiede zwischen Sehen und Hören

In diesem Teil will ich einige Unterschiede von Sehwelt und Hörwelt darstellen, die sowohl die Motive der traditionellen Privilegierung des Sehens erklären wie die aktuelle Option fürs Hören verständlich machen können.

1. Bleibendes – Verschwindendes

Es ist trivial zu sagen, daß sich das Sehen primär auf räumliche, das Hören auf zeitliche Phänomene bezieht. Sich umzusehen, heißt räumliche und körperliche Gegebenheiten wahrzunehmen, die relativ konstant vorhanden sind; sich umzuhören hingegen heißt, Laute wahrzunehmen, die im nächsten Moment verschwunden sein werden.

Dieser Unterschied hat beträchtliche Konsequenzen. Man stelle sich nur einmal vor, gesprochene Worte würden nicht verklingen, sondern – ähnlich wie sichtbare Dinge – weiterdauern. Dann wäre kein Reden möglich, denn alle nachfolgenden Worte würden von der Dauerpräsenz der vorausgegangenen absorbiert. So folgenreich ist der Unterschied optischer und akustischer Phänomene.

Die Seinsweise von Sichtbarem und Hörbarem ist grundsätzlich verschieden. Das Sichtbare verharrt in der Zeit, das Hörbare hingegen vergeht in der Zeit. Sehen hat es mit Beständigem, dauerhaft Seiendem zu tun, Hören hingegen mit Flüchtigem, Vergänglichem, Ereignishaftem. Daher gehört zum Sehen eine Ontologie des Seins, zum Hören hingegen eher ein Leben vom Ereignis her. Aus dem gleichen Grund hat das Sehen eine Affinität zu Erkenntnis und Wissenschaft, das Hören hingegen zu Glaube und Religion.

Übrigens erklären sich aus solchen Unterschieden auch ansonsten unverständlich bleibende Disparitäten wie die, daß wir gegenüber sichtbarer Umweltverschmutzung weitaus einschneidendere Maßnahmen ergreifen als gegenüber hörbarer. Sichtbares ist eben dauerhaft, während Hörbares vorübergehend ist und im wörtlichen Sinn eine verschwindende Größe darstellt. Außerdem ist unser ganzes Realitäts- und Handlungsverhältnis visuell und objekthaft geprägt. Auf akustische Verletzungen reagieren wir erst, wenn sie die Schmerzgrenze überschreiten und Empörung und Wut hervorrufen.

2. Distanzierung – Eindringlichkeit

Sowohl Hören wie Sehen sind Fernsinne, aber das Sehen ist der eigentlich distanzbildende Sinn. Das Sehen bringt die Dinge auf Distanz und hält sie an ihrem Ort fest. Es ist der objektivierende Sinn schlechthin. Im Sehen gerinnt die Welt zu Objekten. Jeder Blick hat etwas vom Blick der Medusa: Er läßt die Gegenstände erstarren, versteinert sie. – Ganz anders das Hören, das die Welt nicht auf Distanz bringt, sondern einläßt. Während das Sehen ein Sinn der Distanz ist, ist das Hören einer der Verbundenheit.

Von daher versteht man, daß das Sehen zum Sinn der Erkenntnis par excellence werden konnte. Es ordnet, distanziert und beherrscht die Welt. Überdies kann es seine Gegebenheiten stets nachprüfen, kontrollieren. Denn da seine Objekte dauerhaft sind, kann es ein zweites oder drittes Mal auf sie zurückkommen. Das Hören kann das nicht. Ein zweites Mal hinzuhören, würde nichts nützen, der Ton wäre vorbei, der Moment verpaßt, die Chance vertan.

3. Affektlosigkeit – Passibilität

Das Sehen ist von seinen Gegenständen am wenigsten affektiv betroffen. Stets hat die Tradition das Sehen als unseren edelsten Sinn bezeichnet, und sie hatte dabei neben der Universalität des Sehens dessen Affektlosigkeit im Auge. Sehend sind wir am wenigsten körperlich affiziert. Sehend sind wir Herren der Welt.

Das Hören hingegen hält die Welt nicht fern, sondern läßt sie ein. »Ton dringt ein, ohne Abstand«, wie Plessner sagte. Für das Hören sind Eindringen, Verletzlichkeit, Ausgesetztsein charakteristisch. Wir haben zwar Augenlider, aber keine Ohrlider. Hörend sind wir ungeschützt. Hören ist ein Sinn extremer Passibilität, und akustischem Andrang können wir nicht entrinnen. – Daraus folgt, daß wir akustisch besonders schutzbedürftig sind.

4. Individualität – Sozietät

Das Sehen ist ein Sinn der Individualität, das Hören einer der Sozietät. Vom antiken Lobpreis der Theorie über Leonardo da Vincis Beschreibung des gottähnlich-souveränen Augenmenschen bis hin zum Glück schauender Einsamkeit reichen die Zeugnisse vom Sehen als Sinn souveräner Weltbetrachtung. Das Sehen hat immer etwas von der überlegenen Schau am Ende des sechsten Schöpfungstages – und von der Einsamkeit und Selbstgenügsamkeit des so Schauenden.

Das Hören hingegen ist mit Menschen, mit unserer sozialen Existenz, verbunden. Wir müssen hören, um Sprache zu vernehmen und selber sprechen zu können. In diesem Aspekt ist dem Hören in der Tradition auch stets Anerkennung zuteil geworden. Wenn man das Sehen als den edelsten Sinn des Menschen bezeichnete, so hat man – von Aristoteles über Kant bis in unsere Tage – als unseren unersetzlichsten Sinn das Hören eingeschätzt.

Aber diese Anerkennung ist trügerisch. Nicht das Hören als solches, sondern seine Dienstfunktion wird dabei geschätzt. Die Ausblendung der genuin akustischen bzw. klanglichen Dimension des Gehörten ist geradezu eine Vorbedingung dieser Anerkennung. Es kommt für die sprachliche Mitteilung ja nicht auf ein Hören von Tönen oder Klängen an, sondern einzig auf das Aufnehmen der sprachlichen Bedeutungen *mittels* der akustischen Signale. Das Hörbare tritt hinter seiner Dienstfunktion für die Sprache ganz zurück. Daß die lautlichen Elemente als solche gar nichts bedeuten, ist geradezu eine Bedingung der Übermittlungsfunktion.

III. Akustische Kultur – gegen akustische Barbarei

1. Ausgangspunkt

Überlegungen zu einer akustischen Kultur heute haben von der besonderen Ungeschütztheit des Hörsinnes und von der strukturellen Rücksichtslosigkeit einer visuell geprägten Kultur gegenüber dem Hören auszugehen. Die Empfindlichkeit des Hörsinnes, die als solche bewundernswert ist (die Physiologen sagen uns, er sei der empfindlichste aller Sinne), verkehrt sich in einer Umwelt, die auf das Gehör keine Rücksicht nimmt, zum eklatanten Nachteil. Was beglücken könnte, bringt Marter und Pein, macht krank. Dem haben Initiativen zu einer Umweltakustik entgegenzutreten.

2. Gleichwertigkeit von Sehen und Hören

Natürlich bedeutet die Forderung nach einer Gleichberechtigung des Akustischen innerhalb einer visuell dominierten Kultur eine beträchtliche Umwertung und Herausforderung. Orthodoxen Visualisten muß sie skandalös vorkommen – und wer von uns wollte sich ganz davon freisprechen, da oder dort selber noch einem Visualprimat anzuhängen? Vielleicht ist der Visualprimat manchen von uns in diesen Tagen erstmals bewußt geworden – auch das wäre schon ein Erfolg.

Im übrigen: Ein zeitweises Übergewicht der einen Waagschale – jetzt also der akustischen – mag, wo es darum geht, das umgekehrte Ungleichgewicht zu beseitigen, durchaus angebracht sein. Insgesamt aber kann es nicht um einen Primat des Hörens, sondern nur um eine Gegensteuerung gegen die konventionelle Hypertrophie des Sehens gehen, um zu einer Gleichgewichtigkeit zu gelangen. […] Wir wollen Augen- und Ohrenmenschen sein – und gewiß auch sonst manchen Sinn nicht vergessen.

3. Kriterienszenario

Ist somit das Plädoyer klar – es geht um eine Aufwertung des Hörens –, und ist das Mißverständnis abgewehrt, daß dies eine Vorherrschaft des Hörens intendiere –, so bleiben nun noch einige Forderungen und Kriterien einer solch gleichberechtigten Kultur des Hörens zu benennen.

a. Idealansprüche?

Dabei sollte man nicht von einer falschen Voraussetzung ausgehen: daß jetzt eine ideale öffentliche Klangwelt zu erfinden sei – als ob wir freie Hand hätten, alles neu zu wünschen und dann auch gleich zu realisieren. So ist die Situation nicht, und im übrigen wäre es –

so paradox das zunächst erscheinen mag – weitaus schwieriger, für eine solch scheinbar ideale Situation Lösungen anzugeben als für die reale. Die Gründe dafür sollte man sich freilich vor Augen führen – allein schon, weil man sicher sein kann, hie und da mit solch hochfahrenden Plänen konfrontiert zu werden.

Moderne Gesellschaften sind hochgradig differenziert, und eine Unterschiedlichkeit von Erwartungen, Ansprüchen und Geschmacksrichtungen ist für sie konstitutiv und legitim. Über sie darf man sich nicht hinwegsetzen. Zusätzlich wird diese Pluralität der Ansprüche noch durch rezeptive Differenzen verstärkt. Was für den einen ein Wohlklang ist, kann für den anderen einen Mißklang darstellen. Des einen Musik ist – wie Max Neuhaus sagt – des anderen Muzak. Damit muß jeder Designer heute rechnen.

Der Unterschiedlichkeit der Erwartungen kann man sich auch nicht durch Rekurs auf angebliche anthropologische Konstanten entziehen – wie mancher das in Sachen Akustik gerne täte. Unsere kulturellen Formungen und Differenzen sind dafür zu stark und zu legitim. Beispielsweise sind die Konsonanzen für manche seit der Emanzipation der Dissonanz tatsächlich vergiftet.

Welche Generalnorm man auch vorschlagen wollte – ob eine hohe, sphärenharmonische, oder eine niedrige, physiologische –, sie wäre als allgemeine Norm stets verfehlt. Es gibt in der heutigen Welt kein Monokriterium, nach dem sich die akustische Welt ideal und universal einrichten ließe. Die nach einem einzigen Paradigma gestaltete öffentliche Klangwelt würde sich, so attraktiv ihr Modell zunächst für manche erscheinen mag, für ein anderes Ohr bald als Diktatur einer Gruppe, eines Geschmacks, einer Klangideologie entpuppen.

b. Anpassung?

Aber natürlich ist auch das Umgekehrte, das einfache Hinnehmen der faktischen Klangwelt, wie sie ist, keine Lösung. Allerdings gibt es – auch wenn ich zögere, das zu sagen – einen tückischen Prozeß, der uns diese Akzeptation zu lehren und zu empfehlen scheint. Ich meine die Entwicklung der avantgardistischen Musik.

Im visuellen Bereich haben die Futuristen die Schönheit und Geschwindigkeit technischer Gebilde – etwa des Rennwagens – gepriesen. Und nicht nur sie taten das: Die neue Gestaltung hat sich insgesamt von technischen Innovationen inspirieren lassen. Le Corbusier verkündete: »Wir haben im Namen des Dampfschiffes, des Flugzeugs und des Autos unsere Stimmen erhoben für Gesundheit, Logik, Kühnheit, Harmonie und Vollkommenheit.« (Wohlgemerkt: im Namen dieser technischen Geräte, nicht etwa im Namen der Menschen.) Ebenso hatten die technischen Innovationen und sogar ausgesprochene Krachmacher Leitfunktion für die musikalische Avantgarde. Luigi Russolo hat 1915 in seinem Manifest *L'arte dei rumori* die Tatsache gefeiert, daß heute der Lärm der Stadt über die menschliche Empfindsamkeit triumphiert, und er hat uns das Rumpeln und Rattern von Maschinen, den grellen Laut von mechanischen Sägen und die Orchestrierung von Eisengießereien, Kraftwerken und Untergrundbahnen als neue akustische Genüsse empfohlen. John Cage schließlich hat die Gleichwertigkeit aller Laute proklamiert.

Diese Empfehlungen der musikalischen Avantgarde laufen auf die Akzeptation von Klang und Krach hinaus. Dazu wäre viel zu sagen, ich will mich auf einen Aspekt beschränken: Vielleicht hat man in diesen Tendenzen verzweifelte Versuche zu sehen, uns mit einer akustisch unerträglichen Welt noch einmal zu versöhnen, sie uns erträglicher und umgekehrt uns in ihr lebensfähiger zu machen – etwa nach dem Motto »Wenn dir die Musik deiner Welt nicht paßt, so verändere deine Organe und deine Bewertungen, und du wirst sehen, es geht und es hilft.«

Kunst hat stets daran gearbeitet, unsere Rezeptoren und Rezeptionsformen zu verändern. Hier aber ist das nicht mehr nur eine künstlerische, sondern eine zivilisatorische Strategie. Wie will man dies bewerten? Handelt es sich um einen Fall von Überanpassung? Oder handelt es sich – was in unserer Kultur gar nicht so ungewöhnlich wäre – um eine Identifikation mit dem Gegner, mit dem, was uns kaputt macht?

Sicher scheint mir das eine zu sein: Als Leitlinie für ein humaneres Akustikdesign und eine Ethik der akustischen Umwelt lassen diese Experimente der Avantgarde sich nicht verwenden. Dagegen sprechen schon die Befunde der Medizin. Allenfalls als Nebenaspekt können die avantgardistischen Strategien interessant sein, denn gewiß müssen wir immer wieder damit rechnen, daß hinter unseren Aversionen schlechte und muffige Gründe stehen, die es zu verändern gälte.

c. Pragmatische Perspektiven

Aber unsere Aufgabe ist nicht, eine ideale Situation zu erfinden, und auch nicht, eine schlechte zu lassen, wie sie ist, sondern eine schädigende zu verbessern. Und dafür ist das Kriterien-Szenario relativ einfach. Das Beste zu bestimmen, ist immer schwierig, aber gegenüber einem lamentablen Zustand, wie der gegenwärtige es ist, ein Besseres anzugeben, das sollte sich machen lassen. Dafür braucht man keine absoluten Maßstäbe und kein verbindliches Modell, sondern dafür genügen plausible Perspektiven.

4. Leitlinien

a. Reduzierung und Differenzierung

Sicher bedürfen wir als erstes einer Reduktion der öffentlichen Lautmenge. Unnötige Geräuscherzeugung ist zu vermeiden. Der manipulatorische Einsatz von Klang fällt als erstes darunter. Ich denke – unter dem Stichwort akustische Umweltverschmutzung – an Muzak in Kaufhäusern oder an Brian Eno, der uns auf Flughäfen umlullt.

Die verbleibende, unvermeidliche Lautmenge ist – zweitens – bewußt zu verbessern. Differenzierung ist ein erstes Mittel dazu. Welche anderen Möglichkeiten bieten sich an? Sprechen wir zunächst vom öffentlichen Raum. Dort sollten Umweltakustik und Industriedesign eher nach einem wünschenswerten Standard als nach wunderbaren Exquisitäten Ausschau halten. Zeitgenössische Musik mag als Paradigma locken, aber es wäre das falsche. Um nicht mißverstanden zu werden: Ich liebe diese Musik – aber sie ist eine Alternative zum Alltag, nicht ein Standard des Alltags. Gewiß gehört zu unseren Sinnen stets auch ein Transzendieren des Bestehenden und Standardisierten, und zum Hören gehört das vielleicht in besonderem Maße. Aber das zu tun, ist nicht Aufgabe der Industrie, sondern der Kunst. Die Industrie hingegen, die uns Klänge auferlegt, die wir tendenziell alle hören müssen, ob wir wollen oder nicht, sollte uns gute Standard klänge bieten.

Wichtig ist in alledem die Unterscheidung von öffentlichem und privatem Raum. Klänge, die individuell genützt werden, kann man natürlich interessant machen, hier kann die Industrie Diversifizierungsmöglichkeiten nützen. Ich zweifle zwar, ob ein Rasierapparat uns gerade Schlager vorspielen soll, aber warum soll nicht beim einen Modell der Klang bewußt kräftig, beim nächsten sanft, bei einem dritten schnurrend oder gleitend inszeniert sein? Die Sozialverträglichkeit kann man hier Abstimmungsprozessen im Familienkreis überlassen.

Bei Klängen jedoch, die den öffentlichen Raum betreffen, sollte man sich strikt an das Gebot sinnvoller Geräuschvermeidung halten, und die unvermeidlichen Geräusche sollten so gestaltet werden, daß sie dem Prinzip der Nicht-Belästigung folgen. Dabei ist der für alle weniger interessante Klang dem für einige sehr interessanten Klang vorzuziehen. Aufdringlichkeit ist ebenso zu vermeiden wie Monotonie.

Im öffentlichen Raum gelten Prinzipien der Solidarität. Die Freiheit des Einen soll der des Anderen keinen Abbruch tun, wie Kant das formuliert hat. Ins Akustische übersetzt: Die Hörfreiheit des Einen darf in die Hörfreiheit des Anderen keinen *Einbruch* tun. Demokratie ist eine Sache der Rücksichtnahme schon auf der Ebene der Sinne.

Die Grundregel lautet also: Unnötiges ist zu vermeiden, Nötiges gut zu gestalten. Damit halte ich kein Plädoyer für Geräuschlosigkeit, sondern für die Ausschaltung vermeidbarer Geräusche. Die Sorge, daß dann absolute Stille ausbrechen könnte – die uns gewiß erschrecken würde –, brauchen wir nicht zu haben. Absolute Stille gibt es nicht und werden wir in diesem Dasein nicht erleben.

b. Zonen der Stille

Besonders wichtig ist mir ein letzter Punkt: Unsere Sinne brauchen auch Ruhezonen – als Komplement zu ihrer natürlichen Neugier. Daher wird akustische Kargheit, wo sie erreichbar ist, nötig und wohltuend sein.

Auch visuell leben wir heute in einer Zeit offenkundiger Aufgeregtheit und Überdrehtheit. Die Ästhetisierungstendenzen der letzten Jahre haben kaum einen Winkel unseres Daseins und unserer Produktwelt verschont. Auch hier wäre Reduktion geboten. Dies ist heute eine generelle Empfehlung ans Design. Kein akustisches Total-Styling als Komplement oder Gleichwertigkeitsbeweis gegenüber der grassierenden visuellen Ästhetisierung! Die akustische Verbesserung darf vor allem die Schutzbedürftigkeit des Hörens nicht verraten. Reizreduktion, die Schaffung von Bereichen ohne Eigenklang und mit wenig Fremdklang tut uns not. Im Bombardement der Sinne benötigen wir Zonen der Unterbrechung, Kahlflächen, Pausen.

Botho Strauß hat einmal vom Schriftsteller gesagt, er sei »inmitten der Kommunikation [...] zuständig für [...] den unterbrochenen Kontakt, die Dunkelphase, die Pause.« Ich würde mir wünschen, auch mancher Akustikdesigner würde sich dafür zuständig fühlen.

Aus: Wolfgang Welsch: Auf dem Weg zu einer Kultur des Hörens? In: Arnica-Verena Langenmeier (Hg.): Der Klang der Dinge. Akustik – eine Aufgabe des Design, München, Verlag Silke Schreiber, 1993, S. 86–111.

Achten wir einmal auf Schritte. An einer Straßenecke oder in einer Fußgängerzone werden Sie viele verschiedene Arten von Schritten und Schuhen hören können. Keine zwei Fußgänger hören sich gleich an. Einige haben einen phlegmatischen Gang mit schleppenden Schritten, andere ziehen mit entschlossenem, weit ausholendem Schritt vorbei, und dazwischen gibt es alle möglichen Varianten. Dann gilt es, das Material der Schuhe zu unterscheiden – und davon gibt es in der Welt eine enorme Vielfalt. Wie viele verschiedene Arten von Schuhen hören Sie an Ihrer Straßenecke?

Ich habe einmal in der Literatur nach dem Klang von Schuhen geforscht und diese Textstellen gefunden:

»... die klappernden Absätze der Männer und das Schlurfen ihrer Sohlen ...« (Irland)

»... das Klack-Klack der hochhackigen Schuhe auf dem harten Boden ...« (Kanada)

»... wattierte Sohlen, die den Schnee dennoch ärgerlich knirschen lassen ...« (Rußland)

»... Sandalengeklapper klapperte ...« (Nigeria)

»... die Holzschuhe der Müllerstöchter auf dem Kopfsteinpflaster der Straße ...« (England)

»... das Schlupp-schlupp schlurfender Pantoffeln ...« (Kanada)

»... die flachen, leisen Schritte der Barfüßigen ...« (ländliches Kanada)

»... Schritte, sanft wie die Schläge eines Holzhammers ...« (England)

»... das solide Kopfsteinpflaster von Zürich klackte unter seinen Füßen ...« (Schweiz)

»... das wilde Getrappel ihrer genagelten, holzbesohlten Schuhe ...« (ländliches Frankreich)

R. M. Schafer, Hörübung 9

Das Ohr mißt, das Auge schätzt – Zwischenübung

von Joachim-Ernst Berendt

Er galt in den 1960er und 1970er Jahren als der Jazzpapst in Deutschland, war Redakteur beim SWF Baden-Baden und Veranstalter unzähliger Jazzfestivals im In- und Ausland. In den 1980er Jahren wandte er sich dem Weltenklang (»Nada Brahma – die Welt ist Klang«) zu, entdeckte für sich das »dritte Ohr« und trat für das Primat des »Hörens als Weltentdeckung« ein. Das Verdienst von J.-E. Berendt (1922–2000) ist, daß er nachhaltig die vernachlässigte »Kultur des Hörens« in die Diskussion eingebracht hat. Kritisch wird er gewürdigt, weil er sein Plädoyer für das Ohr mit einem esoterischen Absolutheitsanspruch versah.

Die folgende Übung ist eine Zwischenübung. Sie nimmt nicht sehr viel Zeit in Anspruch; allerdings bedarf es einiger Mühe bei der Vorbereitung. Erforderlich ist ein Draht. Oder eine Saite. Oder eine Schnur, die du knapp über einer Unterlage so fest zwischen zwei Punkten spannen kannst, daß sie, wenn du sie anreißt, einen Ton von sich gibt. Am einfachsten ist es, wenn du über ein Saiteninstrument verfügst, eine Violine oder Gitarre, Cello oder Bratsche. Vielleicht kannst du alle Saiten von diesem Instrument entfernen – bis auf eine einzige. Dann suchst du dir einen »Steg«, mit dem du die Saite – oder den Draht oder die vor Spannung vibrierende Schnur – an jeder beliebigen Stelle unterstützen kannst. Ein kleines, schmales Holzstück erfüllt diese Aufgabe am besten – notfalls auch ein (beschnittenes) Streichholzheft (eine Schachtel wäre zu dick). Weiterhin brauchst du ein Zentimetermaß – am besten einen Zollstock oder ein einrollbares Maß, wie es in vielen Nähkästchen verfügbar ist. Schließlich brauchst du ein dunkles Tuch, mit dem du dir die Augen verbinden kannst.

Nun stellst du dich vor die Saite – oder den Draht oder die (fest gespannte!) Schnur – und schätzt zunächst mit den Augen: Wo ist die Mitte? Du schiebst den Steg, den du dir vorbereitet hast, so lange hin und her, bis du sicher bist: dort muß die Mitte sein. Klemme an dieser Stelle den Steg (der sehr schmal sein muß) zwischen die Saite und die Unterlage. Dann nimmst du das Zentimetermaß und mißt nach: Habe ich die Mitte richtig gefunden? Oder habe ich mich getäuscht? Wahrscheinlich – so jedenfalls geht es den meisten Menschen – wirst du bemerken, daß du zum Beispiel bei einer Saite, die achtzig Zentimeter lang ist, vier bis sechs Zentimeter »daneben liegst«. Wenn du dich nur zwei bis drei Zentimeter getäuscht hast, bist du schon sehr gut.

Danach verbindest du dir die Augen, und jetzt mißt du mit dem Ohr. Du schiebst den Steg so lange hin und her und zupfst dabei die beiden auf diese Weise entstehenden Hälften der Saite, bis du hören kannst: beide Saiten klingen gleich. An dieser Stelle fixierst du den Steg. Überzeuge dich noch mal, höre genau: Klingen die beiden Hälften wirklich gleich? Wenn nicht, verschiebe den Steg noch einmal, bis sie exakt gleich klingen. Jeder Mensch – auch ein sogenannt »unmusikalischer« – kann hören, ob zwei Töne gleich sind.

Dann löst du die Augenbinde und mißt nach. Du erfährst auf diese Weise durch ein sinnfälliges und einfaches Experiment, wieviel genauer die Wahrnehmung deiner Ohren als die deiner Augen ist. Du wirst nämlich feststellen, daß deine Augen sich viel mehr verschätzen als deine Ohren. Die meisten Menschen machen bei der »Ohrenmessung« nur einen Fehler von wenigen Millimetern, während sie bei der »Augenmessung« einen Fehler von mehreren Zentimetern machen. Wenn du willst, kannst du nachrechnen: Um wieviel genauer ist dein Ohr als dein Auge?

An der Stelle, an die du den Steg geschoben hast, »sitzt« die Oktave. Die ganze Saite klingt genau eine Oktave tiefer als die halbierte Saite. Du kannst auf diese einfache Weise gleich noch erfahren, daß jeder Mensch – auch ein »unmusikalischer« – die Oktave, das Frequenzverhältnis von eins zu zwei, messen kann. Dies kann nur das Ohr. Wenn du feststellen willst, ob eine sichtbare Schwingung doppelt so schnell schwingt wie eine andere, brauchst du komplizierte technische Geräte, die das messen müssen. Purpur (760 Nanometer) schwingt doppelt so schnell wie violett (380 Nanometer). Purpur ist die »Oktave« von Violett. Kein Mensch kann dies sehen. Im Falle des Hörens aber erledigt das Ohr den Akt des Messens gleich mit. Technische Geräte sind nicht erforderlich – oder allenfalls insofern, als sie hinterher die Genauigkeit des Höraktes bestätigen zu können.

Es ist wichtig, daß du dir auf diese Weise die größere Genauigkeit deiner Hörwahrnehmung deutlich machst. In der überzogen visuellen Zivilisation, in der wir leben, sind die meisten Menschen davon überrascht. Sie sind überzeugt, daß das Auge genauer ist. Das ist das Täuschungspotential, dem wir uns täglich aussetzen, wenn wir uns mehr auf unsere Augen als auf unsere Ohren verlassen.

Du hast mit dieser Übung die Richtigkeit des physiologischen Grundsatzes überprüft und erfahren: »Das Auge schätzt – das Ohr mißt.«

Aus: Joachim-Ernst Berendt: Ich höre – also bin ich. Hör-Übungen, Hör-Gedanken. Freiburg, Bauer-Verlag, 1989, S. 158f.

Hören und Verstehen

von Hans-Georg Gadamer

Er gilt als einer der prominentesten Philosophen der Neuzeit: Hans-Georg Gadamer (1900–2002), Schüler von Martin Heidegger, hat mit seinem Hauptwerk »Wahrheit und Methode« eine universale Hermeneutik begründet. Er geht davon aus, dass Verstehen eine der Grundlagen des menschlichen Lebens ist. Ob in Bauwerken, Kunst, Texten oder im persönlichen Gespräch – immer ist Verstehen an die Sprachlichkeit und Zeitlichkeit unseres Seins gebunden. In seiner philosophischen Meditation »Über das Hören« setzt Gadamer in der menschlichen Lebenswelt an und kommt zu dem Schluss, dass wir Hören wie Horchen erst noch lernen müssen.

Es geht um Hören, aber immer auch um Verstehen. Es ist artikuliertes Sprechen. Aber darin steckt auch, daß das, was uns die Sprache vorlegt, sozusagen vor uns liegt. Wir nennen das die Anschaulichkeit der Sprache, und diese Anschaulichkeit ist weniger ein Sehen, als die innere Bezogenheit von Hören als Hinhören und als Verstehen als mir Gesagtem. Kennen wir nicht die Einheit und Untrennbarkeit von Hören und Verstehen? Wenn man zum Beispiel im akademischen Unterricht einen Studenten bittet, einen bestimmten Satz vorzulesen. Wenn es ein schwieriger Satz ist, dann wird er den Satz zwar sprechen oder vielmehr vorlesen. Wenn er den Satz aber nicht verstanden hat, dann können auch wir ihn nicht verstehen. Hören und Verstehen sind so untrennbar, daß die ganze Artikulation der Sprache mitspricht, und nicht nur die Sprachlaute, sondern auch die Gestikulation des Sprechenden. All das muß sich zu einer überzeugenden Einheit vereinigen. Wo diese Einheit fehlt, versteht man nicht.

Es gibt aber nicht nur ein Hören, ohne zu verstehen. Es gibt offenbar auch ein Verstehen, ohne zu hören. Wie das alles sich im Bereich der Sprachlichkeit miteinander verträgt, bleibt das eigentliche Problem, das die Philosophie beschäftigt. Schon die griechische Philosophie hat das Problem gesehen, wenn sie den Logos ausdrücklich in einer zweifachen Weise kennt, einerseits den Logos, der so etwas wie das innere Wort ist, das noch gar nicht in einer sprachlichen Form artikuliert zu sein braucht, und dann andererseits eine Rede, die wirklich sprachlich ausgesagt wird. Der Sache nach hat Plato bereits davon gesprochen, daß Denken ein Sprechen mit sich selber ist, und hat dieses Sprechen mit sich selber als eine Art Schreiben oder Einzeichnen verstanden. In der späteren Wendung der stoischen Philosophie und in deren Fortleben, etwa bei Augustinus, gibt es dann den Unterschied zwischen der inneren Stimme und der geäußerten Stimme, dem inneren Verbum oder dem Gesprochenen.

Das klingt so einfach, aber es ist in Wahrheit das größte Geheimnis des Christentums: Die Inkarnation. Es ist also nicht so, wie sich das Plato wohl noch vorstellte und auch nicht so, wie die spätere christliche Theologie das innere Wort als das Wort Gottes ansah. So geheimnisvoll wie die Inkarnation ist in Wahrheit auch der innere Zusammenhang des Verbum mit dem Gesprochenen.

Nun kompliziert sich das Ganze durch das Verhältnis von Gedanke und Gesprochenem. Auch da sahen wir ja bereits, daß das innere Wort nicht in die jeweilige Sprache eingekörpert ist. Das gleiche gilt auch für das geschriebene Wort, dem ja irgendwie auch die genauere Artikulation des gesprochenen Wortes fehlt. Man kennt das durch die Bedeutung, die der Ton, in dem etwas gesagt wird, haben kann. Vor allem aber ist das gesprochene Wort nicht mehr meines, sondern dem Hören preisgegeben. Das gehört zu den großen Verantwortlichkeiten des Sprechens, daß ein gesprochenes Wort sozusagen nicht zurückgerufen werden kann. Das gesprochene Wort gehört jedem, der es hört. Wir kennen die ganze Problematik der Schriftlichkeit nicht zuletzt aus der platonischen Reflexion und dem klaren Bezug auf das wirklich gesprochene Wort, das eine Art zeitloser Erleuchtung über das Ganze bringt. Das ist das Wesen des Hörens, daß sich die ganze Gliederung der Rede wie in die neue Einheit zusammenfaßt, die das Wort ist, das einem gesagt wird. Das Wort ist nicht die Wörter.

So ist selbst das eine Wort bei einer Rede vor einem großen Auditorium ein geradezu ins Gigantische verzerrter Versuch, die Hörer wie in einem nachdenklichen Gespräch zu erreichen und mit ihnen im Gespräch zu sein. Weil die Dinge so liegen, wird der Hörer immer den Unterschied bemerken, ob er einer Vorlesung folgt oder ob er mit einer Rede mitgeht, die, frei in der Findung der Wortwahl, den Hörer zur Mitarbeit aufruft.

Um diese Vollzugsweise des Hörens geht es. Es ist nicht einfach das Aufnehmen dessen, was eine Maschine aufnehmen kann. Es ist das Wort, das den Anderen in seinem Verstehen erreicht hat. Ein solches Wort verlangt nach der Antwort. Insofern ist selbst eine Rede vor einem großen Auditorium ein Gespräch mit vielfältiger, stiller Antwort. Wie bei jedem Gespräch geht es auch hier darum, daß man in einem Miteinander einander näherkommt oder sich mit dem Anderen auseinandersetzt. Das ist eine der Grunderfahrungen unseres menschlichen Zusammenlebens, daß der Angeredete im Zuhören verstehen muß und daß der Redende von der stillen Antwort des Zuhörens aufgenommen wird. Wie im Gespräch muß auch hier die Grunderfahrung des menschlichen Zusammenlebens gelten, sich miteinander zu verstehen. Das meint nicht nur, daß man etwas Vernünftiges gesagt hat oder gehört hat, sondern daß beide etwas Vernünftiges geteilt haben. Es bedeutet also keineswegs, daß in einem solchen Einander-Verstehen man immer miteinander einig werden muß. Vielmehr ist dieser Zusammenhang von Hören und Verstehen in Wahrheit die freie Öffnung in die Dimension des Anderen. Versuchen wir, ein paar Formen dieser Öffnung zu erörtern.

Gewiß, wir leben heute vorzugsweise in einer literarischen Welt, in der das Lesen einen großen Raum einnimmt. Wie lange diese Weltzeit noch anhalten wird, wissen wir nicht. Die Analphabeten wachsen. Aber noch spielt das Lesen eine entscheidende Rolle. Was aber ist Lesen?

Lesen ist nicht Buchstabieren. Wer noch buchstabieren muß, kann eben noch nicht lesen. Wer Lesen verstehen will, muß etwas verstehen, was der andere verstehen soll und verstehen kann. So ist er als der Lesende und in seinem Verstehen immer schon bei dem Ganzen des Gesagten. Es ist nicht das einzelne Wort als solches, das man Wort für Wort versteht. Das wird gerade dann fühlbar, wenn man im Zuhören ein einzelnes Wort nicht verstanden hat. Das bedeutet dann einen vollen Bruch im Verstehen des Ganzen. Erst wenn man den mißverstandenen Laut richtiggestellt hat, wird der Bruch im Verstehen geheilt, und dann sind wir wieder bei dem Ganzen, das ein Austausch zwischen Menschen ist, die einander verstehen.

Was also ist Lesen?

Die Antwort lautet: Sprechen lassen. Gleichwohl heißt das nicht, daß Lesen ein Hören ist, auch wenn man den Hörer einer Vorlesung einen Hörer nennt. Nur wer Hören verstanden hat, vermag das Gehörte sprechen zu lassen. So gibt es den kritischen Fall des ironischen Sprachgebrauchs. Da hat man zwar gehört, aber wenn man es nicht als ironisch verstanden hat, hat man noch immer falsch gehört. Ein Beispiel dafür ist für mich immer, wenn es sich um den Idealstaat der platonischen Republik handelt. Ist das alles im Ernst gemeint? Am Ende ist doch wohl nur das ernstgemeint, daß es ein ideales Zusammenleben zwischen Menschen geben würde, wenn alle Menschen gelernt hätten, ihre eigenen Vorurteile und Interessen ganz und gar auszuschalten. Das nimmt bei Plato am Ende die ironische Form an, daß es nur auf die Kleinigkeit ankomme, die ideale Stadt zu haben. Man müsse nur alle mehr als Zehnjährigen aus der Stadt entfernen und dann alle Jüngeren den ganz großen Erziehungsweg durchlaufen lassen, an dessen Ende die Philosophen die Könige sind.

Im täglichen Leben ist es der Ton, welcher die Ironie mehr oder weniger kenntlich macht. Natürlich kann auch die schriftliche Form etwas von diesem Ton hörbar machen. Das stellt wiederum eine schriftstellerische Aufgabe, aber vor allem an den Leser, der auf das Wort hören lernen muß, das ihm gesagt wird. Wenn wir uns in der Welt von morgen zurechtfinden sollen, wird es für die junge Generation der Zukunft von entscheidender Wichtigkeit sein, daß das enge Zusammenleben zwischen den verschiedenen Kulturen und Sprachwelten ein gegenseitiges Sich-verstehen möglich werden läßt. Das bedeutet aber, daß man möglichst fremde Sprachen lernen muß, und vor allem, so weit lernen muß, daß man nicht mehr übersetzt oder gar Übersetztes liest, sondern daß man selber in der Sprache des Anderen denkt und die Sprache des Anderen versteht. Das mag utopisch klingen, aber die Erfahrung lehrt, daß die Lebenssituation wie die Luft, die man atmet, unhörbar von der Sprache wiedertönt.

So kommt es am Ende doch darauf an, daß überall Dialog gelingt, und das ist Austausch mit Worten, die gewiß noch von anderen Momenten begleitet werden, aber im gegenseitigen Austausch immer wieder Worte finden lassen, durch die man sich verständigen kann.

Wir haben den Begriff des Dialogs gebraucht und damit eine Grundstruktur namhaft gemacht, die einen großen Spielraum von Verwicklungsformen offen läßt. Daß der Dialog sozusagen eine vorsprachliche Struktur hat, sehen wir ja bereits an den Tieren und ihren Verständigungsmöglichkeiten miteinander. Zweifellos ist aber durch die Wortsprache eine weltweite Differenzierung in die Form des Dialogs gekommen. Das wortlose Verstehen von Mutter und Kind, die Jahre des Sprechenlernens, das sind die ersten Prägungen der Weltorientierung, die den Menschen lebensfähig macht. So wie sich bei dem Kind, das sprechen lernt, ein wahres Sich-Einhausen in die Welt vollzieht, kennen wir ja auch andere Formen der Verständigung, die uns die Grundstruktur deutlich vor Augen stellt. Ich meine das Mitgehen mit dem Anderen. Verstehen ist immer Mitgehen mit dem, was gesagt wird, auch wenn es keineswegs notwendig Zustimmung bedeutet. Aber wir kennen dieses Mitgehen in sehr vielfältigen Formen.

In einem platonischen Dialog, dem *Phaidros*, wird geschildert, wie Sokrates einem jungen Freund begegnet. Der große Seelenkenner, der Sokrates war, erkennt in dem jungen Mann sofort, wie er ganz von etwas erfüllt ist, und am Ende fordert er ihn auf, das Manuskript hervorzuziehen, das er in seinem Gewand verborgen hielt. Er darf es vortragen, es ist eine kunstvolle Rede eines der berühmtesten Redner Athens. Die Rede sucht zu überzeugen, daß es für einen Knaben besser sei, sich auf einen Bewerber einzulassen, der in Wahrheit keine wirkliche Leidenschaft verspürt. Sokrates antwortet später mit einer umgekehrten Argumentation zugunsten der wirklichen Liebesleidenschaft und schließt daran am Ende die ganze Zaubermacht der Erziehung der Seele an. Dann verteidigt Sokrates die Kunst der Rede, weil sich mit ihr zugleich auch die Erkenntnis dessen, was wahr und richtig ist, dem Anderen mitteilen kann. Das große Recht der Rhetorik im Dienste der rechten Erkenntnis erfüllt den Zauber dieses poetisch stimmungsvollen Dialogs. In Wahrheit ist das Ganze wie eine Art Einweihung in die Philosophie, in der sich die große Leidenschaft des jugendlichen Gemütes noch zu wahren Höhen erheben kann – und nicht nur zu rhetorischen Spielereien, denen sich der jugendliche Bewunderer des Lysias hingegeben hatte. Die wirklich großen Redner sind nicht die Künstler der Künstlichkeiten, die in kunstvoll geschriebenen Reden ihre Triumphe feiern, sondern es sind die großen Männer der Tat, welche durch ihre Redekunst und ihre Weisheit das Zusammenleben der Menschen ordnen, wie Perikles, der große Staatsmann oder Solon, der große Gesetzgeber Athens.

In unserer neuzeitlichen Welt, in der die Wissenschaft und ihre mathematischen Grundlagen den Vorrang besitzen, ist die Redekunst geradezu in Verruf geraten. Sicherlich war es das große Geheimnis der neuzeitlichen Kultur, daß sie durch ihre methodische Erkenntnisweise eine Beherrschung der Naturmächte und indirekt auch eine Ordnung der Gesellschaft zu organisieren verstanden hat. Mit Recht kann man sagen, daß es die Logik war, die am Ende unsere Technik ermöglicht hat, und doch wissen wir, daß die Lebenswelt, das Verhältnis der Menschen zueinander, noch andere Seiten besitzt, als die Gewißheit der Wissenschaft oder gar das siegreiche Rechtbehalten in der Argumentation. Es gibt durchaus andere Formen, mit Menschen umzugehen und mit ihnen in

Übereinstimmung zu sein, als daß man ihnen prahlend die Widersprüche nachweist, in die sie verstrickt sind. Es gibt Möglichkeiten, etwas leise zu sagen. Man kann auch indirekt überzeugen, und es ist nicht immer am Platze, das auszusprechen, was man denkt. Nehmen wir ein Beispiel: Jemand verhält sich aus Unachtsamkeit taktlos. Was soll man dazu sagen? Die Antwort kann nur lauten: gar nichts. Das ist das Einzige, was man da tun kann. Man muß es überhören. Man muß es mit Takt übergehen. Alles andere macht es nur schlimmer. So ist es nun immer wieder, daß man sich im Umgang miteinander umsichtig und sachgerecht für Verständigung offen halten muß. Das sind die Probleme, mit denen wir im menschlichen Zusammenleben zu tun haben: aufeinander zu hören, und es gilt ebensosehr für den Einzelnen und sein Zusammenleben mit dem Anderen, wie für ganze Völker.

Es gibt noch ein anderes Beispiel, an dem ich zeigen möchte, wie sich das menschliche Wissenwollen und Rechthaben seiner Grenzen bewußt zu sein vermag. Plato hat in einem berühmten Dialog geschildert, wie die geistige Elite Athens seiner Zeit bei einem festlichen Gastmahl dem Gott der Liebe, dem Eros huldigt. Plato führt da am Ende auf der Suche nach dem, was diese Weltmacht der Liebesleidenschaft eigentlich sucht, Sokrates ins Gespräch mit der Seherin Diotima. Der Meister logischer Gesprächsführung wird von dieser weisen Frau weit über das hinausgeführt, was er noch wirklich von sich aus selber zu sehen vermag. Dieses Höchste und Letzte, auf das alles hinzielt, das in anderen Dialogen Platos auch ›das Gute‹ heißt, wird hier in der Preisung des Eros ›das Schöne selbst‹ genannt. Aber wie in der Suche nach dem wahren Guten Sokrates eingesteht, daß er so etwas nur in einem Gleichnis sichtbar machen könne, und das ist dann das berühmte Höhlengleichnis und der Aufstieg des Menschen aus seinem Höhlendasein in die helle Freiheit der Sonne, so wird auch hier von der Seherin Diotima der Aufstieg bis zum ›Schönen selbst‹ als etwas vorgelegt, auf das nur eine göttliche Seherin wirklich weisen kann. So gilt für uns alle, daß wir im Hören immer noch etwas zu lernen haben. Wie wir sehen lernen müssen, was wir leider im allgemeinen nicht genug auf unseren Schulen üben, müssen wir auch hören lernen. Wir müssen sogar horchen lernen, um die leiseren Töne des Wissenswerten nicht zu überhören – und vielleicht gehört auch gehorchen dazu. Aber darüber sollte ein jeder allein weiter nachdenken.

Aus: Hans-Georg Gadamer: Über das Hören. In: Thomas Vogel (Hg.): Über das Hören. Einem Phänomen auf der Spur. Tübingen, Attempto-Verlag, 1996, S. 197–205.

Hörwörter – etymologisch

von Max Ackermann

Max Ackermann (* 1965) forscht seit 1990 zu Fragen des Hörens und der Geschichte der Sinne, zu Radiodramaturgie, Soundästhetik und Hörkunst, Oralität und akustischer Anthropologie. Heute ist Max Ackermann (Nürnberg) u. a. Feature-Autor für die ARD, Mitveranstalter diverser Tagungen, wozu auch die »Radiotage« des Bayerischen Rundfunks zählen. Außerdem lehrt er an den Universitäten Wien, Erlangen, Bayreuth und der Fernuniversität Hagen Medienwissenschaften und vergleichende Europäische Literaturwissenschaften. Seit 2003 arbeitet er auch mit der Stiftung Zuhören zusammen: Vorträge und Workshops, Lehrerfortbildung, Projektarbeit an Schulen und weitere Forschungen zu Themen wie »Wirtschaftsfaktor Zuhören« und »Hören in der Medizin«. In seiner Dissertation ›Kultur des Hörens. Wahrnehmung und Fiktion‹ (1998) untersuchte er die etymologische Bedeutung von Hör-Begriffen wie Stimme, Musik, Töne, Klang, Lauschen, Stille.

Nach der Geschichte von Sprache und Musik ein paar längst schon anstehende Bemerkungen zu Definitionen; doch im Rahmen dieser Untersuchung können Definitionen nicht definitiv, sondern nur historisch sein und nur heuristisch, also am besten: – Etymologie.

Günstig für unseren Blickwinkel ist es, daß Ansätze, die die Wortgeschichte in Dienst nehmen, sich auch der sozialen Funktion der Sprache annehmen. Auch deshalb die Etymologie, selbst wenn unserer Zeit eher eine psychologische, medizinische und musikalische Definition des Hörens zu entsprechen scheint, die die jeweils aktuellen (natur-)wissenschaftlichen Erkenntnisse integriert und den Stand der Forschung einer bestimmten Zeit, oft nur eines einzigen Jahres repräsentiert. Wobei man sich nicht selten mit dem Paradox einer aktuellen Festschreibung konfrontiert sieht.

Für den Laien in Sachen Etymologie gibt es zwei Arten von Büchern, die sich mit der Herkunft und veränderlichen Verwendung von Wörtern beschäftigen. Da gibt es jene – voll mit kryptischen Kürzeln –, die die Geschichte der Worte anhand der Worte selbst erzählen wollen, an einzelnen Silben und Buchstaben ein Erbe aus anderen Sprachen aufzeigen und eine Tradition lautlicher Veränderung untersuchen. Und da gibt es jene, die, wie das Wörterbuch der Gebrüder Grimm oder das Oxford English Dictionary, Zitate auf Zitate häufen und den Gebrauch von Wörtern anhand einer zeitlichen Folge von Sätzen zu dokumentieren wünschen. Beide Strategien eröffnen einen Blick auf interessante und ungewohnte historische Zusammenhänge.

Hören, horchen, lauschen – écouter, entendre, apprendre – hearing, listening, attending

Betrachten wir zunächst nur das Umfeld des Wortes ›hören‹ in drei großen europäischen Sprachen, dem Deutschen, dem Französischen und dem Englischen. In allen drei Sprachen gibt es eine Unterscheidung zwischen bloßem Hören und Zuhören, hörendem Verstehen und hörendem Lernen, im Französischen etwa bezeichnet durch die Trias von ›écouter‹, ›entendre‹ und ›apprendre‹.

Und das Deutsche? Das Besondere der deutschen Sprache ist eine fortdauernde Beziehung des Wortes ›hören‹ zu Wörtern wie ›gehorchen‹ und ›hörig‹. Offenbar gibt es für das Deutsche eine enge historische und damit auch sprachgeschichtliche Verbindung zwischen ›hören‹, ›Hörigkeit‹ und › Gehorsam‹.

‚Gehören‹ wie ›gehorchen‹ lassen sich daran zurückbinden, daß jenes Verb ›hören‹ ebenso wie seine Weiterbildung ›horchen‹, schon früh im Sinne von ›auf etwas hören‹ und von ›einem Rat oder einer Aufforderung nachkommen‹ gebraucht wurden. Der ›Rat‹, auf den zu hören war, bezeichnete jedoch nicht selten die Existenz einer hierarchischen Beziehung.

Das deutsche ›hörig‹ war einst der gebräuchliche Begriff für eine solche Beziehung und meinte die rechtliche Abhängigkeit von der Befehls- und Ratsgewalt eines Grundherrn. ›Hörige‹ waren weder rechtlich frei noch waren sie leibeigen. ›Hörig‹, also ›halbfrei‹, wurde man meist im Zuge einer Schuldknechtschaft oder aber auf der Suche nach einem wirksameren Schutz vor Feinden. Heute assoziiert man mit ›Hörigkeit‹ fast ausschließlich ›Formen sexueller Abhängigkeit‹, seltener schon jene Abhängigkeit, wie sie in Sekten und anderen geschlossenen Gruppen gepflegt und gefördert wird.

Im englischen Sprachraum scheint die politisch-rechtliche Dimension des Hörens, wie sie im Wort ›Hörigkeit‹ auftauchte, auf eine andere Weise erhalten geblieben zu sein. Schon seit dem 16. Jahrhundert kennt man hier das Wort ›Hearing‹ für ›Tribunal‹ oder ›Gericht‹, das erst in der zweiten Hälfte des 20. Jahrhunderts auch im deutschen Sprachraum üblich wurde. Und jeder kennt wohl die »regular form of cheering« im englischen House of Commons, wo Intonation und Tonfall eines lauten »Hear! Hear!« je nach dem Ablehnung oder Zustimmung, Parteinahme oder Indignation signalisieren können.

Die englischen und deutschen Verben ›hear‹ und ›hören‹ lassen sich ebenso wie das lateinische ›cavere‹, ›sich in acht nehmen‹, und das griechische ›akouein‹, ›hören, gehorchen‹, auf eine indogermanische Wurzel zurückführen. Jene Wurzel, ›keus‹, ist als ›hören‹, im Sinne von ›darauf achten, merken‹ oder ›bemerken‹ zu verstehen und – das ist besonders interessant – auch als Tätigkeit eines anderen Sinnes. Es heißt nämlich auch: ›sehen‹. Eine Veränderung der Wurzel durch den Anlaut ›s‹, ›skeus‹, liegt vermutlich auch der Wortgruppe um das deutsche Verb ›schauen‹ zugrunde. Manchmal verschwamm eben in der Sprache, was wir heute als Grenzen der Sinne erkennen.

Das deutsche ›Hörensagen‹ oder das gleichbedeutende ›hearsay‹ im Englischen waren einst Ausdruck einer überaus bedeutsamen

Veränderung der europäischen Kultur, bezeichneten sie doch einen seit dem 16. Jahrhundert wachsenden Zweifel an der Glaubwürdigkeit dessen, was nicht zu lesen war. War etwas nicht geschrieben oder gedruckt, also nur vom ›Hörensagen‹ bekannt, konnte es schnell als bloße Behauptung, als Gerücht, als unbewiesen gelten.

Was würde es wohl bedeuten, ›an einem lauschigen Platz aufzuhören'? ›Aufhören‹, als ›beenden, einstellen‹ oder ›nachlassen‹, geht wahrscheinlich zurück auf die Bedeutungsvariante ›aufhorchend von etwas ablassen‹. Wird die Aufmerksamkeit abgelenkt, hört man auf, mit einer Tätigkeit fortzufahren. Man hört auf, etwas anderes zu tun, wenn man ›aufhorcht‹ und mit dem Hören beginnt.

Das deutsche ›lauschen‹ trägt seit dem Spätmittelalter die Bedeutung von ›Wachsamkeit‹ und meinte vor allem ein ›aufmerksames Zuhören‹. Es bedeutete in jedem Fall ›aufzupassen auf etwas‹. Im 18. Jahrhundert hieß das von ›lauschen‹ abgeleitete Adjektiv noch ›lauschig‹ – für das ältere ›lauschicht‹ – was so viel heißen mochte wie ›gern horchend‹. Erst im 19. Jahrhundert begann man ›lauschig‹ auch als ›traulich‹, als ›versteckt‹ oder gar als ›heimlich‹ zu begreifen und auf Orte anzuwenden. Anfänglich muß ein ›lauschiges Plätzchen‹ also keineswegs ein abgeschottetes Refugium, sondern einen Platz bezeichnet haben, von dem aus man viel und gerne wahrnahm – etwa: hörte.

Schweigen, Stille und Ruhe – silence – silence, quiet(ness)

Das französische und das englische ›silence‹ gehen beide auf das 12. Jahrhundert zurück und damit auf den lateinischen Ruf nach ›silentium‹. Das deutsche Verb ›schweigen‹ hingegen hat eine etwas unklare Etymologie zwischen ›zum Schweigen bringen‹ und ›verschwinden, abnehmen‹. So war im deutschen ›Schweigen‹ zugleich das Aktive, die Tat, und das Passive, ein leises Verdämmern gemeint. Seit dem 16. Jahrhundert kennt man die allgemeine, eine Eigenschaft einfordernde Fügung ›Verschwiegenheit‹, aber erst seit dem

18. das Wort ›schweigsam‹, mit dem auch Individuen zu bezeichnen waren.

Schweigen hat heute viele verschiedene Gründe: Inzwischen gibt es – um nur einige zu nennen – das Schweigen aus Gedankenlosigkeit, ein gezwungenes Schweigen – in Gesellschaft oder Staat –, eines, das daraufhin deutet, daß jemand sich peinlich berührt fühlt. Man schweigt, weil man gerade zuhört oder weil man Angst hat und deshalb den Atem anhält. Man schweigt aus Trauer oder Wut, oder weil man gegenüber den Möglichkeiten einer weiteren Kommunikation bereits resigniert hat, weil man nicht länger mißverstanden werden will, weil reden nichts mehr nützt.

Auch etwas nicht aussprechen zu wollen, weil man nicht lügen, weil man dem anderen nicht wehtun will, bedingt ein Schweigen. Man schweigt, weil man wartet oder denkt. Man schweigt, weil man nicht anders kann oder will. Man schweigt in dem irrigen Glauben, einmal nicht kommunizieren zu können. Man schweigt, weil man sich nicht einmischen, weil man sich heraushalten will. Schweigen kann Selbstzufriedenheit bedeuten. Selbstvergessenheit, Bescheidenheit, aber auch Redefaulheit, unterdrückte Unruhe oder Scham. Man schweigt aus Unwissenheit oder Ratlosigkeit. Es ist ein Ausdruck der Furcht, der Verachtung oder des Erstaunens. In Schweigen kann man schnell verfallen, weil ein lauter Hintergrund plötzlich verstummt. Man schweigt, weil die Umgebung auffällig still ist, weil das Radio oder der Fernsehapparat gerade kaputt ist.

Schweigen ist religiöses Gebot, Höflichkeit oder Ausdruck von Strafe und regelorientiertem Verhalten. Es unterscheidet das politische Selbstverständnis, ob man sich als Teil der ›schweigenden Mehrheit‹ fühlt, oder gegen sie opponiert. Am Schweigen beweisen sich Neugier und Zivilcourage, ob man nun gewillt ist, etwas ›totzuschweigen‹, oder ›das Schweigen zu brechen‹. Sei es in Fragen der Shoah, der Logik totalitärer Systeme oder gegenüber Straftaten, von den Verbrechen der Mafia bis hin zu Vergewaltigungen.

In dem Wort ›Ruhe‹ findet sich etymologisch das ›Nachlassen‹, die ›Rast‹, die friedliche ›Ruhe (im Kampf)‹. Die ›Unruhe‹, das

Gegenteil der ›Ruhe‹, meint dagegen ›Bewegung und Aufruhr‹. ›Ruhe‹ und ›Unruhe‹ haben nur mittelbar mit Hörbarem zu tun.

Fragt man nach der Etymologie von ›Stille‹, verweisen die Wörterbücher auf das Wort ›still‹, das seiner Herkunft nach zwischen ›verstummen‹, ›überreden‹, ›besänftigen‹ und ›schlafen‹ anzusiedeln ist. Es hat aber auch mit dem Verb ›stillen‹ zu tun, das in der heute bekannten Bedeutung von ›einem Kind die Brust geben‹ eine Sinnverschiebung vom ursprünglicheren ›zum Schweigen bringen‹ darstellt. Zuneigung, Nahrung und Wärme beruhigen das Kind, machen es still.

Wie das ›Schweigen‹ kommt also auch die ›Stille‹ ursprünglich von den Menschen. Das ›stille sein‹ hat eine Bedeutung im sozialen Umfeld. ›Still‹ ist zunächst, wer zufrieden ist. Doch die ›Stille‹ des einen fördert die Zufriedenheit der anderen, auch wenn ein ›Stillmachen‹ zuweilen für etwas Finales, nämlich das Töten steht.

Trotzdem ist ›Stille‹ immer relativ, absolute Stille ist nicht möglich, selbst im schalltoten Raum hören wir noch die Schläge unseres Herzens und das Rauschen unseres Blutes. Völlig ›still‹ ist nur, was nicht oder nicht mehr lebt. Wirft man der Natur vor, sie ›schweige‹, bemerkt man, sie sei ›still‹, mißt man sie im Grunde nur an menschlichen Kategorien, will man sie als Antwort auf die eigene Rede oder als einzig geeigneten Hintergrund.

Stimme – voix – voice

Woher kommt die ›Stimme'? Aus dem Mund kommt sie. Obwohl auch hier Ursprünge und Lautentwicklungen im einzelnen unklar bleiben, geht man wohl inzwischen von einer Weiterbildung eines Wortes für ›Mund‹ aus, ähnlich wie im Griechischen Wort ›eústomos‹ das ›schöne Reden‹ wörtlich mit einer ›Schönheit des Mundes‹ gleichgesetzt wurde. Das ist eine Verbindung, die sich dann besonders leicht erschließt, wenn man an die Körperbezogenheit oraler Kulturen denkt oder aber an den rednerischen Vorzug, ›eine schöne Stimme‹ zu haben.

Seit, dem 14. Jahrhundert erscheint ›Stimme‹ auch im Sinne von ›Votum‹ oder ›Urteil‹. Es ist die Verwaltung europäischer Städte, die sich hier in der Sprache niedergeschlagen haben dürfte. Denn eine ›Stimme‹ zu haben, heißt seitdem, auch Entscheidungen beeinflussen, mitreden zu können. Im Gegensatz dazu bedeutet der Verlust der ›Stimme‹, in einer Gemeinschaft unbeachtet zu bleiben, übergangen oder gar vergessen zu werden, im besten Fall noch einer ›schweigenden Mehrheit‹ anzugehören. Im Englischen ist diese Bedeutung von ›voice‹ seit dem 15. Jahrhundert verbürgt, ist aber erst in jenem Zeitraum zwischen dem späten 17. und dem 19. Jahrhundert, in den auch die Entwicklung demokratischer Verfassungen fallen, in den allgemeinen Gebrauch übergegangen.

Einst hieß es: was laut würde, würde ›stimmen‹, was sich ableitet von ›eine Stimme laut werden lassen‹. Von jenem tönenden ›stimmen‹ eines Tons wiederum stammt das ›Stimmen von Instrumenten‹ – und ist schließlich auch ›Stimmung‹ herzuleiten, das seit dem 16. Jahrhundert von Musikinstrumenten und erst seit dem 18. von Menschen gesagt werden kann. Denn wesentlich für die musikalische Akustik des 18. Jahrhunderts war die Entwicklung von Stimmung und »Temperatur«, sowie die Kodifizierung regulärer Stimmungen. Doch schon im 16. und 17. Jahrhundert war die Metapher vom notwendigen ›Stimmen der Saiten‹ besonders beliebt, um Verstöße gegen zwei scheinbar natürliche Ordnungen zu beschreiben, die der Gesellschaft und die der Töne. In Zweifelsfällen war die ›Harmonie‹ wiederherzustellen.

Es ist noch nicht so lange her, erst seit der Renaissance und dem Barock wurde die soziale Ordnung als ›Harmonie‹ musikalischen Gesetzen unterworfen und erst seit der Aufklärung und der Empfindsamkeit ›stimmen‹ Menschen ihre Empfindungen wie ein eigenes Instrument. Heute hat die in Popsongs eingeforderte ›harmony‹ den Aspekt offensichtlich ordnender Anstrengung und sozialer Systematisierung fast völlig verloren.

Musik – musique – music

Schon im Althochdeutschen wurde ›Musik‹ vom Lateinischen ›(ars) musica‹ übernommen; etymologisch verwandt ist die Musik dem ›Museum‹, das sich wie ›Musik‹ vom griechischen Wort ›Muse‹ herleitet. Und wie die Musen stand auch die ›Musik‹ schon früh zwischen Handwerk, Kunst und Wissenschaft.

Erst durch die Berührung von ›Musik‹ – mit der Betonung auf der Stammsilbe – und dem französischen ›musique‹ im 16. und 17. Jahrhundert – betont auf der Endsilbe – erweiterte und verschob sich die Bedeutung des Wortes von der eher allgemeinen ›Tonkunst‹ hin zu den Bedeutungen ›Tonstück, musikalische Aufführung‹ und ›Vortrag‹. Erst seit der Frühen Neuzeit also sind in dem kleinen Wort ›Musik‹ nicht nur Handwerk, Kunst und Wissenschaft eingeschlossen, sondern auch ihr Ereignis und Erlebnis.

Als sich im 19. Jahrhundert eine eigene ›Musikwissenschaft‹ etablierte, wurde Musik akzentuiert als Kunst begriffen. Mit der Teilung von E- und U-Musik wurde der Kunstanspruch zum Kampfbegriff. Mit der Lesbarkeit von Musik wurde – insbesondere im Rahmen ihrer Akademisierung – ihre Hörbarkeit in Frage gestellt. Basierend auf Kennerschaft, Partiturkenntnis und Vorstellungsvermögen wurde ein »inneres Hörens« favorisiert.

Heute dagegen kann ein Musiklexikon in einem »Definitionsvorschlag« gerade die Hörbarkeit von Musik betonen und als einen der wenigen Fixpunkte in eine »prinzipiell« angelegte Definition einfügen wollen.

»Was bleibe, ist als erstes die Bestimmung der Sinnessphäre, der das Musikalische ausschließlich angehört: M. ist hörbar, ihr Material wird primär weder haptisch noch optisch vorgestellt oder produziert, sondern eben akustisch. [...] Noch ein Weiteres folgt aus der Charakterisierung des Musikalischen als prinzipiell hörbar: M. ist Erfahrungsgegenstand, und als solcher ereignet sie sich in Raum und Zeit.«

Doch ist Musik noch durch mehr als bloße Hörbarkeit ausgewiesen: »Die pure Hörbarkeit teilt die M. mit dem Naturlaut. Daher ist als nächste Begriffsdifferenzierung das Moment ihrer Gestaltheit einzuführen: M. ist Artefakt, von Menschen hergesteller »objektivierter Geist« (Nicolai Hartmann).« Später heißt es dann zusammenfassend:

»Die Bestimmung dessen, was wir unter dem Begriff M. denken, geht aus von der realen Gegebenheit von M. überhaupt und setzt sich dann in schrittweiser Einengung des Begriffsumfangs bei Ausdifferenzierung seines Inhalts folgendermaßen fort: M. ist Realität – hörbare Realität – geistgestimmte Hörbarkeit – hörbarer Bedeutungsträger – Träger nicht-zeichenhafter oder »definierter« Bedeutung – akustisches Medium, da mit seinem hörbaren Substrat koinzidiert.«

Ton und Klang – ton, son, timbre – tone, note, sound

Reine Töne kamen jahrhundertelang weder in der Natur noch in der Musik vor. Sinustöne sind eine relativ neue Errungenschaft der Tonanalyse und -synthese. Außerhalb dieser ergeben sich verschiedene Obertonspektren, verschiedene Klänge. Ein C auf dem Klavier und der Gitarre unterscheiden sich nicht durch ihre Tonhöhe, wohl aber durch eine Reihe von Obertönen. Abgesehen vom künstlich erzeugten und völlig reinen Sinuston sind hörbare Töne immer auch Klängen verbunden: Töne klingen, Töne *sind* Klänge.

Der ›Ton‹ kommt aus der Anspannung‹ im Griechischen und von *tonus* – ›Spannung der Saite‹ und ›Saitenton‹ – im Lateinischen. Die Spannung der Saite aber ändert die ›Tonhöhe‹. So war der ›Ton‹ wie dem ›Klang‹ immer auch der ›Tonhöhe‹ verbunden. Ein Ton erklang also und er erklang in einer – lange Zeit noch relativen, nicht absoluten – Tonhöhe.

Erst die Notenschrift machte die Töne abstrakt, erst die Frequenzmessung machte sie absolut. Die Notation ermöglichte es, sie gedanklich verschiedenen Klängen zuzuordnen. Frühestens im 19. Jahrhundert, geübt im Lesen von Partituren, trennte man dann wie selbstverständlich zwischen Klang und Ton. Erst vor dem schriftlichen Ideal des Tons waren Klänge Dreingaben. Eine eigene ›tonalité‹, ›Tonalität‹ oder ›Tonbeschaffenheit‹ ist seit kaum mehr als einhundert Jahren anzusprechen. Zwar äußerte man sich schon länger unabhängig von ›Tönen‹ über ›Klänge‹, daß aber etwas nur ›klanglich‹ vergleichbar – zum Beispiel ähnlich oder verschieden – sei, will und kann man erst seit dem frühen 20. Jahrhundert sagen.

Das Wort ›Ton‹ erscheint in vielen verschiedenen Fügungen auch bezüglich menschlicher Kommunikation. So kann ein Mensch einen bestimmten ›Tonfall‹ haben. Eine Stimme, eine Aussage und sogar ein Thema können einen bestimmten ›Ton‹ erfordern. So existiert das Wort ›tonangebend‹ in einer bildlichen Verwendung seit der zweiten Hälfte des 18. Jahrhunderts. Lange wurde es von ›den Ton gebend‹ und ›tonführend‹ begleitet. Erst dann wurde auch eine Meinung ›tonangebend‹. Bemerkenswert scheint mir, daß man neben dem ›Tongeber‹, der Gespräche durch Themen und Meinungen dominierte, auch noch eine ›Tongeberin‹ kannte, die den ›Ton‹ in den Salons bestimmte.

Der ›Klang‹ – heute vor allem als ›Klangfarbe‹ und ›Klangcharakteristik‹ eines Instrumentes oder einer Stimme – entspringt im Prinzip der gleichen Wurzel wie das Wort ›klingen‹. Außerhalb des Germanischen bedeuten ähnliche Schallwörter, ›clangere‹ etwa, auch ›schallen‹ oder gar ›schreien‹. Das ›Klingen‹ ist dort vor allem eines: – laut.

Untersuchungen zur Wortgeschichte des Verbs ›klingen‹ haben ergeben, daß es sich dabei um eine lautmalerische Bildung handeln könnte. Das heißt etwas ›klingt‹ einfach. So scheint die ›Klinge‹ eines Schwertes nach dem hellen Klang benannt worden zu sein, den sie beim Auftreffen auf einen Stein, einen Helm oder Panzer verursacht hat. Das Verb ›klingeln‹ – eng verbunden mit der Bearbeitung von Metall – ist deshalb nur als eine Form der Verkleinerung zu verstehen.

Für die Zeit um 1800 ist erstmals belegt, das etwas ›Anklang‹ gefunden habe. Das galt im Sinne von ›Beifall‹, war aber eigentlich gedacht als ›ähnliche‹ oder ›entsprechende Empfindung‹. Auch hier im ersten beifälligen ›Anklang‹ des Ähnlichen, Analogen oder Korrespondierenden erscheint das individuell ›gestimmte‹ Gefühl des späten 18. Jahrhunderts. Noch Rainer Maria Rilke verwendet das Wort ›Anklang‹ neben und für den ›Einklang‹ mit Natur und Mensch.

Geräusch – bruit – sound, noise

Mit ›Geräusch‹ ist hier nicht die fachsprachliche Sonderbedeutung ›Eingeweide von Schlachttieren‹ gemeint, sondern das Abstraktum eines Verbs, das als lautmalerische Bildung auch dem Wort ›rauschen‹ zugrunde liegt, das wie das Verb ›sausen‹ eine ›schnelle Bewegung‹ ausdrücken soll. Nach einer Bedeutungserweiterung wurde ›Geräusch‹ zur Bezeichnung beliebiger Eindrücke des Gehörs.

Für die Musik gilt: Jedes natürliche Instrument besitzt einen für es typischen ›Geräuschanteil‹, der sich nicht von ihm trennen läßt. Sei es das Anblasen der Flöten, der Anschlag beim Klavier oder das Streichen einer Geige. Ein Musiklexikon meint, Geräusch sei ein »[...] komplexer, durch unregelmäßige aperiodische Schwingungen erzeugter Schall, der sich aus der Überlagerung verschiedener, oft stark gedämpfter und unharmonischer Schwingungen ergibt.«

Lange Zeit wurde das Geräusch von der Unmöglichkeit seiner Notation her begriffen. Einzig Geräusche ließen sich nicht graphisch fixieren:

»Während der Klang bzw. der Ton in der Musik eine durch die Grundschwingung und ihre Oberschwingungen bestimmte Höhe aufweist, die seine Einordnung im Tonsystem und seine genaue Notation ermöglichen, ist das G.[eräusch] bezüglich der Tonhöhe unbestimmbar und somit kaum notierbar.[...] Klang und Geräusch unterscheiden sich indes nur nach dem Grad ihrer Komplexität.«

Geräusche waren zu komplex. Wollte man sie beschreiben, stellte man sich der Überkomplexität der Wirklichkeit. Man mußte selektieren – und so blieben Modelle, Vergleiche, Metaphern und erst seit dem ausgehenden 19. Jahrhundert graphische Darstellung, Analyse und Meßbarkeit.

Seitdem weiß man auch, daß der Wind nicht nur in den Bäumen ›rauscht‹, sondern auch im Sinne eines breiten und undifferenzierten Frequenzspektrums. In der Natur begünstigen die Breitbandlaute von Wasser und Wind akustische Illusionen und vielfältige Interpretationen, enthält ihr ›Rauschen‹ doch potentiell auch die Frequenzen anderer Laute. Auch Glocken rauschen in diesem Sinn.

Für die Akustik wie die Elektronik gilt, daß das Rauschen die Größe gerade noch übertragbarer Signale nach unten hin begrenzt. Rauschen gibt ein Minimum vor, denn zu kleine Signale vergehen vor seinem Hintergrund und sind nicht mehr zu unterscheiden von statistischen Schwankungen. So wurde uns das ›Rauschen‹ von einer meist identifizierbaren ›schnellen Bewegung‹ zu einem gleichbleibenden Rauschen des Hintergrunds, zu einer Mischung aus Abfallprodukt und Störung, Grundierung und Allgestalt.

Laut, laut – son, sonore, bruyant – sound, loud

Das Substantiv ›Laut‹ ist ein Abstraktum zum entsprechenden Adjektiv. Das mittelhochdeutsche ›lut‹ bezeichnete – wie anfänglich auch das ›Geräusch‹ – zunächst alles mit dem Gehör Wahrzunehmende, das heißt jede nur hörbare Äußerung. Ein Laut konnte einfach alles, er kann immer noch Ton, Klang oder Geräusch sein.

Später stand ›Laut‹ auch für den Inhalt eines Schriftstücks. Was sich erklärt, wenn man an den schon erwähnten Übergang von einer oralen zu einer literalen Kultur und an die vormals übliche Praxis des ›lauten‹ Lesens und Vorlesens denkt. Der Inhalt mußte zunächst noch ›Laut‹ werden, um vermittelt werden zu können. In den deutschen Wörtern ›Wortlaut‹, das heißt ›nach dem Inhalt‹, und ›laut‹, im Sinne von ›entsprechend‹ und ›gemäß‹, ist diese Bedeutungsvariante noch angesprochen. Im Englischen scheint es diese Verbindung – jenen Rest des Übergangs von der Oralität zur Literalität – nicht zu geben.

Ableitungen vom deutschen Adjektiv ›laut‹ sind die Verben ›lauten‹ und ›läuten‹ – das eine meint ›klingen‹, ›klingen nach‹, ›sich anhören‹, ›zum Inhalt haben‹ und ›besagen‹, das andere nur ›ertönen lassen‹, etwa das einer Glocke. Heute heißt uns ›laut‹, vor allem die – meistenteils subjektive – Angabe einer relativen Lautstärke. Der Satz »Es ist laut hier.« kann das verdeutlichen: Was wir laut finden, hängt von uns und unserer Umgebung ab. Lautes aber ist noch lange kein Lärm.

Lärm – bruit – noise

›Lärm‹ war einmal lebendiges Geräusch der Natur. ›Lärm‹ war der ›Lärm‹ des Belebten. So stammt das französische ›bruit‹ – heute gleichermaßen ›Geräusch‹ oder ›Lärm‹ – aus einem lateinischen Wort für menschliches Gebrüll und einem galloromanischen Ausdruck für den Schrei eines Esels.

Bei den möglichen Wirkungen von Lärm wird heute zwischen solchen unterschieden, die direkt dem menschlichen Hörapparat Schäden zufügen, und solchen, die extraaurale Effekte hervorrufen, die etwa das Verhalten verändern, das psychische oder physische Befinden negativ beeinflussen. Damit steht Lärm in deutlichem Kontrast zu Vorgängen intakten Lebens.

Daß Lärm die Ohren schädigen kann, ist inzwischen bekannt. Das ist aber erst so, seit Metalle bearbeitet werden und Menschen Explosionen, Gewehre und Geschütze verwenden. Derart extreme Schalle können das Hören kurzfristig beeinträchtigen oder sogar das Gehör für immer zerstören, auch den Rest des Körpers können sie in Mitleidenschaft ziehen. Für das 19. Jahrhundert, das Jahrhundert von Stahl und Dampf, war die Industrialisierung auch eine Industrialisierung der Metallbearbeitung, eine Entwicklung der Schwerindustrie. In dieser Weise technisch forcierte Arbeit wurde lauter.

Doch meinte man erst mit dem ersten Drittel des 20. Jahrhunderts mit ›Lärm‹ ›jeden starken Laut‹ – und band ihn so strikter an die Lautstärke. Wenn Lärm überhaupt bekämpft werden sollte, beschäftigte man sich seitdem folgerichtig vor allem mit extremen Lautstärken. Später suchte man nach Möglichkeiten, Höchstlautstärken festzulegen oder umgekehrt ›Mindestlautstärken‹, von denen an tatsächlich von ›Lärm‹ gesprochen werden kann und darf. Inzwischen hält man das nicht mehr für ausreichend, auch scheint es nicht mehr zu genügen, nur zu wissen, daß unser Empfinden für Lautstärken relativ ist und auch von anderen Variablen, zum Beispiel von der Tonhöhe abhängt.

Heute kann man unter ›Lärm‹ nicht mehr einfach nur extreme Schalle verstehen. Lärm ist nicht einfach nur ›laut‹. Vielmehr entspricht Lärm wieder seiner etymologisch älteren Bedeutung. Er ist ein Schall, der *unerwünscht* ist. Was Lärm ist, hängt also auch von einer Beurteilung ab. Damit ergibt sich für die Akustik und Wahrnehmungspsychologie eine Verschärfung des Problems, Lärm von Nicht-Lärm zu scheiden und in sogenannten gehörrichtigen Schallanalysen und Messungen zu quantifizieren.

Unter anderem hat man ein Lärmbewertungsverfahren vorgeschlagen, das nicht einfach Lautheit messen soll, sondern den Grad der »perceived noisiness«. Damit meint sein Entdecker, Karl Kryter, ein Meßverfahren, das bestimmen soll, wie lästig bestimmte Geräusche nun tatsächlich empfunden werden. Kryter sucht nach den Charakteristika eines unangenehmen, eines störenden, eines nervtötenden Geräusches, unabhängig davon, welche Bedeutung es in einer bestimmten Situation für eine bestimmte Person hat. Doch neuere Verfahren sind auf spezielle Lärmsituationen zugeschnitten und beziehen Bedeutungen eines Geräusches mit in die Bewertung ein.

Lärm ist eine subjektive und eine kulturelle Größe. Dementsprechend fragt die neuere Lärmwirkungsforschung danach, welche Arten von Lärm, welche mentalen Prozesse stören könnten. Gemeint sind damit insbesondere die kognitiven Prozesse der Wahrnehmung, des Gedächtnisses, des Denkens und Entscheidens. Aussagekräftig für unsere Kultur ist es dabei, daß Lärm vor allem in Zusammenhang mit Leistung untersucht und eher als

Minderung der Arbeitskraft denn der Lebensqualität verstanden wird.

Wie der starke Schall des Schusses oder der Explosion gehören auch andere Formen des Lärms zur Kriegsführung. In diesem Sinne ist Lärm Gewalt. Lärm ist Machtentfaltung. Lärm ist Einschüchterung. Lärm ist Drohung – vom Schlagen auf die Schilde, von Trommeln und Dudelsack bis zu Marschtritt und Lautsprecher. Einst war ›Lärm‹ der ›Ruf zu den Waffen‹. Zusammen mit Alarm‹ wurde das deutsche Wort vom Französischen ›alarme‹, Italienisch ›alle arme‹ entlehnt. Seit dem 17. Jahrhundert kennt man das vom Hauptwort abgeleitete Verb ›lärmen‹.

Doch wie werden Geräusche zu ›Lärm‹? Im Grunde – darauf weist R. Murray Schafer hin – gibt es vier voneinander zu unterscheidende Bedeutungen des Wortes ›noise‹.

1. ›Noise‹ (Lärm) als Lautstärke.
2. Im Oxford English Dictionary wird ›noise‹ (Lärm) zunächst als ›Unerwünschter Laut‹ bestimmt, eine Definition, die im englischen Sprachraum bis ins Jahr 1225 zurückdatiert werden kann. Es läßt sich feststellen, daß Lärm als ›unerwünschter Laut‹ nicht nur eine subjektive, sondern auch eine deutliche soziale Komponente hat. Was unerwünscht ist, bestimmen Menschen in Gruppen.
3. Im 19. Jahrhundert beschrieb der Physiker Hermann Helmholtz mit dem Begriff ›Noise‹ (Geräusch) einen ›unmusikalischen Laut‹. Er meinte damit Laute, die aus nichtperiodischen Schwingungen bestehen, im Gegensatz zu musikalischen Lauten, die aus periodischen Schwingungen bestehen. Als unerwünschter Laut ist auch das ›Lärm‹.
4. Die neueste Bedeutungvariante des Begriffs ›noise‹ findet sich im Bereich der Elektronik. Hier meint ›noise‹ das Rauschen und damit ›jede Art von Störung in einem Signalsystem‹. Was nicht Teil des Signals ist, ist ›noise‹, von Störungen in Telephonanlagen bis zur Bildstörung und Problemen bei jeder Art von Datenübertragung. Schon eine analog mechanische, dann eine elektromechanische, erst recht eine digitale Umgebung befördert ein

dichotomisches Verständnis des Begriffs: 1 oder 0, Ja oder Nein. Es geht darum, das Signal vom Unerwünschten abzugrenzen – Signal oder Rauschen, Hören oder nicht.

Schlüsse aus der Etymologie von Hör-Wörtern

Man kann zusammenfassen: In verschiedenen Sprachen wird unterschiedlich über das Hören gedacht, doch gibt es auch Entsprechungen, insbesondere eine übereinstimmende Differenzierung zwischen ›hören‹ und ›hörendem Verstehen‹. Einige Wörter – wie das ›klingen‹ – scheinen sich von ganz bestimmten Lauten herzuleiten, aber andere, wie etwa ›Stimme‹, gehen auf den menschlichen Körper zurück. Auch Wörter wie ›bruit‹, ›Stille‹ und ›Schweigen‹ waren zunächst an Äußerungen des Lebens gebunden.

Die Wortgeschichte hat Wörter unterschiedlich differenziert: In alten Wortformen und Bedeutungen, wie ›lauschig‹ und ›keus‹ beziehungsweise ›skeus‹, stecken alte Formen der Wahrnehmung, alte Grenzziehungen und Aufmerksamkeiten. ›Stimmen‹ und ›Geräusche‹ waren einst nur undifferenzierte Angaben eines beliebig Hörbaren und sind jetzt weit spezifischer einzusetzen, wohingegen das Wort ›Musik‹ seinen Bedeutungsraum deutlich erweitert hat. ›Schweigen‹, ›Stille‹, ›laut‹ und ›Lärm‹ sind relativ und ebenso Psychologie wie Kulturgeschichte.

‚Gehorsam‹, ›Hörigkeit‹, ›Hearing‹, ›Hear! Hear!‹, ›Stimme‹, ›voice‹ und ›schweigende Mehrheit‹ sind wirksam in rechtlichen, sozialen und politischen Kategorien. Kulturelle, soziale und technisch-wissenschaftliche Entwicklungen bewirkten auffällige Veränderungen an der Bedeutung von Wörtern. Deutlich wird das vor allem an ›Ton‹, ›tonangebend‹ und ›Klang‹, an ›Stimmung‹ und ›Geräusch‹, an ›Rauschen‹, ›Lärm‹ und ›noise‹.

Bedenkt man Begriffe wie ›Hörensagen‹ und ›laut (eines Autors, eines Textes)‹, aber auch ›Harmonie‹, ›schweigsam‹ und ›stimmen‹, so kann man vereinfachend sagen: Das 16. Jahrhundert zeitigte Veränderungen im Sinne einer sich ausbreitenden standardisierenden

Schriftkultur, das literarisch beeinflußte 18. wandelte Allgemeinbegriffe des Hörens – so ›Musik‹, ›Verschwiegenheit‹ und ›Stimmung‹ – in Begriffe eines bürgerlichen Subjekts, in Eigenschaften etwa – wie in ›schweigsam‹ –, in Empfindung und Erlebnis – wie in ›Stimmung‹ und ›Musik‹ – und in die halb subjektive halb gesellschaftliche Wahrnehmung des Moments – wie im Zusammenhang von ›Anklang‹ und ›Einklang‹.

Aber noch in einer anderen Hinsicht sind Schrift und Literatur für das Hören von Bedeutung: Es waren die musikästhetische Literatur und die perfektionierten Notationsformen des 19. Jahrhunderts, die den ›Ton‹ vom ›Klang‹ und die ›Musik‹ vom ›Hören‹ trennten. Und konnte schließlich das ›Geräusch‹ nicht erst dort zu Musik werden, wo man gelernt hatte, es erst zu verschriftlichen und dann aufzuzeichnen?

Die voranstehenden Erläuterungen zur Etymologie sind, um ein mathematisches Begriffspaar zu verwenden, *nötig* aber noch nicht *hinreichend.* Sie sind eher Vorleistungen, die erbracht werden müssen, um Topoi des Hörens und ihre verschiedenen Verwendungen überhaupt bemerken zu können. Als Erklärungen erzeugen sie zwar Aufmerksamkeit, aber doch nur jene Form der Aufmerksamkeit, die sich erneut auf Begriffe richten muß, die sie schon zu fassen scheint.

Aus: Max Ackermann: Etymologie statt Definition. Einige »Hör-Wörter«. In: Die Kultur des Hörens. Wahrnehmung und Fiktion. Texte vom Beginn des 20. Jahrhunderts. Nürnberg, Hans Falkenberg Verlag, 2003, S. 95–109.

Zuhören als Haltung

von Roland Barthes

Literaturkritiker, Schriftsteller, Philosoph und Semiotiker – der französische Intellektuelle Roland Barthes (1915–1980) benutzte in seinen Arbeiten über Texte, Filme, Mode oder die Liebe vor allem Methoden des Strukturalismus und der Psychoanalyse. In seinem Text »Zuhören als Haltung«, zuerst in seinen »Essais critiques« 1964 erschienen (deutsch: »Der entgegenkommende und der stumpfe Sinn, 1990), beschreibt Barthes zunächst die Unterschiede zwischen Hören und Zuhören. Zuhören ist mit einer Hermeneutik verbunden, einem Entziffern, Sondieren. In der Sicht der Psychoanalyse ist das Zuhören des Analytikers nach Barthes eine Haltung, die sich dem Ursprung zuwendet und versucht bedeutsame Zeichen des Unbewussten zu erfassen.

Hören ist ein physiologisches Phänomen; *zuhören* ein psychologischer Akt. Die physikalischen Voraussetzungen des Hörens (seine Mechanismen) lassen sich mit Hilfe der Akustik und der Hörphysiologie beschreiben; das Zuhören jedoch läßt sich nur durch sein Objekt, oder, wenn man das vorzieht, durch seine Ausrichtung definieren. Doch innerhalb der gesamten Reihe der Lebewesen und innerhalb der Menschheitsgeschichte variiert das Objekt des Zuhörens, ganz allgemein betrachtet, oder hat variiert. Davon ausgehend werden wir, extrem vereinfachend, drei Typen des Zuhörens vorschlagen.

Beim ersten Zuhören richtet das Lebewesen sein Hören (die Betätigung seiner physiologischen Hörfähigkeit) auf Indizien; nichts unterscheidet auf dieser Ebene das Tier vom Menschen: Der Wolf horcht auf das (mögliche) Geräusch des Wildes, der Hase auf das (mögliche) Geräusch eines Feindes, das Kind, der Verliebte horchen auf die näherkommenden Schritte, die vielleicht die der Mutter oder des geliebten Wesens sind. Dieses erste Zuhören ist sozusagen ein Alarm. Das zweite ist ein Entziffern; was man mit dem Ohr zu erfassen sucht, sind Zeichen; hier beginnt vermutlich das Menschliche: Ich höre zu, wie ich lese, das heißt nach bestimmten Codes. Das dritte Zuhören ist schließlich ein sehr moderner Ansatz (was nicht heißt, daß es die anderen zwei ersetzt) und zielt nicht – oder wartet nicht – auf bestimmte, klassifizierbare Zeichen: nicht darauf, was gesagt oder gesendet wird, sondern wer spricht oder sendet: Es soll sich in einem intersubjektiven Raum entfalten, in dem »ich höre zu« auch heißt »höre mir zu«; was es erfaßt, um es zu verwandeln und endlos in das Spiel der Übertragung einzubringen, ist eine allgemeine »Signifikanz«, die ohne die Bestimmung des Unbewußten nicht mehr denkbar ist.

1

Es gibt kein Sinnesorgan, das der Mensch nicht mit dem Tier gemeinsam hat. Allerdings liegt auf der Hand, daß die phylogenetische Entwicklung und, innerhalb der Menschheitsgeschichte, die technische Entwicklung die Hierarchie der fünf Sinne modifiziert hat (und weiterhin modifizieren wird). Die Anthropologen vermerken, daß das Ernährungsverhalten des Lebewesens mit dem Tastsinn, dem Schmecken und Riechen verbunden ist und die affektiven Verhaltensweisen mit dem Tastsinn, dem Riechen und dem Sehen; das Gehör hingegen scheint im wesentlichen mit der Einschätzung der räumlich-zeitlichen Situation verbunden zu sein (beim Menschen kommt das Sehen hinzu, beim Tier das Riechen). Das Zuhören, das auf dem Hören aufbaut, ist durch das Erfassen von Entfernungsgraden und die regelmäßige Rückkehr der Schallerregung vom anthropologischen Standpunkt aus der eigentliche Sinn für Raum und Zeit. Beim Säugetier wird das Territorium durch Gerüche und Laute abgesteckt; beim Menschen ist – was oft unterschätzt wird – die Aneignung des Raums ebenfalls schallbedingt: Der häusliche Raum, der Wohnraum (ungefähres Gegenstück zum tierischen Territorium) ist ein Raum vertrauter, *wiedererkannter* Geräusche, die zusammen eine Art häusliche Symphonie bilden: das unterschiedliche Schlagen der Türen, Stimmfetzen, Geräusch aus der Küche, aus Rohren, Lärm von draußen: Kafka hat genauestens (ist die Literatur nicht ein unvergleichlicher Vorrat an Wissen?) diese vertraute Symphonie auf einer Seite seines Tagebuchs beschrieben: »Ich sitze in meinem Zimmer, das heißt im Lärmhauptquartier der ganzen Wohnung; ich höre alle Türen schlagen usw.«; und man weiß von der Angst des Kindes im Krankenhaus, wo es die vertrauten Geräusche der mütterlichen Geborgenheit nicht mehr hört. Von diesem Hörhintergrund hebt sich das Zuhören als Ausübung einer *Intelligenz-*, das heißt einer Selektionsfunktion ab. Wenn der Hörhintergrund den gesamten Schallraum überschwemmt (wenn der umgebende Lärm zu laut ist), ist die Selektion, die Einschätzung des Raums nicht mehr möglich, wird das Zuhören beeinträchtigt; das ökologische Phänomen, das man heute als Verschmutzung bezeichnet – und das im Begriff steht, zu einem schwarzen Mythos unserer technizistischen Gesellschaft zu werden – ist nichts anderes als die unerträgliche Verunstaltung des Raums, insofern der Mensch von ihm verlangt, sich darin *wiederzuerkennen*: Die Verschmutzung verletzt die Sinne, mit denen das Lebewesen, vom Tier bis zum Menschen, seinen Lebensraum wiedererkennt: Gesichtsinn, Geruch, Gehör. Es gibt hinsichtlich dessen, was uns hier beschäftigt, eine akustische Verschmutzung, bei der vom Hippie bis zum Pensionär jeder (vermittels naturalistischer Mythen) deutlich spürt, daß sie einen Anschlag auf die Intelligenz des Lebewesens schlechthin darstellt, die *stricto sensu* seine Fähigkeit zu einer guten Kommunikation mit seiner Umwelt ist: Die Verschmutzung verhindert das Hinhören.

Am besten erfaßt man die Funktion des Zuhörens durch den Begriff des Territoriums (oder des angeeigneten, vertrauten, ausgestatteten – häuslichen – Raums), insofern sich das Territorium hauptsächlich als Raum der Sicherheit definieren läßt (und als solcher der Verteidigung unterliegt): Das Horchen ist jene vorausgehende Aufmerksamkeit, durch die sich alles erfassen läßt, was das territoriale System stören kann; es ist eine Weise, sich gegen Überraschungen zu schützen; sein Objekt (worauf es sich richtet) ist die Bedrohung oder, umgekehrt, das Bedürfnis; das Material des Horchens ist das Indiz, das entweder die Gefahr offenbart oder die Befriedigung des Bedürfnisses verheißt; denn das vormals Verworrene und Undifferenzierte muß – darin besteht die Rolle dieses ersten Hinhörens – unterschieden und erkennbar werden, damit die gesamte Natur die besondere Gestalt einer Gefahr oder einer Beute annimmt: Diese Verwandlung wird durch das Hinhören vorgenommen.

2

Lange vor der Erfindung der Schrift, ja lange bevor die gegenständliche Felsmalerei praktiziert wurde, ist etwas entstanden, das den Menschen vielleicht grundlegend vom Tier unterscheidet: die absichtliche Reproduktion eines Rhythmus: Man findet auf manchen Wänden der Mousterien-Zeit rhythmische Einritzungen – wodurch der Gedanke nahegelegt wird, daß diese ersten Rhythmusdarstellungen mit dem Auftauchen der ersten menschlichen Behausungen zusammenfallen.

Durch den Rhythmus ist das Hinhören auch keine bloße Überwachung mehr, sondern wird zur Schöpfung. Ohne Rhythmus ist keine Sprache möglich: Das Zeichen beruht auf einer Hin- und Herbewegung zwischen dem *Merkmaltragenden* und dem *Merkmallosen*, die man Paradigma nennt. Die beste Geschichte, die von der Geburt der Sprache berichtet, ist die des Freudschen Kindes, das die Ab- und Anwesenheit der Mutter in Gestalt eines Spiels mimt, bei dem es eine Spule, die an einer Schnur befestigt ist, wirft und wieder aufliest: Es erfindet damit das erste symbolische Spiel, aber auch den Rhythmus. Stellen wir uns dieses Kind vor, wie es auf die Geräusche hört, die ihm die ersehnte Rückkehr der Mutter ankündigen: Es befindet sich dabei im ersten Hinhören, dem auf die Indizien; wenn es jedoch nicht mehr direkt das Auftauchen des Indizes überwacht und sich anschickt, ihre regelmäßige Rückkehr nachzuahmen, so läßt es das erwartete Indiz zu einem Zeichen werden: Es geht zum zweiten Hinhören über, zu dem auf den Sinn: Es horcht nun nicht mehr auf das *Mögliche* (die Beute, die Bedrohung oder das Objekt des Begehrens, das unvermittelt eintrifft), sondern auf das *Geheimnis*: was, in der Wirklichkeit vergraben, nur über einen Code in das menschliche Bewußtsein dringen kann, der zugleich zur Chiffrierung und zur Dechiffrierung dieser Wirklichkeit dient.

Das Zuhören ist somit (unter tausend verschiedenen, indirekten Formen) mit einer Hermeneutik verbunden: Zuhören heißt die Stellung einnehmen, in der das Dunkle, Verschwommene oder Stumme dekodiert wird, um das »Dahinter« des Sinns (was als verborgen erlebt, postuliert oder anvisiert wird) im Bewußtsein erscheinen zu lassen. Die Kommunikation, die durch dieses zweite Hinhören bedingt wird, ist religiös: Sie *verbindet* das hörende Subjekt mit der verborgenen Welt der Götter, die bekanntlich eine Sprache sprechen, die nur in einigen rätselhaften Fetzen zu den Menschen dringt, für die jedoch, eine grausame Situation, das Verstehen dieser Sprache lebenswichtig ist. *Zuhören* ist das evangelische Wort par excellence: Der Glaube läuft auf ein Hinhören auf das Wort Gottes hinaus, denn durch dieses Hinhören ist der Mensch mit Gott verbunden: Die Reformation (durch Luther) erfolgte zu einem großen Teil unter Berufung auf das Zuhören: Der protestantische Tempel ist ausschließlich ein Ort des Zuhörens, und die Gegenreformation stellte im Gegenzug, um nicht zu den Zurückgebliebenen zu gehören, die Kanzel des Redners in die Mitte der Kirche (in den jesuitischen Gebäuden) und machte den Gläubigen zum »Zuhörer« (eines Diskurses, der selbst wieder die alte Rhetorik als Kunst, die das Zuhören »erzwingt«, wiedererweckte).

Dieses zweite Zuhören ist gleichzeitig ein religiöses und entzifferndes: Es zielt sowohl auf das Heilige als auch auf das Geheimnis (zuhören, um etwa die Geschichte, die Gesellschaft, den Körper wissenschaftlich zu entziffern, ist, unter weltlichen Bedingungen, *immer noch* eine religiöse Haltung). Was möchte nun das Zuhören entziffern? Im wesentlichen anscheinend zwei Dinge: die Zukunft (insofern sie den Göttern gehört) oder die Schuld (insofern sie dem Blick Gottes entspringt).

Zuhören bedeutet jedoch auch sondieren. Sobald sich die Religion verinnerlicht, ist das durch das Zuhören Sondierte die Intimität, das Geheimnis des Herzens: die Schuld. Eine Geschichte und eine Phänomenologie der Innerlichkeit (die uns vielleicht fehlt) müßte hier an eine Geschichte und eine Phänomenologie des Zuhörens anschließen. Denn innerhalb einer Zivilisation der Schuld (unserer jüdisch-christlichen Zivilisation, die sich von den Zivilisationen der Schande unterscheidet) hat sich die Innerlichkeit ständig entfaltet.

Das Zuhören, das sich aus der Geschichte der christlichen Religion herausgebildet hat, setzt zwei Subjekte in Beziehung; selbst wenn eine ganze Menge (eine politische Versammlung zum Beispiel) aufgefordert wird, sich in die Situation des Zuhörens zu versetzen (*«Hört zu!«*), so nur, um die Mitteilung eines einzelnen zu empfangen, der die Einmaligkeit (die Emphase) dieser Mitteilung zu Gehör bringen will. Die Aufforderung zum Zuhören ist das vollständige Ansprechen eines Subjekts: Sie stellt den gleichsam körperlichen Kontakt zwischen diesen zwei Subjekten (durch die Stimme und das Ohr) über alles: Sie schafft die Übertragung: »*Hör mir zu*« heißt: *Berühre mich, wisse, daß ich existiere*; in der Terminologie Jakobsons ist »*hör mir zu*« ein phatisches Element, ein Operator für individuelle Kommunikation; das archetypische Instrument des modernen Zuhörens, das Telephon, versammelt zwei Partner in einer idealen (notfalls unerträglichen, weil derartig reinen) Intersubjektivität, weil dieses Instrument alle Sinne mit Ausnahme des Gehörs beseitigt: Die Anweisung zum Zuhören, die jede telephonische Kommunikation eröffnet, fordert den anderen auf, seinen ganzen Körper in der Stimme zusammenzuballen, und kündigt an, daß ich mich selbst völlig in meinem Ohr zusammenballe. Genauso wie das erste Hinhören das Geräusch in ein Indiz verwandelt, genauso verwandelt dieses zweite Zuhören den Menschen in ein duales Subjekt: Das Ansprechen führt zu einem Gespräch, indem das Schweigen des Zuhörers genauso aktiv sein wird wie das Sprechen des Sprechers: *Das Zuhören spricht*, könnte man sagen: In diesem (entweder historischen oder strukturellen) Stadium tritt das psychoanalytische Zuhören auf.

3

Das wie eine Sprache strukturierte Unbewußte ist Gegenstand eines zugleich besonderen und exemplarischen Zuhörens: desjenigen des Psychoanalytikers.

»Er soll«, schreibt Freud, »dem gebenden Unbewußten des Kranken sein eigenes Unbewußtes als empfangendes Organ zuwenden, sich auf den Analysierten einstellen wie der Receiver des Telephons zum Teller eingestellt ist. Wie der Receiver die von Schallwellen angeregten elektrischen Schwankungen der Leitung wieder in Schallwellen verwandelt, so ist das Unbewußte des Arztes befähigt, aus den ihm mitgeteilten Abkömmlingen des Unbewußten dieses Unbewußte, welches die Einfälle des Kranken determiniert hat, wiederherzustellen« (Freud, *Schriften zur Behandlungstechnik*, Studienausgabe, Ergänzungsband, Frankfurt/Main 1975, S. 175–176). Denn das psychoanalytische Zuhören verläuft tatsächlich von Unbewußtem zu Unbewußtem, von einem sprechenden Unbewußten zu einem anderen, mutmaßlich zuhörenden. Das solcherart Gesprochene entspringt einem unbewußten Wissen, das auf ein anderes, mutmaßlich wissendes Subjekt übertragen wird. An dieses Subjekt wendet sich Freud, wenn er versucht, eine Art Gegenstück zur psychoanalytischen Grundregel aufzustellen, die dem Analysierten auferlegt wird: »Sie […] besteht einfach darin, sich nichts besonders merken zu wollen und allem, was man zu hören bekommt, die nämliche gleichschwebende Aufmerksamkeit, wie ich es schon einmal genannt habe, entgegenzubringen. Man erspart sich auf diese Weise eine Anstrengung der Aufmerksamkeit […] und vermeidet eine Gefahr, die von dem absichtlichen Aufmerken unzertrennlich ist. Sowie man nämlich seine Aufmerksamkeit

absichtlich bis zu einer gewissen Höhe anspannt, beginnt man auch unter dem dargebotenen Material auszuwählen; man fixiert das eine Stück besonders scharf, eliminiert dafür ein anderes und folgt bei dieser Auswahl seinen Erwartungen oder seinen Neigungen. Gerade dies darf man aber nicht; folgt man bei der Auswahl seinen Erwartungen, so ist man in Gefahr, niemals etwas anderes zu finden, als was man bereits weiß; folgt man seinen Neigungen, so wird man sicherlich die mögliche Wahrnehmung fälschen. Man darf nicht darauf vergessen, daß man ja zumeist Dinge zu hören bekommt, deren Bedeutung erst nachträglich erkannt wird.
»Wie man sieht, ist die Vorschrift, sich alles gleichmäßig zu merken, das notwendige Gegenstück zu der Anforderung an den Analysierten, ohne Kritik und Auswahl alles zu erzählen, was ihm einfällt. Benimmt sich der Arzt anders, so macht er zum großen Teile den Gewinn zunichte, der aus der Befolgung der ›psychoanalytischen Grundregel‹ von Seiten des Patienten resultiert. Die Regel für den Arzt läßt sich so aussprechen: Man halte alle bewußten Einwirkungen von seiner Merkfähigkeit ferne und überlasse sich völlig seinem unbewußten Gedächtnisse, oder rein technisch ausgedrückt: Man höre zu und kümmere sich nicht darum, ob man sich etwas merke« (op. cit., S. 171f.).

Eine ideale Regel, die sich schwer, wenn nicht, unmöglich, einhalten läßt. Freud selbst übertritt sie. Sei es aus dem Bestreben, einen Teil der Theorie zu erproben, deren Entdeckung er zu stützen sucht, sei es, daß seine eigenen unbewußten Vorstellungen in die Behandlungsführung eingreifen.

Die Originalität des psychoanalytischen Zuhörens beruht auf folgendem: Es ist jene Hin- und Herbewegung, die Neutralität und Engagement, das Ausblenden der Steuerung und die Theorie verbindet. Aus dieser Verschiebung (die an die Bewegung erinnert, die den Schall hervorbringt) entsteht für den Psychoanalytiker so etwas wie eine Resonanz, mit Hilfe deren er seine Ohren für das Wesentliche »spitzen« kann: nämlich darauf, »den Zugang zu jenem singulären und so spürbaren Drängen eines wichtigen Elements des Unbewußten« nicht zu verfehlen (und auch den Patienten nicht verfehlen zu lassen). Was hier als wichtigstes Element bezeichnet wird, das dem Zuhören des Psychoanalytikers zukommt, ist ein Begriff, ein Wort, ein Komplex von Buchstaben, die auf eine Bewegung des Körpers verweist: ein Signifikant.

In dieser Hotellerie des Signifikanten, in der das Subjekt gehört werden kann, ist die Bewegung des Körpers vor allem die, der die Stimme entspringt. Die Stimme ist, im Vergleich zum Schweigen, wie das Schreiben (im graphischen Sinn) auf weißem Papier. Das Hören einer Stimme eröffnet die Beziehung zum anderen: Die Stimme, an der man die anderen wiedererkennt (wie die Schrift auf einen Briefumschlag), zeigt uns deren Wesensart, deren Freud oder Leid, deren Befindlichkeit an; sie transportiert ein Bild ihres Körpers und darüber hinaus eine ganze Psychologie (man spricht von einer warmen Stimme, einer eisigen Stimme usw.). Mitunter beeindruckt uns die Stimme eines Gesprächspartners mehr als der Inhalt seines Diskurses, und wir ertappen uns dabei, daß wir auf die Modulationen und Obertöne dieser Stimme lauschen, ohne zu hören, was sie uns sagt. Dieses Auseinanderweichen ist wohl teilweise für das Gefühl der Fremdheit (mitunter der Antipathie) verantwortlich, das jeder beim Anhören seiner eigenen Stimme verspürt: Dringt sie durch die Hohlräume und Massen unseres Körpers zu uns, so liefert sie uns ein entstelltes Bild von uns selbst, als würde man sich mit Hilfe einer Spiegelvorrichtung im Profil betrachten.

Die singende Stimme, dieser sehr präzise Raum, in dem eine Sprache einer Stimme begegnet, aus der ein guter Zuhörer das heraushören kann, was sich als ihre »Rauheit« bezeichnen läßt: Die Stimme ist nicht der Atem, sondern durchaus jene Materialität des Körpers, die der Kehle entsteigt, dem Ort, an dem das Lautmetall gehärtet und gestanzt wird.

Als Körperlichkeit des Sprechens liegt die Stimme in der Artikulation des Körpers und des Diskurses, so daß das Zuhören in der Hin- und Herbewegung zwischen beiden vor sich gehen kann. »Jemandem zuhören, seine Stimme hören, erfordert von seiten des Zuhörers eine Aufmerksamkeit, die für das Dazwischen von Körper und Diskurs offen ist und sich weder auf den Eindruck der Stimme noch auf den Ausdruck des Diskurses versteift. Bei diesem Zuhören läßt sich nun genau das vernehmen, was das sprechende Subjekt nicht sagt: die unbewußte Textur, die seinen Körper als Ort zu seinem Diskurs assoziiert: die aktive Textur, die im Sprechen des Subjekts die Gesamtheit seiner Geschichte reaktualisiert« (Denis Vasse). Das ist das Anliegen der Psychoanalyse: Die Geschichte des Subjekts in seinem Sprechen zu rekonstruieren. Aus dieser Sicht ist das Zuhören des Psychoanalytikers eine Haltung, die sich den Ursprüngen zuwendet, sofern diese Ursprünge nicht als historische angesehen werden. Beim Versuch, die Signifikanten zu erfassen, lernt der Psychoanalytiker, die Sprache des Unbewußten seines Patienten zu »sprechen«, genauso wie ein tief in die Sprache getauchtes Kind die Laute, Silben, Konsonanten und Wörter erfaßt und zu sprechen lernt. Das Zuhören ist jenes Erhaschen der Signifikanten, durch das das *infans* zum sprechenden Wesen wird.

Das Unbewußte des anderen, seine Sprache hören, ihm bei der Rekonstruktion seiner Geschichte helfen, sein unbewußtes Begehren freilegen: Das Zuhören des Analytikers führt zu einer Anerkennung: Der Anerkennung des Begehrens des anderen. Das Zuhören enthält somit ein Risiko: Es kann nicht im Schutze eines theoretischen Apparats vor sich gehen, der Analysand ist kein wissenschaftliches Objekt, demgegenüber sich der Analytiker mit Objektivität wappnen könnte. Die psychoanalytische Beziehung wird zwischen zwei Subjekten geknüpft. Die Anerkennung des Begehrens des anderen kann also keineswegs in der Neutralität, im Wohlwollen oder im Liberalismus entstehen: Dieses Begehren anerkennen bedingt, daß man darin eintritt, hineinschlittert und sich schließlich darin befindet. Das Zuhören existiert nur unter der Bedingung, daß ein Risiko eingegangen wird, und wenn es davon lösgelöst werden muß, damit es zur Analyse kommt, so keineswegs mit Hilfe eines theoretischen Schildes. Der Psychoanalytiker kann nicht, einem an den Mast gefesselten Odysseus gleich, das Schauspiel der Sirenen gefahrlos genießen und ohne dessen Konsequenzen zu akzeptieren. »Etwas Wundersames lag in diesem wirklichen

Gesang, diesem allen gemeinsamen, schlichten und alltäglichen Gesang verborgen, und dieses Wunderbare müssen sie mit einem Schlag erkannt haben [...], Sang des Abgrundes, der, wenn man ihn nur einmal vernommen hatte, in jedem Wort einen Abgrund auftat und sehr dazu verlockte, in ihm zu verschwinden« (M. Blanchot, *Der Gesang der Sirenen*, Frankfürt/Berlin/Wien 1982, S. 11f.). Der Mythos von Odysseus und den Sirenen schildert nicht, wie ein gelungenes Zuhören vonstatten gehen könnte; man kann es als Negativ in die Klippen einzeichnen, denen der Seefahrer-Psychoanalytiker um jeden Preis ausweichen muß: sich die Ohren verstopfen wie die Männer der Besatzung, zu einer List greifen und sich als feige erweisen wie Odysseus oder der Einladung der Sirenen nachkommen und verschwinden. Was dadurch hervortritt, ist nicht mehr ein unmittelbares Zuhören, sondern ein abgerücktes, in den Raum einer anderen Seefahrt versetztes, in eine »glückliche, unglückliche, nämlich die der Erzählung, des nicht mehr unmittelbaren, sondern erzählten Gesangs«. Die Erzählung als mittelbare, aufgeschobene Konstruktion: Freud betreibt nichts anderes, wenn er seine »Fälle« niederschreibt. Schreber, Dora, der kleine Hans und der Wolfsmann, lauter Erzählungen (es war sogar von dem »Schriftsteller Freud« die Rede); indem Freud sie als solche niederschrieb (die eigentlich medizinischen Beobachtungen sind nicht in Form von Erzählungen abgefaßt), hat er nicht aus Zufall gehandelt, sondern aufgrund der Theorie des neuen Zuhörens: das mit Bildern zu tun hat.

In den Träumen wird das Gehör nie eingesetzt. Der Traum ist ein streng visuelles Phänomen, und das an das Ohr Gerichtete wird mit dem Auge wahrgenommen: Es handelt sich sozusagen um akustische Bilder. So waren im Traum des Wolfsmannes »die Ohren (der Wölfe) aufgestellt wie bei den Hunden, wenn sie auf etwas passen«. Das »etwas«, worauf sich die Ohrmuscheln der Wölfe richten, ist natürlich ein Laut, ein Geräusch, ein Schrei. Doch über diese »Übersetzung« hinaus, die vom Traum besorgt wird, werden Komplementaritätsbeziehungen zwischen Zuhören und Blick geknüpft. Der kleine Hans hat nicht nur deshalb Angst vor Pferden, weil er fürchtet, gebissen zu werden: »Ich habe Angst gehabt«, sagt er, »weil es mit seinen Beinen Krawall gemacht hat.« Der »Krawall« ist nicht nur die Unordnung der Bewegungen, die das am Boden liegende Pferd mit seinen Tritten bewirkt, sondern auch der ganze Lärm, den diese Bewegungen erzeugen. (Das deutsche Wort »Krawall« wird im Französischen mit »tumulte, émeute, raffut« übersetzt, lauter Wörtern, die visuelle und akustische Bilder assoziieren.)

4

Es war notwendig, diese kurze Strecke in Begleitung der Psychoanalyse zurückzulegen, andernfalls würden wir nicht begreifen, inwiefern das moderne Zuhören nicht mehr ganz dem gleicht, was wir hier Hinhören auf Indizien und Hinhören auf Zeichen genannt haben (selbst wenn diese Hörweisen nebeneinander fortbestehen). Denn zumindest in ihrer jüngsten Entwicklung, in der sie sich sowohl von einer bloßen Hermeneutik entfernt als auch vom Aufspüren eines Urtraumas, eines billigen Schuldersatzes, modifiziert die Psychoanalyse die Vorstellung, die wir uns vom Zuhören machen können.

Erstens ließ sich Jahrhunderte hindurch das Zuhören als ein intentionaler Hörakt definieren (zuhören heißt, mit vollem Bewußtsein hören *wollen*), während man ihm heute die Fähigkeit (und beinahe die Funktion) zuerkennt, unbekannte Räume abzutasten: Das Zuhören schließt heute nicht nur das Unbewußte, im topischen Sinn des Wortes, in sein Feld ein, sondern sozusagen auch dessen weltliche Formen: das Implizite, das Indirekte, das Zusätzliche, das Hinausgezögerte. Es gibt eine Öffnung des Zuhörens auf alle Formen der Polysemie, der Überdeterminierung und der Überlagerungen, es gibt ein Abbröckeln des Gesetzes, das ein geradliniges, einmaliges Zuhören vorschreibt; das Zuhören war definitionsgemäß *beflissen*; heute verlangt man gern von ihm, daß es *auftauchen läßt*; dergestalt kehrt man, aber auf einer anderen Windung der historischen Spirale, zur Konzeption eines *panischen*

Zuhörens zurück, wie es in der Vorstellung der Griechen, zumindest der Dionysier, existierte.

Zweitens haben die durch den Hörakt bedingten Rollen nicht mehr dieselbe Starrheit wie früher; es gibt nicht mehr auf der einen Seite den Sprechenden, der sich ausliefert und gesteht, und auf der anderen den Zuhörenden, Schweigenden, Urteilenden und Bestrafenden; was nicht besagt, daß der Analytiker zum Beispiel genauso viel spricht wie sein Patient; und zwar deshalb, weil, wie gesagt, sein Zuhören aktiv ist, einen Platz im Spiel des Begehrens einnimmt, dessen Schauplatz die Sprache ist: Man muß es wiederholen, das Zuhören spricht. Von hier aus zeichnet sich eine Bewegung ab: Die Orte des Sprechens sind immer weniger durch die Institution geschützt. Die traditionellen Gesellschaften kannten zwei Orte des Zuhörens, und zwar zwei entfremdete: das arrogante Zuhören des Ranghöheren und das servile Zuhören des Untergebenen (oder ihrer Statthalter); dieses Paradigma wird heute auf allerdings noch grobe und vielleicht ungeeignete Weise angefochten: Man glaubt, zur Befreiung des Zuhörens brauche man nur selbst das Wort zu ergreifen – wo doch ein freies Zuhören im wesentlichen ein Zuhören ist, das zirkuliert, permutiert und durch seine Beweglichkeit das starre Netz der Sprechrollen auflöst: Eine freie Gesellschaft ist unvorstellbar, wenn man im vorhinein akzeptiert, in ihr die alten Orte des Zuhörens zu erhalten: die des Gläubigen, des Schülers und des Patienten.

Drittens ist das, worauf da und dort gehört wird (hauptsächlich im Feld der Kunst, deren Funktion oft utopisch ist), nicht das Auftreten eines Signifikats, das Objekts eines Wiedererkennens oder einer Entzifferung, sondern die Streuung schlechthin, das Spiegeln der Signifikanten, die ständig um ein Zuhören wetteifern, das ständig neue hervorbringt, ohne den Sinn jemals zum Stillstand zu bringen: Dieses Phänomen des Spiegelns nennt man *Signifikanz* (es unterscheidet sich von der Bedeutung): Beim »Anhören« eines klassischen Musikstücks wird der Zuhörer aufgefordert, dieses Stück zu »entziffern«, das heißt (durch seine Bildung, seinen Fleiß, seine Sensibilität) dessen Aufbau zu erkennen, der genauso kodiert (vorbestimmt) ist wie der eines Palastes derselben Epoche; beim »Anhören« einer Komposition (das Wort ist hier in seinem etymologischen Sinn zu verstehen) von Cage jedoch höre ich jeden einzelnen Ton nacheinander, nicht in seiner syntagmatischen Ausdehnung, sondern in seiner rohen und gleichsam vertikalen Signifikanz: Indem sich das Zuhören dekonstruiert, veräußerlicht es sich und zwingt das Subjekt zum Verzicht auf seine »Intimität«. Das gilt *mutatis mutandis* für viele andere Formen der modernen Kunst von der »Malerei« bis zum »Text«; und dies ist natürlich mit Schmerz verbunden; denn kein Gesetz kann das Subjekt zwingen, seine Lust dort zu finden, wo es nicht hin will (welches auch immer die Gründe seines Widerstands sein mögen), kein Gesetz ist in der Lage, unser Zuhören zu erzwingen: Die Freiheit des Zuhörens ist ebenso unerläßlich wie die Freiheit des Sprechens. Deshalb ist dieser anscheinend bescheidene Begriff (das Zuhören taucht in den Lexika der Vergangenheit nicht auf, es fällt unter kein anerkanntes Fachgebiet) letztlich wie ein kleines Theater, in dem jene zwei modernen Gottheiten miteinander ringen, eine böse und eine gute: die Macht und das Begehren.

Aus: Roland Barthes: Zuhören. In: Robert Kuhn; Bernd Kreutz (Hg.): Das Buch vom Hören. Freiburg, Herder, 1991, S. 55–71.

Das Ohr

Ernst Jandl

Hallo, ich bin das Ohr.
Können Sie mich hören?
Ich imitiere
den Schlag der Uhr.
Und jetzt
versetzen Sie sich bitte auf die Straße.
Ich bin Pferd
und Milchwagen.

Mein Kollege
liegt auf Ihrem Arm
und schläft schon.

Gestatten Sie,
daß ich mich zurückziehe
in Ihren Wecker.

II Crescendo

Sie wissen es selbst nicht, warum sie lauschen.
Die Brust wird ihnen plötzlich so weit.
Sie lassen sich durch die Seele rauschen.
Das alte Lied ihrer Jugendzeit.

Joachim Ringelnatz

Hören im Mittelalter – Versuch einer Annäherung

von Wolfgang Wagner

Der Historiker Wolfgang Wagner weist in seiner Studie darauf hin, dass das Hören keineswegs eine qualitativ und quantitativ konstante menschliche Erfahrung sei. Erst die Industrialisierung habe in Form der Eisen- und Holzverarbeitung ohrenbetäubende Dauergeräusche hervorgebracht, und die elektronische Verstärkung von Geräuschen erzeuge in Form von Rockkonzerten Lautstärken, die das Gehör schon nach einmaliger Exposition auf Lebenszeit schädigen können.

Man braucht kein Mediävist zu sein, um sich vorstellen zu können, dass die Menschen des Mittelalters von einer völlig anderen Klangwelt umgeben gewesen sein müssen. Das Hören im Mittelalter hatte eine andere Intensität und Qualität als in der Gegenwart. Der vorliegende Beitrag bietet einen Streifzug durch die mittelalterliche Lautsphäre, wobei auch versucht werden soll, anhand von einigen Beispielen und mithilfe eines interdisziplinären Ansatzes auf die unterschiedliche Qualität und Intensität des mittelalterlichen Hörens einzugehen. Dass es sich dabei angesichts der Weite des Themas nur um den Versuch einer Annäherung handeln kann, ist klar.

Die mittelalterliche Lautsphäre

Eine Lautsphäre ist nicht zufällig, und sie ist auch nicht unwandelbar. Jede Gesellschaft, jede geschichtliche Epoche und jede geographische Region hat eine bestimmte akustische Umwelt, die sowohl von der Natur als auch vom Menschen geprägt wird. Umgekehrt wirkt aber die Lautsphäre sowohl auf den Menschen und seine Kultur als auch auf die Natur zurück. Die Lautsphärenforschung klassifiziert als Bestandteile einer Lautsphäre dabei grundsätzlich drei verschiedene Arten von Geräuschen: Grundtöne, Signallaute und Orientierungslaute. Die Grundtöne sind die Geräusche, die von der Geographie, der Fauna und dem Klima bestimmt sind und daher bald zu einer Hörgewohnheit werden. Davon unterschieden sind die Signallaute, die klar konturiert sind und mit deren Hilfe auch Botschaften übermittelt werden können (z. B. Jagdhorn, Glockenläuten). Der Orientierungslaut schließlich ist ein charakteristisches Geräusch, das zwar keine Botschaften übermittelt, das aber Eigenschaften besitzt, die es für die Menschen besonders erkennbar und beachtenswert machen.

Versuchen wir, uns 1000 Jahre zurückzuversetzen und den akustischen Tagesablauf eines mittelalterlichen Menschen nachzuvollziehen (da im frühen Hochmittelalter der größte Teil der Bevölkerung zur ländlichen, bäuerlichen Bevölkerung zu zählen ist, wollen wir einen Repräsentanten dieser Gesellschaftsschicht herausgreifen). Die mittelalterliche Lautsphäre ist anders zusammengesetzt als die heutige: Schätzungen gehen davon aus, dass in Frühkulturen (wie der frühmittelalterlichen) 69 Prozent aller Laute natürlichen Ursprungs sind. Nur 5 Prozent der Laute stammen hingegen von Werkzeugen, Maschinen und Verkehrsmitteln. Der Rest von 26 Prozent sind Menschenlaute (Rufe, Unterhaltung, Singen, ...).

Demgegenüber hat sich das Verhältnis heute umgekehrt: Nur 6 Prozent der Laute der gegenwärtigen durchschnittlichen Lautsphäre in Europa sind Naturlaute, 68 Prozent hingegen sind der Kategorie Werkzeuge, Maschinen, Verkehrsmittel zuzuordnen. Nur der Anteil der Menschenlaute blieb mit 26 Prozent gleich.

Wenn der mittelalterliche Mensch aufwacht, dann wohl auf Grund eines Hahnschreis oder eines anderen Tierlauts. Kein mechanisches oder elektronisches Geräusch eines Weckers läutet ihn aus dem Schlaf. Der erste Weg führt ihn entweder an die Feuerstelle zum Feuermachen oder in den Stall. Während für den heutigen Menschen das Wasserfließgeräusch aus einer Wasserleitung zu den ersten Geräuschen des Tages gehört, gibt es diesen Laut im Mittelalter noch nicht. Nun beginnt das Tagwerk. Der Mensch fährt nicht mit einem motorisierten und daher lauten Fahrzeug in die Arbeit. Die meisten Wege werden zu Fuß oder maximal mit Hilfe von Tierkraft zurückgelegt. Worin auch immer die Tätigkeit des mittelalterlichen Menschen bestehen mag, sie ist nicht verbunden mit dem lautstarken Geräusch einer Maschine. Während der Mensch seine Arbeit verrichtet, ist er entweder von Stille oder von Tier- und anderen Naturlauten umgeben – abgesehen natürlich vom Geräusch seiner eigenen Arbeit. Im Frühmittelalter wurde diese Stille nicht einmal von Glocken unterbrochen, denn die Glocke kommt erst zwischen dem 6. und 8. Jahrhundert nach Westeuropa, die Ostkirche verwendet Glocken gar erst seit 896. Sicherlich gibt es aber auch danach noch genug Kirchen ohne Glocken.

Während die Menschen zu Hause arbeiten oder wenn sie nach Hause zurückkommen, begleitet sie nicht so viel Hintergrundlärm oder Hintergrundmusik wie heute. Es gibt keine laute Eisenbahnlinie oder stark befahrene Straße, die an den Häusern vorbeiführen würde. Wenn Musik gehört wird, dann wird sie in unmittelbarer Nähe selbst produziert. Es gibt kein Radio- oder TV-Gerät, das Musik über weite Strecken und isoliert vom Musikerzeuger wiedergegeben hätte. (Man muss sich dabei vor Augen – oder wohl eher vor Ohren – halten, dass laut einer Studie nur 2 Prozent der heutigen Menschen in Westeuropa nie Radio hören). Die einzige Unterhaltung bieten also selbst produzierte Musik oder ein Gespräch.

Da die Wenigsten Lesen oder Schreiben können (oder sich Bücher leisten könnten), werden auch keine Bücher gelesen. Da man auch kaum ausreichend künstliches Licht erzeugen kann, geht man bald zu Bett und ist schließlich bald wieder von völliger Stille umgeben. Doch auch nicht ganz: Die Hütten der Menschen bieten fast keine Schallisolierung, und somit ist man der Lautsphäre der Natur voll und ganz ausgesetzt. Jeder stärkere Wind, jeder Tierlaut wird wahrgenommen, der Regen prasselt laut auf das Dach, vom Lärm der Stürme und Donner ganz zu schweigen.

Dieser Versuch einer Rekonstruktion des akustischen Aspekts eines typischen mittelalterlichen Tagesablaufes zeigt uns bereits: Das mittelalterliche Leben verläuft – aus heutiger Sicht – leise. Betrachten wir die Ergebnisse einer Feldstudie über eine vergleichbare vorindustrielle Gesellschaft im Sudan: »Im allgemeinen liegt der Schallpegel in den Dörfern unter 40 Dezibel auf der C-Skala des Schallpegelmeßgerätes, ausgenommen, wenn bei Sonnenaufgang oder kurz danach ein Haustier, ein Hahn, ein Lamm, eine Kuh oder eine Taube sich bemerkbar macht. [...] Einige Männer beschäftigen sich produktiv, zum Beispiel schlagen sie mit einer hölzernen Keule auf Palmwedel. Doch das Fehlen hart reflektierender Flächen, wie Hauswände, Decken, Fußböden und feste Möbel usw. in der Umgebung, ist anscheinend für die geringe Intensität verantwortlich, die mit dem Schallpegelmeßgerät gemessen wurde: 73 bis 74 Dezibel am Ohr des Arbeiters.«

Selbst wenn wir nun miteinberechnen, dass Holzwände und -möbel (soweit vorhanden) eines Hauses den Schall stärker reflektiert hätten, darf man sich die Lautsphäre eines mittelalterlichen Dorfes durchaus ähnlich vorstellen. Beeindruckend sind dabei der niedrige Durchschnittsschallpegel von 40 Dezibel und der lauteste Arbeitslärm von 74 Dezibel. Für heutige Verhältnisse sind diese Werte sehr niedrig, wenn man bedenkt, dass 40 Dezibel der Schallstärke eines leisen Gesprächs entsprechen. Und was den Maximallärm betrifft, so sind heute 50 Prozent der Industriearbeiter einem Arbeitslärm von 80 dB und mehr ausgesetzt, und zwar während des gesamten Arbeitstages!

Was bedeutet nun dieser viel niedrigere Geräuschpegel für die Menschen? Zunächst gibt es eine rein medizinische Konsequenz: Wir können ohne weiteres davon ausgehen, dass es im Mittelalter weniger Menschen mit Hörschäden gab. Wie schnell sich Soziokusis, die sozial bedingte Gehörschädigung, bemerkbar macht, hängt sowohl von der Schallintensität als auch von der Dauer des Schallreizes ab. Mediziner haben aber festgestellt, dass Geräusche ab 85 Dezibel eine ernste Bedrohung des Gehörs darstellen. Da die Lärmbelastung im Mittelalter natürlich sowohl weniger intensiv als auch weniger dauerhaft war, darf man annehmen, dass es weniger Hörstörungen gab als heute.

Darüber hinaus war im Mittelalter aber auch die Hörschwelle – also jener Schalldruck, der mindestens notwendig ist, um einen Gehöreindruck hervorzurufen – wegen der geringeren Soziokusis und wegen des geringeren Grundgeräuschpegels zweifellos niedriger als heute. Dies bedeutet einerseits, dass der mittelalterliche Mensch mehr leise Geräusche wahrnehmen konnte als der heutige Mensch, andererseits hatte dies zur Folge, dass akustische Kommunikation (Gespräche, Musik, Signale, etc.) auf einem niedrigeren Schallpegel stattfinden konnte als heute.

Wesentlich ist auch die psychologisch-mentale Auswirkung der mittelalterlichen Lautsphäre, auf die bereits Johan Huizinga 1975 hinwies: In einer leiseren Lautsphäre ist zwangsläufig jedes intensive Geräusch, jeder gespielte Ton, viel eindrucksvoller als in einer akustischen Umwelt, in der ein lauterer Grundton vorherrscht. Je seltener ein lauter Ton zu hören ist, desto stärker ist seine Wirkung. Die führenden Kräfte der früh- und hochmittelalterlichen Gesellschaft – Kirche und Adel – wussten sich diesen Effekt auch durchaus zunutze zu machen, indem sie lärmende Instrumente als Herrschaftssymbole einsetzten. »Klang und Krach dienen seit jeher als Symbol und Instrument der Herrschaft.« Solange es nicht möglich war, Töne auf elektroakustischem Wege zu verstärken, wurden laute Klänge eben mittels Fanfaren und Trommeln, sowie auf kirchlicher Seite von Glocken und später der Orgel erzeugt; die Wirkung dieser Töne darf nicht unterschätzt werden.

Heiliger Lärm

Über die weltlichen Machtverhältnisse hinausgehend entwickelte der Anthropologe Claude Levi-Strauss die These, dass der Mensch Lärm und Heiliges in Beziehung setzt. Tatsächlich wurden laute Naturgeräusche seit frühesten Zeiten göttlichen Mächten zugeschrieben. Nur wer heute ein Gewitter in einer einsamen Berghütte erlebt hat, kann zumindest akustisch nachvollziehen, was die mittelalterlichen Menschen gehört haben. Als Menschen eines rationalen Zeitalters bleibt uns aber selbst in einer derartigen Extremsituation die mentale Ebene des Mittelalters verschlossen. Der mythologische Erklärungsbedarf für Naturerscheinungen begegnet uns jedenfalls sowohl in den ältesten Mythen (man denke an den griechischen Zeus und den germanischen Thor, die beide als oberste Gottheiten mit dem Donner in Verbindung gebracht wurden) als auch in vielen volkstümlichen Erzählungen, den so genannten ätiologischen Sagen, in denen Naturerscheinungen »erklärt« werden.

Diese Verbindung zwischen Lärm und Sakralem wird nun aber, wie Levi-Strauss zeigen konnte, von den religiösen Spezialisten der Gesellschaft genützt, indem sie Lärm erzeugen, um dadurch eine sakrale Umgebung zu schaffen. In der bereits oben zitierten Studie über eine präindustrielle Gesellschaft im Sudan kommt dies deutlich darin zum Ausdruck, dass das lauteste gemessene Geräusch nicht von der Arbeit kam, sondern bei den religiösen Feiern durch Singen und Tanzen erzeugt wurde.

Auch im frühmittelalterlichen Europa gab es viele heidnische Riten, die mit Schallerzeugung verbunden waren. Eine besonders interessante Quelle ist diesbezüglich der Nonsberger Märtyrerbericht aus dem Jahre 397. Dieser Text ist vor dem Hintergrund des Eindringens des Christentums in den Alpenraum und den dadurch auftretenden Konflikt mit dem Heidentum entstanden. Konkret geht es um das Martyrium von drei griechischen Missionaren, die während eines heidnischen Fruchtbarkeitsritus in der neuen Kirche einen Gottesdienst feiern. Walter Wiora beschreibt und analysiert das Geschehnis folgendermaßen: »Man ruft die Gemeinde durch eine Tuba zum Ritus zusammen. In einer Flurprozession, mit der ein sühnender Totenkult verbunden ist, umschreiten sie sodann ihre Felder. Dabei gelangen sie an die neuerbaute Kirche der Christen, ein heidnisch-religiöses Lied auf eine Weise singend, die als Geheul bezeichnet wird. [...] Und nun folgt etwas Seltsames: Man ergreift den Ältesten der drei Priester, schlägt ihn mit Beilen und bläst mit der Tuba durchdringend auf ihn ein. [...] Vielleicht [...] ein apotropäischer Schallritus [...], das zum Kult gehörige Instrument sollte durch seinen Schall das Unheil ›wegblasen‹.« Am nächsten Morgen wird der getötete Priester mit einer Viehschelle um den Hals an den Füßen durch die Straßen gezogen, und auch bei der Hinrichtung der übrigen Priester auf dem Scheiterhaufen erklingen *strepentes et horridi jubili pastorales*, die wohl ebenfalls den Sinn hatten, die Totengeister zu bannen.«

Wie wir sehen können, geht es bei heidnischen Bräuchen und frühmittelalterlicher Rechtspflege durchaus laut zu. Einerseits werden böse Geister durch lautes Schreien oder Instrumente gebannt, andererseits sind auch Gebete zu den Göttern mit Gesängen verbunden. Darüber hinaus sehen wir auch zu Beginn der Erzählung, dass die Zusammenkunft der Gemeinde akustisch durch ein Blasinstrument verkündet wird. Beides, sowohl religiöse Musik, als auch akustische Signalzeichen, finden wir im mittelalterlichen Christentum wieder. Auch wenn natürlich die Kirchenmusik zunächst viel weniger exaltiert abläuft, so ist es dennoch bemerkenswert, dass die zwei lautesten Tonerzeuger im Hochmittelalter mit der Kirche verbunden waren: die Glocke und die Orgel – das lauteste nichtelektronische Musikinstrument. Bezüglich der Orgel ist es aufschlussreich, ihre ursprüngliche Bedeutung anhand des Kontakts zwischen Karl dem Großen und Byzanz zu betrachten. Die Orgel existierte zunächst nur in Byzanz und wurde von den Franken als ein Symbol kaiserlicher Macht betrachtet. Man bemühte sich daher, das Instrument nachzubauen. Als dies unter Ludwig dem Frommen gelang, frohlockte Ermodus Nigellus in einem Lobgedicht an den Kaiser: »Selbst die Orgel, die das Frankenreich nie hervorgebracht hat, die Orgel, deren sich die Griechen allzu überheblich rühmen und die für Konstantinopel der einzige Anlass war, sich dir, o Kaiser, überlegen zu fühlen, die Orgel ist jetzt im Besitz der Pfalz zu Aachen.« Lärm ist, wie wir sehen, mit der sakralen und weltlichen Macht des Kaisers verbunden, und erst später wurde die Orgel zum wichtigsten Kirchenmusikinstrument.

Die Glocke und die akustische Kommunikation

Betrachten wir nun die Glocke etwas genauer. Der Ton der Glocke gilt als *der* Signalton des Mittelalters schlechthin. Ursprünglich aus Vorderasien stammend, kam die gegossene Glocke erst zwischen dem 6. und 8. Jahrhundert nach Europa. Die antiken und frühesten mittelalterlichen Kirchen hatten weder Turm noch Glocke. Als Spiegelbild der Macht der Institution Kirche ist die Glocke bald fast ausschließlich in Kirchen zu finden.

Die Bedeutung der Glocke war im gesamten Mittelalter zweifellos eine weitaus größere als in späteren Zeiten. Erstens war die mittelalterliche Gesellschaft in Ermangelung von visuellen Kommunikationsmöglichkeiten wie Zeitungen und Flugblättern zwangsläufig viel stärker akustisch orientiert als die heutige. Eine Schilderung eines frühmittelalterlichen hunnischen Dorfes aus dem 9. Jahrhundert durch Notger der Stammler gibt uns eine anschauliche Beschreibung der Bedeutung von akustischer Kommunikation. »Innerhalb dieser Dämme (die der Befestigung des Dorfes dienten, Anm. d. Verf.) lagen Dörfer und Höfe so, dass man vom einen zum anderen eines Mannes Ruf hören konnte [...] Auch waren von Ring zu Ring derart überall die Besitzungen und Wohnungen angelegt, dass man auf allen Besitzungen jedes Hornsignal vernehmen konnte.« Die Glocken übernehmen später also nur eine Rolle, die bereits vorher durch andere Kommunikationsmittel ausgeübt worden war.

Zweitens war die Glocke lange Zeit die einzige künstliche Zeitangabe – wobei dies allerdings lange Zeit nur eine untergeordnete Rolle spielte. Wir heutigen Menschen sind vom Zeitmessungssystem geprägt, sodass wir das Glockenläuten vor allem mit der Uhrzeit verbinden. Der mittelalterliche Bauer lebt aber in einem anderen Rhythmus. Für ihn sind die Zyklen der Natur (Sonnenauf- und -untergang, Jahreszeiten) die wesentlichen Größen. Die künstliche Zeitmessung gewinnt erst mit der Zunahme des Handels und der städtischen Wirtschaft an Bedeutung. Der Beginn der öffentlichen Zeitangabe war allerdings nicht visuell, sondern rein akustisch (von den nur sehr beschränkt einsetzbaren Sonnenuhren abgesehen).

Die ersten Kirchturmuhren tauchen erst 1335 in Mailand auf, also erst viele Jahrhunderte, nachdem die Zeit bereits akustisch durch Glockenschlagen angegeben wurde. Schon im 7. Jahrhundert hatte Papst Sabinianus nämlich in einer Bulle verfügt, dass die Klosterglocken siebenmal am Tag geläutet werden sollten. Die Glocken des Frühmittelalters verwendeten dabei aber nicht das heutige Zeitsystem von immer gleich langen Stunden, sondern das kanonische System mit unterschiedlich langen Tages- und Nachtstunden (abhängig von Sonnenauf- und -untergang).

Drittens erfüllte die mittelalterliche Glocke auch Funktionen, die weit über die Zeitangabe hinausgingen. Die Glocke lud zu kirchlichen Feiern (Messe, Beichte, Hochzeit, Begräbnis), verkündete aber auch zahlreiche Ereignisse des profanen Lebens in ihrer Funktion als Markt-, Gerichts-, Feuer-, Sturm- und Notglocke. Darüber hinaus übte die Glocke auch sozusagen eine magische Funktion aus, indem sie Unheil abwehren oder vertreiben sollte. Dies ist der Fall zum Beispiel bei Pest- und Wetterglocken.

Hören statt Lesen – öffentliche Kommunikation

Die Mönche waren im frühen Mittelalter praktisch die Einzigen, die des Lesens und Schreibens kundig waren. Bis ins Hochmittelalter hinein spielte die intellektuelle Ausbildung der Adeligen nur eine untergeordnete Rolle, und meistens war das Lesen lernen kein Teil davon. Selbst wenn aber Texte niedergeschrieben wurden, war dies starken Einschränkungen unterworfen: Pergament war sehr teuer, und nur wichtige religiöse Texte oder wichtige Geschäfte und Entscheidungen wurden aufgezeichnet. Auch wenn es die Schrift bereits gab: sprachliche Kommunikation im Mittelalter ist akustische Kommunikation.

Das Hören hatte eine weitaus größere Bedeutung als heute, denn wenn man etwas nicht hörte, konnte man es auf keinem anderen Weg erfahren. Damit funktionierte auch das Memorieren von Wissen unter ganz anderen Bedingungen als in entwickelten Schriftkulturen. Texte, die nicht schriftlich verfasst und nur oral weitergegeben wurden, haben natürlich von vornherein einen anderen Aufbau als schriftliche Texte. Fast die gesamte mittelalterliche Literatur wurde daher in Liedform gedichtet (sowohl der Minnesang als auch die Heldenepen wie das Nibelungenlied oder das Rolandslied), weil nur so das Memorieren als auch die Weitergabe der Texte möglich war.

Wir können aber wohl auch davon ausgehen, dass der mittelalterliche Mensch besser hinhörte, aber auch Informationen besser im Gedächtnis behalten konnte, wenn er sie hörte. Nur durch diese bessere Zuhör- und Gedächtnisleistung kann man die jahrhundertelang funktionierende Tradition von Gesetzen und literarischen Werken verstehen.

Die rein akustische Kommunikation hatte Auswirkungen nicht nur im literarischen, sondern auch im politischen Bereich. Es war schwierig, unter den infrastrukturellen und kommunikativen Bedingungen des Frühmittelalters eine zentrale Verwaltung für Gebiete einzurichten, die teilweise größer waren als die heutigen Staaten. Der Kontakt zwischen dem Herrscher und seinen Untertanen funktionierte nur mit Hilfe von »Mittelsmännern« (Lehensmännern, Vasallen), die den Kontakt zwischen den verschiedenen Ebenen der gesellschaftlichen Realität schufen. Die wesentliche politische Zuordnung der meisten mittelalterlichen Menschen war damit die Zuordnung zu einem Grundherren. Die deutsche Sprache spiegelt dabei sehr anschaulich wider, wie die Kommunikation in dieser Abhängigkeit funktionierte: Man nennt die persönlich oder dinglich Unfreien »Hörige«, also Menschen, die auf ihren Grundherren hören mussten. Darüber hinaus kommt aber auch das besitzanzeigende Verb *gehören* vom Hören. Man war Teil – also Besitz – einer Grundherrschaft, einer Familie etc., weil man auf den jeweiligen Vorgesetzten *hören*, ihm also *gehorchen* musste.

Der Klang der Stadt

Mehr als alle anderen Innovationen wurde die mittelalterliche Lautsphäre durch die Wiederentdeckung der Stadt verändert. Bewusst sprechen wir hier von einer »Wiederentdeckung«, da die Stadt ja bereits in der römischen Antike ein in halb Europa verbreitetes Phänomen war, das allerdings mit dem Zerfall des Römischen Reiches stark an Bedeutung verlor (abgesehen von Ausnahmen wie York, Trier, Regensburg und manchen anderen Städten, die auch im Frühmittelalter einen einigermaßen städtischen Charakter bewahrten). Es wäre also falsch, von einer neuen, im Mittelalter geborenen Lautsphäre zu sprechen.

Was sind nun die Elemente, die eine städtische Lautsphäre so anders klingen lassen? Zunächst ist es natürlich die größere Bevölkerungskonzentration. Die Bevölkerungszahl stieg in Florenz, Köln und Paris im Spätmittelalter auf ca. 100 000 Einwohner. Abgesehen vom damit verbundenen rein quantitativen Anstieg des Geräuschpegels gab es aber auch einige qualitative Veränderungen durch das Aufkommen neuer Laute.

Einer der neuen Laute war das Geräusch der Steine. Natürlich gab es Steinbauten auch schon früher, aber erst in der hochmittelalterlichen Stadt wird Stein zum vorherrschenden Baumaterial. So wie das Klima und die Topographie ruft auch das vorherrschende Baumaterial einer Region eine spezifische Lautsphäre hervor. In der erwähnten Studie Samuel Rosens über den Sudan war bereits von der Bedeutung hart reflektierender Flächen für die Intensität von Geräuschen die Rede. Mit der Einführung von steinernen Hausfassaden in einer Siedlung ist daher selbst bei gleicher Geräuschhäufigkeit eine höhere Lärmintensität verbunden. Stein reflektiert aber nicht nur Geräusche, er ruft auch neue hervor. Schafer vermerkt: »Der Stein und die Objekte, die an ihn anstoßen, absplittern oder zerkratzen, bilden die erste Notenzelle aus den europäischen Grundtönen.«

Eine der markantesten Änderungen in der mittelalterlichen Lautsphäre rief in vielen Städten die Pflasterung der Stadt hervor.

Zwar hatten die meisten kleineren Städte noch lange Zeit keine Straßenpflasterung, in den großen Städten setzte sie sich aber im Spätmittelalter weitgehend durch. Die ersten sicheren Nachrichten über die Pflasterung der Straßen stammen aus dem 13. Jahrhundert aus Köln. In Augsburg tauchen Abrechnungen für die Pflasterungsarbeiten im Jahr 1324 auf. In Lübeck finden wir im Jahr 1310 einen »Meister des Pflasters« und in Wien im Jahre 1376 den »Überleger« Magister Johannes, der für das Pflastern von Straßen 162 Pfund Pfennig und für das Ausbessern bereits bestehender gepflasterter Straßen 124 Pfund Pfennig erhielt. Da es sich um Ausbesserungsarbeiten handelte, darf man davon ausgehen, dass die Wiener Straßen schon lange vor dem Jahr der ersten Nennung gepflastert wurden. Das Material für die Pflasterung der Wiener Straße kam zum Teil von Steinbrüchen auf der Hohen Warte, wobei außer Wien nur Nürnberg im deutschen Raum behauene Steine verlegte. In den übrigen Städten verwendete man Flusskiesel als Belag.

War die Pflasterung von Straßen einerseits nützlich, so stieg damit andererseits die Lärmbelastung an; Holzwägen können auf gepflasterten Straßen durchaus starken Lärm erzeugen, und auch alle anderen Tätigkeiten werden lauter. So stellte zum Beispiel das Rollen von Fässern auf Straßenpflaster eine derartige Belästigung dar, dass diese Tätigkeit in manchen Städten verboten wurde.

Noch viel stärker als die Pflasterung der Straßen, die ja wie gesagt nicht überall durchgeführt wurde, wirkte sich die Konzentration verschiedenster Handwerke im städtischen Bereich aus. Handwerksbetriebe, die es auch schon vor dem Aufschwung der Stadt gegeben hatte, befanden sich nun in nächster Nähe zu den Wohnhäusern hunderter Menschen, die daher auch deren Auswirkungen mittragen mussten. In den mittelalterlichen Quellen begegnen uns immer wieder Regelungen, die sich auf lärmintensive Handwerke bezogen. Das betraf besonders die Schmiede, die bis zur industriellen Revolution die lautesten Arbeitsgeräusche hervorriefen. In vielen Städten schränkte man daher die Arbeitszeit der Schmiede durch eine eigene »Schmiedeglocke« ein, nach deren Läuten die Schmiede ihre Arbeit ruhen lassen mussten. Während sich aber geruchsintensive Gewerbe, wie Gerber oder Fleischhauer, in fast allen Städten außerhalb der Stadtmauern ansiedeln mussten, konnten die nur lärmintensiven Schmiedewerkstätten vielerorts im Zentrum verbleiben. Dazu gibt es zwei mögliche Erklärungen: Entweder ist die Ansiedlung der Gerber vor der Stadt lediglich mit der Notwendigkeit der unmittelbaren Nähe und Wasser verbunden, oder der mittelalterliche Mensch empfand Lärm als nicht so unangenehm wie Gestank. Vieles deutet auch darauf hin, dass Lärm eher toleriert wird, wenn er als notwendig erscheint, wenn er also etwa mit Arbeit verbunden ist. So wurde auch bis ins vorige Jahrhundert der Lärm der ersten Fabriken toleriert, während es schon in der frühen Neuzeit Beschwerden gegen das Lärmen von Studenten und Betrunkenen gegeben hatte.

Trotz dieser prinzipiell höheren Toleranz gegenüber Arbeitslärm finden wir aber in einigen mittelalterlichen Verträgen das Bemühen, sich durch spezielle Kaufverträge den Lärm fernzuhalten. So verwahrte sich die Universität Tübingen seit ihrer Gründung 1477 gegen lärmintensive Handwerksbetriebe in ihrer Nähe. Bei einem Hausverkauf im Jahre 1513 musste sich der Käufer verpflichten, keine Leute aufzunehmen, »weder schmide, schlosser, kessler, binder, wagner, schriner und gemeinlich khein hantwercksmann oder personen, so schmidwerck tryben und bolsdern, klopften oder bölent«.

Die Wiederentdeckung der Stadt und die damit verbundene Änderung der Lautsphäre führte zu einem vorher undenkbaren Bedarf an einer Regelung der Klangwelt. Das städtische Selbstverwaltungssystem bot dafür das geeignete Instrumentarium.

Aus: Wolfgang Wagner: Hören im Mittelalter – Versuch einer Annäherung. In: Wolfram Aichinger; Franz X. Eder; Claudia Leitner (Hg.), Sinne und Erfahrung in der Geschichte. Querschnitte, Bd. 13. Innsbruck u. a., Studien-Verlag, 2003, S. 155–172.

Vom Geräusch zum Lärm – Zur Geschichte des Hörens im 19. und frühen 20. Jahrhundert

von Peter Payer

Der Historiker und Stadtforscher Peter Payer lebt in Wien und arbeitet seit Beginn der 1990er Jahre als Wissenschaftler, Autor und Ausstellungsmacher über die sozialen, ökonomischen, kulturellen und sinnesgeschichtlichen Transformationen der europäischen Großstadt auf ihrem Weg in die (Post-)Moderne. Seine Spezialgebiete sind insbesondere die Sinneswahrnehmungen in der Großstadt – also Sehen, Hören, Riechen – und die Funktionsänderung urbaner Räume wie Straßen, Wirtshäuser, Brücken und Kinos.

»Das Geräusch des neunzehnten Jahrhunderts, das wir zuerst hören, wenn wir uns seelisch darauf konzentrieren, ist kein Schlachtendonner und kein Feldgeschrei irgend welcher weltlichen oder geistlichen Art: es ist das Donnern eines Eisenbahnzuges, der das Granitmassiv eines Schneegebirges im Tunnel durchquert, das Pfeifen von Dampfmaschinen, das Singen des Windes in Telegraphendrähten und der sonderbare heulende Laut, mit dem der elektrische Straßenbahnwagen an seiner Leitung hängend daherkommt.«

Die auralen Eindrücke des Berliner Schriftstellers Wilhelm Bölsche fokussieren paradigmatisch die einschneidenden akustischen Veränderungen, denen die europäische Zivilisation im Gefolge von Industrialisierung und Technisierung unterworfen war. Es waren insbesondere die Fabriken sowie die neuen Verkehrsmittel Eisenbahn, Straßenbahn und Automobil, die eine allerorts wahrnehmbare neue Geräuschkulisse entstehen ließen, deren Zusammensetzung und Qualität sich völlig anders als bisher darstellte. Nach einer Schätzung des kanadischen Komponisten und Akustikforschers Murray R. Schafer setzte sich die industrielle Lautsphäre nur mehr zu einem Drittel aus Natur- und Menschenlauten und zu zwei Dritteln aus Werkzeug- und Maschinengeräuschen zusammen. Die maschinell erzeugten Laute waren monoton und kontinuierlich, ohne Individualität und die in der Natur üblicherweise ausgeprägten Phasen des Entstehens, Anschwellens und Verklingens. Schafer spricht in diesem Zusammenhang von flach verlaufenden Schall- oder Wanderwellen. Anstelle der Kirchenglocken, die bisher den Rhythmus des Lebens bestimmt hatten, gaben nunmehr Dampfpfeifen und Sirenen den Takt an. Die anhaltenden, abrupt beginnenden und endenden Laute, von der Industriellen Revolution eingerührt und der Elektrotechnik ausgeweitet, verkörpert im Rhythmus der Dampfmaschinen wie im Brummen der Motoren, gerieten zum dauerhaften Grundton der Zivilisation. Neue Modalitäten der Aufmerksamkeit bildeten sich heraus, die gesamte auditive Kultur begann sich zu wandeln.

Zentrum und Brennpunkt dieser Auseinandersetzung waren die rapide anwachsenden Städte, die sich – materiell wie akustisch – immer weiter in ihr Umland ausdehnten. Die Intensivierung des Verkehrs, die generelle Vervielfachung und Verdichtung der Aktivitäten im öffentlichen Raum verstärkten den akustischen Gegensatz zwischen Stadt und Land. Waren in den ländlichen Gebieten die einzelnen Geräusche noch relativ deutlich zu unterscheiden, so entstand in den Städten ein typischer »Großstadtwirbel« (Felix Saiten), eine dichte, undurchdringliche Lautkulisse aus sich ständig überlagernden Einzelgeräuschen. Der renommierte deutsche Musikkritiker Richard Batka sprach 1908 treffend von einem fortwährenden »Tohuwabohu«, das sich überall auf den Straßen bemerkbar mache: »Stelle dich einmal gegen Mittag an eine belebte Straßenkreuzung der Großstadt: da poltert, kollert, knarrt, läutet, pfeift, schreit, tollt es oft durcheinander, daß man den Lärm als körperlichen Schmerz empfindet. Und weil sich jeder einzelne über die ändern zu Gehör bringen will, lizitieren einander die Krawallmacher immer mehr in ein Tohuwabohu hinauf, ohne doch ihren eigentlichen Zweck zu erreichen.«

Die »Brandung der Großstadt«

Mit dem Bild vom »Häusermeer« war eine zentrale Metapher für die neue, panoramatische Wahrnehmung der Großstadt gefunden, in der sich die Erfahrung der Entgrenzung des Raumes ebenso ausdrückt wie das Aufgehen individueller Befindlichkeit in einer homogenen, amorphen Masse. Der Einzelne erschien in der Großstadt, so empfanden es viele, nur mehr wie ein »Tropfen im Ozean«, fortgerissen vom Strom der Massen. Er wurde von der ausufernden urbanen Umwelt beherrscht und überwältigt, hatte sich ihr mehr oder weniger angstvoll zu ergeben.

Die optische Nivellierung der Wahrnehmung und ihre Bezugnahme zur Metapher des Meeres und des Ozeans fand auch auf der akustischen Ebene ihre Entsprechung. Die Bezeichnung von der »Brandung der Großstadt« tauchte auf, von einem deutlich vernehmbaren »Brausen« und »Rauschen«, das den Eindruck einer andauernden, diffusen, scheinbar unaufhaltsam hin und her wogenden Geräuschkulisse vermittelte.

Der akustische Eindruck des Maritimen gewann mit der voranschreitenden Großstadtwerdung weiter an Plastizität. So berichtete der Berliner Dichter und Journalist Julius Rodenberg anlässlich seines Besuches der Wiener Weltausstellung im Jahre 1873: »Dumpf, aus weiter Ferne, vernimmt man das Rauschen und Brausen des Wiener Lebens wie einen Ocean.« Und ganz ähnlich erhoben später noch unzählige andere Wienkenner das »Getöse« zum akustischen Charakteristikum der Stadt.

Eine steinerne Stadtlandschaft war entstanden, mit zum Zentrum hin immer tiefer werdenden Straßenschluchten und einer eigenen Raumakustik, bei der sich die Schallimpulse von den Begrenzungswänden der Straßenräume vielfach brachen und reflektierten. So war neben dem Direktschall stets auch ein diffuses Schallfeld wahrnehmbar, dessen Intensität nach oben hin zunahm, ehe es über die Stadtoberkante entwich. Ein relativ hoher Grundgeräuschpegel und ein Verlust an akustischer Orientierung waren die Folgen – beides Wahrnehmungen, die bereits von den Zeitgenossen des 19. Jahrhunderts gemacht wurden und die belegen, dass in der Bevölkerung schon bald Erklärungen für die veränderte Akustik in der Großstadt gesucht wurden. So sprach etwa der Publizist August Silberstein in seiner 1873 veröffentlichten Beschreibung von Wien davon, dass die hohen Häuser der Stadt den Schall »zusammenhalten und verstärken«; seine Kollegin, die weit gereiste Schriftstellerin und Journalistin Emmy von Dincklage, entwarf einige Jahre später das treffende Bild vom schwer entrinnbaren Gefängnis, das mehr oder weniger jede Stadt in akustischer Hinsicht darstelle: »Die wild erregten Luftwellen toben und branden gegen die Hausmauern, jagen vor- und rückwärts, einen Ausweg suchend, wie die Gewässer in einem Canal und erlauben niemandem, ihnen zu entgehen, der nicht etwa in einem Luftballon in stillere Regionen aufsteigt.«

Der Kampf gegen den Lärm

Es war vor allem die rasant wachsende Zahl unterschiedlichster Verkehrsteilnehmer – von den Fußgängern und Fuhrwerken, den Einspännern, Fiakern und Omnibussen über die Pferde-, Dampf- und Elektrotramways bis hin zu den Radfahrern, Motorrädern und Automobilen –, die die Straße der Großstadt zum paradigmatischen Schau- und Hörplatz der Moderne machte. Wenngleich die Stadt von jeher ein Hort der Hektik und Betriebsamkeit, der lauten Menschenansammlungen und ständig wiederkehrenden Verkehrsgeräusche war, so erlangte der Lärm doch im ausgehenden 19. Jahrhundert eine neue Dimension und Qualität, die ihn zum Signum der Zeit werden ließ.

Immer entschiedener wurde auf die gesundheitlichen Folgen des Lärms aufmerksam gemacht. Medizinische Fachblätter und führende Tageszeitungen brachten ausführliche Berichte über die neuen akustischen Verhältnisse in den Großstädten. Ärzte und Psychiater sahen sich mit den Auswirkungen der Lärmüberflutung ebenso konfrontiert wie städtische Gesundheitsbeamte und Hygieneinspektoren, die eine deutliche Zunahme an diesbezüglichen Beschwerden registrierten. Ingenieure, Architekten und Städtebauer suchten nach Möglichkeiten der Lärmreduktion, bei Vorträgen und Tagungen über Hygiene und Gesundheitspflege wurde der Lärm bzw. dessen Vermeidung zum wichtigen Thema.

In der Hierarchie der städtischen Umweltbelastungen nahm der Lärm hinter den (unangefochten an der Spitze stehenden) Gerüchen schon bald den zweiten Platz ein. Dabei stellte er charakteristischerweise eine Querschnittsmaterie dar, die sich in allen Lebensbereichen manifestierte: vom Wohnalltag über den Straßenlärm bis hin zur Arbeitswelt. »Kein Zeitalter seit Erschaffung der Welt hat soviel und so ungeheuerlichen Lärm gemacht wie das unsrige«, empörte sich 1879 Emmy von Dincklage.

In Europa wie in Amerika entstanden gesellschaftliche Bewegungen, die sich dem Kampf gegen den Lärm verschrieben. In Deutschland veröffentlichte der Publizist und Kulturphilosoph Theodor Lessing 1908 ein Buch mit dem provokanten Titel »Der Lärm. Eine Kampfschrift gegen die Geräusche unseres Lebens« und noch im selben Jahr gründete er in Hannover einen »Antilärmverein«. Die zunehmende Lärmbelästigung war für Lessing eine Degenerationserscheinung unserer Kultur, ein Narkotikum, mit dem der moderne Mensch sich zu betäuben und die Nichtigkeit seiner eigenen Existenz zu verdrängen suche. Besonders betroffen davon seien die geistigen Arbeiter in den Lärmhöllen der Großstädte, den Zentren des Kulturlebens, weshalb der Kampf gegen Lärm stets »ein Kampf des Geistigen gegen die Verpöbelung des Lebens« sei.

Mit der Vereinszeitschrift »Der Antirüpel. Das Recht auf Stille« erhielten Lärmgeplagte eine mediale Plattform, die ihre Beschwerden veröffentlichte und ausführlich über mögliche rechtliche Schritte informierte. Zudem bot der Verein bei Eingaben an amtliche Stellen seine Unterstützung an, Beschwerdekarten mit der Aufschrift »Ruhe ist vornehm« wurden verbreitet, »Blaue Listen« erstellt, die auf ruhige Unterkünfte hinwiesen, sowie »Schwarze Listen«, die unverbesserliche Lärmsünder anprangerten.

Die in Wien an den »Antilärmverein« herangetragenen Beschwerden bezogen sich, wie in den meisten Städten, in erster Linie auf den alles übertönenden Straßenlärm: das Getrappel der eisenbeschlagenen Hufe auf dem Kopfsteinpflaster, das Gerassel der Pferdegeschirre, das Poltern der Wagenräder, das Knarren und Quietschen der Kutschen, das Peitschengeknalle der Fiaker, das Wimmergeheul der Elektrischen, das Klingeln der Fahrräder, das Geschrei der Warenausrufer, das Geknatter und Gehupe der Automobile … Daneben werden aber auch zahlreiche lokale Lärmbelästigungen deutlich. So beklagten sich Bürger der Josefsstadt über das Spielen von Phonographen bei offenem Fenster, in der Währinger Straße beschwerte man sich über das Orchester eines Kinematographentheaters, in der Rotenturmstraße über den Lärm grölender Studenten; Grinzing galt manchen überhaupt nur mehr als »Stätte eines kaum noch menschlich zu nennenden Gelärmes und Gebrülles«; ganz abgesehen vom allerorts vernehmbaren Geklimper des zu einem Modeinstrument gewordenen Klaviers, das sich, wie man meinte, in der Musikstadt Wien geradezu seuchenartig ausbreite.

Doch trotz der vielen Sympathiekundgebungen und der hohen medialen Resonanz, die der Verein in kurzer Zeit erlangt hatte, musste er in Österreich wie in Deutschland bereits 1911 seine Tätigkeit einstellen. Notorische Geldnot und die zu geringe Anzahl an aktiven Mitgliedern waren die unmittelbaren Gründe dafür. Mobilisiert werden konnte in Wahrheit nur eine Minderheit, in erster Linie bürgerlich-liberale Schichten, Schriftsteller, Künstler, Intellektuelle. Eine Verankerung in der Arbeiterschaft war so gut wie nirgends gelungen, obwohl gerade sie in ihrem Fabriksalltag de facto weitaus größeren Lärmbelästigungen ausgesetzt war. Zu unterschiedlich waren hier jedoch – gezwungenermaßen – die Hörgewohnheiten und damit Toleranzschwellen, aber auch die konkreten Handlungsspielräume für den Einzelnen. Der ganze Bereich der Ökonomie war zudem auf symbolischer Ebene erfüllt von der beinahe uneingeschränkt positiven Konnotation des Lärms mit Kraft und Stärke, Fortschritt und Modernität – ein Umstand, gegen den nur schwer anzukommen war.

Dennoch blieb die Auseinandersetzung mit dem Lärm zentraler

Bestandteil des zeitgenössischen Großstadtdiskurses, in dem sich Momente der Kultur- und Zivilisationskritik ebenso trafen wie jene des Klassenkampfes und der vielfach empfundenen Überreizung der Sinne. Letzteres fand nicht zuletzt in der Entdeckung der Nervosität und Identifizierung der »Neurasthenie« als, wie man meinte, typische Krankheit des modernen Stadtmenschen ihren Ausdruck. Eine urbane Wahrnehmungskultur bildete sich heraus, in der »Ruhe« zur sprichwörtlich ersten Bürgerpflicht erhoben wurde.

Crescendo

Mit der Ausbreitung des Lärms hatte sich auch die Lautstärke sukzessive erhöht. Dies lässt sich in der Stadt anhand jener Signaltöne nachvollziehen, die eingesetzt wurden, um vor Gefahren zu warnen. So wurde etwa in Wien der Ausbruch eines Brandes seit dem 16. Jahrhundert durch einen Wächter im Stephansturm kundgetan, der aus voller Kehle – verstärkt durch ein Sprachrohr – »Feuer!« brüllte. Ab Mitte des 19. Jahrhunderts hob sich dieses Signal allerdings nicht mehr deutlich genug ab vom übrigen akustischen Milieu im Herzen der Stadt, so dass man es schließlich 1855 abschaffte und – natürlich auch aus Gründen der schnelleren Nachrichtenübermittlung – eine direkte telegraphische Verbindung von der Türmerstube zur Zentral-Löschanstalt Am Hof einrichtete. Auch die Einsatzfahrzeuge mussten sukzessive ihre Signalstärken erhöhen. Die bislang üblichen Trompeten- und Glockensignale wurden allmählich vom jaulenden Klang der Sirene abgelöst.

In der überlieferten bürgerlichen Wahrnehmung tauchten ab Mitte des 19. Jahrhunderts Klagen über das Anwachsen der Lautstärke in den Städten auf. So beschwerte sich der deutsche Kulturhistoriker und Begründer der deutschen Volkskunde Wilhelm Heinrich Riehl, dass die Choräle der Turmbläser, die in vielen protestantischen Gegenden Deutschlands bislang dreimal am Tag ertönten, in der Lärmkulisse der Großstädte schon längst ihre Berechtigung verloren hätten: »In den lärmenden großen Städten verliert das Blasen vom Thurme freilich seinen Sinn«, monierte er und sah darin auch einen Rückschlag für die musikalische Erziehung des Volkes. Diese Tendenz sollte sich in der Folge noch weiter verstärken. G. Pinkenburg, Stadtbaumeister von Berlin, konstatierte zur Jahrhundertwende, dass man im Getöse der Hauptverkehrsstraßen oft nicht einmal mehr sein eigenes Wort verstünde; in London erhoben sich Klagen, dass der Verkehrslärm die Dinnerkonversation verunmögliche; Ohrenärzte beschwerten sich vielfach darüber, dass es in ihren Praxen mittlerweile viel zu laut sei, um ordentliche Untersuchungen durchführen zu können; und auch für die Physiologen war es zunehmend schwieriger, eine geeignete »camera silenta« für ihre Hörversuche zu finden.

Die zwangsweise Gewöhnung an immer intensivere akustische Reize ließ auch die Schallintensität der Musik ansteigen. Der Wiener Musiksoziologe Kurt Blaukopf, der als einer der ersten die Wechselwirkungen zwischen akustischem Milieu und Musikproduktion untersuchte, weist auf den Wandel der musikalischen Hörgewohnheiten hin, der sich u.a. in der technischen Weiterentwicklung der Instrumente widerspiegelt. War etwa das Klavier noch zur Zeit Mozarts ein leicht transportabler Kasten mit zarten Tönen gewesen, stellte sich das moderne Pianoforte hundert Jahre später als gewichtiges Instrument mit bedeutend vergrößertem Klangvolumen dar. Die Steigerung der Lautstärke ermöglichte auch eine neue Dynamik. Während bis ins 18. Jahrhundert hinein die so genannte Terrassendynamik, d. h. eine ruckweise Veränderung der Lautstärke, vorherrschte, bürgerte sich nun ein kontinuierliches An- und Abschwellen der Lautstärke (Crescendo und Decrescendo) ein. Die Erweiterung und Verfeinerung des instrumentalen Apparates (Ventilhörner, Ventiltrompeten, Schlagzeug, Celesta, Glocken etc.) und die damit möglichen vielfältigen Instrumentalkombinationen prägten wesentlich das zeitgenössische Klangideal, das sich für die erste Hälfte des 19. Jahrhunderts als noch deutlich leiser rekonstruieren lässt.

Dies hatte bereits Richard Strauß empfunden, der anlässlich einer von ihm dirigierten Aufführung von Beethovens Fünfter

Symphonie im Jahre 1908 meinte: »Ich bringe in Beethoven eben den Schmiß hinein und fühle seine Größe, seine Wucht und sein Temperament. Ich sehe dabei weniger auf die Schönheit des Tons im Orchester als darauf, daß der Feuergeist Beethovens zu Worte kommt. Was wir jetzt von ihm hören, ist Zuckerwasser. Freilich muß ich immer schwitzen, um das herauszukriegen. Denn die Instrumentation Beethovens entspricht nicht der Größe seiner Intentionen, wenigstens nicht für die heutige Zeit, wo die Ohren durch mein Orchester so verdorben sind.«

Auch für Wilhelm Heinrich Riehl, selbst ein eifriger Musiker, waren die sich drastisch wandelnden Hörgewohnheiten mehr als frappierend. Er registrierte »ungeheure Gegensätze des musikalischen Ohres binnen eines Jahrhunderts«. Die Lieblingsklangfarbe des 18. verhalte sich zu der des 19. Jahrhunderts »wie matt angelaufenes Gold zu glänzend polirtem«. Dasselbe Orchestertutti, welches vor 70 Jahren noch überwältigend großartig klang, klinge jetzt einfach nur kräftig, weshalb man »zur Aufhellung unseres auf diesem Punkt verdunkelten Ohres« die Streichinstrumente oft doppelt besetzen müsse, um dieselbe Wirkung wie früher mit einfacher Besetzung zu erzielen. Der in seinen Anschauungen ausgesprochen konservative Riehl, der auch über seine musikalischen Beurteilungen hinaus zu einer Romantisierung vorindustrieller Lebenszusammenhänge neigte, sah bzw. hörte diese Entwicklung mit Wehmut, empfand sie als unwiederbringlichen Verlust. Er konstatierte ein früher weit ausgeprägteres Sensorium für feine Nuancen und rhythmische Subtilitäten, während für das »überreizte moderne Ohr« vieles flach, farblos und leer klinge. Die Musik, so Riehl, die man heutzutage der Jugend »mit dem rhythmischen Dreschflegel in die Ohren paukt« und die »grellen und unvorbereiteten Dissonanzen, die wir jetzt häufig für sehr wirkungsreich halten«, hätten vor hundert Jahren noch als »ohrenzerreißend« gegolten.

Zur Phänomenologie des Lärms

»Unerwünschtes und unnützes Geräusch«, »unangenehmes Geräusch«, »überflüssiges Geräusch«, »lauter Gestank«, »akustischer Schmutz«: Mit diesen Worten um- und beschrieb man Lärm zur vorvorigen Jahrhundertwende. Als psychologisches Phänomen, geformt von sozialen und kulturellen Kräften, erfuhr der Lärm in der westlichen Kultur eine spezifische Ausprägung, eine enge Konnotation – so der kanadische Kulturwissenschaftler Peter Bailey – mit Unordnung und Unsinn. In Anlehnung an Mary Douglas‹ Definition von Schmutz als »Materie am falschen Platz«, bezeichnet Bailey Lärm treffend als »Geräusch am falschen Platz«, wobei sich aus sozialer Perspektive drei Typen von Lärm unterscheiden lassen: Lärm als Ausdruck von Fröhlichkeit und Belustigung, Lärm als Ausdruck von Verwirrung und Verlegenheit sowie Lärm als Ausdruck von Schrecken und Bedrohung. Der letztgenannte – zentrale – Aspekt manifestiert sich paradigmatisch in der Kriegsführung (wo Schlachtgeschrei, Trommelwirbel oder laute Musik seit jeher als strategisches Mittel eingesetzt werden), in populären Protestformen (von der so genannten »Katzenmusik« bis hin zum »Krawall« und zur skandierenden Menge von Demonstranten) wie auch in traditionellen Riten der Angstabwehr (worin etwa diverse Fastnachtsbräuche, das Abbrennen von Feuerwerken und Böllern zu Silvester oder vermutlich auch das Zerschlagen von Geschirr am Polterabend ihren Ursprung haben).

Das Gemeinsame all dieser sozialen Konfigurationen ist ihr Moment der Irritation, das Überschreiten einer gewohnten Grenze, die Infragestellung einer bestehenden Ordnung. Lärm, so lässt sich generalisierend feststellen, verweist also stets auf etwas »Außer-Ordentliches«. Dabei meint Lärm nicht einfach nur die totale Negierung von Sinn und Bedeutung. Er verweist vielmehr auf die Möglichkeit der Generierung neuer Bedeutungen und Sinnzusammenhänge.

Die Macht des Lärms zeigt sich auch in dem von Murray R. Schafer beschriebenen Phänomen des »Heiligen Lärms«. Besonders laute, Furcht und Respekt einflößende Geräusche wurden in vielen Gesellschaften als »Stimme« einer göttlichen Instanz verstanden. Dazu gehörten Naturlaute wie Donner, mit dessen Kraft oberste Gottheiten wie Zeus und Thor ausgestattet waren, Vulkanausbrüche und Sturmgeräusche, aber auch die lärmende Inbrunst bei religiösen Gesängen und Tänzen oder das Läuten der Kirchenglocke und der dröhnende Klang des Orgelspiels. Der »Heilige Lärm« stellte ein gesellschaftliches Tabu dar, war von jeder Kritik ausgenommen, wodurch der ihn produzierenden Gemeinschaft die Autorität zukam, ihn ohne Zensur auszuüben.

Diese tief verwurzelten kulturellen Zuschreibungen und Hierarchien spiegelt auch die Etymologie des Wortes Lärm wider: Das seit frühneuhochdeutscher Zeit als »lerman« oder »larman« bezeugte Substantiv leitet sich von »Alarm« ab, das seinerseits auf das italienische »allarme« zurückgeht, entstanden durch Zusammenziehung aus dem Ruf »all'arme!«, das heißt zu den Waffen!« (lat. arma = Waffe). Lärm war somit zunächst ein Ausdruck aus dem militärischen Bereich, wo sich auch weitere zusammengesetzte, heute allerdings nicht mehr gebräuchliche Ausdrücke herausbildeten: »Lärmplatz« (Ort, an dem die Soldaten unter Waffen treten), »Lärmbläser« und »Lärmschläger« (Trompeter bzw. Tambour, der den Aufruf zum Sammeln gibt), andere »Lärmzeichen« wie »Lärmschuss«, »Lärmfeuer«, »Lärmglocke« etc. Die zentrale appellative Funktion von Lärm und seine enge Verknüpfung mit Gefahr ging in der Folge von der militärischen auf die zivile Welt über. Hier bildete sich die allgemeinere Bedeutung »Zusammenlauf einer Menge, feindliche Zusammenrottung« sowie später »wildes Geschrei oder Geräusch, Tosen, Getöse« heraus. Seit dem 17. Jahrhundert findet man die Formen »der Lärm« und »der/das Lärmen« in den Wörterbüchern verzeichnet.

Wie dieses Derivat aus der Kriegssprache allmählich in die bürgerliche Alltagssprache übernommen wurde, sei anhand zweier Beispiele verdeutlicht. In Johann Heinrich Zedlers 1732–54 erschienenem »Universal-Lexikon« dominiert noch der soldatische Kontext, wobei der Aspekt der Unordnung besonders betont wird: »Lärmen, ist die Versammlung derer Soldaten in einer Festung oder in einem Lager bey einem unvermutheten feindlichen Angrieffe. Weil bey einer solchen unvermutheten Versammlung nicht alles so ordentlich zugehet, als wenn man sich darauf mit guter Musse vorbereiten kann, so nimmt der Feind manch Mahl Gelegenheit, von dieser Unordnung Nutzen zu ziehen, und greiffet eine Armee oder Festung bey Nacht-Zeit, oder doch zu einer solchen Zeit an, da sie in vollkommener Sicherheit zu seyn vermeynen, und sich nichts weniger als eines Angrieffes versehen.« Bisweilen gab es auch ein so genanntes »blindes Lärmen«: »Die Generäle suchen ihre Soldaten manch Mahl dadurch auf die Probe zu stellen, wie sie sich in einem unvermutheten Angrieffe verhalten würden, und ob sie die gehörige Hertzhafftigkeit und Wachsamkeit dabey beweisen. Sie stellen deswegen an eine von den Wachen heimlichen Befehl, bey Nachte Feuer zu geben, und dadurch in dem Lager Lärmen zu machen, damit sie daraus wahr nehmen können, ob sie geschwinde und ordentlich zugleich in ihrer Zubereitung zu einem Treffen seyn würden.«

Nicht ganz hundert Jahre später definierte der deutsche Sprachforscher und Lexikograph Johann Christoph Adelung dann bereits Lärm allgemein als

1) ein jeder lauter, beschwerlicher Schall, ingleichen aus mehrern solchen Arten des Schalles zusammen gesetztes Getöse, auch ein heftiger Zank, Streit;
2) ein mit einem verworrenen Geschreye verbundener Auf- oder Zusammenlauf mehrerer.«

»Unerwünschtheit« bzw. »Lästigkeit« setzten sich in der zivilen Welt als entscheidende Definitionskriterien durch. Ein stark von bürgerlichen Moral- und Wertvorstellungen geprägter Lärmbegriff entstand, der nicht zuletzt der Identitätsstiftung und Abgrenzung, insbesondere unteren Bevölkerungsschichten gegenüber, diente. »Lärm ist das Geräusch der anderen«, notierte der Schriftsteller

Kurt Tucholsky später einmal und brachte damit diesen zentralen Aspekt der Lärmrezeption auf den Punkt.

Aus: Peter Payer: Vom Geräusch zum Lärm. Zur Geschichte des Hörens im 19. und frühen 20. Jahrhundert. In: Wolfram Aichinger; Franz X. Eder; Claudia Leitner (Hg.): Sinne und Erfahrung in der Geschichte. Querschnitte, Bd. 13. Innsbruck u. a., Studien-Verlag, 2003, S. 173–192.

Machen wir auf unserem Weg zurück in den Übungsraum einen Hörspaziergang. Um sicherzustellen, daß jeder einzelne möglichst ungestört horchen kann, werden wir hintereinander gehen – und zwar mit soviel Abstand voneinander, daß wir die Schritte des anderen gerade nicht mehr hören. Wenn Sie die Schritte Ihres Vordermanns hören, sind Sie zu dicht dran – also gehen Sie einfach langsamer! Bei der Ankunft im Übungsraum bitten Sie die Teilnehmenden, Antworten auf die folgenden Fragen zu notieren (Sie können die Fragen selbstverständlich abwandeln, um sie den Gegebenheiten anzupassen):

a) Welches war der lauteste Klang, dem Sie unterwegs begegnet sind?
b) Welches war der leiseste Klang?
c) Nennen Sie einen leisen Klang, der von einem lauten übertönt wurde
d) Der Klang mit dem höchsten Ton
e) Drei Klänge, die sich an Ihnen vorbeibewegten
f) Drei Klänge, die sich mit Ihnen mitbewegten
g) Drei Klänge, die von oben kamen
h) Ein Klang, der seine Bewegungsrichtung änderte
i) Ein Klang, der auf einen anderen antwortete
j) Der häßlichste Klang
k) Ein Klang, der genau zweimal zu hören war
l) Der Klang von etwas, das geöffnet wurde
m) Ein anderer, aus der gleichen Öffnung vernehmbarer Klang
n) Der einprägsamste Klang auf dem Weg
o) Ein Klang mit einem exakten Rhythmus (Können Sie den Rhythmus notieren oder nachmachen?)
p) Der schönste Klang
q) Der Klang aus der größten Entfernung (Von wie weit her kam er?)
r) Ein Klang, dessen Tonhöhe langsam anstieg oder fiel
s) Der Klang, den Sie am liebsten austilgen würden
t) Ein Klang, den Sie vermißten und doch gerne gehört hätten

Diskutieren Sie die verschiedenen Antworten!

R. M. Schafer, Hörübung 13

Als die Nervosität Mode wurde

von Joachim Radkau

Joachim Radkau ist Professor für Neuere Geschichte an der Universität Bielefeld. Seine Forschungsschwerpunkte sind die Technik- und Umweltgeschichte in Verbindung mit der Medizin- und Mentalitätengeschichte. In seinem Buch »Das Zeitalter der Nervosität« beschreibt er ein vorherrschendes Krankheitsbild um 1900, die Neurasthenie. Diese Diagnose erweitert sich zu einer von Nervosität geprägten Grundhaltung, weswegen sich die Juristen auch mit Klagen über den Lärm beschäftigen mussten.

Zu einem der schlimmsten und am wenigsten bewältigten Streßfaktoren der Industriegesellschaft wurde der Lärm. Der Kampf gegen Lärmbelästigungen trat in Deutschland ziemlich genau mit Beginn des »nervösen Zeitalters« in eine neue Phase ein. Noch 1869 hatte sich der preußische Handelsminister geweigert, Gewerbebetriebe aus Gründen der Lärmerzeugung konzessionspflichtig zu machen; 1882 dagegen fällte das Reichsgericht eine Entscheidung, die epochemachend hätte sein können, indem es die Klage eines Nachbarn gegen den nächtlichen Betrieb einer Druckerei für rechtens erklärte und nicht – wie bis dahin üblich – an die Polizei verwies. Wenn die Bewohnbarkeit eines Hauses – so das Reichsgericht – durch ein »fortwährendes außergewöhnliches Geräusch« behindert oder erschwert werde, so werde damit das Eigentumsrecht ebenso verletzt, »wie wenn von dem Nachbargrundstück Steinsplitter herüberfliegen«. Der alte, schon aus dem römischen Recht stammende Emissionsbegriff erfuhr also eine wesentliche Erweiterung. Vom rechtlichen Rahmen her hätte es fortan eine Ausgangsbasis für einen Frontalangriff auf den Lärm gegeben.

Leider wirkte der Nervendiskurs jedoch zwiespältig. Die meisten Mediziner waren sich zwar darüber einig, daß fast alle Neurastheniker besonders geräuschempfindlich seien. Die Frage jedoch, ob dauernde Lärmbelästigung Nervosität hervorrufe oder es sich bei der Lärmempfindlichkeit um ein bloßes Symptom der Nervosität handele, blieb unbeantwortet. Wie ein Kenner der Lärmschutzbewegung 1914 rückblickend feststellte, wurde es »gefährlich für die Lärmfeinde«, »als die Nervosität Mode wurde«. Denn wenn sich nun jemand über Lärm beschwerte, konnte der Lärmverursacher erwidern, die Empfindlichkeit des Klägers beweise seine Nervosität, diese jedoch sei eine Krankheit und kein Normalzustand, auf den man Rücksicht nehmen müsse. Tatsächlich flog das Nervositätsbild bei Lärmklagen immer wieder auf die gleiche Weise hin und her: Die Nachbarn klagten, der Lärm mache sie nervös; der Lärmerzeuger entgegnete, die Kläger *seien* nervös.

1896 wies das Reichsgericht die bis dahin vom preußischen Verwaltungsgericht vertretene Auffassung zurück, »daß Schutz gegen jeden Lärm zu gewähren sei, welcher gesunde Menschen krank und kranke Menschen kränker machen könne«. Zwar habe der Richter nicht von Menschen mit »tadelloser«, aber doch mit »durchschnittlicher Gesundheit« auszugehen und dürfe sich nicht nach solchen richten, »die an ungewöhnlicher krankhafter Reizbarkeit oder Nervosität leiden, und zwar auch dann, wenn derartige Leiden nicht selten angetroffen werden«. Das war die Erfindung des »normalen Durchschnittsmenschen«, der kurz darauf in das BGB einging. Aber was war unter modernen Bedingungen »normal«? Das preußische Oberverwaltungsgericht vertrat in den 1890er Jahren die Auffassung, die Nervenschwäche sei so verbreitet, daß man auch hochnervöse Personen schützen müsse. Der Leipziger Mediziner Carl Reclam hatte schon 1880 bei einer Nachbarschaftsklage gegen einen Dampfhammer begutachtet, daß die Bewohner großer Städte als Folge der dortigen Lärmeinwirkungen und Erschütterungen allesamt nervöser seien als die Landbevölkerung. Reclam gab die Zeitschrift des Internationalen Vereins gegen Verunreinigung der Flüsse, des Bodens und der Luft heraus, einer damals einflußreichen Organisation mit zum Teil radikalen Umweltschutzforderungen: Vorübergehend geriet der Kampf gegen den Lärm in einen verheißungsvollen Kontext. Wenn das »nervöse Zeitalter« und die »Nervosität des Großstädters« zur gängigen Vorstellung wurden, so enthielten diese Gemeinplätze ein rechtsetzendes Potential, indem sie einen neuen Begriff von »Normalität« schufen.

Es gelang jedoch nie, das Lärmproblem auf eine Art zu formulieren, die wirksame Gegenstrategien in Gang gebracht hätte. Die Klagen über den Lärm zersplitterten sich auf viele Gegner. Ein besonderer Zorn richtete sich gegen die »Klavierpest«: zu jener Zeit ein stehender Ausdruck für das ewige Klaviergeklimper unmusikalischer Mittelstandstöchter. Die Klage war damals nicht ganz so lächerlich, wie sie heute wirkt, wo man nur noch selten ungewollte Klavierklänge vernimmt. Welche »Summe von Nervenkraft« durch die »Klavierseuche« »verzehrt« werde, sei »hinreichend bekannt«, glaubte ein Darmstädter Arzt. Diese Geräuschbelästigung war in ihrem Ausmaß ein akustisches Novum und hatte mit der Industrialisierung zu tun, da Klaviere in Deutschland seit den 1870er Jahren fabrikmäßig in Serie produziert wurden. Theodor Lessing hebt in seiner »Kampfschrift« über den Lärm (1908) an einer Stelle das Knattern der Motorräder und Automobile als »neues Geräusch« hervor, das »unvergleichlich schrecklicher« sei »als aller lärmende Trubel, den die einst lebenden Geschlechter von toten oder lebendigen Radauinstrumenten erdulden mußten«; kaum weniger stöhnt er allerdings über das Teppichklopfen, das Heulen der Hunde, das Gackern der Hühner und vor allem über die »grauenhafte Unsitte« der Restaurant- und Kaffeehausmusik!

Lessing, der aus der Medizin kommende Kulturphilosoph, gründete im Dezember 1908, kurz nach dem Erscheinen seiner »Kampfschrift« »Der Lärm«, einen »Lärmschutzverband«, auch »Antilärm-Verein« genannt, dessen Mitteilungsorgan, das im Verlag der »Ärztlichen Rundschau« erschien, den Titel »Der Anti-Rüpel« trug. Schon dieser Name machte den mutwillig von Menschen angestellten, nicht den technisch verursachten Lärm zum Hauptangriffsziel. 1906 war in New York die Gründung einer »Society for the Supression of Unnecessary Noise« vorausgegangen. Nach zwei Jahren hatte Lessings Verein 1085 Mitglieder geworben, die meisten in Berlin, Hannover, München und Frankfurt am Main; unter ihnen befanden sich Hugo von Hofmannsthal, der Psychiater August Cramer – aus dem Nervendiskurs wohlbekannt – und der Historiker Karl Lamprecht. Lessing zog sich 1911 wieder aus der Antilärmbewegung zurück und stellte den »Anti-Rüpel« ein. Die Resonanz des Vereins war enttäuschend geblieben, wenn man sie mit Lessings Erwartungen und auch mit dem Erfolg der New Yorker Gesellschaft vergleicht: Diese konnte im Jahr 1913 40 Staatsgouverneure als Ehrenvizepräsidenten vorweisen!

Arthur Wilke, ein Wortführer der Elektro- und der Automobillobby, polemisierte unter dem Titel »Die Tyrannei der Nervösen« gegen den »Antilärm-Verein«. Er äußerte den »Verdacht«, »daß diesem Vereine zuerst und zumeist die Nervösen zuströmen«, und lieferte zugleich eine eigene Nervositätslehre mit: »je nervöser, je egoistischer«. Zudem seien die Nervösen »nicht nur in ihrer Empfindung, sondern auch in ihren Äußerungen und Forderungen ziemlich maßlose Menschen«. Wilke zeigte sich über die Möglichkeit besorgt, »daß der Antilärm-Verein seine erste Kraftprobe am Auto versucht«: Das könne dem Automobilismus gefährlich werden, da »die Massen noch immer nicht ihr Mütchen am Auto gekühlt haben«. Man erkennt, welche Chance die Antilärmkämpfer gehabt hätten, wenn sie den verbreiteten Ärger über die Autoraserei politisch mobilisiert hätten! Theodor Lessing hielt ihm jedoch mit Recht entgegen, daß die »Antilärmiten« »gegen die Automobiltechnik sehr verständnisvoll, sehr schonend« verführen. »Wir hüten uns klüglich, reaktionäre Instinkte im Volke zu unterstützen und einem herrlichen Sport die Zukunft zu verbauen.« Selbst er akzeptiert die Gleichsetzung von Auto und Fortschritt! Unter den Zielen seines Vereins stand schon an zweiter Stelle die Forderung, den »Kinderlärm von den Straßen« zu verbannen; vom Autolärm auf den Straßen war dagegen nirgends die Rede, nur wurde an achter Stelle u. a. eine »Verbesserung der Elektro- und Automobile« gefordert.

Lessing glaubte, die »empfindlichen Nerven« seien »Bedingung der Kultur«; und immer wieder zitierte er das auch von Margaret A. Cleaves auf die Neurastheniker bezogene Wort: »World's work is done by its invalids.« Den Kern des Lärmproblems begriff er als unverschämte Anmaßung des Pöbels und akustische Machtergreifung der Geistfeinde. Er und sein »Anti-Rüpel« zelebrierten einen heillos elitären, ja snobistischen Stil und ergingen sich am liebsten in dem Selbstmitleid der Geistesarbeiter: »Eine nie endende Kette von Qual und Pein zieht sich durch das Leben aller mit dem Gehirne arbeitenden Menschen.« Als seine Adressaten betrachtete der »Antilärm-Verein« nur die »kultivierten und gebildeten Kreise«; das Lärmproblem in den Fabriken und die Frage, ob er nicht auch bei den Arbeitern Verbündete finden könne, beschäftigte ihn fast gar nicht; statt dessen suchte er den Hausbesitzerverein als Bundesgenossen. Die lange Liste seiner Forderungen enthielt das »Verbot von Straßenmusik« und »Verweisung der Lahmen, Blödsinnigen«, Blinden in die Hospitäler. Der Philosoph, der später von den Nationalsozialisten ermordet wurde, wollte seinen Kampf gegen den Lärm als ersten Schritt zur »Eugenetik« sehen. Von der mittlerweile vollzogenen Demokratisierung der Neurasthenie war Lessing noch unberührt, da er die Nervenzartheit zum Ausweis des Geistesaristokraten erhob.

Das Thema »Arbeitslärm« steht an erster Stelle in Heiligs Untersuchung über »Fabrikarbeit und Nervenleiden« (1908). Aber ähnlich wie Schoenhals in seiner Studie zur Arbeiterneurasthenie (1906) betont er, daß Außenstehende den Lärm als Ursache von Nervenleiden spontan überschätzten. Wer zum ersten Male in eine große Fabrik komme – so Heilig –, der sei wohl im ersten Augenblick von nichts so überwältigt wie von der »Unsumme akustischer Reize«, und er könne sich nicht vorstellen, wie es Menschen jahrelang in »diesem Brausen und Tosen, diesem Hämmern und Pochen« aushielten. Aber nur bei 11,5 Prozent der von ihm untersuchten Fälle – vor allem bei Neurasthenikern – habe er den Lärm als Krankheitsursache ausmachen können. Man müsse allerdings mit der Möglichkeit rechnen, daß akustische Dauerreize auch,

»ohne daß der betreffende Arbeiter es merkt«, »zu einer erhöhten Labilität des Nervenlebens führten«.

Bewußt und quälend erlebt wurde der Betriebslärm vor allem von solchen Arbeitern, die an eine ruhigere Arbeitswelt gewöhnt waren. Levenstein berichtet die Klage eines alten Metallarbeiters: »Als mein Geschäft mit Maschinen versehen wurde, mit den Glüh- und Schmelzofen-Walzen, in dem jetzt 80–100 Menschen arbeiten, da kann man sich denken, wenn man 42 Jahre ohne Getös gearbeitet und auf einmal ein Gesause und Getöse ertönt, wie dies einem alten Manne die Nerven erregt. Ich schwitze den ganzen Tag, bekomme Angstgefühle. Ich weine öfters wie ein kleines Kind, kann die Nacht nicht mehr schlafen. [...] Verschiedene Arbeiter haben das gleiche Leiden davongetragen. Einer kam sogar soweit, daß er sich den Hals abschnitt.«

Ein 25jähriger Arbeiter, der zuerst als Kutscher beim Bauern und dann in einer Steppdeckenfabrik gearbeitet hatte, berichtete 1911 in der Charité, daß er seit anderthalb Jahren unter Schwindelanfällen leide, seit er »mit den Nerven zu tun habe« und in eine Maschinenfabrik eingetreten sei, »wo immer soviel Getöse war«. In der Selbstdiagnose eines AEG-Angestellten legte der dauernde Fabriklärm die Grundlage zu einer Nervosität, die sich schließlich durch Liebeskummer und Zerwürfnis mit der Mutter zu einer therapiebedürftigen Seelenkrise steigerte.

Oft verdeckte die ausgeprägte Subjektivität vieler Lärmklagen den im Prinzip durchaus objektiven Charakter akustischer Schädigungen. Zwar wurde die Möglichkeit einer unbewußten Nervenschädigung durch Lärm unter den »Antilärmiten« gesehen; aber die Psychisierung der Nervenlehre lenkte von diesem bewußtseinsunabhängigen Element ab. Aus heutiger Sicht brachte das »nervöse Zeitalter« bei der Erforschung der Lärmschäden erstaunlich geringe Fortschritte. Obwohl Klagen über Nervosität in der Luft lagen, muß man damit rechnen, daß die tatsächliche Streßbelastung breiter Bevölkerungsschichten größer war, als die Literatur erkennen läßt.

Kein Zweifel, eine Beziehung zwischen moderner Technik und

Nervosität existiert; aber sie besteht nicht nur in einer simplen Aufeinanderfolge von Ursache und Wirkung. Schon aus chronologischen Gründen können die Innovationen der Jahrhundertwende nicht der Ursprung der Nervositätswelle sein; denn diese setzte ja früher ein, und ihre ersten Ursachen muß man sich noch früher denken. In den Krankenakten ist die Technik – wenn man von den Unfallneurotikern absieht – in aller Regel kein Thema, und viele Neurastheniker nahmen den technischen Fortschritt mindestens so sehr als Befreiung wie als Ursprung von Nervosität wahr. Wenn sie keine Fabrikarbeiter waren, erlebten sie die Technik ja mehr in Verbindung mit Reisen, Hygiene und Hydrotherapie als mit Arbeitshetze. Aber gerade diese zum Teil durchaus positive Beziehung zur Technik trug dazu bei, diese zu einem Element zu machen, das die Nervosität als dauerhaften Bestandteil moderner Lebensstile installierte.

Es war nicht falsch, wenn Hellpach hervorhob, daß der technische Fortschritt seinen Nutznießern in vieler Hinsicht mehr Ruhe verschafft habe. »Ist der Griff zum Wandkontakt beim Eintritt ins Zimmer nicht etwas unvergleichlich Ruhiges gegenüber dem Herumtappen nach Streichhölzern, dem Träufeln der Stearinkerze, dem Anschirren der Lampen?« Die damaligen Menschen hatten die vorelektrische Zeit noch in frischer Erinnerung. Heute wissen wir, daß die Verlängerung des Tages durch das elektrische Licht den menschlichen Biorhythmus tief beeinflußt, und es gibt Grund zu der Annahme, daß diese Umstellung von Streßerscheinungen begleitet ist; aber dieser Wirkungszusammenhang wird nicht in direkter Form erlebt. Hellpach verwies darauf, wie ruhig die Bahnhöfe geworden seien, die noch in gar nicht ferner Zeit von »Schreien, Tuten, Läuten, Klingeln und Pfeifen« erfüllt gewesen wären; der »moderne Bahnhof schien ihm am stärksten« »die Tendenz des technischen Fortschritts zur Ruhe und Lautlosigkeit zu verkörpern«. Aber er irrte sich, wenn er glaubte, sich auf diese Tendenz verlassen zu können.

Aus: Joachim Radkau: Das Zeitalter der Nervosität. Deutschland zwischen Bismarck und Hitler. München, Econ Ullstein List, Propyläen Taschenbuch, 2000, S. 224–229.

*

Stellen Sie sich folgende Frage: Ist es möglich, einen Menschen an den Klängen zu erkennen, die er macht? Können Sie Freunde und Bekannte schon daran erkennen, wie schnell sie gehen, oder am Geräusch ihrer Schuhe oder ihrer Kleider?

Alle schließen die Augen. Jemand geht vor der Gruppe auf und ab. Wer ist es? Auch wenn sich die Identität der Person nicht ganz enthüllt – läßt sich sagen, welchen Geschlechts, von welchem Gewicht und Körpergröße sie ungefähr ist? Wenn die Person an Ihnen vorübergeht, können Sie dann sagen, aus welchem Material ihre Kleidung ist? Trägt sie Schmuck oder andere Accessoires, die kleine Klangtupfer setzen? Und angenommen, sie spricht einen einzigen Satz wie »Ich bin die große Unbekannte!«, können Sie die Person nun erraten? Probieren Sie diese Übung mit verschiedenen Teilnehmern aus, die Sie natürlich erst auswählen, nachdem alle ihre Augen wieder geschlossen haben.

R. M. Schafer, Hörübung 18

Ganz Ohr – Ganz Körper
Zuhörkultur in Bewegung

von Ute Bechdolf

Dr. Ute Bechdolf lehrte am Ludwig-Uhland-Institut Empirische Kulturwissenschaft der Universität Tübingen und ist heute Leiterin des Deutsch-Amerikanischen Instituts in Tübingen. Als Kulturwissenschaftlerin hat sie sich länger mit Tanzen als kulturelle Praxis auch bei Auslandsaufenthalten beschäftigt. Sie promovierte über Musikvideos. Einen ihrer Schwerpunkte sieht sie in der Beobachtung von »Medien im Alltag«. Als Ergebnis einer kulturspezifischen Disziplinierung betrachtet Ute Bechdolf das Zuhören, bei dem man stillsitzt und sich ruhig konzentriert. Diese »westliche Denkweise« verkennt, dass Bewegung eine wichtige Voraussetzung für das Zuhören ist.

Ort: Eine große Sporthalle. Zeit: ein Mittwoch im September, abends um acht. Fitnessgymnastik an der Universität. Helles Licht, laute Popmusik, eine junge Frau steht mitten in der Halle auf einem Podest und gibt Anweisungen. Etwa zweihundert Studierende und ein paar Lehrende hüpfen im Kreis und versuchen, ihre angespannten Muskeln zu lockern. Üblicherweise eine bis ins kleinste Detail durchgeplante Veranstaltung, doch jetzt passiert es wieder, gleich bei der ersten Laufrunde. Gloria Gaynor singt »I will survive«, doch es ist mir unmöglich, die drei Minuten zu überleben. Nicht weil meine Kondition zu schlecht ist oder mir jemand den Weg versperrt, sondern weil die Musik zu schnell ist. Oder zu langsam. Meine Beine jedenfalls finden die Aufgabe, sich im Laufschritt an den vorgegebenen Rhythmus zu halten, zu schwierig, sie wollen entweder rasend schnelle, winzige Trippelschritte oder riesig große Sprünge machen. Beides liegt außerhalb meiner physischen Möglichkeiten, doch gegen den Rhythmus anzurennen ist mir ebenfalls unmöglich. Frustriert gebe ich – wie auch einige andere Fitnessbegeisterte – auf und warte auf die nächste Hüpfrunde.

Es waren nicht meine Ohren, die mir Probleme bereiteten. Es war mein gesamter Körper, der sich gegen diese akustische Vorgabe zur Wehr setzte. Die physische Irritation durch das Gehörte war so groß, dass sie zum Abbruch des konkreten Vorhabens führte. Hätten meine Beine, hätte mein Körper nicht so genau hingehört, hätte ich die Runde ohne Probleme zu Ende laufen können.

Der Körper hört also – aber hört er auch zu? Oder reagiert er nur auf das vom Ohr Gehörte? Meiner Ansicht nach spielt der Körper in unserer akustischen Umwelt und damit in unserer Zuhörkultur eine viel größere Rolle, als gewöhnlich angenommen wird. So stellt man sich Hörer und Hörerinnen in der Regel als still sitzende, mit gespitzten Ohren lauschende Menschen vor. Doch sind wir beim Zuhören keineswegs nur »ganz Ohr«, sondern auch »ganz Körper«: Unser Körper hört mit, und zwar auf äußerst vielfältige Art und Weise.

Das zeigt sich bereits bei den unmittelbaren physischen Auswirkungen von Schall: nicht nur Hautwiderstand und Muskeltonus verändern sich beim Hören, sondern auch Puls und Atmung passen sich den jeweiligen akustischen Angeboten an. Daher wirken meditative Rezitationen und Schlaflieder beruhigend, Militärmärsche und Techno aufputschend. Sind unsere Ohren zu vielen oder zu lauten akustischen Reizen ausgesetzt, kann das zu somatischen Beschwerden wie Kopfschmerz und Übelkeit, aber auch zu verringertem Sehvermögen und Impotenz führen. Das Körpergefühl ist zum Teil vom Ohr abhängig, nämlich vom Gleichgewichtssinn, der mit dem hörenden Teil des Ohrs verbunden ist und unter anderem Feinmotorik, Haltung und Körperspannung reguliert – weshalb konzentriertes Zuhören auch ein »Gespanntsein« im wörtlichen Sinn beinhaltet.

Mitunter ist unser Körper sogar besonders hellhörig und hört besser zu als das Ohr. So werden zum Beispiel eine Kirchenglocke oder ein Gong auch über die Haut wahrgenommen. Die Druckwelle der Luft verursacht schwache, aber gerade dadurch tiefenwirksame nervenelektrische Impulse, die jenseits des Hörbereichs liegen und Muskelverkrampfungen lösen können. Wenn durch die Glocken- oder Gongschläge, die je nach Größe und Anschlagstelle auf dem Instrument sehr verschieden sind, der körpereigene Tremor, das heißt die gewebliche Eigenschwingung erreicht wird, badet man, so nennt es der Pestalozzianer Hugo Kükelhaus, »in den Klängen wie in einem Heilbad«. Und auch die Gehörlosen hören mit ihren Körpern. Während wir Ohrfixierte höchstens die tiefen Bassvibrationen im Unterleib spüren, lernte der ertaubende Beethoven die Leitfähigkeit der Knochen einzusetzen. Er stellte zwischen dem Resonanzboden des Klaviers und seinen Zähnen mithilfe eines Holzstabs eine Verbindung her und konnte durch diese hölzerne Umleitung seine Musik über den Körper hören. Die Amerikanerin Helen Keller, die blind und taubstumm war, hörte nicht nur Enrico Caruso, indem sie dessen Lippen und Kehlkopf beim Singen betastete, sondern sie konnte auch den Übertragungen von Rundfunkkonzerten lauschen, indem sie ihre Finger an die Lautsprechermembrane hielt. In einem Brief an die Radiogesellschaft beschreibt sie das Gehörte:

»Wie groß war mein Erstaunen, als ich entdeckte, daß ich nicht nur jede Schwingung fühlen konnte, sondern auch die Leidenschaftlichkeit des Rhythmus, das Pulsieren und Anschwellen der Musik. Ich konnte genau zwischen dem Kornett, dem Rollen der Trommel, dem tiefen Ton des Cellos und dem Singen der Violinen unterscheiden. Wie lieblich floss der Gesang der Violinen über die tiefen Töne der anderen Instrumente. Und als die menschliche Stimme durchdringend aus der Brandung der Harmonie aufstieg, da erkannte ich sie sofort.«

Westliche Denkweisen imaginieren das Zuhören als ruhige, konzentrierte, vor allem intellektuelle Tätigkeit, die den Körper im Idealfall angespannt, aber unbewegt lässt. Für andere Kulturen hingegen ist Bewegung nicht nur ein möglicher Bestandteil, sondern sogar eine wichtige Voraussetzung für das Zuhören. Wie die meisten afrikanischen Kulturen trennen auch die Ngoma nicht zwischen Musik, Tanz und Ritual. Sie sehen vielmehr das Tanzen, die kulturell geformten Bewegungen der Körper zu Sprache und Musik, als eine vollkommene Art des Hörens an. Sich zu den sprechenden Trommeln, den »talking drums«, zu bewegen heißt, die übermittelten Botschaften mit dem Körper zu hören und sie in den Körper zu integrieren, dort aufzubewahren. Der Literaturwissenschaftler Walter Ong hat darauf hingewiesen, dass primär orale, also mündlich organisierte Kulturen völlig andere Techniken der Erinnerung und Speicherung von Informationen entwickelt hatten als spätere literalisierte Gesellschaften. Wenn keine Schrift zur Verfügung steht, ist das kulturelle Gedächtnis ausschließlich auf den Körper als Träger von Wissen angewiesen. Bedeutung wird motorisch erzeugt und auf gleiche Weise konserviert. Die Muskeln und Sehnen der Tänzerinnen und Tänzer erinnern sich sozusagen daran, was von den Trommeln oder anderen Instrumenten gespielt beziehungsweise gesagt wurde. So lernen kleine Kinder fast überall auf der Welt das Sprechen und Zuhören in Verbindung mit festgelegten Körperbewegungen. Der Körper hört und merkt sich, was wichtig ist, und als Träger kulturellen Wissens ist er somit auch lesbar und interpretierbar.

In oralen Kulturen sind Kommunikationsprozesse unmittelbar körperlich organisiert, Informationen werden im Augenblick des Hörens unmittelbar verarbeitet, nämlich in den Körper eingeschrieben, sozusagen einverleibt. Spontanes Verhalten ist also notwendig, Sprechen und Zuhören, Aktion und Reaktion müssen zeitgleich erfolgen – sozusagen als eine ständige kollektive Improvisation, sonst verschwindet das Gesagte wieder. Aus unserer Sicht mag diese Form des Zuhörens unkonzentriert erscheinen. Doch der Rhythmus, egal ob in Sprache oder Musik, bietet die Möglichkeit, eine Erfahrung so zu übermitteln, dass sie im Empfänger gleichzeitig auch entsteht und direkt nacherlebt werden kann. Das geschieht eben nicht über Abstraktion, sondern mit emotionaler Erregung und konkreten physiologischen Auswirkungen auf den Organismus – auf Muskeln und Kreislauf, auf Atmung und Gehirnströme. Das kulturelle Gedächtnis ist tief im Körper eingelagert.

Auch unsere westliche Zivilisation hat ihre Wurzeln in der Oralität. So stützten sich die mittelalterlichen Mönche beim Lesen geistlicher Texte auf mehrere Sinne gleichzeitig. Sie lasen laut, formten dabei die Buchstaben langsam mit den Lippen nach und bewegten mitunter auch ihre Körper dazu – ein Vorgang der geistigen Meditation, der damals noch motorisch gestützt wurde. Und in der jüdischen Kultur ist bei der Rezitation des Talmud bis heute das rhythmische Vor- und Rückwärtsschwingen des Oberkörpers wichtig, das eine alle Sinne umfassende Inkorporation des Textes ermöglichen soll.

Der Volkskultur- und Erzählforscher Rudolf Schenda hat darauf hingewiesen, dass die Entwicklung zum physisch unbeteiligten, distanzierten Zuhörer im Kontext einer schichtspezifischen Erziehung und Disziplinierung des Körpers gesehen werden muss. Das richtige Stillsitzen in der Schule wurde oft genug körperlich eingebläut. Vor mehr als zweihundert Jahren, so Schenda, hat das aufmerksame Publikum eines Geschichtenerzählers keineswegs so ruhig dagesessen, wie das heute erwartet würde. Freudige Zwischenrufe oder Angstschreie wurden ohnehin an allen möglichen Stellen platziert, doch die Zuhörerinnen und Zuhörer konnten auch über Mimik, Gestik und Einsatz des ganzen Körpers sowohl Tempo und Rhythmus als auch den Fortgang der Erzählung beeinflussen. Das Publikum lauschte »bewegt« – im wörtlichen Sinn – und war somit wichtiger Teil des Erzählvorgangs. Heute wird nur noch am Ende eines mündlichen Vortrags geklatscht, und das Trampeln mit den Füßen ist seltenen Ausnahmefällen vorbehalten.

Doch der Körper hört noch immer mit. Die Botschaft »ich bin ganz Ohr« wird nach wie vor durch feine, jeweils schicht- und geschlechtsspezifisch ausgeprägte Signale verdeutlicht: Wir heben den Kopf, sehen die Sprecherin an, unsere Gesichtszüge geben auf bestimmte Äußerungen ein direktes Feedback und manchmal halten wir sogar die Hand hinters Ohr, um zu zeigen, dass wir uns die größte Mühe geben. Noch deutlicher als beim Vernehmen von Sprache zeigt sich die Körperlichkeit des Zuhörens bei Musik, und zwar bei allen Arten von Klängen. So reagiert der Körper unwillkürlich auf Musik: Die Stellung der Augenbrauen und Mundwinkel verändert sich, und die Handmuskeln zucken kaum spürbar. Diese unwillkürlichen Reaktionen scheinen musik- und kulturunabhängig zu sein. So zuckten bei japanischen und amerikanischen Geschäftsleuten bei der Vorführung von Bach-Stücken dieselben Handmuskeln wie bei den australischen Aborigines.

Für unseren Zusammenhang interessanter sind die kulturspezifisch ausprägten Zuhörbewegungen. Je nach Musik und Kontext wippen wir Westeuropäer mit den Füßen, trommeln mit den Fingern, summen leise mit, wiegen den Kopf im Takt, klatschen, schunkeln oder spielen pantomimisch Klavier oder Gitarre dazu – wir »gehen mit« oder »fahren darauf ab«. Die Musik kann auch sofort »in die Beine gehen«, dann fangen wir an zu tanzen. Ob Standard oder Stepptanz, Tango oder Techno, House oder Hip-Hop, Ballett oder Bauchtanz – Tanzen ist eine komplexe körperbezogene Aneignungsweise von Musik und damit eine besonders aktive Form des Zuhörens.

Am Beispiel des Tanzens lassen sich drei wichtige Aspekte einer körperbezogenen Zuhörkultur verdeutlichen:

Die *Altersabhängigkeit*. Jüngere Menschen hören nicht nur mit den Ohren, sondern auch mit ihren Körpern besser als die älteren Generationen. Jugendliche sind meist besonders tanzlustig oder tanzwütig, und ihre Körper sind äußerst empfänglich für neue akustische Erfahrungen, die sich unauslöschlich in ihre Bewegungen einschreiben und Teil ihres Habitus werden. Dieser körperliche Habitus trennt die Generationen voneinander und prägt damit die Mentalitätsgeschichte unserer Gesellschaft. Ein Beispiel: Einmal als Hardrocktänzerin sozialisiert, dürfte es einigermaßen schwer fallen, Jahre später auf Hip-Hop und dann wieder auf Techno umzusteigen, und von einem bestimmten Alter an versucht man wahrscheinlich erst gar nicht mehr, auf neue Rhythmen und Klänge zu hören. Man öffnet den Körper am liebsten nur noch für Bekanntes und Vertrautes, weshalb bei 30- bis 40-Jährigen die Classic-Rock-Diskos immer populärer werden und das Durchschnittsalter in einem traditionellen Tanzcafé inzwischen weit über fünfzig liegt. »Der Puls einer Gesellschaft«, so schreibt R. Murray Schafer, »sollte nicht am Herzschlag gemessen werden, sondern an der Choreographie der Schritte.«

Die *Schichtbezogenheit* des Zuhörens. Vor seiner über hundert Jahre währenden Erfolgsgeschichte, im späten 18. Jahrhundert, wurde der Walzer oder Dreher vor allem vom ländlichen Volk getanzt. Während der Französischen Revolution nahmen sich dann die städtischen Unterschichten die Freiheit, mit wilden Schritten und Sprüngen im berauschenden Walzertakt die bisher unzugänglichen Ballsäle zu erobern. In den Jahren nach dem Wiener Kongress allerdings hielt der Walzer bei den Festen des aufstrebenden Bürgertums Einzug; Musik und Tanz wurden reglementiert, stilisiert und immer mehr verfeinert. Die höheren Schichten legten großen Wert auf die Disziplinierung der Körper, deren Hörfähigkeit unter anderem durch die Kleidungsvorschriften stark eingeschränkt wurde. Einengende Anzüge, Uniformen und Korsett unter dem Ballkleid – die einstige befreiende Qualität des wilden Tanzes war dahin und inzwischen steht der Walzer – trotz seiner Fähigkeit zur Rauscherzeugung – für erstarrte Konvention.

Die *Geschlechtsspezifik des Tanzens* hat sich in den letzten Jahren stark verändert. In den siebziger Jahren des vergangenen Jahrhunderts tanzten insbesondere Mädchen und Frauen begeistert zu Soul-, Disko- und Popklängen, während junge Männer bei diesen Musikrichtungen viel lieber die Zuschauerrolle einnahmen. Da der Schwerpunkt der Diskokultur im emotionalen Bereich lag, fiel den Männern der Zugang weniger leicht als den Frauen. Diese hatten mehr Schwierigkeiten mit Hardrock oder Punk. Beim Headbanging, Pogotanzen oder Body-Slamming dominierten aggressive Klänge, die als akustische Basis zur Inszenierung einer traditionellen, zum Teil hyperstilisierten Männlichkeit dienten. Gleichzeitig war die Hierarchie der Werte klar, für die Jugendlichen wie auch für die Kritiker jener Zeit: Rocktänzer geben ihrer Individualität Ausdruck, während Diskomiezen nur nach vorgefertigten Schritten tanzen. Diese – hier sicherlich pauschal gezeichnete – kulturelle Differenz der Geschlechter hat sich in der Technokultur zunächst weitgehend aufgelöst, hier sind kaum noch Unterschiede wahrnehmbar. Ob damit die kulturellen Zuschreibungen von »männlich« und »weiblich«, welche die hörenden und tanzenden Körper wiederum definieren und prägen, tatsächlich passé sind, bleibt abzuwarten.

Auf welche Weise kann denn nun die Zuhörbereitschaft, die Fähigkeit und Kompetenz zum Zuhören weiterentwickelt und gefördert werden? Zum Abschluss einige Überlegungen, wie mehr Bewegung in die Zuhörkultur oder wie die Zuhörkultur in Bewegung gebracht werden könnte.

Zunächst wäre es erforderlich, den Blick auf die Probleme und Defizite zu richten. Warum wollen die Leute nicht zuhören? Schon Luther beklagte, dass die Leute in der Kirche einschlafen, wenn ihnen keine »wundersamen oder exotischen Exempla« erzählt werden. Vielleicht waren sie von den ewig gleichen moralischen Lehren gelangweilt, wollten die Aufrufe zu einem sündenfreien Leben gar nicht hören oder genossen das Zusammenkommen der Gemeindemitglieder mehr als den eigentlichen Zweck der Veranstaltung, den Gottesdienst? Wer nicht hören will, will möglicherweise nicht gehorchen. Den Ruf zu den Waffen oder zum sozialen Pflichtdienst nicht zu hören, bedeutet auch gesellschaftlichen Protest. Kinder und Jugendliche wollen oft nicht hören, jedenfalls nicht das, was die älteren Generationen für wichtig und richtig halten. Vielleicht bevorzugen junge Frauen und Männer genau deshalb immer lautere Musik – damit sie die Musik auch mit ihren Körpern wahrnehmen und dabei die Stimmen der Eltern besser übertönen und somit überhören können? Als Versuche, gegen die kultur- und schichtspezifische Sozialisation anzusteuern, die bereits erfolgte Körperdisziplinierung rückgängig zu machen? Sieht und hört man also genauer hin, erweist sich die fehlende Zuhörbereitschaft oder -kompetenz in vielen Fällen als etwas anderes: als ein Versuch, die akustische Umwelt den eigenen Bedürfnissen entsprechend zu gestalten. Und dabei lassen sich eben auch Anzeichen dafür finden, dass die Körperlichkeit des Zuhörens unterentwickelt ist.

Meine zweite Überlegung richtet sich auf die Opposition von Auge und Ohr. Die kulturelle Dominanz des Sehsinns wird für den

Rückgang der Hörkultur verantwortlich gemacht, weshalb zahlreiche Autoren von teilweise krassen Gegenüberstellungen ausgehen, um den akustischen Bereich aufwerten zu können. Die Polarisierung von Hören und Sehen knüpft an grundlegende Differenzen, an bestehende Ungleichheiten an, und selbst im Versuch, sie umzuwerten, bleibt sie letztlich darauf bezogen. Sie vereinfacht dabei äußerst differenzierte kulturelle Prozesse und verstellt den Blick auf komplexe Phänomene – wie zum Beispiel auf die Attraktivität von Musikvideos, die gerade auf der Kombination von Hören und Sehen beruht. Fernsehen besteht immer auch aus Fernhören und zudem durchaus auch aus körperlicher Aktivität vor dem häuslichen Bildschirm, doch diese Phänomene wurden bislang selten erforscht.

Da gewachsene kulturelle Hierarchien nicht einfach umgedreht werden können, wäre es meines Erachtens sinnvoller, den Wettstreit von Auge und Ohr aufzugeben – zugunsten einer ganzheitlichen und alltagsnahen Betrachtungsweise, die das Zusammenspiel der Sinne in den Mittelpunkt stellt und dabei auch die Aktivität des Körpers mit einbezieht. Das Ohr allein kann das Geräusch eines siedenden Teekessels nicht von dem einer zischenden Schlange unterscheiden, weshalb wir weitere Informationen benötigen, um verlockenden Genuss von drohender Gefahr trennen zu können. Die Sinneswahrnehmungen enger zu vernetzen ist gerade für eine sich stark ausdifferenzierende Kultur von großer Bedeutung. Zum Beispiel müsste die Hörerziehung im Musikunterricht nicht unbedingt nur darin bestehen, anderen beizubringen still auf dem Stuhl zu sitzen und Noten mitzulesen. Die Soziologin und Musikpädagogin Renate Müller etwa hat gezeigt, dass Kinder beim Tanzen die Inhalte, Strukturprinzipien und formalen Aspekte von Musikstükken schneller und gründlicher erfassen als über den üblichen körperfernen Unterricht. Wenn die Zusammenarbeit von Auge und Ohr, Körper und Geist, Rationalität und Emotionalität stärker betont wird, vermeidet man zum einen die Installierung alter Hörigkeiten und neuer Disziplinierungsversuche. Zum anderen werden überholte Hierarchien nicht weiter gefestigt, sondern eher gelockert, der Bewegungsspielraum für die Ohren und die Augen, ja für den ganzen Körper, wird größer. Einbezogen in eine vielfältige »Symphonie der Sinne« (Sentker) könnten solche Strategien mehr Bewegung in die Kultur des Zuhörens bringen.

Aus: Ute Bechdolf: Ganz Ohr – Ganz Körper. Zuhörkultur in Bewegung. In: Zuhören e.V.: Ganz Ohr. Interdisziplinäre Aspekte des Zuhörens. Göttingen, Vandenhoeck & Ruprecht, 2002, S. 74–84.

*

Fast alle tragen wir einen Schlüsselbund mit uns herum. Würden Sie den Klang Ihrer eigenen Schlüssel erkennen? Alle geben ihre Schlüsselbünde ab und lauschen mit geschlossenen Augen, während der Gruppenleiter einen nach dem anderen klimpern läßt. Wer glaubt, seine Schlüssel erkannt zu haben, hebt die Hand. Der Schlüsselbund wird hinter ihm oder ihr niedergelegt. Haben am Ende alle Schlüssel ihre rechtmäßigen Besitzer wiedergefunden?

R. M. Schafer, Hörübung 19

III Schwingungen

Hör, es klagt die Flöte wieder,
Und die kühlen Brunnen rauschen,
Golden wehn die Töne wieder –
Stille, stille, laß uns lauschen!

Clemens Brentano

Soundscape – Design für Ästhetik und Umwelt

von R. Murray Schafer

»Akustische Ökologie«, »akustisches Design«, »Soundmark« und »Soundscape«, das sind einige der Begriffe, die der kanadische Komponist und Pionier unter den internationalen Klangforschern, R. Murray Schafer (* 1933) seit den sechziger Jahren des 20. Jahrhunderts prägte. 1970 rief er das »World Soundscape Project« ins Leben und begann mit Kolleginnen und Kollegen systematisch Klanglandschaften auf der ganzen Welt zu untersuchen und zu beschreiben, um die aurale Wahrnehmung zu dokumentieren. Die grundlegende Frage von Schafer – welche Klänge und Geräusche wollen wir erhalten und welche wollen wir abschaffen – zielt ab auf die Forderung nach einer bewussten Gestaltung der akustischen Umwelt. Schafers Anregungen und praktische Hörübungen (s. Beispiele in diesem Buch) finden seit den neunziger Jahren verstärkt Resonanz in Projekten der Zuhörförderung.

Das World Soundscape Project, das ich 1970 an der Simon Fraser University in Vancouver initiierte, war in der neueren Zeit wahrscheinlich der erste Versuch, Prinzipien für akustisches Design zu entwickeln. Wie ich den Begriff Soundscape damals definierte, umfaßte er die gesamte akustische Umwelt mit all ihren Geräuschen: Musik, natürliche, menschliche und technische Klänge. Es sollten damals die akustischen Phänomene und ihre historische Entwicklung untersucht werden, um festzustellen, ob es irgendwelche besonderen oder immer wieder auftretenden Muster gibt, mit deren Hilfe man die Prinzipien des Soundscape-Design festlegen könnte.

Die erste Anregung zu dieser Untersuchung gaben negative Gefühle; die übermäßige Präsenz von Geräuschen im modernen

Stadtleben beunruhigte mich. Damals war ich etwa 55 Jahre alt: ein Alter, wie ich beobachtet habe, in dem Lärm anfängt, viele zu stören. Junge Leute nehmen ihn nicht wahr; manchmal scheinen sie ihn sogar als Symbol des Lebenstriebs zu brauchen. Dann aber Mitte dreißig geben viele zu – vielleicht weil sie ein Selbstbewußtsein erreicht haben, das sie die ungeordneten Aspekte des Lebens ausschließen läßt, oder vielleicht einfach, weil die Spannungen in der Mitte des Lebens sie Reizen gegenüber sensibler machen –, daß Lärm sie stört. So war es auch bei mir.

Meine Reaktion war, in der von mir unterrichteten Abteilung für Kommunikation einen Kurs über Lärmverschmutzung einzuführen. Der Kurs hatte keinen Erfolg. Was konnten wir tun, außer eine bessere Lärmschutzgesetzgebung, besseren Schutz für Arbeiter in lauter Umgebung, mehr Schallbarrieren, Ohrschützer und Isolierung zu fordern – lauter negative Maßnahmen, die in einer Gesellschaft, die zunehmend dazu neigte, Lärm mit Fortschritt gleichzusetzen, wenig Gewicht hatten.

Als ich aber begann, aufmerksamer allen Klängen um mich herum zu lauschen, entwickelte sich dieses unbefriedigende Thema in eine vielversprechende Richtung, denn, wie John Cage sagte, »Alle Geräusche sind interessant, wenn man ihnen richtig zuhört.« Ich brauchte ein Wort, um diese Turbulenz aus Freude und Schmerz, der meine Ohren vom Moment des Erwachens bis lange, nachdem ich abends meine Augen geschlossen hatte, ausgesetzt waren, zu beschreiben. Da fiel mir das Wort Soundscape ein. Ich habe es wohl als Ableitung von *landscape* (Landschaft) erfunden. Ich benutzte es als neutrales Wort für jede akustische Umwelt: Alle Klänge, die in einer Ladenpassage, auf einem Bauernhof, in einem Flughafen oder in einem Rundfunksender zu hören sind, jede Umgebung, die man zeitweise einrahmen könnte, um sie zu untersuchen. Selbst eine musikalische Komposition könnte man als eine Art ideale Soundscape analysieren, die im Geist des Komponisten erfunden wurde.

Man könnte das ganze klingende Universum als Komposition auffassen, in der wir alle Komponisten und Ausführende sind.

Dann bestünde die Aufgabe darin, die Orchestrierung der Welt zu verbessern. Aber so wie Beethoven sich zuerst einmal einer intensiven Schulung unterzog, bevor er seine Symphonien schrieb, müssen auch wir uns schulen, bevor wir uns daran machen, die Welt zu verbessern. Welche vorherrschenden Themen hatten die Soundscapes, und wie wandeln sie sich? Wiederholen sie sich immer wieder, oder entwickeln sie sich fortwährend? Welche Regelmechanismen stellen die Kommunikation zwischen allen Klangerzeugern sicher? Welche Rhythmen und Gegenrhythmen gibt es? Ist das Tempo langsam, schnell, wird es schneller oder verlangsamt es sich? Sind die erzeugten Klänge neu oder alt, heimisch oder exotisch, oder sind sie eine ausgewogene Mischung aller Arten?

Ich begann, den Studenten Übungen zu geben, in denen sie sich verschiedene Soundscapes so anzuhören und auszuwerten hatten. Am Anfang sind diese Übungen erstaunlich einfach. Zum Beispiel:

1. Suchen Sie in einer verkehrsreichen Straße die Stelle mit der ruhigsten Atmosphäre. Wo ist sie?
2. Suchen Sie eine Stelle, wo Leute Treppen auf und ab gehen. Erzeugt Hinaufgehen den gleichen Klang wie Herunterkommen? Was ist lauter?
3. Erstellen Sie eine Liste aller Geräusche, die ausschließlich oder vorwiegend von Männern gemacht werden, und eine entsprechende für Frauen.
4. Machen Sie eine Aufstellung aller von verschiedener Fußbekleidung hervorgerufenen Geräusche.
5. Geben Sie fünf Arten von Gehflächen an, die unterschiedliche Akustik erzeugen.
6. Zählen Sie, wie oft Sie innerhalb einer Stunde an einer bestimmten Kreuzung Autos hupen (oder Hunde bellen oder Bremsen quietschen) hören.

Durch die Konzentration auf bestimmte Geräusche regte ich die Studenten dazu an, auf alle Geräusche zu hören. Solange man nicht anfängt zuzuhören, passiert auch nichts. Der ganze Körper muß zu einem Ohr werden und alle Klangempfindungen mit seismographischer Genauigkeit registrieren, die großen und die kleinen, die nahen und die fernen.

Diese Übungen in der Sinneswahrnehmung begeisterten die Studenten sofort. Jetzt konnten die Geräusche der Welt als Widerhall einer unglaublich reichen und feinen Orchestrierung fortwährender Überraschungen erlebt werden. Lärmverschmutzung hatte sich zu einem Thema positiver Erziehung gewandelt.

Ich betone den sinnlichen Ansatz als Schlüssel zu Soundscape-Untersuchungen, weil er so oft – selbst von den Forschern – ausgelassen wird. Bei Konferenzen von Akustikingenieuren wird oft kein einziges Klangbeispiel gegeben, aber es werden viele Grafiken und Diagramme gezeigt. Heute untersuchen wir Klang auf Sonographen, Oszilloskopen und Schallpegelmeßgeräten. Da sehen wir nur allzu deutlich, wie weit wir vom Weg abgekommen sind. Die alten Griechen, die viele Beobachtungen akustischer Phänomene machten und einige der Grundgesetze unserer Akustik aufstellten, waren viel bessere Zuhörer als die heutigen Architekten und Akustikingenieure. Wenn Aristoteles folgende Aufgabe stellt, möchte er sie durch die Ohren, und nicht durch Grafiken, gelöst haben. Er fragt:

Warum erzeugt kaltes Wasser einen höheren Ton als warmes, wenn beide aus dem gleichen Gefäß gegossen werden? (Aristoteles, *Problemata Physica*, XI. Buch, Nr. 10)

Mein Modell zur Entwicklung von Übungen für die Studenten war der von Johannes Itten für das Bauhaus entwickelte Grundkurs. Ittens Übungen waren heuristisch. Sie ließen so viele Lösungen zu, wie es Teilnehmer gab. Aber obwohl sie frei und chaotisch wirkten, hatten sie ein unglaublich eng umrissenes Thema. Wo Itten mit Punkten, Linien, Ebenen, Richtungskontrasten, Ruhe, Bewegung, hellen und dunklen Kontrasten arbeitete, begann ich, eine Reihe von sogenannten Ohrreinigungsübungen (*ear cleaning exercises*) zu entwickeln, bei denen die Studenten, nun für die Kunst des Hörens sensibilisiert, mit Klängen zu arbeiten begannen, ja eigentlich schon Soundscape-Modelle schufen. Beispiele für Ohrreinigungsübungen:

1. Bringen Sie einen interessanten Klang in die Schule.
2. Bringen Sie einen Klang, der in totalem Gegensatz zum ersten steht.
3. Bringen Sie einen Summton, ein Klingelgeräusch, einen pochenden Ton, ein kratzendes Geräusch u. s. w. in die Schule.
4. Lassen Sie über eine Dauer von 2 Minuten 4 Klänge erklingen.

Die abschließende Übung in meinem Grundkurs – eine Art Abschlußexamen – war: »Wählen Sie einen Klang. Machen Sie fünf Minuten lang damit, was Sie wollen, und ohne mich zu langweilen.«

Während diese Arbeit in meinen Kursen lief, begann ich, eine Forschungsgruppe zusammenzustellen, die im Feld arbeiten sollte. Ich hatte gehofft, Akustiker, Architekten, Stadtplaner, Musiker und Wissenschaftler, die sich mit der Untersuchung der Funktionen des Ohres befassen, auf eine Weise zu vereinen, wie dies das Bauhaus mit Architekten, Künstlern, Handwerkern und Industriellen getan hatte, um das damals ganz neue Fach des Industriedesign zu erfinden. Das war wahrscheinlich voreilig, aber ich sammelte eine Gruppe von begabten und tatkräftigen jungen Leuten, und zusammen machten wir uns auf zu unserer ersten Untersuchung im Feld: The Vancouver Soundscape. Bei dieser Arbeit entstand die Methodologie für die künftige Forschung. Sie besteht aus einem Buch und zwei LPs. Das Buch ist eine Zusammenfassung der Klänge Vancouvers bis zurück in die Zeiten der Indianer. Das war relativ einfach, da Vancouver eine sehr neue Stadt ist. Wir durchsuchten öffentliche Archive, und wir befragten Indianer und alte Bewohner der Stadt, um die vorherrschenden akustischen Veränderungen zu verstehen, die in den letzten 100 Jahren stattgefunden hatten – eine Art Soundscape-Morphologie. Zum Beispiel kann man, indem man die Warnvorrichtungen auf Rettungsfahrzeugen wie Polizeiautos oder Feuerwehrautos über einen Zeitraum von fünfzig oder hundert Jahren untersucht, feststellen, wie stark der allgemeine Lärmpegel einer Stadt gestiegen ist. 1912 hatten die in Vancouver benutzten Sirenen 88 Dezibel; 1970 hatten sie 120 Dezibel erreicht. Man kann davon ausgehen, daß diese Zunahme mit einer Steigerung des allgemeinen Lärmpegels der Stadt einherging, da Notsignale diesen immer übertönen müssen.

Wir haben Leute aller Altersgruppen ausführlich befragt, um die von ihnen bevorzugten Klänge festzustellen. Vogelgesang und Meereswogen standen auf der Liste der Klangvorlieben ganz oben. Rasenmäher, Motorräder und Sirenen führten die Liste der Klangphobien an. Seitdem habe ich solche Untersuchungen oft und in vielen Ländern mit ähnlichen Ergebnissen durchgeführt, wobei Stadtbewohner natürliche Klänge technischen überall eindeutig vorziehen. Natürlich gibt es interessante regionale Unterschiede: Die Schweizer beispielsweise hören lieber Bergbäche als Meereswogen, über die sie keine Meinung haben. Und Meereswogen werden von Leuten, die an stürmischen Küsten, in Jamaika oder in Neufundland wohnen, gefürchtet.

Klang ist nicht nur ein akustisches Phänomen. Er ist auch symbolisch. Ein Klang kann zu einem Objekt gehören, und wenn er erzeugt wird, signalisiert er das Leben dieses Objekts. Oft jedoch wird beim Hören dann etwas Größeres oder Unheimlicheres assoziiert, etwas Suggestives, aber Unerklärliches. Eine Kirchenglocke zum Beispiel, die tausend Jahre oder mehr regelmäßig läutet; oder eine Trommel aus der Haut eines Tieres, die der Jäger, der es tötete, spielt: Diese Klänge lassen sich niemals als reine physikalische Schwingungen erklären.

Je länger sich ein Klang in unserer Kultur wiederholt, desto größer und romantischer wird seine symbolische Resonanz. Mit dem Geräusch eines Zuges beispielsweise kann man Reisen, Abenteuer, Flucht oder die Rückkehr eines geliebten Menschen assoziieren. Bestimmte Klänge mit besonders starken und atavistischen Assoziationen können sogar als Archetypen gelten, die Aspekte des kollektiven Unbewußten offenbaren, die allen Kulturen gemein sind: Wind, Regen, die Schreie von Tieren, die Stimme der Mutter. Als C. G. Jung an der visuellen Ikonographie des Mandala oder des Kreuzes arbeitete, berührte er nur einen Strang einer alle Sinne umfassenden Erfahrung. Ich halte es für bedeutsam, daß die erwähnten Klangarten sehr häufig genannt werden, wenn man jemandem ein Breitbandgeräusch vorspielt und dann fragt, was er im Kern des Geräusches eingebettet zu hören glaubt.

Welche Assoziationen Klänge auch besitzen, sie sind ständigen Änderungen und Neubewertungen unterworfen. Deshalb halte ich es für unbedingt notwendig, die Beschaffenheit von Soundscape-Änderungen zu untersuchen und in intensiven Befragungen von Menschen, die in einer bestimmten Umgebung leben, ihre Klangvorlieben und -phobien festzustellen, *bevor* man mit der Gestaltung einer akustischen Umgebung beginnt.

Klänge, die schon lange an einem bestimmten Ort sind, nenne ich *Soundmarks*. Wie Wahrzeichen (*landmarks*) definieren sie seine wesentliche Eigenart und machen ihn damit einmalig. So wie es Gesellschaften für die Erhaltung von Wahrzeichen gibt, sollte es solche geben, die sich der Erhaltung von Soundmarks verschreiben. In der Welt von heute ist das wichtiger als je zuvor, denn Wahrzeichen und Soundmarks sind Sinnesanker, die einem in einer Situation helfen, in der man sich durch den schnellen technologischen Wandel leicht wie ein Flüchtling vorkommt. In unserer Untersuchung der Vancouver-Soundscape registrierten wir viele Soundmarks. Bei einigen handelte es sich um auffallende soziale Klänge, wie das Abschießen einer Kanone um 9 Uhr abends über dem Hafen oder ein bestimmtes Nebelhorn, das sogenannte Diaphon. Manche aber waren recht bescheiden: eine bestimmte Art Telefonsignal, das Knistern von Zederfeuern oder bestimmte Arten von Tür- oder Fensterriegeln in traditionellen Wohnhäusern. Werden einem Haus plötzlich diese Grundtone genommen, kann es schnell zu einer fremden Umgebung werden.

Nur wenige Jahre nach der Vancouver-Soundscape-Untersuchung begannen wir, Anfragen für einige der aufgezeichneten Klänge zu bekommen, da sie nicht mehr vorhanden waren. Selbst die Nebelhörner wurden durch elektronische Instrumente mit höherer Frequenz ersetzt, die noch dazu schwächer waren. Die Fischer sagten, sie könnten sie draußen auf See nicht hören. Es wurden Protestbriefe an die örtlichen Zeitungen geschrieben, aber nichts konnte den Fortschrittswahn aufhalten.

Die Soundscapes sind in ständigem Wandel begriffen. Würde man eine Liste aller Klänge aufstellen, die man in jüngeren Jahren täglich hörte, aber heute nicht mehr hört, wäre sie sehr umfangreich. Und sicher könnte es eine ganze Reihe von Beispielen für neue Klänge geben, die erst seit ein, zwei Jahren zu hören sind. Museen sammeln die Artefakte der Vergangenheit. Wo gibt es Museen für verschwindende Klänge?

Die sich entwickelnde Soundscape wird ständig vor unseren Ohren gestaltet und umgestaltet. Aber welche Motive die Gestalter auch haben mögen, ästhetischer Natur sind sie selten. Wir hatten zwar in unseren Soundscape-Kursen viele Musiker, aber mir war von Anfang an klar, daß wir keine Komponisten ausbildeten, sondern einen neuen Beruf zu definieren suchten, den es noch nicht gab, und den es bis heute noch nicht so ausgeprägt gibt, wie es wünschenswert wäre. Ich stellte mir jemanden vor, der technische Fähigkeiten und soziales Interesse mit der ästhetischen Sensibilität eines Komponisten vereint und als Berater – entweder privat oder in einer öffentlichen Verwaltung – für alle Belange akustischer Gestaltung künftiger Gemeinschaften zuständig ist. Solche Fähigkeiten versuchte ich meinen Studenten zu vermitteln.

1974 untersuchten wir sechs Monate lang fünf Dörfer in Europa: in Schweden, Deutschland, Italien, Frankreich und Schottland. Mein Ziel war, die akustische Eigenart von Dörfern ungefähr gleicher Größe in fünf verschiedenen Kulturen zu vergleichen. Unsere Methoden beim Sammeln von Informationen verbesserten sich zusehends. Zum einen konnten wir Isobel-Karten der Gemeinden erstellen, welche Schwankungen im allgemeinen Lärmpegel bei Tag und bei Nacht zeigten. Ich erwähne das nur, weil uns immer wieder vorgeworfen wurde, wir seien unwissenschaftlich beim Sammeln von Informationen.

Bei dem deutschen Dorf, das wir untersuchten, handelte es sich um das südlich von Stuttgart gelegene Bissingen. Der auffälligste Soundmark von Bissingen sind die Kirchenglocken. Die Ortsansässigen sind sehr stolz auf ihre Glocken, die immer noch viermal am Tag das *Zeitläuten* erschallen lassen, ein System der Zeiteinteilung,

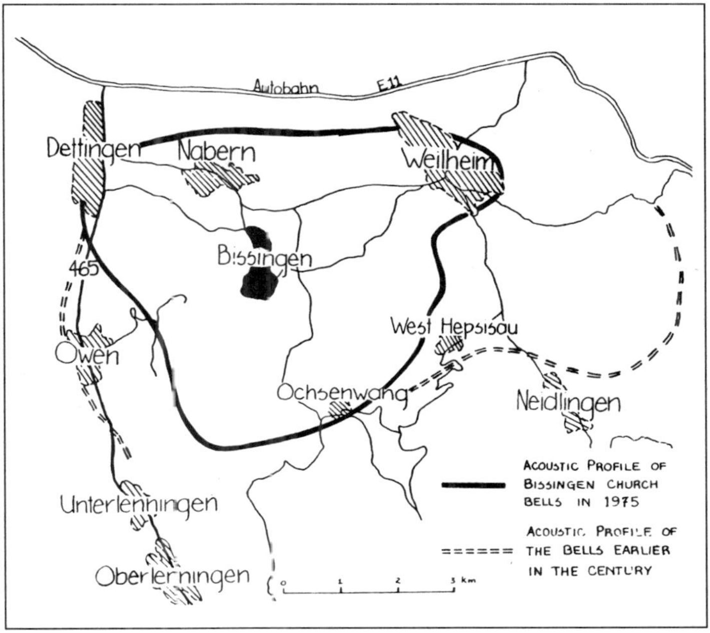

das bis ins Mittelalter zurückreicht. Am Abend nach unserer Ankunft im Hotel Adler in Bissingen aßen wir mit einem rundlichen Handelsreisenden zu Abend, der meinte, daß die Glocken von Bissingen und der Apfelwein vom Adler sein Hauptvergnügen in Schwaben seien. Die Abbildung zeigt, wie weit die Glocken an einem durchschnittlichen Tag im Umkreis zu hören sind. Oben auf der Karte liegt eine Autobahn; das Profil flacht hier durch den hinzukommenden Lärm ab. Wir befragten einige ältere Bewohner der Gegend und wollten von ihnen wissen, ob die Glocken, bevor es die Autobahn gab, weiter zu hören waren. Das Ergebnis ist die gestrichelte Linie an der Seite der Karte, die eine wesentlich größere Amplitude zeigt. Das schrumpfende Profil der Glocken von Bissingen deutet nicht nur auf eine Zunahme des allgemeinen Lärmpegels in der Gegend hin; es entspricht auch einer Abnahme der Bedeutung der Kirche als ein Zentrum sozialer Macht.

Ich habe den Verdacht, eine Zeichnung ähnlicher Profile für Kirchenglocken in anderen Dörfern in ganz Deutschland ergäbe eine Reihe von sich schneidenden Bögen, die keinen Teil Deutschlands unberührt ließen. Dies würde Martin Luthers Ausspruch bestätigen, daß in Deutschland jeder in das Christentum hineingeboren wird. In den alten Zeiten definierte die Kirchengemeinde die Gemeinschaft, und die Kirchengemeinde war, im Gegensatz zu modernen Grundstücksplänen, akustisch: Hörte man keine Kirchenglocken mehr, bedeutete das, daß man in der Wildnis war.

Daß die Glocken von Bissingen der vorherrschende Klang des Dorfes waren, entspricht einem allgemeinen Gesetz, das einem besonders lauten Klang den Sitz der sozialen Macht zuordnet. Das war früher einmal die Kirche, aber nach der industriellen Revolution war es die Fabrik. Ich habe da eine Theorie, die ich »heiliges Geräusch« (*sacred noise*) nenne, um das Verhältnis zwischen Geräusch und sozialer Macht zu zeigen. Das »heilige Geräusch« zu besitzen, heißt, die Freiheit zu haben, ohne Zensur Lärm zu machen. Als die Kirche stark war, wagte es niemand, den Klang von Kirchenglocken zu kritisieren. Erst als ihre Bedeutung abnahm, schränkten Gesetze das Läuten von Kirchenglocken ein.

Als dann die Macht auf die Industrie überging, dauerte es 150 Jahre, bis man begann, den Schaden des Fabriklärms für die Arbeiter einzudämmen, obwohl die Auswirkungen von Anfang an bekannt waren. In den USA wurde 1970 das Walsh-Healy-Gesetz verabschiedet, nach dem jedes Industrieunternehmen, das Regierungsaufträge bekam, für seine Arbeiter ein zufriedenstellendes Hörhygieneprogramm einführen mußte. Das heißt aber nicht, daß es kein »heiliges Geräusch« mehr gibt. Es ist nur auf andere Inhaber übergegangen: auf die Luftfahrtindustrie einerseits oder die Polizei, deren Sirenen immer lauter werden. Auch die Unterhaltungsindustrie hat sich stark um Untergrundmacht bemüht. Jeder weiß, daß der Lärm bei Rockkonzerten gefährlich ist, aber niemand versucht ihn zu stoppen.

»Lärm ist gleich Macht« ist eine recht grobe Gleichung. »Stille ist gleich Macht« ist feiner, aber genauso wirkungsvoll. Je näher man an Personen mit riesiger persönlicher Macht und großem Einfluß kommt, desto mehr ist man von der Stille beeindruckt. Das gilt für Könige genauso wie für Heilige. Und selbst heute kann man sehen, wie der Präsident eines Unternehmens von unerwünschten Unterbrechungen abgeschirmt wird: Sein Büro liegt hoch über dem Verkehrslärm; die Fenster sind gut isoliert; eine Sekretärin fängt seine Anrufe ab.

Sowohl die Erzeugung von Lärm als auch der Schutz von Stille sind Beispiele für akustische Gestaltung. Sie sind Extreme, zwischen denen feinere Design-Übungen zu entwickeln sind. Wir leben in einer Zeit, in der praktisch alles, was wir berühren, sehen oder hören, von Menschen gestaltet ist. Manche mögen vielleicht sagen, die Welt sei übergestaltet. Ich persönlich kann eine solche Welt nur ertragen, wenn die Gegenstände, die ich beobachte und berühre, oder die Klangobjekte, denen ich lausche, einem anderen Zweck als nur dem Profit ihrer Besitzer dienen. Es mag wohl angehen, daß Musik benutzt wird, um Menschen dazu zu bringen, härter und schneller zu arbeiten oder mehr zu kaufen, aber das sind niedrige Motive. Hoffentlich wird in einer künftigen Welt Klang einmal nach höheren Werten gestaltet. Die geeignetsten scheinen dabei Ästhetik und Ökologie zu sein, oder genauer gesagt, über Ökologie informierte Ästhetik. Die Ästhetik begleitet uns schon lange, die Ökologie ist etwas relativ Neues.

Das Geheimnis der Ökologie besteht darin, das Gleichgewicht zwischen Organismen und der Umwelt zu finden. Akustische Ökologie läßt sich somit als eine Möglichkeit auffassen, die Klangumwelt in ein Gleichgewicht zu bringen. Das hieße, daß wir die Klänge und Rhythmen der Natur – der Vögel, des Windes, des Jahreszeitenwechsels und des Wassers – ganz neu einsetzen müßten, um die heute von den aggressiven mechanischen Rhythmen beherrschte Soundscape ins Gleichgewicht zu bringen. Damit meine ich nicht nur die Reproduktion dieser Klänge (obwohl ich lieber einem Vogel als beinahe jeglicher menschlichen Musik zuhöre), sondern eher die Beschäftigung mit ihren Rhythmen, ihren Längen und ihrem Wechselspiel mit anderen Klängen, die einige der akustischen Alpträume der modernen Welt beseitigen helfen könnte.

Ein Beispiel: ein moderner Bahnhof oder Flughafen mit Hunderten von widersprüchlichen Ansagen von Abfahrt, Abflug, Ankunft und allen möglichen anderen Informationen. Jeden Reisenden interessiert nur eine Ansage; alles andere ist verwirrend und stört. Die Analogie aus der Natur ist eine Frühlingswiese mit Tausenden von Vögeln. Wie hört jeder von ihnen nur das, was ihn angeht? Ganz einfach. Jede Art hat ihren eigenen Ruf oder ihre spezifischen Rufe. Könnte man dieses Prinzip nicht auch auf den Bahnhof anwenden? Jede Linie hätte ihr eigenes Klangmotiv. Der Reisende wüßte sofort, wenn er es hört, ob es die erwartete Ansage ist oder nicht.

Wenn die Industrie sich in Zukunft mehr mit der Umweltästhetik befassen soll, wird interessant sein, wie sie mit Geräten wie Kühlschränken, Staubsaugern oder Klimaanlagen umgeht. Lassen sie sich ohne mechanische Rhythmen umgestalten? Durch Lärmausschaltprogramme konnte man sie fast völlig verstummen lassen, aber das meine ich gar nicht. Ein stilles Heim ist so künstlich wie ein von der Leichtindustrie beherrschtes. Suchten wir wirklich nach kreativen Lösungen, würden wir darüber nachdenken, daß Kühlschränke, Staubsauger und Klimaanlagen Funktionen übernehmen, die ursprünglich von der Natur erfüllt wurden, und wir könnten versuchen, sie mit Klängen auszustatten, die das widerspiegeln.

Der Soundscape-Designer pumpt also nicht einfach Musik als gedankenlose Dekoration in eine verpfuschte Umgebung. Er wählt seine Klänge so sorgfältig aus wie ein Maler seine Farben, und seine Arbeit umfaßt ein Handwerk, das ihm die psychologische Wirkung jedes Klangobjekts, das er berührt und in seine Arbeit einbringt, beigebracht hat. Durch seine Arbeit werden die Stimmen der Natur, Musik und Stille künstlerisch und therapeutisch miteinander verwoben, so daß sie ein neues Bewußtsein schaffen, in dem Kunst und Leben verschmelzen und nicht ineinander verloren gehen.

Aus: R. Murray Schafer: Soundscape – Design für Ästhetik und Umwelt. In: Arnica-Verena Langenmaier (Hg.): Der Klang der Dinge. Akustik – eine Aufgabe des Design. München, Silke Schreiber, 1991, S. 10–27.

Umwelthören – Instrumente für eine »kunstlose Kunst«

von Justin Winkler

Das Horchen auf die klangliche Umgebung, auf die Klanglandschaft ist die Wurzel allen Zuhörens. Hier sind alle Arten des Hörens angelegt, die Menschen physisch, sozial und kulturell ausüben können. Diese These vertritt der Geograph PD Dr. Justin Winkler (* 1955), der an den Universitäten Basel und Fribourg lehrt. In seinen Forschungen zu Klängen in der Landschaft und Umwelt formuliert Winkler den Anspruch, zunächst die Grunderfahrungen des Hörens ernst zu nehmen und auf dem Weg zum Zuhören und Verstehen zu vermitteln.

Das hochkultivierte Hören auf Musik und Sprache erhält mit dem Begriff der Klanglandschaft eine Ergänzung durch das elementare Hören auf Umwelt. Die Klanglandschaft besteht nicht nur aus den sogenannten Geräuschen, sondern ebenso aus Musik und Sprache, wie sie im Lebenszusammenhang erscheinen, vermischt, »unsauber«. Das Hören auf Umwelt ist nicht rituell ausgesondert und keimfrei wie jenes, das im Konzertsaal oder im Schulzimmer gepflegt wird, sondern gründet in dem, was man den »banalen Reichtum« des Alltags nennen kann.

Der Begriff Klanglandschaft

Beim Wort *Klanglandschaft* handelt es sich um die in jüngster Zeit eingebürgerte Übersetzung des englischen Kunstwortes »*soundscape*«. Dieses entstand Ende der sechziger Jahre und wurde etwa gleichzeitig und unabhängig vom kanadischen Komponisten Raymond Murray Schafer und dem Stadtplaner Michael Southworth

»erfunden« und verwendet. Schafer hat aus der Vokabel im Rahmen der Forschungstätigkeit des von ihm initiierten *World Soundscape Project* in Vancouver B.C. einen Begriff gemacht und diesem einen Platz in der Geschichte der Wissenschaften von der sinnlich faßbaren Umwelt gegeben.

Klanglandschaft bezeichnet die Gesamtheit der klingenden Umgebung, von den Eigengeräuschen des Körpers bis zum fernsten Donnerrollen. Klang-«Landschaft« ist nicht nur das »Außen«, das wir in unserer visuell ausgerichteten Kultur damit assoziieren, sondern auch ein »Landschaftliches« in einem übertragenen Sinne als Gefühlslandschaft oder Landschaft der Erinnerung. Klanglandschaft ist daher eine Kulturlandschaft, eine Landschaft des Menschen, die auf der Grundlage von gegenwärtiger Wahrnehmung von Stimmungen. Erinnerungen und Imaginationen gebildet wird.

Arten des Hörens

Hören ist nichts Passives, ist nicht reaktives Verarbeiten von Schallereignissen, sondern stets ein von Erwartungen geprägtes Horchen. Pierre Schaeffer hat 1966 in seiner Abhandlung über das »objet sonore« darauf hingewiesen, daß und wie verschiedene Weisen des Hörens ein Klangobjekt verschieden darstellen. Das Französische kennt drei Verben, die ein unterschiedliches Gerichtetsein des Hörens zum Ausdruck bringen: ouïr, écouter, entendre. Dies entspricht im Deutschen etwa: Hören als natürlicher Orientierungsakt, Zuhören oder Horchen, hörend Verstehen.

Die Klanglandschaft ist nicht Musik – obwohl versucht wurde, sie mit Hilfe der Musikterminologie zu beschreiben –, sie ist auch nicht Sprache – obwohl versucht wurde, sie in eine rhetorische Syntax zu fassen. Der futuristische Maler Luigi Russolo erkannte zu Beginn des 20. Jahrhunderts als Problem für sein Projekt der *Geräuschmusik* den besonderen Status der Geräusche:

»Tatsächlich erinnert das Geräusch, so wie es mit dem Leben zusammenhängt, unmittelbar an das Leben selbst, läßt an die Dinge denken, die das vernommene Geräusch verursachen.« Das realistische Hören nimmt *Schallquellen* wahr und hört nicht die *Klänge* selbst. Um die Geräuschmusik zu verwirklichen, mußte Russolo den naiven Realismus des Geräusche-Hörens brechen, die Klänge von ihren Ursachen abstrahieren, sie »musikalisieren«.

Ob man nun Schallquellen oder Klänge hört, ist eine Frage der Tätigkeit des Hörens. Daran, daß der hörende Mensch in der Lage ist, ein und dasselbe Klangereignis auf verschiedene Arten wahrzunehmen, liest man ab, daß eine *Typologie der Klangobjekte* ohne eine *Typologie der Hörweisen* nicht möglich ist. Die »Arbeit am Hören« ist also eine Arbeit am Verhältnis zur Klangumwelt und wird dadurch auch ein Stück Gestaltung derselben. Für diese Arbeit gibt es jenseits des konventionellen Musik- oder Sprach-Hörens Instrumente der Übung.

Der Hörspaziergang

Der von Schafer und seinen Mitarbeitern propagierte *Hörspaziergang* (listening walk) dient dem aufmerksamen Durchschreiten einer konkreten Umgebung; der *Klangspaziergang* (soundwalk) ist eine Variante, in der die Aufmerksamkeit eher dem Sammeln und Darstellen von ortsspezifischen Ereignissen dient; man kann in ihm auch das Kernelement eines Hörtagebuchs sehen.

Der Hörspaziergang ist eine von vielen Arten, sich wahrnehmend mit den Erscheinungen der Klangumwelt zu befassen.

Die Aufmerksamkeitshaltung, die ein Hörspaziergang fördert, kann, wie die kanadisch-deutsche Komponistin Hildegard Westerkamp es darstellt, als Nachstellen einer Tonaufnahme betrachtet werden: »Das Mikrophon schien mir ›zuzulassen‹, daß ich anhalte und wirklich horche.« Mit dem Gestus des Mikrophon-vor-sich-her-Tragens ist sehr schön umschrieben, wie aktiv das hörende Gehen zu denken ist.

Ähnlich wie eine Tonaufnahme nur Ausschnitte aus der klangweltlichen Gesamtheit reproduzieren kann und Klänge in einem technischen »Rahmen« wiedergibt, wird beim Hörspaziergang ein »Rahmen« gesetzt, eine »inszenierte« und über die Alltagshaltung hinausweisende Wahrnehmung provoziert. Dazu trägt bei, daß der räumliche und zeitliche Anfang und das Ende klar festgelegt werden; außerdem werden die höchstens zehn Teilnehmer pro Gruppe aufgefordert, vom Start bis zum Ziel zu schweigen, um von der eigenen Höraufmerksamkeit während dieser Weg- und Zeit-Spanne nicht durch Sprechen mit anderen abzulenken.

Die technisch hochentwickelten Möglichkeiten zu Tonaufnahmen gestatten es uns, viele sehr interessante und didaktisch ähnlich wie ein Hörspaziergang arbeitende Hörübungen anzubieten. Ich sehe die Bedeutung des Hörspaziergangs in der von mir bevorzugten Variante aber gerade in der leiblichen Präsenz und in der Auslieferung an ein nicht steuerbares augenblickliches, reales Geschehen. Das Ohr kann nicht stehenbleiben, die Klänge laufen in der Zeit ab und gehen vorüber. Dem entspricht das Gehen als gelebte Bewegung, ein beständiges Werden ohne Vollendung. Wenn wir außerdem wollen, daß die Hör-Geh-Erfahrungen auf Alltagssituationen angewendet werden können, sollten wir nicht mit Hilfsmitteln arbeiten, die den Hörspaziergang wieder zu einem exklusiven oder gar elitären Tun werden lassen.

Ich selbst lasse keinen Hörspaziergang länger als eine Viertelstunde dauern, damit die Kurzzeit-Erinnerung an Details nicht überfordert wird. Am Ende eines Hörspaziergangs stellen sich die Teilnehmerinnen und Teilnehmer zu einem Gespräch zusammen, in dem sie aus dem unmittelbaren Erleben oder der frischen Erinnerung den Weg und die Ereignisse rekonstruieren, die individuellen Unterschiede in der Wahrnehmung vergleichen und Assoziationen äußern. Dieses Gespräch ist außerordentlich wichtig. Es leistet den entscheidenden Beitrag zur Überwindung des Eingeschlossenseins in der eigenen Wahrnehmung und öffnet den Weg zur Bewußtmachung des Alltagshörens.

Diese Normen dürfen nicht zum Schluß führen, daß der Hörspaziergang ein standardisierbares Produkt ist – im Gegenteil: Kein Hörspaziergang gleicht dem anderen. Man geht einmal mit offenen

Augen, ein anderes Mal mit einem Stock, um Objekte anzuschlagen usw. Auch die erkundeten Klangräume ändern sich mit der Tages- und Jahreszeit. Und wenn es gelingt, eine Gruppe von Menschen für wiederholte Hörspaziergänge zu gewinnen, verändert sich von Mal zu Mal die Wahrnehmung der einzelnen Teilnehmer und Teilnehmerinnen dank der gemachten Erfahrungen.

Der hohe Sensibilisierungswert eines solchen Verfahrens widerspricht der wissenschaftlichen Regel der Unbeteiligtheit; beim Hörspaziergang wird tatsächlich eher zur Teilnahme am Klanggeschehen als zur stummen Distanznahme aufgefordert. Fernziel des Hörspazierens ist es, nicht nur zur Wahrnehmung, sondern auch zu einem bewußten und kompetenten Handeln klangumweltlichen Problemen gegenüber zu gelangen. Dies ist nur schrittweise zu erreichen und braucht, wie alles, was mit Hören zu tun hat, viel Zeit.

Die Horchaktivierung

Jean-François Augoyard vom *Centre de recherche sur l'espace sonore* (CRESSON) in Grenoble hat im Rahmen seiner Forschungsarbeiten das Konzept der *Horchaktivierung (écoute réactivée)* entwickelt Es ist, ähnlich dem Hörspaziergang, ein Sensibilisierungsinstrument. Dabei wird einem Hörer eine kurze Klangszene, vorzugsweise von einem ihm aus dem Alltag bekannten Ort, vom Tonträger vorgespielt. Die Tatsache, daß damit die klangliche Szene vom Ort und von der Zeit ihres Stattfindens abgelöst gehört wird, provoziert ein Hören mit einer anderen Aufmerksamkeit als in der Alltagssituation. Der ungehörte und unbewußte, weil unauffällige Klang des Alltags wird so überhaupt beschreibbar. Gleichzeitig ist die Empfindung von »Jetzt«, von Gegenwart, die vom Klangdokument im Augenblick des Gehörtwerdens geschaffen wird, außerordentlich mächtig. Sie erzeugt einen Assoziationshof, der aus dem ganzen Lebenserfahrungsschatz des Befragten gespeist wird und dem erlebten Augenblick seine Dichte gibt. Ich habe beim Einsatz der Horchaktivierung in einer Forschungsarbeit über Klanglandschaften feststellen können, wie sehr sie die Klangimagination der Befragten und damit ihre Ausdrucksfähigkeit förderte.

Kompetenz und Qualitätsbewußtsein

Hörspaziergang und Horchaktivierung sind im eigentlich Sinn »Instrumente« – nicht nur für die individuelle Sensibilisierung, sondern auch für eine »Kartographie« der klanglichen Lebenswelten. Beide Verfahren enthalten auch ein wenig die Aufforderung, die eigene Hörkompetenz zu pflegen, den eigenen Sinnen im Zweifel mehr zu trauen als der Expertentechnologie beziehungsweise mit der Audiotechnik bewußt und verantwortungsvoll umzugehen. Auf diesem Weg kann bereits einiges zur Bestimmung und Pflege der Qualität unserer alltäglichen Klanglandschaften getan werden.

Aus: Justin Winkler: Umwelthören – Instrumente für eine »Kunstlose Kunst«. In: medien praktisch. In: Zeitschrift für Medienpädagogik 1/98, S. 12–14 (Heft 85) (mit Literatur bei www.wissen.hr-online.de).

*

Es gibt einen Klang, dessen Wiedergabe ich bis heute noch nie exakt reproduzieren konnte: das Händeklatschen. Lassen Sie einen Teilnehmer in die Hände klatschen und einen zweiten den Klang reproduzieren. So ein einfacher Klang – und so unwiederholbar! Vermutlich werden Sie es sogar allein nicht schaffen, zweimal in derselben Weise zu klatschen. Aber versuchen Sie es! Die einfachsten Dinge im Leben sind oftmals die geheimnisvollsten.

R. M. Schafer, Hörübung 58

Das künstliche Ohr – Eine überflüssige Erfindung?

von Stefan Kaufmann

Stefan Kaufmann studierte Neuere und Neueste Geschichte, Soziologie und Romanistik in Freiburg und an der FU Berlin. Seine Doktorarbeit analysierte die Kriegführung und die mit ihr verbundenen Kommunikationstechniken zwischen 1815 und 1945. Sein Text über »künstliche Ohren« ist ein Auszug aus dieser Studie.

1837 hatte Charles Crafton Page die Möglichkeit der »Erzeugung von galvanischer Musik« entdeckt: mittels einer Spule und galvanischem Strom ließ sich ein Hufeisenmagnet in akustische Schwingung versetzen. Musik war es auch, ein Waldhorn und Gesang, die Philipp Reis 1861 in Frankfurt vor dem Physikalischen Verein übertragen ließ, als er der Öffentlichkeit das erste »Telephon«, wie er seinen Apparat bezeichnete, vorstellte. Reis hatte ein »künstliches Ohr« gebaut. Hatte ihn zuerst die Spracherzeugung interessiert, so arbeitete er bald an der Erfindung eines Apparats »durch welchen es möglich wird, die Funktionen der Gehörwerkzeuge klar und anschaulich zu machen, mit welchem man aber auch Töne aller Art durch den galvanischen Strom in beliebiger Entfernung reproduzieren kann.«.

Der erste Geber war dann tatsächlich ein nachgebautes Ohr. Analog zu Membran, Hammer und Trommelfell des menschlichen Ohres fungierte bei ihm ein Übertragungsmechanismus, der die Stärke des elektrischen Stroms beeinflussen sollte und im Empfangsteil mit Page's Anordnungen die eingegebenen Töne reproduzierte. Das Reissche Telefon fand in naturwissenschaftlich interessierten Kreisen durchaus Anerkennung, wurde aber allein als physikalischer Apparat zur Demonstration theoretischer Annahmen über die

Funktionsweise des menschlichen Gehörs aufgefaßt. Nicht zuletzt diese symbolische Codierung des Telefons verstellte dem Gerät den Weg in außerwissenschaftliche, z. B. militärische Kreise. Daran konnte eine weitere, 1864 stattfindende Demonstration mit einem verbesserten Apparat nichts ändern, da ihr auch Werner Siemens, der »damalige Groß-Zensor über die Akzeptanz von Erfindungen«, nichts abzugewinnen vermochte. Der Apparat schien so sinnlos wie die Botschaft »das Pferd frißt keinen Gurkensalat«, die ein Bekannter von Reis bei einer Vorführung ins Telefon sprach – und die auch prompt vom Empfänger nicht korrekt reproduziert werden konnte, da ein sinnergänzendes Verständnis der schlechten akustischen Transmission nicht möglich war. Der maschinellen Reproduktion des menschlichen Gehörs wurde keine weitere Bedeutung zugemessen, der technischen Invention fehlte ihr soziales Pendant.

1876 fand schließlich ein Telefon seinen Weg in die Öffentlichkeit, das von Beginn an ein außerwissenschaftliches Nutzungskonzept mit sich führte. Der Taubstummenlehrer Alexander Graham Bell hatte einen ähnlichen Paradigmenwechsel wie Reis vollzogen: Hatte noch sein Vater an einer »Visible Speech« gearbeitet, dem Versuch, Schallwellen in Form von mathematischen Kurven für Taubstumme sichtbar zu machen, so ging auch Bell zur Rekonstruktion des menschlichen Ohrs über. Seine ersten Experimente machte er mit einem Ohr, das einer Leiche herauspräpariert worden war. Sein Patent von 1876 funktionierte dann auf Geber- und Empfängerseite mit einem analog konstruierten Modell: Mittels Schallwellen wurde eine Platte in Schwingungen versetzt und damit der Strom geändert, der durch die Spule eines Elektromagneten floß. Die per Draht übertragene elektrische Energie wurde auf der Empfängerseite in umgekehrter Weise wieder in mechanische Schwingung transformiert. Kurze Zeit darauf verbesserte er die akustische Übertragung mit dem Einbau eines Dauermagneten und ließ sich diese Erfindung als »Speaking Telephone« ebenfalls patentieren. Bell versäumte es nicht, die Presse von seinen geglückten Experimenten zu unterrichten, und betonte, daß sein Telefon im Gegensatz zum Telegrafen von jedermann zu bedienen sei. Von seiner ersten öffentlichen Präsentation an, bei der Weltausstellung in Philadelphia 1876, verband Bell die Vorführungen mit konkreten Nutzungskonzepten des Fern-Sprechens über weite Distanzen. Noch im gleichen Jahr gelang ihm bei einer Demonstration vor Unternehmern eine telefonische Verständigung über 22 km. Installiert wurde das Telefon dann auch als Medium des geschäftlichen Verkehrs: Die erste fixe Telefonanlage verband über eine Distanz von 50 km den Landsitz eines Unternehmers mit dessen Geschäft, und 1877 wurde in Boston die erste über eine Vermittlungsstelle laufende Verbindung zwischen fünf Banken hergestellt.

Mittels Induktionsstrom kamen Bell's Telefone ohne Batterie aus, ihre Reichweite blieb aber begrenzt. Dies änderte sich erst mit dem von David Edward Hughes 1878 entwickelten Kohlemikrofon, das als eine Art Verstärker fungierte, indem es die relativ schwache Signalleistung der Schallwellen in starke elektrische Ströme umsetzte. Bells Konstruktion wurde dann nur noch auf Empfängerseite eingesetzt, und mit der von Thomas Alva Edison konstruierten Induktionsspule, welche die Reichweite und die Verständlichkeit noch weiter heraufsetzte, war die Inventionsphase, die noch parallel zur Innovationsphase lief, im wesentlichen abgeschlossen.

Im Oktober 1877 gelangten die ersten Bell'schen Apparate in die Hände des Generalpostmeisters Heinrich Stephan, der sofort ausgiebige und erfolgversprechende Fernsprechversuche durchführen ließ. Telefonischer Verkehr sollte in Deutschland zunächst als Ergänzung des staatlichen telegrafischen Verkehrs auf Strecken eingesetzt werden, bei denen die telegrafischen Einrichtungen mit ihren wesentlich teureren Apparaten und den speziell ausgebildeten Beamten nicht lohnend erschienen. Stephan schwebte aber bereits nach dem ersten Kontakt mit dem Telefon sofort die Errichtung eines Berliner Ortsnetzes, vor allem zur Nutzung für Geschäftsleute, vor. 1881 kam ein derartiges Netz zustande, das mit Apparaten der Marke Siemens & Halske zum wechselseitigen Gespräch ausgestattet war. Damit wurde auch in Deutschland, drei Jahre nach ihrer Einführung in den USA, die Möglichkeit zum frei wählbaren Wechselgespräch öffentlich installiert.

Trotz der Errichtung der ersten Verbindungen hatte sich die soziale Nutzung des Telefons noch nicht eindeutig herausgebildet. Im Rahmen der staatlichen Telegrafie lehnte sich die telefonische Überwindung des Raums, ebenso wie bei der ersten Präsentation des Bell'schen Telefons auf der Weltausstellung in Philadelphia, noch stark an das Modell telegrafischer Kommunikation an. War bei der deutschen Post lediglich die schriftliche Morse-Codierung durch die direkte Sprachübertragung substituiert, so waren bei der Bell'schen Demonstration Sprechen und Hören getrennt, wobei ein Sprecher entweder zu einer oder zu mehreren Personen sprach, die lediglich als ZuhörerInnen fungierten: In beiden Fällen handelte es sich folglich um unidirektionale Kommunikation, um einseitige Informationsübertragung analog dem telegrafischen Modus. Mit der Möglichkeit zur Kommunikation in Dialogform bei den Ortsnetzen war rein technisch das »Verständigungs-Konzept« der Telekommunikation installiert. Ein Konzept, das sich im Zuge der sozialen Aneignung des Telefons als dessen spezifische Kommunikationsweise herauskristallisierte. Während eine Vielzahl vor allem institutioneller und geschäftlicher Nutzungsvarianten (wie Dienstanweisungen, Terminplanungen, Warenbestellungen usw.) noch stark an telegrafischer Kommunikationsweise hingen, war es die Integration des Telefons in den privaten Alltag, die es zum Medium sozialer Konversation werden ließ. Erst hier kam die technisch ermöglichte Dialogstruktur voll zur Geltung.

Aus: Stefan Kaufmann: Das Telefon – eine zivile Erfindung. In: Stefan Kaufmann: Kommunikationstechnik und Kriegführung 1815 – 1945. Stufen telemedialer Rüstung. München, Fink, 1996, S. 189–192.

Muzak – Hintergrundmusik

von Michael Hartmann

Inzwischen zu einem Schimpfwort für seichte, konturlose Klänge geworden, war MUZAK der erste Versuch, durch funktionelle Hintergrundmusik einen akustischen Raum zu gestalten. Die so erzeugten Atmosphären und Stimmungen sollen beim Hörer positive Gefühle auslösen, was wissenschaftlich nach wie vor nicht bewiesen ist. MUZAK – weltweit zur psychischen Konditionierung eingesetzt (»Die Diktaktur der sanften Klänge«, Holger Fuss in: Zeitwissen 2/06) – wird kommerziell in Supermärkten, Büros, Flughäfen und Fahrstühlen etc. genutzt. Michael Hartmann war Repräsentant von MUZAK CORPORATION in Deutschland, wo mehr als 30 000 Betriebe das per Satellit verbreitete Programm gebucht haben. Seine Selbstdarstellung aus dem Jahr 1994 beschreibt die Strategie funktioneller Musik.

Die Idee

Es ist wissenschaftlich schon lange nachgewiesen, daß Musik die Stimmungslage des Menschen positiv beeinflussen kann. Mit der Entwicklung der Übertragungstechnik war es daher nur ein kleiner Schritt zu der Idee, Musik auch ganz gezielt bei der akustischen Raumgestaltung zu nutzen. So entstand das Konzept für ein völlig neues Produkt: Hintergrundmusik.

Das Unternehmen

George Owen Squier war einer der ersten, der die Einsatzmöglichkeiten von Hintergrundmusik erkannte. Bereits 1934 gründete er in New York das Unternehmen »MUZAK Corporation« und erarbeitete mit wissenschaftlicher Unterstützung das erste psychologisch ausgewogene Musikprogramm: MUZAK-Hintergrundmusik. Konsequent eroberte MUZAK damit in den folgenden Jahren den amerikanischen Markt und später 20 weitere Länder. In Deutschland wird MUZAK seit 1958 von der »Funktionellen Musik GmbH« vertreten. Längst ist die Bezeichnung MUZAK zum Inbegriff für Hintergrundmusik geworden.

Die Produkte

Neben den herkömmlichen Wiedergabemöglichkeiten über Endloskassetten und CDs bietet die »Funktionelle Musik GmbH« mit dem Direktübertragungssystem FM-SAT weit mehr, als der Begriff Hintergrundmusik vermuten läßt: zwei Kanäle mit Musikprogrammen per Satellit. Non-stop 24 Stunden täglich, ganz abgestimmt auf die Tageszeit und den Biorhythmus des Menschen. Mit FM-SAT sind der nur instrumentale MUZAK-Kanal und ein immer aktueller Pop-Kanal – direkt von CDs gesendet – überall zu empfangen.

Der Erfolg

Hinter unseren Produkten steht die Entwicklung und Erfahrung von fünf Jahrzehnten und der praktische Einsatz bei Hunderttausenden von betrieblichen MUZAK-Anwendern. Weltweit kann kein anderes Unternehmen der Branche einen derart kontinuierlicher Erfolg in dieser speziellen Art der Musikanwendung nachweisen. Damit das so bleibt, arbeiten wir konstant an der Entwicklung weiterer psychologisch ausgewogener Musikprogramme und individueller technischer Problemlösungen. Unsere Kunden können sich ganz auf unsere Stärke und Innovationskraft verlassen.

Was Musik beim Menschen alles bewirkt

Genauso wie Farben, Formen und Worte Stimmungen erzeugen können, wirken auch Tonfolgen auf die Psyche des Menschen ein. Sie erzeugen positive oder negative Gefühle. Motivieren, beruhigen, machen zufrieden oder bewirken das Gegenteil. Musik spielt als psychologisches Element für den Menschen eine ganz erhebliche Rolle.

Kann man Musik kommerziell nutzen?

Grundsätzlich ja. Vom Tophotel über die Gastronomie, den gehobenen Einzelhandel, moderne Einkaufszentren und Verwaltungen bis hin zum medizinischen Bereich wird die Musik zunehmend gezielt eingesetzt. Warum? Sie soll je nach Bedarf beruhigen, motivieren oder ganz einfach für gute Laune sorgen. Doch Vorsicht! Nicht jede Art von Musik ist dafür wirklich geeignet.

Es ist gar nicht so leicht, den »richtigen Ton« zu treffen

Radiosendungen mit ihren zahlreichen Wortbeiträgen wirken zum Beispiel eher störend. Und gekaufte oder selbst zusammengestellte Bänder mit fetziger Popmusik sind nur ganz begrenzt wirklich sinnvoll einsetzbar, zum Beispiel in »jungen« Boutiquen. In vielen anderen Bereichen zwingt diese Art von Musik viel zu sehr zum Hinhören. Lenkt also ganz einfach ab. Zudem ist der Beschaffungsaufwand für Kassetten und Geräte recht hoch. Das kostet Zeit und damit zusätzlich Geld.

Was ist »Funktionelle Hintergrundmusik«?

Sie ist ganz bewußt zurückhaltend. In Lautstärke, Tempo, Rhythmus und Sound. Das ist Musik, die bewußt kaum wahrgenommen wird. Unbewußt aber eine Menge bewirkt: Harmonie, Motivation, emotionale Wärme, Entspannung und Wohlbefinden.

Non-Stop Service von MUZAK

Noch bequemer geht es kaum: Funktionelle Hintergrundmusik per Knopfdruck. Und das rund um die Uhr. Ohne Programmwiederholungen. Abgestimmt auf die Tageszeit. Also dem Biorhythmus des Menschen angepaßt. Psychologisch ausgewogen: Alle fünfzehn Minuten beginnt eine neue, in sich gegliederte Musiksequenz – 365 Tage im Jahr.

FM SAT- Die Musik aus dem Orbit

»Funktionelle Musik GmbH« entwickelte FM-SAT, das erste Hintergrundmusikprogramm, das via Satellit in Deutschland übertragen wird. Zwei verschiedene Kanäle – der instrumentale MUZAK-Channel und der junge POP-Channel – bieten 24 Stunden am Tag Hintergrundmusik in erstklassiger Klangqualität. Für jeden Tag ein neu gestaltetes Programm. Man kann sich für ein Programm entscheiden, beide Programme in Selbstwahl umschaltbar empfangen, und sogar der Simultanempfang beider Kanäle ist möglich.

FM-SAT ist dann sehr preiswert und hat dennoch ein hohes technisches Know-how. Mit nur 85 Mark im Monat schafft man sich rund um die Uhr das ideale akustische Ambiente.

Aus: Michael Hartmann: Muzak – Hintergrundmusik. In: Kunst- und Ausstellungshalle der Bundesrepublik Deutschland (Hg.): Welt auf tönernen Füßen. Göttingen, Steidl-Verlag, 1994, S. 214–216.

Hatten Sie jemals einen akustischen Traum? Haben Sie jemals Musik geträumt? Eine Studentin berichtete mir von einem Traum, in dem sie versuchte, dadurch Harmonie in ihre Familie zu bringen, dass sie Eltern und Geschwister zusammenkommen und spannungsreiche Akkorde singen ließ. Ich selbst hatte oft Träume, in denen Musik vorkam, zuweilen auch andere Klänge. Ist Ihnen aufgefallen, dass viele Träume, von denen in der Bibel die Rede ist, akustischer Natur sind? Gott wurde im Alten Testament meist gehört; gesehen wurde er dort noch nie. Sprechen Sie in der Gruppe über Träume, die mit Klängen oder Musik zu tun haben.

R. M. Schafer, Hörübung 35

Lärmschutz

von Christian Morgenstern

Palmström liebt, sich in Geräusch zu wickeln,
teils zur Abwehr wider fremde Lärme,
teils um sich vor drittem Ohr zu schirmen.
Und so läßt er sich um seine Zimmer
Wasserröhren legen, welche brausen.
Und ergeht sich, so behütet, oft in
stundenlangen Monologen, stunden-
langen Monologen, gleich dem Redner
von Athen, der in die Brandung brüllte,
gleich Demosthenes am Strand des Meeres.

IV Zwischentöne

Worauf kommt es überall an,
Daß der Mensch gesundet?
Jeder höret gern den Schall an,
Der zum Ton sich rundet.

Johann Wolfgang von Goethe

Das wohltemperierte Ohr

von Robert Jourdain

»Man wird niemals einen Goldfisch im Walzertakt tanzen sehen, weil es nicht die Töne eines Walzers, sondern die Beziehungen zwischen diesen Tönen sind, die einen Körper tanzen lassen.« Das schreibt der amerikanische Wissenschaftsjournalist, Pianist und Komponist Robert Jourdain in seinem Buch »Music, the Brain, and Ecstasy« (deutsch: Das wohltemperierte Gehirn. Wie Musik im Kopf entsteht und wirkt), das zum Klassiker geworden ist. Mit einer klaren und prägnanten Prosa zeichnet Jourdain nach, wie Schallwellen für uns zum Hörererlebnis werden können: Vom Schall zum Ton.

Ohr ist nicht gleich Ohr! Dieser knorpelige Lappen mit Ausbuchtungen und Falten, oft Zielscheibe von Spott und Objekt der Verzweiflung für Kunststudenten, dient nur dazu, den Schall zum eigentlichen Hörorgan zu lenken – dem *Innenohr*–, das tief im Inneren des Kopfes liegt. Das abstehende äußere Ohr ist die Ohrmuschel, auch *Auricula* genannt. Elefanten drohen mit ihren Ohren, viele Wüstentiere strahlen über sie Körperwärme ab, manche Tiere verscheuchen sogar Fliegen damit. Dennoch besteht die Hauptaufgabe der Ohrmuschel darin, den Schall zu verstärken und in den Hörkanal zu leiten. Die früher von Schwerhörigen benutzten Hörrohre sind nichts anderes als riesige künstliche Ohrmuscheln.

Jeder vierte von uns hat am oberen Rand der Ohrmuschel einen kleinen Höcker, der nach Darwin einen letzten Überrest der spitzen Ohren unserer Säugetier-Vorfahren darstellt. Ohrmuscheln haben sich in der Evolution erst relativ spät entwickelt: Fische, Amphibien, Reptilien oder die meisten Vögel haben keine von außen sichtbaren Ohren. Nur manche Vögel leiten mit speziellen Federn den Schall in die Gehörgänge, dies ist bei manchen Eulen besonders ausgeprägt: Das beste Beispiel dafür ist der Gesichtsschleier der Schleiereule, der Geräusche in die Hörkanäle lenkt; bei diesem Vogel funktioniert also das ganze »Gesicht« als »Ohrmuschel«.

Geräusche, einschließlich der Musik, werden verändert, sobald sie die Ohrmuscheln erreichen, da diese bestimmte Frequenzen verstärken. So sind unsere Ohrmuscheln zu klein, um die langwelligen Frequenzen zu reflektieren, die den niederfrequenten Klang ausmachen, sie verstärken lediglich Komponenten hoher Frequenzen, was dazu führt, daß Musik immer ein bißchen »höher« klingt, als sie eigentlich ist. Ohrmuscheln weisen außerdem eine Eigenschwingung auf, mit der sie eine Reihe von Frequenzen verstärken. Diese Frequenzen entsprechen in etwa der obersten Oktave auf einer Klaviertastatur. Nicht von ungefähr sind genau diese Frequenzen für die Sprachwahrnehmung von größter Bedeutung. Auch der etwa zwei bis drei Zentimeter lange Hörkanal verstärkt durch seine Eigenschwingung diese Frequenzen. Steht man vor einer hochfrequenten Schallquelle, zum Beispiel einem Wasserfall oder einer starken Brandung, und legt die Finger sanft auf die Ohrmuscheln, ohne den Eingang zum Hörkanal zu versperren und deckt dann abwechselnd die Ohrmuscheln auf und zu, dann kann man feststellen, wie sich das hochfrequente Rauschen verändert, während die Baßtöne gleichbleiben.

Sobald Musik am Ende des Gehörkanals auf das Trommelfell trifft, ändert sie sich abrupt. Bis zu diesem Punkt bestand sie aus Druckwellen, die sich durch die Luft fortpflanzten, jetzt wird sie in mechanische Bewegung übertragen. Direkt hinter dem Trommelfell befindet sich das luftgefüllte *Mittelohr* (Abbildung 1.1), in dem drei merkwürdig geformte Knochen, die *Gehörknöchelchen*, an Bändern aufgehängt sind. Das Trommelfell stößt den ersten Knochen an (den *Malleus* oder »Hammer«), der mit einem zweiten Knochen (dem *Incus* oder »Amboß«) verbunden ist, der seinerseits den dritten Knochen (den *Stapes* oder »Steigbügel«) in Bewegung versetzt. Dieser drückt auf das sogenannte »ovale Fenster«, eine Membran zum mit Flüssigkeit gefüllten Innenohr, in dem sich die

Neuronen (Nervenzellen) des Ohrs befinden. So wie die Luftmoleküle die Musik zum Trommelfell transportiert haben, schwingen diese kleinen Knochen in einem komplexen Muster, das zu jedem Zeitpunkt alle Frequenzen jedes Tons abbildet.

Viele von uns würden vielleicht ganz gern auf ihr Mittelohr verzichten. Hier entstehen Ohrenschmerzen, chronische Entzündungen und all die unangenehmen Erscheinungen, die bei plötzlichen Höhenänderungen auftreten. Es erscheint ziemlich merkwürdig, daß die Natur ausgerechnet so ein störanfälliges Gebilde entwickelt hat, nur um Schwingungen von einer Membran zur anderen zu übertragen. Warum schließt das Trommelfell nicht direkt an das Innenohr an? Die Antwort liegt in den unterschiedlichen mechanischen Eigenschaften eines Gases wie der Luft und denen einer Flüssigkeit, wie sie im Innenohr vorkommt.

Ruft man jemandem etwas zu, der gerade taucht, wird er das sicherlich nicht hören, da nur etwa ein Prozent des Schalles das Wasser durchdringen. Dies liegt daran, daß die Gasmoleküle der Luft durch Schallwellen leicht in Schwingung geraten, während Wasser eine größere Dichte aufweist, weswegen seine Moleküle

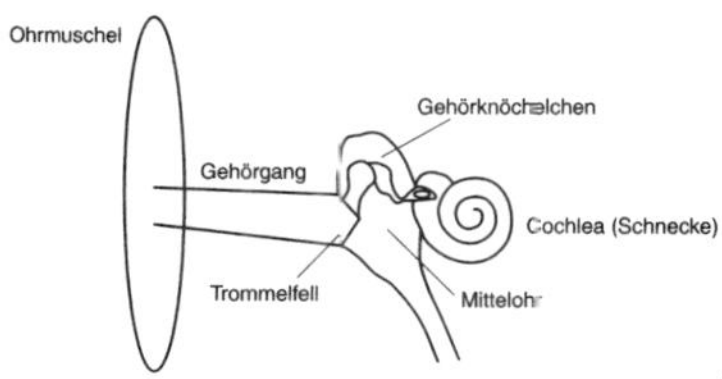

Abb. 1.1

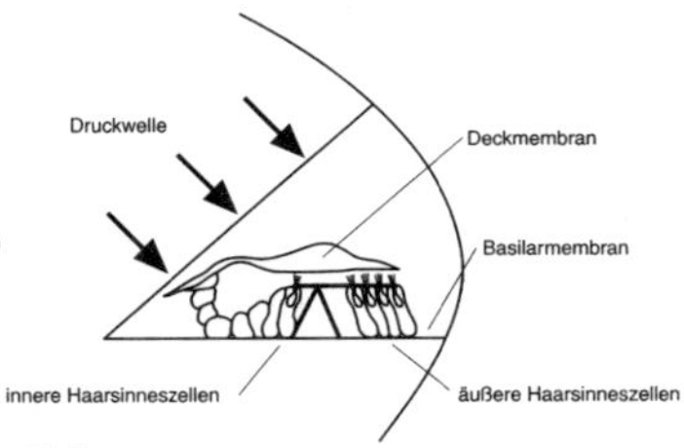

Abb. 1.2

stärker abgebremst werden, wenn sie aneinanderstoßen. Wenn Luftmoleküle gegen die Wasseroberfläche stoßen, können die Wassermoleküle mit dem schnellen Tanz der Gasmoleküle nicht Schritt halten. Anstelle dem grazilen Beispiel der Luft und ihren Schwingungsmustern zu folgen, reiben sich die Wassermoleküle an ihren Kollegen. Um das Schwingungsmuster getreu weiterzuleiten, muß man also auf die trägen Wassermoleküle größere Kräfte übertragen. Dazu dient das Mittelohr. Die Gehörknöchelchen konzentrieren die Energie, die am Trommelfell ankommt, auf rund ein Zwanzigstel dieser Fläche am Eingang des Mittelohres und verstärken sie so. Die ersten zwei Knochen bilden außerdem einen Hebel, was diese Verstärkung noch verbessert. Dank des Mittelohres wird also die Schwingungsenergie, die auf das Trommelfell trifft, fast vollständig auf die Flüssigkeit im Innenohr übertragen.

Nicht jedes Lebewesen braucht Ohrmuscheln und Mittelohr. Fische zum Beispiel haben dafür überhaupt keinen Bedarf, da Schall durch Wasser ganz leicht auf Gewebe übergeht, das ja selbst fast nur aus Wasser besteht. Viele Fischarten halten durch ihre *Schwimmblase* – einen länglichen, gasgefüllten Ballon in der Bauchregion – ihre Lage im Wasser stabil. Die Schwimmblase setzen sie aber auch ein, um Schall zu reflektieren und zu konzentrieren. Trifft Schall auf das Gas in der Schwimmblase, versetzt diese das Gewebe bis zum Innenohr in Schwingung. Manche Arten, bei denen sich auch die Rückenwirbel zu einer schalleitenden Struktur entwickelt haben, konnten den Bereich ihrer Schallwahrnehmung auf bis zu 8000 Schwingungen pro Sekunde ausdehnen. Dies entspricht der Oktave über der höchsten Note auf dem Klavier. Der Tonumfang eines Klaviers liegt zwischen 27,5 und 3520 Hertz. Stellt man ein Goldfischglas auf ein Klavier, hört der Goldfisch – obere Hörgrenze 3000 Hertz – also fast jede Note. Sollten Sie jedoch einen Hai als Haustier halten, müßten Sie ihm schon Bartók vorspielen, denn ohne Schwimmblase kann er mit einer oberen Hörgrenze von 1500 Hertz nur die tiefen und mittleren Töne auf dem Klavier hören.

Als sich vor etwa 370 Millionen Jahren die Fische auf das Festland begaben, funktionierte dort ihr Hörsystem nicht mehr. Ohne Mittelohr, um den Schall aus der Luft zu übertragen, mußte sich das Innenohr auf Schwingungen des Bodens beschränken, die vor allem über den Kiefer aufgenommen wurden – auf diese Art hören Schlangen noch heute, allerdings relativ schlecht. Als die frühen Amphibien Beine entwickelten, berührten die Kiefer jedoch nicht mehr den Boden. Zum Glück haben sich bei bestimmten Fischarten in den Millionen von Jahren, die sie vor ihrem Landgang in Flachwasserzonen und Schlammlöchern verbrachten, die Kiementaschen zum Atmen an der Luft entwickelt, die sich nun bei einigen zu Mittelohrkammern umbildeten. Gleichzeitig entwickelten sich mit dem Vortreten der Kiefergelenke stärkere Kiefer. Dies befreite die dahinterliegenden Knochen von ihrer Funktion, und sie konnten sich nun zu Gehörknöchelchen umbilden. Das erste Mittelohr bestand allerdings nur aus einem einzelnen geraden Knochen, der vom Innenohr an einen Bereich der Außenhaut reichte, die als Trommelfell diente. Diese Variante mit nur einem Knochen existiert heute immer noch bei allen Amphibien, Reptilien und Vögeln. Nur die Säugetiere entwickelten zusätzlich den »Hammer« und den »Amboß«, die aus anderen überflüssig gewordenen Teilen des Kiefers entstanden, um den hörbaren Frequenzbereich zu vergrößern. Genauso wie Ohrmuschel und Gehörgang verstärken auch die Gehörknöchelchen des Mittelohres die mittleren Frequenzen in der Musik, denn die Eigenresonanz der Gehörknochen liegt in diesem Frequenzbereich. Dadurch gab die Evolution diesen Frequenzen den Vorzug vor anderen Tonhöhen. Viele Säugetiere hören einen um eine Oktave höheren Frequenzbereich am besten, der besonders dafür geeignet ist, das Nahen eines Angreifers durch sein Rascheln in hohem Gras wahrzunehmen. Fledermäuse haben winzige Knöchelchen, um die Frequenzen im Ultraschallbereich zu verstärken, die sie aussenden, um ihren Weg im Dunkeln zu finden. Känguruhratten schlagen wieder einen anderen Weg ein. Bei ihnen ist jede Mittelohrkammer – die sogenannte »Paukenhöhle« – so groß wie das ganze Gehirn der Ratte, was den leisen Baß schlagender Eulenschwingen oder die Kriechbewegungen von Schlangen verstärkt.

Das Mittelohr ist aber auch so konstruiert, daß es Musik vom Kopf *fernhält*. Die Gehörknöchelchen übertragen ohne weiteres ein Streichquartett zum Innenohr, bei einem lauten Rockkonzert treten sie jedoch auf die Bremse. An den Gehörknöchelchen greifen zwei kleine Muskeln an, der eine zieht in Richtung Trommelfell, der andere in Richtung Innenohr. Diese Muskeln stehen immer unter geringer Spannung, um die Gehörknöchelchen in Form zu halten, sie ziehen sich jedoch bei gefährlich lautem Schall reflexartig zusammen und vermindern damit die Schwingungsenergie, die das empfindliche Innenohr erreicht, um bis zu zwei Drittel. Dieser Reflex wird eine Hundertstel Sekunde nach Auftreten des Impulses ausgelöst, er kann aber unter Umständen erst nach einer halben Sekunde seine volle Wirkung entfalten. Deswegen nutzt er wenig bei plötzlich auftretenden Geräuschen wie Schüssen. Außerdem erschöpfen sich die Muskeln, wenn das Ohr ständigem Lärm ausgesetzt wird, was unter anderem die vielen schwerhörigen Rockmusiker erklärt.

Unsere Ohren widerstehen gerade auch der Musik, die sie eigentlich am besten hören sollten, dem Lied aus unserem eigenen Mund. Beim Reden oder Singen breitet sich der Schall nicht nur von den Lippen durch die Luft zur Ohrmuschel aus, sondern auch direkt durch den Kopf zum Innenohr. Auf gewisse Weise hört man sich also zweimal, einmal über den Gehörgang und einmal über den Knochen. Die Knochenleitung macht den Schall lauter, als er normalerweise wäre, und ändert dessen Frequenzspektrum. Das erklärt, warum wir auf Tonbandaufnahmen unsere eigene Stimme oft nicht wiedererkennen: Eine Tonbandaufnahme enthält nämlich nur den Teil der eigenen Stimme, den die anderen hören. Niemand anderes kann Ihre Stimme aber so wahrnehmen wie Sie selbst.

Unser eigenes Sprechen oder Singen überflutet das Ohr mit einer Vielzahl von Geräuschen, die wir eigentlich nicht hören müßten und verdeckt andere, vielleicht wichtige Geräusche – zum Beispiel das ferne Donnern eines angreifenden Bullen. Um den »Eigenlärm« zu reduzieren, ziehen die Muskeln im Mittelohr mit jedem Wort, das wir sprechen, an den Gehörknöchelchen und folgen dabei präzise der Betonung jeder Silbe. Es gibt Hinweise darauf, daß diese Muskeln ebenfalls aktiv sind, wenn wir mit uns selbst reden, ja sogar, wenn wir träumen. Diese Muskeln sind ebenfalls bei Tieren aktiv, wenn sie brüllen, heulen, wiehern oder blöken. Einige Fledermäuse beispielsweise stoßen kurze, für uns unhörbare Schreie aus, die so laut sind wie eine künstlich verstärkte elektrische Gitarre. Bei jedem dieser Schreie schließt sich ihr Hörkanal und starke Muskeln »schalten« das Mittelohr ab; die Glücklichen haben also eine Art »Ohrlider«.

Das Innenohr

Wenn Musik über die Gehörknöchelchen gelangt ist. wird sie nochmals umgewandelt, diesmal zu Druckwellen in einem flüssigen Medium. Sie ist nun kurz davor, in das Innenohr einzutreten, das *wahre* Ohr, das die Schallschwingungen in Informationen übersetzt, die unser Gehirn verwerten kann. Bis zu diesem Punkt wurde der Schall nur umgeformt, jetzt wird er wahrgenommen; hier erreicht der Schall im übertragenen Sinn also seine »Netzhaut«; alles vorherige waren nur »Linsen«. Die Analogie zum Sehen hinkt allerdings in einem wichtigen Punkt: Schon ein einziges Lichtquant, ein *Photon*, reicht aus, um eine Rezeptorzelle in der Netzhaut (Retina) zu erregen. Ganz schön sensibel! Licht aktiviert dabei einzelne Moleküle, pulsierendes Blut oder angespannte Muskeln beeinträchtigen diesen Vorgang nicht. Das Ohr ist zwar ebenfalls erstaunlich sensitiv, da aber Schall das mechanische Zusammenstoßen von Molekülen darstellt, ist auch der Übertragungsweg von der Ohrmuschel zur Rezeptorzelle notwendigerweise *mechanisch.* Man braucht also eine mechanische Vorrichtung, um Schwingungen letztlich in Nervenimpulse zu übersetzen. Dieser Apparat muß äußerst winzig und hauchzart sein, um sehr schnell schwingen zu können, trotzdem robust und nicht leicht zu beschädigen.

Die Natur kam diesen Vorgaben nach und bettete das Innenohr (wie das Mittelohr) in einen der härtesten Knochen ein, den der Körper zu bieten hat, das *Felsenbein.* Dieser kleine Bereich von etwa einem Zentimeter Durchmesser im Inneren des Schädels besteht aus einem Labyrinth mit Kammern und Kanälen, die von Membranen ausgekleidet werden. Dort befindet sich ebenfalls der *Vestibularapparat,* das Gleichgewichtsorgan. Seine räumliche Nähe zum Gehörorgan ist kein Zufall, denn wie wir noch sehen werden, sind beide Systeme verwandt und sind sogar physikalisch miteinander verbunden.

Unser Innenohr ist, sozusagen die Konzerthalle, wo Tausende von Nervenzellen die Rolle des Publikums übernehmen und der Musik »lauschen«. Drei etwa drei bis vier Zentimeter lange, enge, flüssigkeitsgefüllte Kammern liegen hier übereinander und sind aus Platzgründen schneckenförmig aufgerollt. Daher nennt man dieses Gebilde auch Schnecke oder lateinisch *Cochlea.* Der letzte der Gehörknochen, der Steigbügel, stößt an eine Membran, das ovale Fenster, was eine Druckwelle der Länge nach durch die oberste Kammer sendet. Dadurch wird die dünne Membran, die den Boden dieser Kammer bildet, in Schwingung versetzt und damit auch die gesamte mittlere Kammer. Auf dem Boden dieses mittleren Ganges liegen in Reihen angeordnete Nervenzellen, die in eine komplizierte Struktur, das *Cortische Organ*, eingebettet sind. Abbildung 1.2 zeigt diesen Bereich zwischen oberer und unterer Kammer.

Das Cortische Organ besteht aus Anordnungen spezieller Nervenzellen, den *Haarsinneszellen.* Jeweils eine *innere Haarsinneszelle* und drei bis vier *äußere Haarsinneszellen* stehen in Reih und Glied auf der ganzen Länge des Ganges entlang. Jede Gruppe von Haarsinneszellen ist besonders empfindlich für bestimmte Schallfrequenzen – Soprantöne am Anfang der Cochlea, Baßtöne in der Spitze der Spirale. Von den Haarsinneszellen stehen winzige Härchen ab, von denen einige eine gallertige Membran (die *Deckmembran*) berühren, die dem Cortischen Organ aufliegt und an einer Seite befestigt ist. Wenn sich die Schallwellen durch die umgebende Flüssigkeit ausbreiten, bewegt sich die Deckmembran relativ zur Membran, die das Cortische Organ trägt. Dadurch werden die Härchen abgebogen, worauf die Haarsinneszellen Nervenimpulse feuern – je stärker die Bewegung, um so mehr Impulse geben sie ab. In diesem Moment wandelt sich die Musik von physikalischen Schwingungen in physiologische Information um.

Berührung empfinden wir über Quadratmeter große Bereiche der Haut, Bilder über den Quadratzentimeter großen Bereich der Retina, das Cortische Organ hingegen mißt nur wenige Quadratmillimeter: Es ist etwa 35 Millimeter lang und 0,2 bis 0,36 Millimeter breit – begrenzt durch die Größe der Cochlea. Lediglich 14 000 Rezeptorzellen bilden die 32 000 Nervenfasern, die aus der Cochlea austreten und ins Gehirn ziehen. Zum Vergleich: die Retina eines Augapfels weist mehr als hundert Millionen Rezeptorzellen auf, deren Informationen über etwa eine Million Nervenfasern im Sehnerv weitergeleitet werden. Solche Zahlen sagen jedoch wenig über die Intensität des Erlebens aus, denn schließlich sind schon ein paar hundert Schmerzrezeptoren in der Lage, einen Menschen völlig lahmzulegen. Trotzdem ist es bemerkenswert, daß in einem Gehirn, das aus Milliarden und Abermilliarden von Nervenzellen besteht, ein nur kleiner Kanal so wichtig für das Erleben und die Wahrnehmung unserer Umwelt ist.

Schon beim ersten Blick auf ein Foto des Cortischen Organs wundert man sich, warum diese empfindliche Struktur nicht schon beim geringsten Anlaß zerstört wird. Doch das Cortische Organ hat eine so geringe Masse, daß es sich kaum gegenüber der relativ zähen Flüssigkeit, die es umgibt, bewegen kann. Die Haarsinneszellen krümmen sich nicht sehr stark und die darunterliegende Membran flattert auch nicht wie eine Fahne im Wind. Das Cortische Organ ist ein ausgeklügeltes Organ und dient einem subtilen Sinn. Tief im Knochen verborgen, der »Eingang zur Höhle« von den Muskeln des Mittelohres bewacht, führt die Cochlea ein ruhiges und sicheres Dasein.

Es ist nicht einmal vollständig geklärt, wie die Cochlea auch nur einen sehr einfachen Ton verarbeitet, ganz zu schweigen von einem Konzert. Vielleicht vermuten Sie, daß ein Ton von 10 000 Schwingungen pro Sekunde eine Nervenzelle erregt, die genau für diese Frequenz empfindlich ist, und das sei alles. Die Nervenzelle würde folgende Nachricht an das Gehirn weiterleiten: »Ich höre eine Frequenzkomponente von 10 000 Hertz und sie ist soundso laut.« Jedoch erregen alle Töne mit Ausnahme der leisesten gleichzeitig viele Nervenzellen. Wenn sich eine Druckwelle entlang der Cochlea bewegt, erzeugt das auf dem Cortischen Organ eine Schwingung, die an einer Stelle ihr Maximum erreicht und dann schnell abfällt. Ein Schall von 10 000 Hertz könnte Haarsinneszellen erregen, die für einen Bereich zwischen 1000 und 10 000 Schwingungen pro Sekunde sensibel sind, wobei sich die maximal erregten Nervenzellen in unmittelbarer Nähe des Schwingungsmaximums befinden.

Wie wir im nächsten Kapitel noch sehen werden, kann ein musikalischer Ton aus zwanzig oder dreißig verschiedenen Frequenzen bestehen. Folglich überschwemmt ein Instrumentalensemble die Cochlea mit Hunderten unterschiedlicher Frequenzen, und jede davon hat ihr eigenes Schwingungsmaximum auf dem Cortischen Organ, jede verursacht die Erregung vieler Haarsinneszellen und jede überlagert sich mit anderen Frequenzen. Und all das schon bei einem einfachen Akkord!

Musik, die die inneren Haarsinneszellen der Cochlea erregt, wird sofort über sehr schnell leitende Nervenfasern in das Gehirn weitergeleitet. Die äußeren Haarsinneszellen sprechen langsamer an und sind außerdem viel weniger fein abgestimmt. Ihre Aufgabe besteht darin, die Informationen von nahe beieinanderliegenden Frequenzen und Zeitpunkten zu mitteln. Obwohl es dreimal mehr äußere Haarsinneszellen gibt als innere, liefern die äußeren Haarsinneszellen nur etwa fünf Prozent der Nervenfasern, die die Cochlea verlassen. Ihre Informationen sind dennoch sehr wichtig, denn wenn die äußeren Haarsinneszellen selektiv zerstört werden, dann können die inneren Haarsinneszellen nicht mehr so genau die Frequenzkomponenten eines Schalles analysieren. Tatsächlich erlauben die äußeren Haarsinneszellen eine feinere Frequenzunterscheidung, als es über die Mechanik der Cochlea eigentlich möglich wäre.

Wir betrachten die Cochlea oft als eine Art Mikrophon aus Fleisch und Blut mit Direktanschluß ans Gehirn, die jede Note einer Klaviersonate getreu ins Gehirn überträgt, das sich *dann erst* ans Zuhören macht. Das Gehirn fängt jedoch schon auf der ersten Stufe des Hörens an, Schall zu verarbeiten, indem es Nervenfasern zu den Nervenzellen der Cochlea entsendet, um deren Sensitivität zu steuern. Diese Nervenfasern dienen unter anderem dazu, körpereigene Geräusche, etwa den Puls oder den Lidschlag, auszublenden – achten Sie einmal in einem schallarmen Raum auf solch körpereigene Geräusche; Sie werden überrascht sein, wie laut sie sein können. Dieses System kann besonders bei Tieren genauso wie die Muskeln des Mittelohres die Wahrnehmung der eigenen Stimme dämpfen. Es scheint jedoch auch Sinneseindrücke selbst zu beeinflussen – eine sehr wichtige Eigenschaft. Nach verschiedenen Beobachtungen führt nämlich eine Beschädigung dieses Systems dazu, daß man vor großer Hintergrundlautstärke andere Geräusche nicht mehr wahrnehmen kann, zum Beispiel eine Unterhaltung auf einer lauten Party. Betrachtet man den Informationsfluß aus den Haarsinneszellen der Cochlea als ersten Schritt des *Hörens*, dann wären diese Feedbackschleifen aus dem Gehirn der erste Schritt des *Zuhörens*, also der aktiven Verarbeitung.

Erstaunlicherweise waren die ersten hörenden Lebewesen die Fische. Ein Fischschwarm kann in fast perfektem Gleichtakt hin und her schwimmen und Pirouetten drehen, da ein Band druckempfindlicher Zellen, das *Seitenlinienorgan*, auf jeder Flanke in der Mitte des Rumpfes entlangläuft und jede nahe Wasserbewegung von Freund und Feind wahrnimmt. Vor Hunderten Millionen Jahren wanderten Teile dieses Organs allmählich ins Innere des Kopfes, wo sie die Grundlage für den *Vestibularapparat*, das Gleichgewichtsorgan, bildeten. Er besteht aus einem Säckchen (dem Sacculus) und drei, im rechten Winkel zueinander stehenden Kanälen, den Bogengängen: einer in Richtung der Körperachse, einer senkrecht zur Körperachse und ein dritter parallel zum Boden. Der Vestibularapparat liefert nicht nur die für die Lageorientierung notwendigen Informationen über die Richtung der einwirkenden Schwerkraft, sondern reagiert auch auf Bewegungen des Körpers, also auf Winkel- und Linearbeschleunigung. Auch die einzelnen Teile des Vestibularapparates enthalten Haarsinneszellen, deren Haare in einer Gallertmasse stecken, in die kleine Kalziumkügelchen eingelagert sind. Beschleunigt ein Fisch, drücken die Kügelchen gegen die Haare, die Nervenzellen feuern und teilen dem Fischgehirn die Beschleunigung mit. Damit kann der Fisch seinen Bewegungsablauf genau kontrollieren, die Voraussetzung dafür, sich durch Riffe zu schlängeln oder sich mit Rivalen herumzuschlagen.

Nach diesen ersten Entwicklungsschritten nahm die Evolution eine bedeutsame Wendung: Niederfrequente Schwingungen, die den Fischkörper durchdrangen, Schwingungen von erbitterten Kämpfen und klatschenden Wellen begannen die Kalziumkügelchen anzustoßen und die Haarsinneszellen zu erregen. Die Wirkung muß am Anfang sehr gering gewesen sein und wurde vielleicht eher als lästige Interferenz wahrgenommen. Die Information in diesen Schwingungen war indes lohnend: Es waren »Nachrichten« aus weiterer Entfernung mit anderem Inhalt als die, die über das Seitenlinienorgan wahrgenommen wurden – *Schall.*

Das erste Mal in der drei Milliarden Jahre dauernden Evolution begannen Tiere zu hören, *richtig* zu hören und nicht nur spezielle Geräusche zu entdecken. Schrittweise entwickelte sich eine ganze Skala von Haarsinneszellen. Schall war nun nicht länger nur vorhanden oder nicht vorhanden, sondern begann ein Eigenleben zu fuhren. Es war nur eine Frage der Zeit, bis sich Sensitivität und Frequenzspektrum vergrößern würden. Das Gehirn paßte sich in seiner Entwicklung jeder Verbesserung an und ging schrittweise über die bloße Wahrnehmung von Schall hinaus – es begann, Schall zu analysieren, zu interpretieren und zu identifizieren.

Doch was will ein Fisch eigentlich identifizieren? Andere Fische natürlich! Biologen haben früher bezweifelt, daß Fische überhaupt hören können, denn auf der Suche nach dem Innenohr fanden sie nur den Vestibularapparat. Angler wußten es zwar immer schon besser, aber die Wissenschaftler entgegneten, es seien die direkten Vibrationen die vom Seitenlinienorgan empfangen werden und einem Angler den Tag verderben können. Aber da war noch eine Frage: Warum sollten Fische denn überhaupt hören? In Laboratorien unterhielt man Fische mit Geigen, Trompeten und Flöten: ohne Reaktion. Erst durch die moderne Elektronik konnten die Wissenschaftler die Welt der Fische belauschen. Schließlich fand man, daß viele Arten miteinander kommunizieren, aber auf so seltsame Art und Weise und über so merkwürdige Töne. daß man erst nach geraumer Zeit herausfand, wonach man suchen sollte. Da Fische keine Lungen haben, um brüllen zu können, knirschen sie nur leise mit den Zähnen oder reiben ihre Knochen aneinander. Andere spannen ihre Muskeln an, um auf ihrer Schwimmblase herumzutrommeln. Genau diese »sprechenden« Arten (zum Beispiel Goldfische) haben den besten Gehörsinn entwickelt, indem bei ihnen die Schwimmblase als Resonanzraum über eine Reihe schallleitender Knöchelchen mit dem Vestibularapparat im Kopf verbunden ist.

Obwohl einige Fische jede Note einer Symphonie hören können, fehlt ihnen dennoch ein richtiges Innenohr. Erst bei den Amphibien zweigte sich aus dem Sacculus des Vestibularapparats ein Beutel ab, der einzig und allein dem Hören diente. Dieses erste Innenohr, das wir noch heute so bei Fröschen finden, bestand in erster Linie aus einem Beutel mit einer Ansammlung von Haarsinneszellen, die für einen schmalen Frequenzbereich empfindlich waren. Der Schall wurde von nur einem einzigen Gehörknöchelchen auf das Innenohr übertragen. Erst die Reptilien gewannen später den breiten Frequenzbereich zurück, der verlorengegangen war, als die Fische aus den Urmeeren an Land gingen. Vögel und Säuger haben unabhängig voneinander eine dreikammerige Cochlea entwickelt mit der Vögel Frequenzen zwischen 50 Hertz und 12 000 bis 30 000 Hertz hören können. Die obere Hörgrenze bei Säugern variiert stark; Menschen können im jugendlichen Alter Töne bis etwa 20 000 Hertz wahrnehmen, Wale und Fledermäuse sogar noch Töne im Ultraschallbereich von mehr als 90 000 Hertz. Alles in allem dauerte es ungefähr fünfhundert Millionen Jahre – oder über hundert Millionen Generationen von Tieren –, bis eine Entwicklung abgeschlossen war, die von der ersten undeutlichen Wahrnehmung eines Klanges zu einem Gehör führte, das einen »Don Giovanni« erfassen kann.

Aus: Robert Jourdain: Das wohltemperierte Gehirn, 2001 © Elsevier GmbH, Spektrum, Akademischer Verlag, Heidelberg, S. 25–37.

Die Vertreibung der Stille – Gefahren durch Lärm und laute Musik

von Rüdiger Liedtke

»Die Vertreibung der Stille« – dieses Buch des Politologen, Schriftstellers und Journalisten Rüdiger Liedtke ist 1985 zum ersten Mal erschienen, inzwischen ist es zum Klassiker geworden. Anhand der überarbeiteten Neuauflagen lässt sich verfolgen, wie wir der Stille immer gründlicher den Garaus machen. Gleichzeitig erfassen Mediziner und Psychologen immer genauer, wie Musik und Lärm auf Körper und Psyche wirken, welche Gesundheitsrisiken sie bergen.

Luft-, Straßen- und Schienenverkehr bilden die größten Lärmquellen, denen wir ausgesetzt sind. Hinzu kommen der Umwelt- und der Freizeitlärm. Nach Darstellung der Bundeszentrale für gesundheitliche Aufklärung fühlen sich 70 Prozent aller Deutschen durch Straßenverkehrslärm und 50 Prozent durch Luftverkehrslärm massiv gestört und in ihrem Wohlbefinden erheblich beeinträchtigt. Nach einer 2002 veröffentlichten Studie des Umweltbundesamtes sind nahezu alle Deutschen »in irgendeiner Weise vom Lärm betroffen«: 80 Prozent. Oder anders herum: Lediglich ein Fünftel aller Deutschen konnte von sich behaupten, ohne Lärmbelästigung zu leben. Die meisten Befragten gaben mindestens eine, meist mehrere Lärmquellen an, die ihnen das Leben zur Pein machten. Was in dieser Untersuchung besonders auffiel: die hohe Zahl derjenigen, die sich durch ihre Nachbarn gestört und belästigt fühlten, immerhin 14 Millionen Menschen. Damit wurde die Lärmquelle »Nachbarschaft« zur »zweitwichtigsten Belästigungsursache«.

25 Millionen Bundesbürger können wegen unterschiedlichster Facetten des Nachtlärms nicht richtig schlafen, werden ihrem Schlafbedürfnis nicht gerecht. Dabei ist Schlaf für den Menschen

ein lebensnotwendiger Zustand. »Kurzfristige Schlafstörungen beeinträchtigen das subjektive Befinden und die Leistung. In chronischer Form sind Schlafstörungen, wie sie zum Beispiel durch nächtlichen Lärm hervorgerufen werden, als Gesundheitsrisiko einzustufen«, schreibt Christian Maschke in seiner Untersuchung »Lärmbedingte Schlafstörungen«.

Nach August Schick sind 16 Prozent der Bevölkerung, nach Untersuchungen des Bundesumweltamts gar 18 Prozent einem verkehrsbedingten Lärmpegel von über 65 Dezibel ausgesetzt und damit einem erhöhten Risiko von Herz- und Kreislauferkrankungen. Hinzu kommt der ständig wachsende Freizeitlärm durch Walkmen und Discotheken, deren gemessene Belastungen – so August Schick – zu teilweise bleibenden Hörschäden führen.

»Ich höre, aber ich verstehe nicht. Nur in einem ganz ruhigen Raum kann ich ohne Schwierigkeiten ein Zwiegespräch führen. Sobald etwas mehr Geräusche im Zimmer sind oder wenn mehrere Menschen gleichzeitig sprechen, auf Gesellschaften, bei Familienfeiern oder am Stammtisch, höre ich alles und bekomme nichts mit.« Wer in solchen Worten über seinen Zustand klagt, hat alle Symptome eines Lärmschwerhörigen. Lärmschwerhörigkeit – das ist nach Statistiken der World Health Organization (WHO), also der Weltgesundheitsorganisation, die am weitesten verbreitete Berufskrankheit und damit ein echtes Massenproblem. Lärmbedingte Hörverluste sind auch hierzulande die Nummer eins unter den irreversiblen Gesundheitsschäden am Arbeitsplatz.

Rund fünf Millionen Arbeitnehmer in Deutschland sind während ihrer Arbeit gehörschädigendem, also gesundheitsschädlichem Lärm von über 85 Dezibel ausgesetzt und tragen in aller Regel Gehörschutz. In jedem Jahr werden rund 10 000 neue Fälle der Berufskrankheit Lärmschwerhörigkeit angezeigt, jährlich werden rund 6000 Fälle anerkannt und 1000 entschädigt. Im Bereich der gewerblichen Berufsgenossenschaften wurden inzwischen mehr als 10 000 Arbeiter »als in rentenberechtigtem Maße geschädigt« anerkannt. Hunderttausende mit nicht entschädigungspflichtiger Hörminderung durch Lärm sind nicht registriert. »Die Entschädigungsfälle bilden sozusagen die Spitze eines Eisbergs«, so die Weltgesundheitsorganisation WHO. Eigentlich müssten bei uns rund 15 Millionen Menschen ein Hörgerät tragen.

In Deutschland werden mehr Herzinfarkte durch Lärm verursacht als durch andere Umweltbelastungen. Denn Lärm und die damit verbundene Störung von Ruhe, Entspannung und Schlaf führen häufig zu chronischem Stress und vegetativer Übersteuerung. Davon besonders betroffen: das Herz-Kreislauf-System, der Magen-Darm-Bereich, die Atmung und das hormonale Regulationssystem. Lärm führt vielfach zu »chronischer Verärgerung; und diese wiederum verursacht Störungen der Gesundheit, führt zu Anspannung, Resignation und Nervosität« (August Schick).

Wolfgang Babisch kommt in den Untersuchungen des Umweltbundesamtes zu dem Ergebnis, dass das Herzinfarktrisiko für Bewohner an lauten Straßen mit einer Lärmbelästigung von 65 Dezibel um zirka 20 Prozent höher ist als für diejenigen, die in ruhigeren Gegenden wohnen. Leiden diese Menschen auch noch an lärmbedingten Schlafstörungen, steigt das Risiko um ein Erhebliches. Lärm ist nach Babisch »ein psycho-sozialer Stressor«, der das autonome Nervensystem und das endokrine System aktiviert. Und: Lärm wirkt nicht nur bei hohen Schallpegeln, sondern kann in niedriger Dosierung, besonders als Umwelt- oder Freizeitlärm, der als störend empfunden wird, zu erheblicher Beeinträchtigung der Konzentration, der Entspannung und des Schlafes führen. Das Infarktrisiko – so Schick – »erhöht sich sogar bis zu 30 Prozent für Personen, die sich belästigt fühlen und chronisch verärgert sind«.

Hohe Lärmpegel und Schallbelastungen sind neben Stress, Hörsturz und Durchblutungsstörungen maßgeblich verantwortlich für die rasante Zunahme von Tinnitus. Rund acht Millionen Menschen leiden in Deutschland unter Tinnitus, der damit zu einer Volkskrankheit geworden ist. Das Rasen, Rauschen und Kreischen im Ohr gehört inzwischen zu den vordersten Krankheiten, die die Qualität des Lebens maßgeblich verändern. Auch und gerade unter Jugendlichen, bei denen dieses Krankheitsbild vor zwei Jahrzehnten noch völlig unbekannt war, hat sich Tinnitus erheblich ausgebreitet. Die entscheidendsten Gründe: laute Musik und Discothekenbesuche. Experten sprechen von »Disco-Tinnitus«. Von entscheidender Bedeutung ist dabei eine dauerhafte Lärmeinwirkung, die zur Erschöpfung der Hörsinneszellen und zu einer anschließenden Schädigung des Ohres führt und in einen Funktionsausfall des Gehörs münden kann.

Das menschliche Ohr – vom Rascheln der Blätter bis zum donnernden Düsenlärm nimmt es alle Geräusche wahr – ist ein äußerst sensibles Schallmessorgan. Die massive Lärmeinwirkung, der Hunderttausende von Menschen gerade durch künstlich erzeugten Lärm am Arbeitsplatz oder im Straßenverkehr ausgesetzt sind, beeinträchtigt jedoch das Hörvermögen erheblich. Das gilt selbstverständlich auch für zu laute Musik. Wir erinnern uns: Lärm ist der Schall, sind die Geräusche, die als unerwünscht, störend, lästig oder schmerzhaft empfunden werden, die eine körperliche oder organische Gesundheitsgefährdung darstellen, die zu Stress führen und die unser Befinden maßgeblich beeinträchtigen. Das gilt natürlich für laute Geräusche, kann aber auch auf weniger laute Geräusche zutreffen, auf Büromaschinen beispielsweise, auf Handy-Töne, auf Musikbeschallung.

Die gesundheitsschädigende Wirkung von Lärm hängt von der Lautstärke ab, von der Tonhöhe und der Art des Lärms sowie seiner Einwirkungsdauer. Die Lautstärke, bezogen auf den Schalldruckpegel, wird in Dezibel (dB) gemessen. Auf dieser Basis gliedert Walter Schöler Lautstärke in drei Stufen:

Stufe I: Belästigung durch den Lärm mit psychischen Wirkungen wie einer Störung der hohen Konzentration und des Tiefschlafs bei Lautstärken von 30 bis 60 Dezibel.

Stufe II: Gefährdung der Gesundheit mit psychischen und vegetativen Wirkungen wie Unbehagen, Ermüdung, Konzentrationsschwäche und Nervosität bei Lautstärken von 60 bis 90 Dezibel.

Stufe III: Schädigung der Gesundheit mit psychischen, vegetativen sowie Störungen des Gleichgewichtsorgans und, vor allem, gehörschädigenden Wirkungen bei Lautstärken von 85 Dezibel und mehr (gemessen auf einen achtstündigen Arbeitstag). Dazu zählen auch Knall- und Explosionsgeräusche, deren gesundheitsschädigende Wirkung bis zur Taubheit führen kann.

Bei der Erkennung von gehörschädigendem Lärm kann man von einer Faustregel ausgehen: »Ein Lärm ist dann gehörschädigend, wenn in seiner Gegenwart die Umgangssprache aus einem Meter Entfernung nicht mehr verstanden werden kann.« Man empfindet ein Geräusch als doppelt so laut, wenn der Schallpegel sich um 10 Dezibel erhöht. Umgekehrt wirkt ein Geräusch nur halb so laut, wenn der Schallpegel um 10 Dezibel niedriger ist.

Was die Tonhöhe angeht, so reagiert der Mensch auf niedrige Frequenzen, also auf Bassgeräusche, viel weniger empfindlich als auf mittlere oder gar hohe Frequenzen. Die Lärmbelastung im Hochtonbereich ist besonders gesundheitsschädigend. So beginnt eine Schwerhörigkeit auch meist im Bereich der hohen Töne und Frequenzen, die nicht mehr oder nur teilweise gehört werden.

Entscheidend für die Entstehung einer bleibenden Schwerhörigkeit ist neben dem Lärmpegel die Dauer der Lärmbelastung. Besonders jahrelange Lärmeinwirkung führt zu Hörverlust und Schwerhörigkeit mit einem immer schlechteren Sprachverständnis. Eine berufsbedingte Schwerhörigkeit wird bei einem dauernden Lärmpegel von mindestens 85 Dezibel anerkannt.

Bei hoher Lärmintensität kommt es zu einem vorübergehenden Absinken der Hörleistung, das heißt zu einer »zeitweiligen Hörschwellenverschiebung«. Walter Schöler dazu: »Bei einer achtstündigen Lärmbelastung von 90 Dezibel und mehr ist diese Hörschwellenverschiebung so stark, dass die Erholungszeit während der Nacht nicht mehr zur völligen Normalisierung ausreicht und die folgende Lärmeinwirkung zu einem noch weiteren Absinken des Hörvermögens führt. Bei ständiger Lärmarbeit kommt es schließlich zu einer bleibenden, unheilbaren Gehörschädigung, die anfänglich vom Betroffenen im täglichen Leben gar nicht bemerkt wird.« Wenn also die Erholungszeit für das Ohr nicht eingehalten wird, weil der Betroffene nach der Arbeit den Walkman aufsetzt oder in die Discothek eilt, wird der Zug zur Schwerhörigkeit noch erheblich beschleunigt.

Allerdings ist Schwerhörigkeit oder eine Beeinträchtigung des Ohres – außer im Falle von Knall- und Explosionsgeräuschen – eher eine langfristige, schleichende Schädigung beziehungsweise Krankheit. Wie sehr das Ohr auf Ruhepausen nach starkem Lärm angewiesen ist, weiß jeder, dem nach einem lauten Rockkonzert oder einer Technosession, nach dem Besuch eines Flughafens oder dem Aufenthalt in einem lärmintensiven Betrieb die »Ohren klingeln«.

Doch es muss noch einmal klar gesagt werden: Selbst kurzzeitiger, hochgradiger Lärm führt zu einer vorübergehenden »Schwellenabwanderung« im Gehör, wie die Mediziner es ausdrücken. Auch das Ohrensausen ist Zeichen einer Schädigung. Aber in aller Regel erholt sich das Ohr recht schnell. Anders verhält es sich bei länger anhaltendem und regelmäßigem Lärm, wobei die Empfindlichkeit der Ohren mit steigendem Alter noch zunimmt und die Hörschwierigkeiten gravierender auftreten können.

Und es gilt zum Thema Lärmschwerhörigkeit noch eines anzufügen: Lärmhörschäden sind grundsätzlich nicht heilbar, weder operativ noch medikamentös, denn eine einmal zerstörte Hörsinneszelle regeneriert sich nicht mehr und verliert ihre Funktion. Für ein ganzes Leben. Es gilt also, auch beim Hören klaren Verstand zu bewahren und die Ohren der akustischen Glocke nicht unkritisch auszusetzen. Sicher, es ist eine Utopie, anzunehmen, sich der Lärmeinwirkung in unserer Gesellschaft entziehen zu können, aber gravierende Lärmhörschädigungen sind vermeidbar. Das haben wir selbst in der Hand.

Wie sieht es nun mit möglichen Gefahren durch allzu laute Musik aus, durch ständige Musikberieselung? Grundsätzlich lässt sich sagen, dass allzu laute Musik, ganz gleich, um welche Musikrichtung es sich dabei handelt, die gleichen Symptome hervorruft wie der entsprechende Lärm gleichen Schalldrucks von lauten Maschinen und damit gehörschädigende Folgen haben kann. Lautes Musikhören über Kopfhörer oder im Autoinnern, hohe Schallpegel in Discotheken, Clubs oder durch die Lautsprecherboxen bei Großveranstaltungen können zu bleibenden Hörschwellenverschiebungen und chronischem Tinnitus und damit unheilbaren Schädigungen des Gehörs führen. »Ein Technofreak, der sich mit seinem tragbaren Cassettenabspielgerät extrem laut beschallt, ist in gleicher Weise gefährdet wie der Arbeiter im Stahlwerk ohne Gehörschutz« (Hans Peter Zenner). Es ist also ganz gleich, ob es sich um Musik oder Krach handelt. Eine ständige Musikberieselung kann darüber hinaus zu einem Stressfaktor erster Ordnung werden.

Musikalischer Lärm kann erheblich sein, wie der Gehörspezialist Heine Chüden aufzeigt. Danach entwickelt ein Schlagzeug etwa 115 Dezibel, eine Hard-Rock-Gruppe 120 Dezibel, was bei den Konzertbesuchern in der ersten Reihe immerhin eine Belastung von 100 bis 115 Dezibel bedeutet. Auch Philharmoniker bringen es bei einer Sinfonie von Tschaikowski auf etwa 90 bis 95 Dezibel. Verständlich, dass die Musiker selbst ebenfalls unter einer dauernden Lärmbelastung stehen und hochgradig gefährdet sind.

Darüber hat es in den letzten Jahren eine Reihe von Untersuchungen gegeben. An einer Universität in den USA wurde bei einem Drittel der jugendlichen Studenten herausgefunden, dass ihr Hörvermögen durch den Lärm von Musik auf das Niveau des physiologischen, altersbedingten Hörverlusts eines 65-Jährigen gesenkt war. Bei Musikern verschiedener Rock-Bands wurden Hörminderungen von 5 bis 25 Prozent festgestellt, der sie umgebende Lärmpegel auf der Bühne erreichte 110 Dezibel, auf der Tanzfläche wurden noch 105 Dezibel angezeigt. Andere Lärmpegel bei Rock-Bands erreichten sogar bis zu 140 Dezibel. Bei Popmusikern wurden zeitweilige »Hörschwellenverschiebungen« bis zu 50 Dezibel beobachtet.

In einem anderen Versuch wurden Ratten mit Rockmusik beschallt und erlitten irreversible Hörschäden. In Discotheken wurden durchschnittliche Schallpegel zwischen 92 und 111 Dezibel gemessen, bei Kopfhörern Maximalpegel bis zu 120 Dezibel und immer noch ein Durchschnittwert von 100 Dezibel. »Dies entspricht im oberen Bereich der Lärmbelastung durch einen Presslufthammer und geht sogar noch darüber hinaus« (so Hans Peter Zenner).

Experten gehen davon aus, dass regelmäßige Discobesucher und Walkmanhörer eine dauerhafte erhebliche Beeinträchtigung ihres Hörvermögens erleiden. Dabei ist neben der Höhe des Schallpegels, also der Schallintensität, die Dauer der Beschallung von zentraler Bedeutung. Nach einer Untersuchung von Wolfgang Babisch u. a. gehen junge Männer zwischen 16 und 24 Jahren durchschnittlich fünf Stunden pro Woche beziehungsweise 80 Prozent der 18- bis 19-Jährigen sechs Stunden pro Woche in eine Discothek. Bedenkt man, dass sich eine mögliche Gehörschädigung am Arbeitsplatz bei 85 Dezibel (gerechnet auf 40 Stunden pro Woche) einstellt, entspricht das einem Discothekenbesuch von vier Stunden pro Woche bei einer Intensität von 95 Dezibel, 24 Minuten pro Woche bei 105 Dezibel und 12 Minuten pro Woche bei 108 Dezibel. Zur Erinnerung: An Arbeitsplätzen ist ab 85 Dezibel das Tragen von Gehörschutz Pflicht. Sind Jugendliche und junge Erwachsene beruflich bereits an einem Lärmarbeitsplatz tätig und setzen sie sich anschließend im Freizeitbereich weiteren Lärmquellen aus, scheint ein Gehörschaden unausweichlich. Die Erholungsphasen fehlen.

Denn in Discotheken, in denen vorwiegend Techno gespielt wird, nonstop und hämmernd laut, gibt es für die Ohren so gut wie kein Verschnaufen. Für die Wissenschaftler Wolfgang Babisch und Hartmut Ising, die insgesamt zirka 10 000 Jugendliche nach ihren Musikhörgewohnheiten und ihrem Discothekenbesuchsverhalten befragt haben, ist klar, dass oberhalb von 100 Dezibel in Discotheken bei üblichen Musikhörgewohnheiten mit einem substanziellen Anstieg von Hörverlusten zu rechnen ist. Dabei addieren sich die Belastung in der Discothek, die bei lauten Rockkonzerten und die der Kopfhörerbeschallung, die teilweise noch erheblich über der Lautsprecherbeschallung der Disco liegt.

Hartmut Ising und das Bundesumweltamt hatten bereits Mitte der neunziger Jahre den vorhandenen Erkenntnisstand beziehungsweise den Handlungsbedarf bezüglich der »Gehörgefährdung durch laute Musik« ausgeführt – heute dürften die Lautstärkepegel eher noch zugenommen haben: Danach liegen die Pegel elektronisch verstärkter Musik häufig im gehörgefährdenden

Bereich, wobei sich zusammen mit den Expositionszeiten der Musikhörer erhebliche Risiken für Gehörschäden ergeben. Die höchsten Pegel werden bei musikalischen Großveranstaltungen gemessen, gefolgt von Discotheken. Kritisiert werden von den Wissenschaftlern besonders die ständigen Pegelerhöhungen in Discotheken. »Aus diesem Grund sollte die Genehmigung für öffentliche Musikveranstaltungen mit Lautsprecherwiedergabe – insbesondere in Discotheken – davon abhängig gemacht werden, dass eine automatische Pegelbegrenzungsanlage installiert und von einem Akustiksachverständigen eingepegelt und plombiert wurde, was in einem entsprechenden Gutachten belegt werden muss.«

Wussten Sie, dass ein 80-jähriger Zentralafrikaner das gleiche Hörvermögen hat wie ein 18-jähriger New Yorker Jugendlicher, der unter der akustischen Glocke lebt? Jugendliche, die allzu lauter Musik ausgesetzt sind und das mehr oder weniger regelmäßig, haben nach neueren Untersuchungen des Bundesgesundheitsamtes mit 30 Jahren zum Teil nur noch das Hörvermögen eines 70-Jährigen.

Interessant im Zusammenhang mit »selbstbestimmter« Musik sind der Umgang mit dem Walkman und mögliche gesundheitliche Folgen durch diese Dauerberieselung. Die beiden Wissenschaftler Jürgen Hellbrück und August Schick vom Institut zur Erforschung von Mensch-Umwelt-Beziehungen der Universität Oldenburg gehen von einer Gehörschädigung durch den Walkman aus. Obwohl ein Gesundheitsrisiko schwer nachzuweisen ist, kommen sie zu dem Schluss, dass das Gehör auch durch eine übermäßige Beschallung durch den Walkman nachhaltig geschädigt werden kann. Hingewiesen wird auf Befunde aus audiometrischen Untersuchungen und Befragungen an über 3000 Jugendlichen, die noch nicht beruflich bedingtem Lärm ausgesetzt waren. Danach hat der Freizeitlärm einschließlich Musik für viele Jugendliche die Innenohrgefährdungsgrenze erreicht oder überschritten.

Rainer Schönhammer, der sich intensiv mit den Wirkungen des Walkman-Hörens auseinandergesetzt hat: »Da sich die Eindringlichkeit durch einen hohen Lautstärkepegel steigern lässt und so auch ein hoher Geräuschpegel in der (städtischen) Umwelt überdeckt werden kann, wird der Walkman oft zu laut aufgedreht. Eigene Befragungen bei Schülern zeigen, dass das Bewusstsein der Gefahr von Hörschäden nicht davon abhält, ›manchmal‹ eben doch voll aufzudrehen. So ist der Walkman zweifelsfrei eine weitere moderne Quelle von Gehörschäden.«

Jugendliche unter 20 Jahren scheinen nach einer 2002 durchgeführten Online-Lärm-Umfrage des Bundesumweltamtes gegen Lärm nahezu »resistent« zu sein. Sie geben an, durch Lärm nur gering geplagt zu sein, und zeigen ein außerordentlich geringes Problembewusstsein. Übereinstimmend beklagen deshalb die meisten Wissenschaftler das Fehlen von Vorschriften für eine Lautstärkebegrenzung. Nun ist der Walkman ein individuell zu bedienendes, der Selbstkontrolle unterliegendes Gerät, das dem Benutzer erlaubt, die Musik in beliebiger Lautstärke zu hören, im Gegensatz zu Discotheken als öffentlichem Raum, denen per Gesetz zum Schutz der dort Beschäftigten und der Nachbarschaft Höchstgrenzen vorgegeben sind, die allerdings nur unzureichend auf die Musikbeschallung auf Tanzflächen zutreffen. Immer mehr Wissenschaftler fordern Vorschriften für eine Lautstärkebegrenzung von Walkmen seitens der Hersteller.

Wir hatten gehört, dass selbst bei psychischer Gewöhnung an Lärm unter dauerhafter Beschallung von über 65 Dezibel aus den daraus folgenden vegetativen Reaktionen ernste gesundheitliche Schäden erwachsen können. So führt zum Beispiel eine permanente Musikberieselung zu Stresssymptomen und damit zu psychischen Belastungen, die mitunter lebensgefährlich werden können – zum Beispiel im Auto. Eine Untersuchung des Fachbereichs Musikwissenschaft der Technischen Universität Berlin mit dem Titel »Musikhören und Verkehrssicherheit« spricht eine deutliche Sprache. Danach ereignen sich eindeutig mehr Autounfälle, wenn während der Fahrt Musik gehört wird. Der Untersuchung lag die Frage zugrunde: »Wirkt Musik wie eine psychoaktive Substanz?« Bedenkt man, dass allgemein gilt, dass eine zu hohe psychovegetative Aktivierung Leistungen beeinträchtigt und dass zwei auftretende Reize nicht gleichzeitig verarbeitet werden können, sondern dass die menschliche Aufmerksamkeit vielmehr schnell zwischen den beiden Tätigkeiten hin- und herwechselt, so kann man davon ausgehen, dass Musik Stress erzeugt, sobald die Aufmerksamkeit des Fahrers im Straßenverkehr voll gefordert wird. Dieser Zustand verstärkt sich noch, wenn der Fahrer die Musik zu laut hört, so dass er verkehrswichtige Signale wie das Hupen fremder Autos oder die Sirene eines Streifenwagens nicht mehr hört, weil sie von der Musik übertönt werden.

Zahlreiche Testpersonen mussten bei der Berliner Untersuchung in einem Fahrsimulator einmal eine einfache, kurvenarme Strecke fahren, zum anderen eine schwierige, kurvenreiche Strecke. Jedes Mal wurde die Strecke mit und ohne Musikberieselung absolviert. Die Fahrer konnten dabei zwischen Klassik und Pop wählen und die Lautstärke selbst bestimmen. Gemessen wurden die Reaktionszeit, die Fahrgeschwindigkeit und die Anzahl der theoretischen Unfälle. »Dass Musik wie eine psychoaktive Substanz wirken kann«, zeigten die Ergebnisse: Bei der schwierigen Fahrt verursachten mit Musik fast 15 Prozent mehr Fahrer einen Unfall, das heißt, durch Musik stieg die Unfallhäufigkeit auf dieser Strecke drastisch an. Viele Fahrer agierten mit Musik bedeutend hektischer und landeten an den Leitplanken.

Musik während des Fahrens zu hören, wird grundsätzlich als angenehm empfunden, sagt zwar die Berliner Studie. Gefährdet oder gefährdend sind jedoch gerade diejenigen knapp 50 Prozent der Autofahrer, »deren Konzentration bei schwierigen Fahrten durch Musik so beeinträchtigt wird, dass sie zu Unfällen neigen, weil ihnen die Einsicht in die Situation des durch die akustische Kulisse erzeugten Stresses fehlt. Sie fühlen sich wohl in dieser Kulisse.« Auch zeigte die Studie, dass laute Musik bei vielen Fahrern die Risikobereitschaft erhöhte. Aber die Untersuchung zeigte auch auf, dass Musik – gut dosiert und in der Lautstärke dem Verkehr angemessen – stimulierend und angenehm wirken kann. Verlangt das Autofahren aber volle Konzentration, im Stadtverkehr beispielsweise, so erhöht die Musik die Unfallneigung um ein Vielfaches. Ein Zusammenhang zwischen Musikberieselung und Unfallhäufigkeit wurde konstatiert.

Andere Untersuchungen kamen zu dem Ergebnis, dass sich die Reaktionszeit bei zu großer Lautstärke erheblich verschlechtert. Die Experimente waren so eindeutig und in der Größenordnung so gravierend, »dass auch im realen Straßenverkehr davor gewarnt werden muss, die Stereoanlage zu weit aufzudrehen« (Stefan Haack).

Aus: Rüdiger Liedtke: Lärm-Kankheiten. In: Rüdiger Liedtke: Die Vertreibung der Stille. © 2004 Deutscher Taschenbuch Verlag, München, S. 186–197.

*

Ich werde nun so tun, als würfe ich zerknülltes Papier gegen die Wand – und Sie machen das Geräusch dazu! Dasselbe Spiel spielen Sie mit der Gruppe: Machen Sie ein paar vorgetäuschte Würfe gegen die Wand – und die Gruppe versucht, das Geräusch – oder die Geräuschkulisse – dazu zu machen. Das ist gar nicht so einfach! Werfen Sie nun das Papier tatsächlich. Hören alle

a) wie Sie den Arm heben,
b) wie das Papier aus der Hand gleitet,
c) wie das Papierknäuel durch die Luft saust,
d) wie es gegen die Wand klatscht
e) und wie es schließlich auf den Boden fällt?

Unaufmerksame Hörer machen wahrscheinlich nur das Geräusch nach, mit dem das Papier auf die Wand trifft – und lassen es dort kleben. Welche Mißachtung von Schwer- und Gedächtniskraft! Ist unser Erinnerungsvermögen, wenn es Klänge behalten soll, wirklich so schwach ausgebildet?

R. M. Schafer, Hörübung 32

Der Lärm und die Seele

von Stephan Marks

Der Sozialwissenschaftler Stephan Marks studierte Politikwissenschaft, Psychologie, Neuere Geschichte und Germanistik. 1998 begründete er an der Pädagogischen Hochschule Freiburg das Forschungsprojekt »Geschichte und Erinnerung«, dessen Ziel es ist, die Aufarbeitung des Nationalsozialismus zu erforschen und zu fördern. Er bildet Lehrerinnen und Lehrer sowie andere Berufsgruppen zum Thema Scham und Anerkennung fort. Im folgenden Text beschreibt er die psychologischen und sozialen Folgen des Lärms, die sowohl in der Fachliteratur als auch in der Lärmschutzpolitik und -gesetzgebung oft als bloße »Belästigung« abgetan und im Vergleich zu den biologisch-physiologischen Lärmfolgen als nachrangig dargestellt werden.

Lärm stört

Entspannung, Erholung, Gespräche oder konzentriertes Arbeiten werden durch Lärm gestört. Es ist eine Besonderheit des Hörsinnes, daß alle Geräusche praktisch ungehindert in das Ohr eindringen können. »Unsere Ohren sind geöffnet, noch bevor wir geboren werden. Bereits in dem der Geburt vorausgehenden Stadium ist das Ohr wichtiger als unsere anderen Sinne. Mit ihm beginnt unser Bewußtsein: Das Kind hört im Mutterleib den Herzschlag der Mutter.« Es ist prinzipiell offen, Tag und Nacht, es ist der einzige Sinn, den wir nie abstellen können. Das Gehör ist das Sinnesorgan, das in ganz besonderer Weise darauf angewiesen ist, daß unsere seelischen Grenzen respektiert werden. Werden diese Grenzen willkürlich verletzt, wie dies durch vermeidbaren Lärm (etwa ein frisiertes

Motorrad) geschieht, können in den Betroffenen Ohnmachtsgefühle bis hin zu Wut ausgelöst werden. Die Besonderheiten des Gehörsinnes fordern uns dazu auf, mit den technisch verfügbaren Mitteln zur Lärmherstellung in rücksichtsvoller Weise umzugehen.

Auch das Verstopfen des Gehörgangs mit Fingern oder Stöpseln hilft nur bedingt und ist auf andere Weise lästig. Das Ohr leitet alle akustischen Informationen automatisch zur Verarbeitung an das Gehirn weiter – unabhängig davon, ob der Lärm bewußt wahrgenommen wird oder nicht. Daher bewirkt Lärm, daß »Bereiche des Gehirns zur Verarbeitung der vom Lärm übermittelten Information herangezogen und damit für die Bewältigung anderer Aufgaben blockiert werden.«

Unter Lärm werden häufiger Fehler begangen, und die Qualität der Arbeit nimmt ab. Lärm am Arbeitsplatz bewirkt »verringerte Leistungsfähigkeit durch erhöhte Ermüdung, herabgesetzte Konzentrationsfähigkeit und Belastbarkeit sowie Verschlechterung des Betriebsklimas auch in den Phasen ohne Lärmbelästigung. Lärmbedingte Leistungsminderungen und Fehlleistungen sind zudem geeignet, das subjektive Wohlbefinden während und nach der Tätigkeit herabzusetzen und die Erholung zwischen den Arbeitsphasen zu stören. Verschlechterung des Betriebsklimas und des persönlichen Befindens sowie die erhöhte Gefährdung aufgrund herabgesetzter Konzentration wirken wiederum auf den Arbeitsprozeß zurück und schaffen die Voraussetzungen dafür, auf Lärm empfindlicher zu reagieren.« Es wird geschätzt, daß Lärm am Arbeitsplatz die Produktivität um 10 Prozent vermindert.

Die Leistungsfähigkeit unter Lärm nimmt dabei nicht unbedingt sofort ab; es stehen immer noch ungestörte Gehirnbereiche zur Verfügung, und der Betroffene versucht in der Regel, sich »zusammenzureißen«. In einigen Untersuchungen wurde beobachtet, daß manche Menschen auf Lärm *kurzfristig* sogar mit erhöhter Leistungsfähigkeit reagieren können. Dies wird damit begründet, daß der Körper dem Lärm mit kompensatorischen Aktivitäten wie erhöhter Aufmerksamkeit oder vermehrten Kontrollhandlungen zu begegnen sucht. Solche Kompensationstätigkeiten gelingen freilich nur kurze Zeit, *mittel-* und *langfristig* werden sie mit erhöhter Müdigkeit bezahlt.

Lärm beeinträchtigt insbesondere geistige und schöpferische Prozesse, wie u. a. schon Arthur Schopenhauer beklagte: Er verwies auf »die große Störung, welche die Denkkraft durch Töne erleidet, wegen welcher denkende Köpfe und überhaupt Leute von vielem Geist ohne Ausnahme durchaus kein Geräusch vertragen können. Denn es stört den beständigen Strom ihrer Gedanken, unterbricht und lähmt ihr Denken ... Demgemäß waren Kant, Goethe, Jean Paul höchst empfindlich gegen jedes Geräusch ...«

Lärm blockiert Gedächtnisprozesse, aber auch Konzentrations- und Aufmerksamkeitsleistungen (wie z. B. die gleichzeitige Berücksichtigung mehrerer Informationen und die Ausdauer), informationsverarbeitende Prozesse (Rechnen, logische Schlußfolgerungen, Erschließen von Zusammenhängen) u. a.

Indem Lärm die Verknüpfungen verschiedener Großhirnzentren blockiert, beeinträchtigt er insbesondere das assoziative, kreative Denken.

Die Hauptleidtragenden von Lärm sind Kinder. In einer Langzeitstudie wurden bei fluglärmbelasteten Schülern Gedächtnis- und Lerndefizite festgestellt. »Chronischer Lärm scheint vor allem komplexere kognitive Fähigkeiten bei Kindern zu beeinträchtigen, wie Lesen, ein Problem lösen oder sich mit einer schwierigen Materie zu beschäftigen.« Zudem können Kleinkinder nicht einmal zwischen »erwünschtem« bzw. »akzeptiertem« und »überflüssigem« Lärm unterscheiden und damit seine Auswirkungen beeinflussen – sie werden von einer Feuerwehrsirene ebenso aus dem Schlaf gerissen, erschreckt und verstört wie von einem vorbeirasenden Motorrad. Indem Lärm das Erlernen der Sprache behindert, wird auch die geistige Entwicklung verzögert. Dies veranlaßte die Zeitschrift *Lärm-Report* bereits im März 1989 zu der Frage: »Macht Lärm dumm?«

Schlafstörungen

Die Stresswirkung von Lärm ist nachts zehnfach stärker als am Tag. Bei vielen Anwohnern lauter Straßen wurden nachts erhöhte Werte des Streßhormons Cortisol im Blut festgestellt. Auf welche Art der Schlaf gestört wird, hängt zum einen ab vom Alter und vom körperlichen und psychischen Zustand des Schläfers, seiner Einstellung zur Lärmquelle u. a., zum anderen von der Art des Lärms: seiner Lautstärke, Dauer, Häufigkeit, Tonhöhe und der Information, die er übermittelt. Ein weiterer Faktor ist der Zeitpunkt (die Phase des Schlafes), in der das Lärmereignis geschieht. Einige Forschungsergebnisse:

- Lärm bringt den natürlichen Ablauf des Schlafes und seiner verschiedenen Phasen durcheinander.
- Lärm hindert am Einschlafen.
- Lärm weckt auf (vor allem bei geringer Schlaftiefe, d. h. eher in der zweiten Nachthälfte).
- Lärm verhindert das Wiedereinschlafen.
- Nicht nur Geräusche mit hoher subjektiver Bedeutung (z. B. Geräusche der Kinder, der eigene Name), sondern auch ungewohnte Geräusche können schon bei geringer Lautstärke aufwecken.
- Auf plötzliche Geräusche reagieren Schläfer stärker als auf kontinuierliche.
- Kranke reagieren stärker, müde Menschen schwächer auf Lärm.
- Lärm verringert die Dauer von Tief- und Traumschlaf, die für die Erholung besonders bedeutsam sind.

All diese Wirkungen von Lärm auf den Schlaf bedeuten, so der Fluglärmforscher Maschke, »psychische Unausgeglichenheit, eine Zunahme von Aggressivität und eine Abnahme von Möglichkeiten, psychisch belastende Situationen zu bewältigen«. Die Lärmforscherin Griefahn: »Leute, die unter lautem Verkehrslärm schlafen, arbeiten zwar genauso schnell, aber sie machen morgens mehr Fehler.« Womöglich schlage das sogar direkt auf das Verkehrsgeschehen zurück, »denn der erste Arbeitsplatz am Morgen ist doch für die meisten Leute hinter dem Lenkrad.« Schlafstörungen können Nervosität, Gereiztheit, verminderte Leistungsfähigkeit, Kopfschmerzen und nervöse Magenleiden auslösen, wie z. B. in Gebieten mit nächtlichem Schwerlastverkehr festgestellt wurde. Nächtlicher Lärm bedroht insbesondere Infarktgefährdete, Patienten mit höherem Bludruck, Stoffwechselstörungen und Magengeschwüren. Schlafstörungen können auch den Stoffwechsel verändern: Verlust von Vitamin B1, Abnahme der weißen Blutkörperchen, Sinken des Eisenspiegels im Blut. Als Folge nehmen die Abwehrkräfte des Körpers ab.

In den meisten Studien und Stellungnahmen werden Lärmpegel von 30 bis 45 Dezibel genannt, oberhalb derer es zu Schlafstörungen komme. Ganz abgesehen von der Fragwürdigkeit der Meßmethoden ist bei solchen Angaben zu beachten, daß sie von einem gesunden, mittelalten, aktiven »Durchschnittsbürger« ausgehen – den es nicht gibt, denn jeder Mensch hat seine eigene Empfindlichkeit. Ein erhöhtes Ruhebedürfnis haben Säuglinge, Kinder, Alte, Kranke, Rekonvaleszenten und Schichtarbeiter. Auch verleiten Grenzwerte dazu, Pegel unterhalb der Schwelle als harmlos zu betrachten – was sie nicht sind. Zwar stört lauter Lärm in größerem Maße als leiser Lärm, aber z. B. können Baßtöne, die dumpf durch die Wand (und auch durch Ohrenstöpsel) wummern, den Schlaf rauben, ohne besonders laut zu sein.

Lärm verändert die Gefühlswelt

Akustische Signale laufen, wie erwähnt, immer auch durch die Teile des Gehirns, die für Gefühle zuständig sind, und verändern daher Antrieb, Gefühlslage und Motivation des Menschen. »Was wir hören, läßt uns nicht kalt, ganz automatisch reagieren wir darauf auch emotional.« Der Schall ist Träger von Gefühlen, »die Seele hängt am Ohr«. Der Dirigent und Psychiater Guiseppe Sinopoli: »Klang ist das psychologische Mittel, um Gefühle zum Ausdruck zu bringen, Musik spiegelt die Seele.« Im Konzert oder in der Trauermusik erleben wir dies deutlich. Ein Liebeslied drückt etwas anderes aus als ein Militärmarsch und weckt im Zuhörer andere Emotionen, Erinnerungen und Assoziationen. Durch Musik können bestimmte Gefühle gefördert, ermutigt, bestärkt, erweckt oder hervorgelockt werden, wobei andere Gefühle dadurch in den Hintergrund gedrängt werden können.

Emotional eindeutige Hörsituationen schaffen Menschen z. B. in traditionellen Medizinsystemen (wie in der türkisch-arabischen und chinesischen Medizin) und in der modernen Musiktherapie. So simuliert der französische Hals-Nasen-Ohren-Arzt Alfred Tomatis die Hörerfahrung des Fötus, um dadurch auch seelische Gesundungsprozesse zu ermöglichen. Entspannende Hintergrundmusik vor, während und nach einer Operation verbessert die Heilungsaussichten, da Streßhormone, Herzfrequenz und Nervosität reduziert werden; die US-Stiftung »Audio Prescriptives« produziert spezielle OP-Musik.

Die emotionale Wirkung von Schall wird auch von der sogenannten »funktionellen Musik« genutzt. Schon zu Beginn des 20. Jahrhunderts »entdeckten amerikanische Wissenschaftler und Geschäftsleute, daß sich mit ›arbeitsbegleitender‹ Konservenmusik an industriellen Fertigungsanlagen die Produktivität erheblich steigern ließ, weil monotone Arbeiten mit flotter Marschmusik besser von der Hand gingen, das Leistungstief am frühen Nachmittag abgefangen wurde, Ausfälle durch Krankheit und Drückebergerei zurückgingen und die Müdigkeit in Grenzen gehalten werden konnte.«

So wurde der Produktivitätszuwachs der amerikanischen Rüstungsindustrie durch Musik auf 11 Prozent geschätzt.

Durch Hintergrundmusik in Kaufhäusern kann die Kauflust der Konsumenten günstig beeinflußt werden. Inzwischen gibt es ganze Industriezweige, die den Menschen in verschiedensten Situationen beschallen: in Supermärkten, Hotels, Büros, Arztpraxen u. v. a. Die Musikarrangements sind dabei genau auf den Anwendungszweck abgestimmt, wobei, so Patzlaff, »die experimentell erprobte Wirkung der Rhythmen, Klangfolgen etc. um so sicherer eintritt, je weniger der Hörer sein Bewußtsein auf sie richtet. Noch besser greift die unterschwellige Lenkung des Lebensgefühls, wenn die Musik dem jeweiligen, tageszeitlich gebundenen Biorhythmus des Körpers angepaßt wird, wie es neuerdings geschieht.«

Welche Töne und Geräusche jeweils welche Emotionen erwecken, kann an dieser Stelle nicht erschöpfend beantwortet werden. Nur so viel: Vor allem lauter, plötzlicher (»impulshaltiger«) Lärm löst *Schrecken* und *Angst* aus (dies ist ja auch die ursprüngliche Bedeutung von Lärm als Alarmsignal). Bei älteren Menschen werden durch Überschallknalle auch Kriegserinnerungen wach. Ein Werbevideo, das in einem Supermarkt läuft und die Aufmerksamkeit der Kunden im 40-Sekunden-Rhythmus durch das Geräusch kreischender Autobremsen auf das beworbene Produkt zu lenken sucht, wird die Gesundheit der bedauernswerten Mitarbeiter binnen weniger Tage schädigen: Schließlich müssen sie den natürlichen Reflex des Körpers, sich durch einen Sprung vor einem heranrasenden Auto zu retten, mehrere hundert Mal am Tag unterdrücken.

Lautstärke und Destruktivität hängen unmittelbar zusammen: So führen z. B. überlaute Musikdarbietungen zur Ausschüttung von Streßhormonen, wobei »Lautstärke, Hormonausschüttung und damit Erregungszustand des Hörers in Korrelation stehen. Die Nebenniere schüttet bei übergroßer Lautstärke – also in Alarmsituationen – Adrenalin aus, das entweder als Flucht- oder Angriffshormon wirksam wird. Der Mensch gerät dadurch in eine Streßsituation, Aggressionsexzesse wie die Zertrümmerung des Inventars und Fluchtreaktionen in Form reihenweiser Ohnmachtsanfälle bei Rockkonzerten finden damit ihre Erklärung.« Vermutlich wirkt auch der Innen- bzw. Motorenlärm von Autos bzw. Motorrädern aggressionsfördernd auf den Fahrer.

Lärm verändert die Gefühlswelt und ist daher nicht nur Umwelt-, sondern auch »Innenwelt«-verschmutzung. Vermutlich kann Lärm sogar psychische Erkrankungen (mit)auslösen. Zu diesem Ergebnis kam der Psychiater Stephen Stansfield vom University College in London – er hatte die Häufigkeit seelischer Leiden zwischen Menschen verglichen, die in ruhigen Gegenden bzw. nahe am Verkehrslärm wohnen.

Lärm stört die Kommunikation

Unter Lärmbelastung müssen Sprecher und Hörer sich anstrengen, um sich verständlich zu machen bzw. um zu verstehen. Beide rücken sich näher (allerdings wird dieses Näherrücken i. d. R. durch den »persönlichen Raum« begrenzt, dieser beträgt in unserer Kultur etwa 30 cm). Man spricht automatisch lauter (die Sprechlautstärke ist jedoch begrenzt auf etwa 100 dB bei 1 m Entfernung). Als letztes Mittel, sich verständlich zu machen, verkürzt der Sprecher seine Aussage auf das Allernotwendigste, spricht abgehackt: » Es ist ganz schön laut hier, nicht wahr?« – »Was?!?« – »Ganz schön laut hier!!« – »Was?!?« – »LAUT!!!« – »JA!!!«. Arbeitspsychologen haben festgestellt, »daß die Kommunikationsfähigkeit von Lärmarbeitern im Laufe jahrelanger Tätigkeit an Lärmarbeitsplätzen nachläßt. Eine der menschlichsten und wichtigsten Fähigkeiten verkümmert.« Wie der Mensch unter Lärm vereinsamt, hat Lawrence Durrell am Beispiel des Motorenlärms auf einem Fährschiff geschildert: »Jeder war für sich allein in die große, pochende Einsamkeit des Lärms eingeschlossen und versiegelt.«

Unter Lärm läßt die *Hilfsbereitschaft* der Menschen nach: In einer Untersuchung wurde z. B. beobachtet, wie Fußgänger an einer Baustelle reagieren, wenn jemand ein Päckchen verliert. Während eine laute Baumaschine in Betrieb war, machten deutlich weniger Passanten den Verlierer des Päckchens auf sein Versehen aufmerksam als in den Zeiten, da die Maschine nicht in Betrieb war. Auch in einer Nachfolgeuntersuchung (Passanten wurden um Wechselgeld zum Telefonieren gebeten) wurde festgestellt, daß der hilfesuchende Mitbürger unter Lärmbedingungen deutlich mehr Ablehnungen oder Nichtbeachtungen erfuhr.

Laute Geräusche *verunsichern* und verwirren (»der Lärm macht mich ganz verrückt«). In ruhiger Umgebung kann der Mensch eine relativ weite Umgebung mit dem Gehör »akustisch überblicken«. Man kann hören, was vor sich geht, der akustische Horizont ist weit. Dies gibt ein Gefühl von Sicherheit. Rückt jedoch der akustische Horizont durch Lärm sehr nahe, dann kann nur noch ein enger Bereich durch das Gehör überwacht werden. Sprachliche Verständigung ist stark eingeschränkt, ein Warnruf z. B. vor einer heranrasenden Gefahr geht im Lärm leichter unter. Dies erzeugt das Gefühl von Unsicherheit.

In einer Untersuchung wurden an Fußwegen in verschieden lauten Stadtvierteln auffällige Zeichen postiert, später wurden die Passanten befragt, ob sie etwas Auffälliges bemerkt hätten. »In der lauten Umgebung liefen die Fußgänger schneller und eher mit starrem Blick nach vorne; sie sagten überzufällig häufiger, nichts bemerkt zu haben, als die Passanten in der leiseren Umgebung.« Die Forscher kommen zum Ergebnis, »daß die Aufmerksamkeit der Passanten in der lauteren Bedingung eher auf ihre eigenen Ziele gerichtet sei, womit für das Aufnehmen und Abgeben ›irrelevanter‹ Informationen keine Kapazität bereitgestellt würde.« Lärm löst natürliche Fluchtreflexe aus (« nur schnell weg aus diesem Lärm!«): man beschleunigt seine Schritte, um ihm zu entfliehen.

In lärmbelasteten Gebieten bleiben die Bewohner nur halb so lang wohnen wie in leiseren Wohngebieten. Auf den Straßen oder Bürgersteigen kommt es zu keinen Begegnungen, Festen oder anderen Aktivitäten mehr. In San Francisco wurde festgestellt, daß die Bewohner der lärmreichsten Wohngebiete entschieden weniger Freunde und Bekannte hatten. Um Lärmquellen wie Flughäfen entstehen Lärmghettos, deren Bewohner sozial geächtet werden; wer es sich leisten kann, zieht in stillere Gegenden.

Exkurs: Über Lärm und Stille

Ob ein Mensch im Angesicht des Todes von seinen Nächsten Abschied nimmt, ob gerade ein Kind geboren wird oder ob zwei

Liebende sich das Eheversprechen geben, ob wir gerade auf dem Friedhof eines Menschen gedenken oder ob wir einen Sonnenuntergang bestaunen – dringt ein Motorrad, ein Flugzeug oder eine Motorsäge als ungeladener Gast ein, macht der Lärm das Besondere, die Heiligkeit, die Innigkeit der Situation kaputt. Lärm bringt uns um die Erfahrung von Stille.

Der Mensch braucht den Lärm

Trotz all dieser schädigenden und belästigenden Wirkungen von Lärm benötigen wir ihn; er gehört zum Leben. Keine menschliche Lebensäußerung, die nicht mit Geräusch verbunden ist. Emotionen wie Erleichterung, Freude, Ekstase, auch Trauer oder Erschrecken drücken sich in lautem Schreien, Rufen, Singen o. ä. aus. Kinder brauchen Bewegung und Freiräume, in denen sie lebendig sind – ob man allerdings menschliches Sprechen, Rufen, Singen oder Schreien als Lärm begreifen mag, dies hängt davon ab, welche Lärmdefinition man sich zu eigen macht.

Viele Arbeiten sind mit Lärm verbunden, angefangen beim Schlagen des Feuersteins bis zur modernen Landwirtschaft, Handwerk, Industrie, Verkehr. Der Mensch ist auf Werkzeuge und Maschinen angewiesen und produziert daher Lärm.

Lärm ist ein auch uraltes Mittel der Angstabwehr. Nicht nur die Geräusche der Natur, sondern auch ihre Stille müssen dem Menschen seit jeher furchterregend erschienen sein, z. B. die bedrohliche »Ruhe vor dem Sturm«. Daher war dem Menschen schon seit jeher Lärm ein beliebtes Mittel, um sich gegenüber der Natur und deren (als dämonisch erlebten) Gefahren zu behaupten. Noch heute »pfeifen wir im Wald«. Lärm vertreibt böse Geister. Folgerichtig sind auch viele Rituale und Gebräuche, die die Befreiung des Menschen von den Naturgewalten feiern, von Lärm begleitet. So gibt es etwa im Oberengadin den noch aus der Römerzeit stammenden Brauch des »Chalandamarz«, bei dem die Kinder und Jugendlichen mit Schellen und Glocken Krach machen, um die bösen Wintergeister in die schneeverhangenen Berge zurückzutreiben. Ähnlichen Ursprung haben Fastnachtsbräuche, das Abbrennen von Feuerwerken und Böllern zu Silvester, vermutlich auch das Zerschlagen von Geschirr am Polterabend u. a.

Auch der moderne Mensch kennt die Angst vor der Stille, den »horror vacui«, wie Günther Anders sie nennt. Eine 73jährige Rentnerin: »Schlimm find‹ ich es, wenn ich Stille ertragen muß. Ich muß um die Möglichkeit wissen, ein Radio oder ähnliches anstellen zu können, dann macht mir Stille nichts aus!« Und eine 25jährige Studentin: »Ja, ich bin wohl abhängig von einem gewissen Lärmpegel. Wenn's mir zu still wird, verlasse ich meine Wohnung, gehe einkaufen oder so …«

Lärm bannt die Angst und kann das Selbstwertgefühl heben. Eine Seminarteilnehmerin berichtet von einem Selbstbewußtseins-Training für Frauen; dabei wurde der Tip gegeben, laute Schuhe zu tragen. Lärm ist ein Medium, sich präsent zu machen: Ich lärme, also bin ich.

Lärm ist auch ein Alarmsignal, worauf schon die Wortbedeutung hinweist. Das Hupsignal eines Lkw kann zwar einen Schläfer aus dem Schlaf reißen, kann aber auch ein Leben retten, wenn es einen gefährdeten Fußgänger dazu bewegt, in höchster Gefahr zur Seite zu springen.

Lärm soll daher nicht ganz und gar verdammt werden. Zu bedenken ist lediglich:

- daß Lärm sich zunehmend, geradezu exponentiell ausgebreitet hat. Immer mehr Orte und Zeiten, an denen der Mensch beschallt wird – einschließlich der akustischen Dauerberieselung durch »funktionale Musik«.
- daß der Lärm immer lauter geworden ist. Untersuchungen ergaben, daß der durchschnittliche Lärmpegel in westlichen Industrieländern pro Jahr um etwa 0,5 bis 1 Dezibel zunimmt. Während für eine Polizeisirene im Jahr 1912 Signale mit einer Lautstärke von 88 Dezibel ausreichten, muß eine Sirene heute 120 Dezibel starke Signale ausstrahlen, um in Großstädten wahrnehmbar zu sein. Im Jahr 1977 lag der Lärmpegel in den

Städten bei 70–90 Dezibel. Zwischen 1976 und 1991 verdoppelte sich die Lautstärke auf innerdeutschen Straßen.

Die fortschreitende Verlärmung der Welt beläßt uns immer weniger Orte und Zeiten, wo der Mensch Stille finden kann. Der Mensch benötigt jedoch *beide* Pole, den Lärm und die Stille, gerade in diesen lauten Zeiten.

Der Mensch braucht die Stille

Stille ist für unsere geistige und körperliche Gesundheit so existentiell wie gesunde Nahrung, reine Atemluft und sauberes Trinkwasser. Unter Gesundheit soll dabei mehr als nur ein Freisein von Krankheiten und Gebrechen gemeint sein, nämlich, gemäß der Definition der Weltgesundheitsorganisation (WHO), ein »Zustand völligen körperlichen, geistigen und sozialen Wohlbefindens«.

Der menschliche Körper braucht die Stille, um von Erschöpfung und Erkrankung gesunden zu können und um die geschilderten körperlichen Wirkungen von Arbeits- und Lärmstreß (Veränderungen der Hormonausschüttung, des Blutdrucks, der Durchblutung der Magenschleimhaut, des Elektrolytstoffwechsels u. a.) zu verarbeiten und körperlich wieder ins Gleichgewicht zu kommen. Und unsere lärmgeplagten Ohren, insbesondere die strapazierten Hörzellen, benötigen Stille, um sich zu regenerieren.

Für den Theologen Matthew Fox kann ohne Stille nichts wirklich qualitativ Neues entstehen – so wie die Raupe die Stille-Zeit des Puppenstadiums benötigt, um zum Schmetterling werden zu können. Seelische Umwandlungs- und Reifungsprozesse, durch die Enttäuschung, Schmerz, Verzweiflung, Trauer, »Ganz-Unten-Sein« sich wandeln können in Hoffnung, Lebendigkeit, Liebesfähigkeit, bedürfen der Stille. Seelisches Wachstum findet in der Stille statt: in der Selbstbesinnung einer ruhigen Stunde, in psychotherapeutischer Arbeit in ruhiger, entspannter Atmosphäre o. ä. – jedenfalls nicht im Lärm. Wo keine Stille ist, da ist auch kein Weg.

Dasselbe gilt für schöpferische Prozesse. Nicht zufällig suchen viele Künstler still gelegene Orte auf. Erst die Stille ermöglicht kreative Prozesse: Ideen vergären, vernetzen sich mit anderen Informationen und Erinnerungen, im Geiste entstehen Querverbindungen, Assoziationen fließen, Phantasiegebäude wachsen, neue Zusammenhänge werden sichtbar, Bilder oder Visionen können entstehen. Lao-Tse:

Die »Fülle« entsteht aus der Stille, der Leere:
Die Weise der Leere ähnelt dem Spannen des Bogens
Die Wölbung strecken
die Höhlung füllen
Durch Fülle leeren
durch Leere füllen
So erweist sich
daß dem Vollen genommen wird
Daß dem Leeren gegeben wird.

Für den Philosophen Max Picard verkümmert das Sprechen ohne das Schweigen. Denn das Wort entsteht aus der Stille; beide brauchen einander wie zwei Pole. Wenn das Wort aber seinen Gegenpol, die Stille, verliert und im Dauerlärm untergeht, dann wird es entwertet. Das Wort, das nicht mehr mit der Stille verbunden ist, kann sich nicht mehr regenerieren, es verliert von seiner Substanz und wird leer und unruhig.

Mystiker, Gelehrte und Dichter aus verschiedensten Kulturkreisen betonen die existentielle Bedeutung von Stille oder, wie es auch umschrieben wird, von Schweigen, Leere, Nichts, Wüste, Tiefe oder Dunkelheit.

Kierkegaard erkannte die heilende Kraft der Stille: »Der heutige Zustand der Welt ist krank. Wenn ich Arzt wäre und man mich fragte, was rätst Du?, ich würde antworten: schaffe Schweigen.«

Aus: Stephan Marks: Der Lärm und die Seele + Lärm und Stille. In: Stephan Marks, Es ist zu laut. Ein Sachbuch über Lärm und Stille. Frankfurt a. M., Fischer-Taschenbuch-Verlag 1999, S. 29–47.

*

Ständig brechen neue Klänge in die akustische Landschaft ein. Listen Sie alle neuen Klängen auf, die in den letzten ein oder zwei Jahren aufgetaucht sind!

Als Lou Giansante dieselben Studenten, die die Interviews mit den Senioren gemacht hatten, nach Beispielen von neuen Klängen fragte, erhielt er folgende Aufzählung:

das »Piep« von Videospielen
elektronische Stimmen in Autos (»Bitte schnallen Sie sich an!«)
das Piepsen von elektronischen Notizbüchern
Imbißautomaten
stille Wecker (d. h. Wecker ohne Ticken) mit elektronischem Alarm
Telefone mit Tonwahl
elektronische Registrierkassen
das »Piep« von Mikrowellengeräten
elektrische Hefter
elektrische Rasenpfleger
das Klicken von Computertastaturen

Das war 1983. Die meisten dieser Klänge sind für uns längst normal geworden. Was sind heute die neueren Klänge?

R. M. Schafer, Hörübung 82

Zur Psychologie des guten Zuhörens

von Larissa Stierlin und Friedemann Schulz von Thun

Ein Ehepaar beim Mittagessen. Ehemann: »Was ist das Grüne in der Soße?« Ehefrau: »Mein Gott, wenn es dir hier nicht schmeckt, kannst du ja woanders hingehen!«

Nachrichten, Informationen, Gespräche können vier Aspekte aufweisen, die gesendet und entsprechend empfangen werden können. Die vier Ohren des Kommunikationspsychologen Friedemann Schulz von Thun (Hamburg) sind in allen Kommunikationsseminaren die Grundlage zum Verstehen der verschiedenen Äußerungen und Sprechweisen sowohl im privaten als auch im beruflichen Zusammenhang.

Handwerker zum Psychologen: »Sie werden doch fürs Reden bezahlt!« »Stimmt, mein Handwerk ist mein Mundwerk. Aber oft werde ich gar nicht so sehr fürs Reden bezahlt, sondern fürs Zuhören!« »Ach so, dafür gibt's auch Geld?«

Das Gelingen der zwischenmenschlichen Kommunikation steht und fällt nicht zuletzt mit dem (guten) Zuhören. Dabei ist wirkliches Zuhören viel mehr als »auf Empfang schalten« und »ausreden lassen«. Dieses »Mehr« wollen wir im Folgenden herausarbeiten.

Zwar kann das Zuhören zuweilen ein wahres Vergnügen sein. Wenn jemand etwas zu sagen hat und dies auf lebendige Art und Weise mitzuteilen versteht, dann könnten wir stundenlang »an seinen Lippen kleben«, jedenfalls wenn seine Ausführungen etwas beinhalten, was in uns selber geistig-seelisch aktuell ist. Häufiger aber ist das Zuhören mühsame Arbeit, eine selbstlose Leistung, die wir zum Gelingen des Kontaktes erbringen und dabei (vorübergehend) viele Eigenimpulse zurückstellen, die in uns aufkommen. So gilt gutes Zuhören meist als Tugend, für die der Kontaktpartner sowohl eine sensible Kompetenz als auch eine geduldige, gewährende Haltung aufzubringen hat. Dem in der Kommunikationsliteratur verbreiteten Loblied zum guten Zuhören möchten wir aber auch ein Warnlied an die Seite stellen: Manche Menschen hören zu lange und zu viel zu und brauchten eher eine Lektion zum Thema: »Wie kann ich meinen (monologisch veranlagten) Gesprächspartner effektiv stoppen und ein mehr dialogisch geprägtes Kontaktmuster durchsetzen?«

Wie dem auch sei, da landauf landab die zwischenmenschliche Kommunikation auch am schlechten Zuhören krankt, lohnt es sich, die Lehre vom guten Zuhören einmal auszuformulieren.

Die vier Aspekte einer Äußerung

Beginnen wir mit den »vier Ohren«. Die Psychologie des guten Zuhörens hat zu berücksichtigen, dass in jeder Äußerung, die uns erreicht, vier Aspekte gleichzeitig und prinzipiell gleichwertig enthalten sind, auf die der Empfänger sein Ohrenmerk richten kann.

Dabei wird immer ein Aspekt *explizit*, also offensichtlich ausgedrückt. Die anderen drei Anteile einer Botschaft werden *implizit*, gewissermaßen unter der Wasseroberfläche, mitgesendet. Das heißt aber nicht, dass die explizite Botschaft seelisch wirksamer wäre. Im Gegenteil sind wir oftmals gerade für das, was zwischen den Zeilen steht, sehr empfänglich und empfindlich.

Zu den vier Aspekten im Einzelnen:

Zum einen steckt in jeder Äußerung (auch in jedem Artikel, Vortrag oder Brief ...) ein *Sachinhalt*, durch den bestimmte Informationen vermittelt werden. In unserer Kultur spielt die Sachebene eine hervorgehobene Rolle, z. B. in der Schule und im Arbeitsleben. Da zählt vor allem die Beschäftigung mit Informationen, Daten und Fakten. Auch während Sie diesen Aufsatz lesen, nehmen Sie Sachinformationen auf, nämlich über die vier Seiten einer Äußerung und über die Möglichkeit, diese beim Zuhören bewusst zu unterscheiden.

Zum zweiten ist in jeder Äußerung, mehr oder weniger betont, mehr oder weniger bewusst, eine *Selbstkundgabe* enthalten, durch die der Sender etwas über sich zu erkennen gibt. Ob wir wollen oder nicht, wir teilen dem anderen durch unsere Äußerung etwas über uns als Person mit, u. a. über unsere Befindlichkeit, Gestimmtheit und Informiertheit. In diesem Sinne ist jede Nachricht eine Kostprobe unserer Persönlichkeit. Das Wissen um diese Tatsache kann uns als Sender in Unruhe versetzen. Denn daraus resultiert, dass wir uns innerlich fragen: »Was denken die anderen wohl von uns? Wie stehen wir vor ihnen da? Wie kommen wir an?« Auch in diesem Artikel erfahren Sie etwas über die Eigenarten von uns Autoren, z. B. welche Inhalte uns wichtig sind, wie wir Gedankengänge aufbauen und formulieren. Dies kann Sie berechtigterweise zu Vermutungen veranlassen, was wir denn für Menschen seien.

Drittens steckt in jeder Äußerung auch eine Botschaft darüber, wie der Sender zu dem Empfänger (oder zur Empfängerschaft) steht und was er von ihm/ihr hält, eine *Beziehungsbotschaft* also. Dementsprechend fühlt sich der Empfänger als Mensch persönlich angesprochen (oder eben auch nicht) und in irgendeiner Weise behandelt, z. B. unmittelbar geachtet und geschätzt oder aber missachtet, angegriffen, bevormundet und herabgesetzt. Wir wissen von dieser Beziehungsbotschaft (»So einer bist du …!«), dass sie in starkem Maße identitätsstiftend wirkt. Wenn ich tausendfach über Jahre und Jahrzehnte, von Kindheit an, zu hören bekomme, mit mir sei nicht viel los, ich sei so, wie ich bin, nicht in Ordnung und müsste mich erst noch grundlegend ändern, bevor ich Liebe und Achtung verdiene, dann wird dies zu einer Giftquelle meines Selbstwertgefühls.

Viertens und letztens werden wir kaum jemals »nur so«, um der reinen Information willen, etwas sagen. Wenn wir schon das Wort ergreifen, dann möchten wir auch etwas bewirken, möchten unser Gegenüber erreichen und bei ihm etwas auslösen. Kommunikations-psychologisch gesprochen: In jeder Äußerung steckt auch (offen oder verdeckt) ein *Appell*, durch den der Sender auf den Empfänger, bewusst oder unbewusst, Einfluss zu nehmen versucht.

Mit vier Ohren hören

Alle vier Aspekte sind bereits in kleinen Äußerungen enthalten und können je nach empfangendem Ohr herausgehört werden. Ein Alltagsbeispiel: Eine Frau sagt zu ihrem Mann: »So selten wie du zu Hause bist, da leiden die Kinder auch schon drunter!«

Stellen wir uns vier Ehemänner mit unterschiedlich ausgeprägten Ohren vor. Sie werden alle jeweils etwas anderes aus der Äußerung ihrer Frau heraushören:

Wer mit dem *Sachohr* hört, wird vor allem zwei Tatbestände registrieren: erstens seine seltene Anwesenheit zu Hause und zweitens das Leiden der Kinder sowie darüber hinaus die behauptete kausale Verknüpfung zwischen diesen beiden Tatsachen.

Wer mit dem *Selbstkundgabeohr* hört, der ist darauf gepolt, die Stimmungslage seiner Frau herauszuhören und mitzukriegen, wie ihr ums Herz ist. Besonders das Wort »auch« wird seine besondere Aufmerksamkeit wecken. So hört z. B. ein solcher Mann die folgende Ich-Botschaft heraus: »Ich bin traurig, dass du so selten zu Hause bist, und wenn ich sehe, dass auch die Kinder ihren Vater vermissen, dann werde ich sogar zornig. Auch fühle ich mich mit all den Erziehungsfragen sehr einsam und alleine.«

Wer dagegen mit dem *Beziehungsohr* hört, hört wahrscheinlich vor allem den Vorwurf, nämlich die Du-Botschaft: »Du bist ein schlechter Vater und Mann! Was dir wirklich wichtig ist, das ist dein Beruf und deine Hobbies und du versündigst dich an den Kindern, wenn du deine Familie vernachlässigst!«

Und wer schließlich mit dem *Appellohr* hört, der steht unter dem Eindruck der Aufforderung, die er aus der Äußerung seiner Frau heraushört: »Kümmere dich mehr um uns, um die Kinder, reduziere dein berufliches Engagement und/oder deine persönlichen Interessen!«

Reaktionen des Empfängers

Je nach dem, welches Ohr auf Empfang geschaltet war, können wir damit rechnen, dass auch unterschiedliche Reaktionen im Gespräch auftreten werden.

Der Mann mit dem Sachohr wird (wahrscheinlich) z. B. nach weiteren Fakten fragen (»Woran machst du das fest, dass die Kinder leiden?«) und/oder sachliche Klärungen anstreben (z. B. »Was du sagst, trifft ja nur auf die Woche zu. Die Wochenenden habe ich doch vollständig für die Familie reserviert.«). Das Sachohr hat, wie jedes der vier Ohren, seine besonderen Chancen und Gefahren. Die Chance, dass sachliche Klärungen möglich sind, ohne gleich gereizt, beleidigt oder aggressiv aneinander zu geraten. Die Gefahr, dass die Frau mit ihren gefühlsmäßigen Aspekten des Themas ohne Resonanz bleibt und sich unverstanden fühlt mit dem, wie ihr ums Herz ist.

Der Ehemann, der mit dem Selbstkundgabeohr hört, wird auf die seelische Gestimmtheit seiner Frau eingehen (»Und du selbst bist mit meiner Abwesenheit auch unzufrieden?«) und versuchen zu verstehen, wie ihr innerlich zumute ist. Die Chance dieser Empfangsweise ist, dass sich der Sender inhaltlich und emotional wirklich verstanden fühlt und gegebenenfalls auch eher bereit ist, den Argumenten des Gegenübers aufgeschlossen zu begegnen. Die Gefahr ist dagegen, dass sich bei ausschließlichem Gebrauch des Selbstkundgabeohrs der Empfänger jede Betroffenheit und Stellungnahme ersparen kann. Außerdem kann diese Empfangsweise unter Umständen als »daneben« empfunden werden, wenn es dem Sender nicht um die Klärung seiner eigenen Befindlichkeit geht – vielleicht ausgelöst durch das Gefühl: »Ich bin doch nicht bei Onkel Doktor auf der Couch!«

Der Mann mit auf Empfang geschaltetem (empfindlichem)

Beziehungsohr wird wohl entsprechend auf den Vorwurf reagieren (»Meine Güte, was soll ich denn noch alles tun? Immerhin hast du nie etwas dagegen gehabt, das Geld auszugeben, das ich in den Überstunden verdiene!«). Die Chance des Beziehungsohrs besteht darin, dass bis dahin verdeckte Konflikte auf den Tisch kommen können. Die Gefahr ist, dass der Empfänger alles persönlich nimmt, übermäßig auf der »Beziehungslauer« liegt und damit nicht nur die Sachklärung, sondern auch die Selbstoffenbarung seines Gegenübers erschwert.

Der vierte Mann mit aufgeschlossenem Appellohr wird schließlich auf die Aufforderung und Erwartung seiner Frau eingehen, die er meint herauszuhören (»Pass auf, nächstes Wochenende machen wir einen gemeinsamen Ausflug und den Donnerstagabend nehme ich mir frei, um mit den Kindern Mathematik zu üben!«). Die Chance des Appellohrs liegt in der Fähigkeit, rasch zu erfassen, was von uns erwartet wird, um somit eine Lösung anstreben zu können. Die Gefahr ist eine zweifache: erstens, dass eine zu schnelle »Lösung« das Thema zu früh vom Tisch fegt (Gefahr eher bei Männern), zweitens, dass in der Ausrichtung auf die Erwartungen des anderen die eigene Position undeutlich bleibt – auch für einen selbst (Gefahr eher bei Frauen).

Allgemein lässt sich sagen, dass die Gefahren umso mehr durchschlagen werden, je einseitiger die Empfangsweise ist. Wenn es dem Empfänger bzw. Zuhörer gelingt, die vierfache Arbeit auf sich zu nehmen, d. h. aus dem Gesagten die vier Aspekte der Botschaft zu entschlüsseln, dann hat er die Chance, je nach Schwerpunkt des Gesprächs auf die eine oder andere Seite besonders einzugehen oder aber auch auf mehrere Aspekte nacheinander zu reagieren. Ein Beispiel: »Ob die Kinder wirklich darunter leiden, möchte ich bezweifeln. Das können wir später noch einmal untersuchen. Aber zunächst scheint mir, dass sich bei dir eine große Unzufriedenheit angesammelt hat.« (Verbindung von Sach- und Selbstkundgabeohr). Oder: »Ich habe eine Idee, was wir machen können. Aber den Vorwurf, den ich da heraushöre, den lasse ich nicht auf mir sitzen, weil …« (Verbindung von Appell- und Beziehungsohr). Kurz: Die bewusste Handhabung dieser »freien Auswahl des Empfängers« macht das gute Zuhören aus.

Aktives Zuhören

Definition

Wenn wir die Literatur zum (guten) Zuhören heranziehen, stoßen wir unweigerlich auf das so genannte »aktive Zuhören«. Seit Thomas Gordons »Familienkonferenz« (1972) gilt es als Inbegriff des guten Zuhörens. Worum handelt es sich dabei und worin besteht sein Wert für eine Pädagogik des guten Zuhörens? Unter »aktivem Zuhören« versteht man üblicherweise eine bestimmte Art, auf den anderen zu reagieren: Ich gebe das, was ich vom anderen aufgenommen und atmosphärisch erspürt habe, zunächst unter Verzicht auf Darlegung eigener Gesichtspunkte, mit meinen eigenen Worten prägnant wieder. Mit anderen Worten: Ich mache das Ergebnis meines Zuhörens zum Gegenstand meiner Rückäußerung. Hinzu kommt, dass ich mich dabei eigener Wertungen enthalte und Formulierungen wähle, von denen ich annehmen kann, dass der andere sie gerne unterschreiben wird. Es ist, als ob ich (vorübergehend) die Welt mit *seinen* Augen sehe (Perspektivenübernahme) und mir dabei auch *seine* Gefühle vergegenwärtige (Empathie). Dahinter steckt die Idee, dass der andere sich dadurch zutiefst verstanden fühlt und zu einer weiteren Selbstklärung gelangt.

Ein Beispiel: Ein Angestellter geht zu seinem Chef und möchte einen anderen Arbeitsplatz haben, weil sein Schreibtisch zurzeit in einem Raum steht, den sonst selten jemand betritt. Ihm geht es darum, dass er sich abgeschoben und allein gelassen fühlt, aber er bringt das nicht ganz klar heraus. Ein aktiv zuhörender Chef könnte sagen: »Verstehe ich Sie richtig, Herr Meier, Sie fühlen sich in Ihrem Zimmer im Keller regelrecht abgeschoben. Sie spüren, dass sie nicht teilnehmen an dem, was hier vorgeht. Sie werden nicht wahrgenommen und sind irgendwie vom Team entfernt, nicht nur räumlich, sondern auch gefühlsmäßig. Stimmt das so?« Und dann würde Herr Meier sagen: »Ja, genau! Nicht nur räumlich, sondern auch gefühlsmäßig. Genau so ist es!« Das bedeutet nicht, dass sich der Angestellte automatisch durchsetzen müsste, aber er fühlt sich zunächst einmal verstanden und wird auch den Argumenten des Chefs aufgeschlossener begegnen. Es kann ja auch sein, dass eine Arbeitsplatzverlegung nicht möglich ist, etwa weil der Platz fehlt. Dann wird man den Arbeitsplatz belassen müssen, wo er war, was aber nicht ausschließt, dass andere Möglichkeiten gefunden werden können, um dem Angestellten das Gefühl zu geben, dass er mit zum Team gehört. Denn es ist gar nicht so unwahrscheinlich, dass der Schreibtisch nur ein materielles Symbol für sein Außenseitergefühl ist; er wäre dann nur gleichsam die äußerste Zwiebelschale des Kernproblems.

Üblicherweise werden zwei Varianten des aktiven Zuhörens unterschieden:

Durch »Paraphrasieren« gebe ich das Gehörte noch einmal mit meinen eigenen Worten wieder. Beim »Verbalisieren« fasse ich auch und vor allem den aufgenommenen Gefühlston mit in Worte. Im Ehebeispiel von oben könnte der Mann paraphrasieren: »Du beklagst mein seltenes Zuhausesein und befürchtest Nachteile für die Kinder. Stimmt das?« Würde er hingegen verbalisieren, wäre er bemüht, das vorherrschende Gefühl seiner Frau zu treffen: »Ist es so, *du fühlst dich von mir ziemlich alleine gelassen*, auch was die Kinder angeht?«

Die Einübung des aktiven Zuhörens wird gemeinhin als Königsweg zum guten Zuhören empfohlen. Entsprechende Übungen, auch etwa in Form des so genannten »kontrollierten Dialogs« fehlen in keinem Grundlagenseminar zur Kommunikation. (Beim »kontrollierten Dialog« sprechen A und B miteinander über ein Thema. Nachdem A gesprochen hat, muss B den Standpunkt von A mit eigenen Worten wiederholen und A die zutreffende Wiedergabe bestätigen. Danach erst darf B mit seinem eigenen Standpunkt antworten, woraufhin auch A zunächst aktiv zuhören muss, bevor er seinerseits das Gespräch weiterführt.)

Der praktische Nutzen

Nach unserer Meinung sind *Übungen* zum aktiven Zuhören ausgezeichnet, sie gehören zu jeder Pädagogik des guten Zuhörens. Ein entsprechendes Verhalten im Alltag ist allerdings oft »daneben«, von wichtigen Ausnahmen abgesehen.

Begründen wir diese drei Einschätzungen der Reihe nach: Warum ist aktives Zuhören im Alltag oft unangebracht? Warum ist die Einübung dennoch sinnvoll? Und welche Ausnahmesituationen sind es, die ein aktives Zuhören im realen Gespräch nahelegen?

Warum ist aktives Zuhören im Alltag oft unangebracht?

»Du hast den Mülleimer immer noch nicht runtergebracht!« Antwort: »Ist es so, Liebling, dass du ungeduldig und auch schon etwas ungehalten bist, wenn du merkst, dass ich Dinge, die dir sehr wichtig sind, auf die lange Bank schiebe?«

Es ist leicht, Satiren zu verfassen über ein (manchmal) gut gemeintes und (oftmals) antrainiertes Verhalten, das letztlich auf der Beziehungsebene mehr Schaden anrichtet als es auf der Verständigungsebene Nutzen bringt. Bestenfalls wird diese gesprächsverlängernde Zuhörtechnik als gekünstelte Marotte empfunden werden, schlimmstenfalls als Oberhandtechnik, die das Farbebekennen erspart und den Fokus auf die Befindlichkeit des Gegenübers lenkt. Möglich, dass die Ehefrau in unserem Musterbeispiel auf das aktive Zuhören ihres Mannes ironisch erwidert: »Du hast mich ausgezeichnet verstanden, Liebling, aber jetzt wäre ich doch dankbar für eine ehrliche und konstruktive Reaktion!«

Warum ist die Einübung dennoch sinnvoll?

Wir halten die Einübung des aktiven Zuhörens in Schule und Erwachsenenbildung für sinnvoll, um die innere Fähigkeit zur Einfühlung und Perspektivenübernahme zu entwickeln. Beim Üben bin ich aufgerufen, die innerlich geforderte Zuhörleistung ausdrücklich zu vollziehen, wobei Mängel und Fehler während dieses Bemühens durch die Veräußerlichung des internen Prozesses ebenso deutlich werden wie die »Treffer« – dass nämlich der Gesprächspartner bestätigt, sich »hundertprozentig« verstanden zu fühlen.

Die Fähigkeit zur Einfühlung und Perspektivenübernahme ist dreierlei Zwecken dienlich:

Zum einen habe ich für den seltenen, echten Bedarfsfall (siehe weiter unten) das aktive Zuhören im Verhaltensrepertoire.

Zum anderen stellt diese Fähigkeit die Grundvoraussetzung für das häufig dialogfördernde *implizite* Zuhören dar. Hierbei ist der Prozess des achtsamen Nachvollziehens gewissermaßen verinnerlicht. Im besten Fall merkt der Gesprächspartner (eher implizit) an meiner Art zu antworten und nachzufragen, dass seine Botschaft wirklich bei mir gelandet ist, ohne dass ich extra paraphrasieren oder verbalisieren muss. Hierauf kommen wir weiter im Text noch zurück.

Und drittens dient die Übung auch zur Eigendiagnose: Wie gut kann ich zuhören, sofern ich mir Mühe gebe? In Seminargruppen werden meist große Unterschiede zwischen den Teilnehmern eklatant und manch einer, der sich für einen »guten« Zuhörer gehalten hat, muss feststellen, dass er allenfalls ein »geduldiger« Zuhörer ist.

Etwas paradox an dieser Übung ist, dass das dabei trainierte Zuhörverhalten in der Praxis gar nicht angewendet werden soll, jedenfalls in der Regel nicht. Von Kommunikationstrainern wird oft nicht herausgestellt, dass diese Übung vor allem für den internen Vorgang des Zuhörens sensibilisieren soll und keine generelle Verhaltensempfehlung enthält.

In welchen Kontexten ist »aktives Zuhören« ausnahmsweise indiziert?

Es gibt Kontexte und Indikationen, unter denen das aktive Zuhören auch ein gutes Zuhören ist. Zunächst ist der therapeutische Kontext zu nennen. Hier ist es auch ursprünglich von Carl Rogers, von dem Thomas Gordon wesentlich beeinflusst ist, im Rahmen seiner »nicht-direktiven Therapie« schon in den 40er Jahren entwickelt worden (später »klientenzentrierte Therapie« genannt). Er stellte fest, dass es seinen Klienten wenig weiterhalf, wenn sie kluge Ratschläge von ihm erhielten. So fing er an, das, was die Klienten ihm sagten, gefühlsmäßig nachzuvollziehen und in eigenen Worten auf den Punkt zu bringen. Allmählich wurde das aktiv-einfühlsame Zuhören zum Basishandwerkszeug in der Therapie, wo es seinen unbestrittenen Platz hat. Denn Therapeut und Klient haben auf der Grundlage eines bestimmten Vertrages miteinander zu tun: Der Klient versucht sich selbst und seinen Lebensproblemen auf die Spur zu kommen und der Therapeut ist bemüht Anteil zu nehmen, zu folgen und zuzuhören.

Im täglichen Leben begegnen sich Menschen jedoch als gleichberechtigte Beziehungspartner und ein solches Gesprächsverhalten ist dann einseitig und meist unangebracht. Die üblichen Lebenskontexte, wie z. B. der berufliche Bereich, Partnerschaften oder pädagogische Situationen, legen eher ein dialogisches Hin und Her nahe. Hier sehen wir drei Indikationen, in denen die Kommunikation durch aktives Zuhören entscheidend verbessert werden kann:

Wenn der Sprechende Mühe hat, für seine Gedanken und Empfindungen die richtigen Worte zu finden, ich als Zuhörer aber meine, ihn dennoch präzise zu verstehen, versuche ich mit meinen eigenen Worten den Kern des Gemeinten auf den Punkt zu bringen – mit der Folge, dass der Sprechende sich erstens sehr verstanden fühlt und ich ihm zweitens für seine Selbstklärung entscheidend weitergeholfen habe. Dieses aktive Zuhören ist aber kein durchgängiges Gesprächsverhalten, sondern setzt in Schlüsselmomenten der Verständigung ein.

Wenn ich mir selbst nicht sicher bin, ob ich den anderen richtig verstanden habe, höre ich aktiv zu, um mein Verständnis auf Richtigkeit zu überprüfen, z. B.: »Habe ich dich richtig verstanden: Es geht dir vor allem um die Kinder, dass sie zu wenig vom Vater haben und dadurch regelrecht leiden?« Hier verbindet sich das aktive Zuhören jeweils mit der ernst gemeinten Frage: Habe ich das so richtig verstanden?

In manchen aufgeregten Streitgesprächen können die Vorwürfe so hektisch und schnell hin und her gehen, dass es sich lohnen kann, Tempo aus dem Spiel zu nehmen. Statt mit »Ja, aber …« das schnelle »Ping-Pong« zu verewigen, könnte ich sagen: »Sag mal genau, wie es dir geht und wie dir ums Herz ist. Und ich will dir einen Moment lang nur zuhören und all das zurückstellen, was ich an Gram und Groll auf Lager habe. Das erwarte ich danach auch von dir.« So kann jeder einmal mit seiner Sicht der Dinge zu Wort kommen und diese wird vom anderen gehört. Auf diese Weise wird Tempo aus dem rasanten Hin und Her der Vorwürfe genommen und die Bereitschaft, sich auf die andere Position zumindest kurzzeitig einzulassen, steigt.

Gesamtdialogischer Zusammenhang des Zuhörens

Eine Schule des guten Zuhörens muss auch den gesamtdialogischen Zusammenhang berücksichtigen, in dem das Zuhören seinen Platz hat. Sie muss aber auch die Gefahr ins Auge fassen, zu viel des Guten zu tun, nämlich sich »voll reden« zu lassen. Dies würde einer Verabschiedung vom Ideal des Dialogs gleichkommen, das ein lebendiges Hin und Her vorsieht und die Chance enthält, durch Begegnung etwas Neues entstehen zu lassen. Nach dem Loblied auf das Zuhören wollen wir nun ein »Warnlied« folgen lassen, um den Gefahren eines »des Guten zu viel« entgegenzusteuern.

Welche Abhilfen gibt es, um dieser Gefahr zu entgehen?

Erstens: Unterbrechen! Wenn man es mit einem Gesprächspartner zu tun hat, der die Zuhörbereitschaft seiner Mitmenschen übermäßig strapaziert, dessen Mitteilungsfreudigkeit größer ist als seine Sensibilität und Wahrnehmungsfähigkeit, sollte sich zur Bereitschaft zum geduldigen Zuhören auch eine Portion Wehrhaftigkeit gesellen. Beherztes Unterbrechen ist dann keine Unhöflichkeit, sondern ein Liebesdienst, um einen guten Kontakt zu retten. Wenn ich merke, dass meine innere Zuhörbereitschaft unter eine kritische Schwelle sinkt, sollte ich diesen Zustand nicht allzu lange hinnehmen – nicht nur im Interesse der eigenen Vitalität, sondern auch um dem anderen kein falsches Interesse vorzuspielen.

Zweitens: So wie jede Tugend zur Untugend entartet, wenn sie sich nicht in einer ausgewogenen Balance zu einer gegensätzlichen Schwesterntugend befindet, kann auch das gute Zuhören verkommen, wenn man passiv alles über sich ergehen lässt und sich zum seelischen Mülleimer machen lässt. Dann fehlen die Courage und die Fähigkeit, sich zu zeigen und Farbe zu bekennen. Dies ist nicht nur in dem Sinne zu verstehen, dass auch der zuhörende Empfänger irgendwann »zu seinem Recht« kommen muss und die Möglichkeit erhalten soll, vom eigenen Senderecht Gebrauch zu machen. Vielmehr verlangt das vollwertige Zuhören auch, dass der Sender erfährt, auf welchen Boden seine Saat gefallen ist, was er mit seinem Beitrag ausgelöst und angerichtet hat und was der andere damit anfangen kann. Wer sich hier verschließt und es beim reinen Zuhören bewenden lässt, gibt doch nur die Hälfte. Wer sich mitteilt, möchte immer zweierlei: verstanden werden und eine ehrliche Reaktion. Dieser Gedanke lässt sich im Modell des Wertequadrats anschaulich darstellen. In den oberen Kästchen befinden sich die Schwesterntugenden, in den unteren die entsprechenden Untugenden bzw. die durch Übertreibung entgleisten Tugenden:

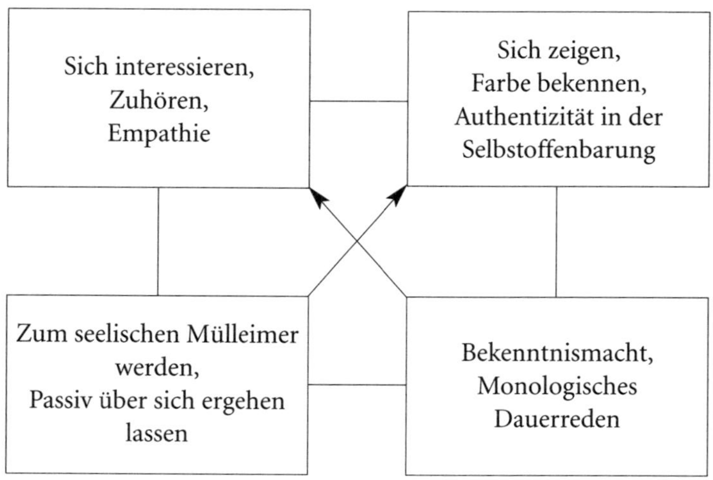

Diesem Modell entsprechend überkreuzen sich die Entwicklungsrichtungen jeweils diagonal von unten nach oben – d. h., dass mitteilungsfreudige (monologisch veranlagte) Menschen eine Schule des Zuhörens gebrauchen können, um ihr Gesprächsrepertoire zu ergänzen, dass es aber durchaus auch Menschen gibt, die das schon viel zu viel und viel zu gut können und denen eher ein Grundkurs im »Farbe bekennen« dienlich wäre.

Die Schule des »Farbebekennens« sieht, entsprechend den vier Seiten einer Äußerung, vier mögliche Reaktionen, vier Schwerpunkte der Rückäußerung vor:

- den Sachkommentar,
- die »Ich-Botschaft«,
- die »Du-Botschaft«,
- den Appell (Wunsch oder Empfehlung).

Prinzipiell sind alle vier Reaktionen (oder eine Kombination davon) berechtigt und wertvoll, wenn auch nicht in jeder Situation. Und wahrscheinlich werden wir reagieren, wie uns »der Schnabel gewachsen ist«, d. h. unbewusst einen der vier »Schnäbel« bevorzugt im Einsatz haben. Es lohnt sich, im Rahmen kommunikativer Selbsterfahrung auf solche Bevorzugungen (und Vermeidungen) aufmerksam zu werden.

Drittens: Die beiden oberen Werte sind nicht als ein »Entweder-oder« zu verstehen, sondern lassen sich miteinander verbinden – und da beginnt die eigentliche Kunst des guten Zuhörens. Wir unterscheiden zwei Möglichkeiten der Verbindung von Zuhören und Stellungnahme:

Wir können beide Qualitäten nacheinander im Gespräch zeigen, was auch sehr schnell hintereinander geschehen kann, wie in folgendem Beispiel:

Ein Vater antwortet seinem 14-jährigen Sohn, der sich für eine anstehende Familienfeier nicht umziehen will: »Also für dich ist es ganz wichtig, dass du dich auf dieser Feier wohl fühlst. Und zum Wohlfühlen gehört für dich, dass du bequeme Kleidung trägst. Ich hingegen finde es schrecklich, wie du herumlaufen willst! Ich finde, eine Feier hat einen würdigen Rahmen. Und wenn Annerose konfirmiert wird, ist das nicht der Zeitpunkt für saloppe Bequemlichkeit!«

Zunächst hat der Vater sich in den Sohn hineinversetzt und seine Perspektive nachvollzogen und danach dazu Stellung genommen.

Die andere Möglichkeit, beide Qualitäten miteinander zu verbinden, stellt vielleicht die höchste Form der dialogischen Gesprächskunst dar: eine Rückantwort so zu gestalten, dass sie sowohl Hinweise auf ein präzises Zuhören enthält als auch eine eigene Stellungnahme zurückgibt – das »aktive Zuhören« wird hier *implizit*, wie in diesem Beispiel:

Auf einer mehrtägigen Fortbildungsveranstaltung zum Thema Kommunikation reklamiert ein Teilnehmer am zweiten Tag: »Für mich war das gestern nicht effektiv genug! Da ging es stundenlang um das Kennenlernen und um das Herausfinden eigener Probleme. In der Zeit hätte man schon viele knallharte Fakten bringen können, was im Sinne eines guten Preis-Leistungs-Verhältnisses sicherlich förderlicher gewesen wäre!« Der Seminarleiter antwortet: »Was Sie jetzt ansprechen, ist keine Kleinigkeit, sondern eine wirkliche Fundamentalkritik. Und obwohl ich darüber natürlich nicht jubiliere, bin ich ganz einverstanden, dass Sie das hier jetzt zum Thema machen. Sie haben in mir einen großen Verbündeten in Sachen Effektivität. Darum geht es Ihnen und darum geht es mir auch. Allerdings scheint mir, dass ich einen anderen Effektivitätsbegriff zugrunde lege als Sie. Während Sie die Effektivität in der Menge des vermittelten Wissens pro Zeiteinheit messen, bin ich daran orientiert, Bedingungen in der Gruppe zu schaffen, unter denen Praxisnähe und persönliche Tiefe möglich werden. Und bei dem Thema, das uns hier zusammenführt, sind die Fakten nicht ganz so knallhart, wie Sie es von anderen Themen gewohnt sind.«

Diese Antwort enthält sowohl eine Stellungnahme zur Sache als auch zur Beziehungsebene. Gleichzeitig wird aus der Antwort deutlich, dass der Leiter den Kern der Kritik wirklich erfasst und nachvollzogen hat.

Viertens: Eine weitere Möglichkeit, der Gefahr zu begegnen, sich

»vollreden« zu lassen und zum »Mitteilungsmülleimer« zu werden, ist schließlich das gestaltende Zuhören. Wir unterscheiden diese Art des Zuhörens vom gewährenden Zuhören.

Beim »*gewährenden Zuhören*« lässt sich der Zuhörer ganz ein auf das, was das Gegenüber von sich aus mitteilen möchte, folgt ihm ganz auf seiner Spur, ohne steuernd einzugreifen (non-direktive Gesprächsführung).

Beim »*gestaltenden Zuhören*« dagegen bringt sich der Zuhörer aktiv strukturierend und lenkend in das Gespräch mit ein: Er stellt Fragen, bittet um Vertiefung dieses oder jenes Aspektes, bestimmt das Tempo und die Dynamik des Gesprächs mit und unterbricht unter Umständen sogar einmal – wohlgemerkt immer im Dienste des Zuhörens, d. h., der Fokus des Gesprächs liegt auf der Mitteilung und Äußerung des Gegenübers und die Ohren des Zuhörers stehen auf Empfang. Der Zuhörer sorgt dafür, dass ihn das, was er zu hören bekommt, auch wirklich interessiert und dass er mit seiner vollen Aufmerksamkeit am Ball bleiben kann.

Je nach Gesprächsanlass und Situationswahrheit ist mal das gewährende, mal das gestaltende Zuhören am Platze, häufig auch eine Kombination aus beiden. Jedenfalls sollte eine Schule des Zuhörens beide Varianten vorsehen.

»Ich kann jetzt nicht zuhören!« oder: Die Voraussetzungen des Zuhörens überprüfen und sicherstellen

Um meinem Gegenüber offen und interessiert zuhören zu können, muss ich dazu innerlich bereit sein. Eine Voraussetzung für gutes Zuhören ist daher eine innere Zuhörbereitschaft, die es aktuell zu überprüfen und gegebenenfalls auch sicherzustellen gilt.

Unsere Bereitschaft zuzuhören ist in der Regel je nach Augenblick und Anlass mehr oder minder groß ausgeprägt. Wir können uns das bildlich wie ein Regal vorstellen, in dem uns je nach Situation verschieden große Ohren zur Verfügung stehen. Je nachdem wie intensiv und wie lange wir jeweils zuhören wollen, entnehmen wir dem Regal ein entsprechend großes Ohr. Es gibt Menschen, die fast immer ein großes Ohr »zücken«, und Menschen, die eher nach einem kleinen Ohr greifen. Andere wiederum wechseln die Ohrengröße je nach Bedarf.

Probleme können entstehen, wenn ich als Zuhörer eine Ohrengröße wähle, die nicht dem Ausmaß des Mitteilungsbedürfnisses (bzw. der Größe der Mitteilungssprechblase) meines Gegenübers entspricht. Beispielsweise kann ich vorhaben, ein Gespräch kurz und knapp abzuwickeln, sozusagen mit einem kleinen Ohr, mein Gegenüber aber fühlt sich aufgerufen, ausführlich und detailgetreu auszuholen. Umgekehrt kann es passieren, dass ich »ganz Ohr« bin, gespannt einiges zu erfahren und vom Gegenüber kommt nicht viel («Na, erzähl mal, wie geht's dir denn, wie war dein Tag?« – »Hmm, normal.«).

Angesichts dieser Problematik sind wir immer wieder aufgefordert, zugunsten eines fruchtbaren Dialogs die Größe des zuhörbereiten Ohrs und der Mitteilungssprechblase einander anzugleichen, also Diskrepanzen in dieser Hinsicht zunächst einmal wahrzunehmen, sie unter Umständen mitzuteilen und, falls möglich, eine stimmigere Zuhör- und Gesprächssituation sicherzustellen.

Eine weitere Voraussetzung für gutes Zuhören ist das passende »innere Empfangs-Komitee«. Im Sinne dieser Metapher können wir uns vorstellen, dass wir zu jeder Situation bzw. zu jedem Gespräch verschiedene Seelen in unserer Brust versammelt haben, die dort alle Raum einnehmen und sich zur Geltung bringen wollen. Hier gilt zu beachten: Habe ich denn wirklich »alle beisammen« oder tummeln sich auf meiner inneren Bühne Figuren, die da nicht so recht hinpassen, die vielleicht erst noch beachtet und berücksichtigt werden wollen, bevor ich dann »ganz Ohr« sein kann?

Ein Beispiel: Ein Familienvater spielt und tobt am Sonntagnachmittag mit seinen Kindern im Garten und wird in diesem Moment von seinem Chef in einer wichtigen beruflichen Sache angerufen. Auf der inneren Bühne des Vaters tummeln sich ein *»engagierter Familienvater«*, ein *»innerer Quatschmacher«* und ein *»entspannt* *ausgelassener Lebemensch«* – kein adäquates Empfangskomitee für das Telefonat mit dem Chef. In solchen Situationen ist schon viel gewonnen, wenn wir uns der Konfiguration auf unserer inneren Bühne überhaupt gewahr werden und sie auf Stimmigkeit überprüfen. Im besten Fall können wir dann entsprechend reagieren, vielleicht indem wir einen späteren Gesprächszeitpunkt vereinbaren oder zumindest ein wenig Zeit zur inneren Umstellung erbitten. Es lohnt sich also zu überprüfen, ob wir jeweils in einer inneren Verfassung sind, die gutes Zuhören erlaubt, und zu erkunden, was erst noch geschehen muss, um eine solche Verfassung zu ermöglichen. Oft ist es sinnvoll, den Gesprächspartner einzuweihen und ihn in die Bemühungen miteinzubeziehen.

Abschließende Bemerkungen

Eine Schule des guten Zuhörens braucht ein differenziertes Curriculum. Doch lohnt sich so viel Mühe? Geht nicht vieles wie von selbst, wenn wir uns Unbeschwertheit und Unbefangenheit im Gebrauch unserer beiden Ohren bewahren? Für den reibungslosen Schnellverkehr reicht diese natürliche Grundausstattung meist gut aus. Für schwierige Gespräche und tiefere Begegnungen reicht sie nicht, so der empirische Befund, sowohl im Privaten wie im Beruflichen. Ein echter Dialog, der diesen Namen auch verdient, ist uns (als Bedürfnis) eingegeben und (als Entwicklungsziel) aufgegeben. Um die »Verbindung von Mensch zu Mensch« allzeit sicherzustellen, gibt es heute erstaunliche technische Einrichtungen. Die humane Qualität dieser Verbindung hingegen ist technisch nicht machbar. Es ist lohnend, sich dafür selbst zuständig zu fühlen.

Aus: Larissa Stierlin und Friedemann Schulz von Thun: Zur Psychologie des guten Zuhörens. In: Ludowika Huber; Eva Odersky (Hg.): Zuhören – Lernen – Verstehen. Braunschweig, Westermann, 2000, S. 26–38.

Basiskompetenzen – Hilfreiches Zuhören und Konfrontation

von Jürgen Heckel

Jürgen Heckel ist Kommunkationstrainer und in seinem Hauptberuf Bibliothekar an der Stadtbücherei Garching. Sein Begriff des »Hilfreichen Zuhörens« ist analog der therapeutischen Arbeit von Carl Rogers entstanden (»hilfreiche Beziehung«). Heckel möchte den Begriff des »Aktiven Zuhörens« nach Gordon ersetzen, weil viele Rhetorikkurse dazu verführten, »Aktives Zuhören« zu schnell als Technik zu üben und umzusetzen. Er plädiert deshalb dafür, die Einstellung und Haltung beim Zuhören zu verändern und alle Sinne zur Wahrnehmung zu öffnen, um Zwischentöne heraushören zu können.

Ein verständigungsorientiertes Gespräch ruht, vereinfachend dargestellt, auf zwei Säulen: Die eine heißt Hilfreiches Zuhören, die andere Konfrontation. Ein Gespräch ist nur dann für beide Seiten anregend und befriedigend, wenn beide Säulen das Gespräch tragen: Ich höre einerseits dem anderen aufmerksam und einfühlsam zu, bin aber andererseits in der Lage, ruhig und bestimmt meinen eigenen Standpunkt zu vertreten. Ich versuche, den anderen zu verstehen und habe den Willen und den Mut zur Konfrontation.

In unserer Alltagskommunikation sind die Reaktionen auf einen Redebeitrag selten von der Bereitschaft des Zuhörens getragen. Meist sind es schon von Anfang an Beurteilungen oder Verurteilungen: »Das sehen Sie nicht richtig« … »Das sehen Sie völlig falsch, das ist gut oder schlecht, vernünftig oder unvernünftig« … »Da habe ich hundertprozentig recht«. Oft wird gesagt: »Das ist doch nicht normal.« Solche Be- und Verurteilungen sind – leider – von der frühen Kindheit bis ins hohe Alter hinein Teil unseres Lebens.

Viele Menschen achten in Gesprächen weder auf den Inhalt,

noch hören sie auf die Stimmen ihrer Mitmenschen. Sie reden und reden und halten es für selbstverständlich, daß alle Welt ihnen zuhört. Was andere sagen, dient ihnen lediglich als Stichwort für Entgegnungen, wenn sie sich überhaupt so weit herablassen. Ständig liegen sie auf der Lauer, um in ein Gespräch einbrechen zu können, nicht etwa, um mitzudiskutieren, sondern um das Gespräch dahin zu lenken, wo sie ihren »Heimvorteil« vermuten und sich sicher fühlen. Ihr Ziel ist es, bei den anderen Bewunderung oder Neidgefühle auszulösen. Ein Teufelskreis entsteht, die Selbstdarstellung der einen führt zu einer spiegelbildähnlichen Reaktion der anderen. Das ist das Gegenteil von dialogischer Kommunikation.

Häufig hören wir nicht richtig zu, weil wir uns intensiv die Antwort überlegen, während der andere noch spricht. Wir neigen dazu, andere Menschen in den ersten Sekunden einzuschätzen, meist gefühlsmäßig nach Sympathie und Antipathie. In Bruchteilen von Sekunden entscheiden wir, ob wir jemanden mögen oder nicht. Der erste Eindruck, den wir von einem Menschen erhalten, beruht auf subtilen, überwiegend nonverbalen Signalen, die wir intuitiv erfassen. Diese Fähigkeit, die uns in vielen Fällen zu richtigen Ergebnissen verhilft, enthält jedoch eine Gefahr. Wenn wir den anderen von Anfang an als etwas Unabänderliches betrachten, als etwas schon Diagnostiziertes und Klassifiziertes, tragen wir unseren Teil dazu bei, dieses – auf Vorurteilen beruhende – Etikett zu bestätigen. Oft ist der erste Eindruck keineswegs falsch, er ist aber auf keinen Fall verläßlich. Wir sollten dem ersten Eindruck eine zweite Chance geben, denn es ist bereichernd, auch mit Menschen zu verkehren, die nicht die gleiche Wellenlänge haben. Wir gewinnen dadurch wertvolle Begegnungen und Erfahrungen. Nehmen Sie die Meinung des anderen nicht als Ärgernis wahr, sondern als Bereicherung Ihres eigenen Standpunktes. Eine andere Meinung kann Ihren bisherigen Standpunkt festigen, kann also auch in diesem Sinne eine Ergänzung sein.

Die Verschiedenheit der Menschen verursacht zweifelsohne Konflikte. Unterdrücke ich die Vielfalt, leugne ich sie, so sind Konflikte auf anderen Ebenen vorprogrammiert. Der vernünftigere und realistischere Weg ist, die Verschiedenheit zu akzeptieren und als etwas Wertvolles und Spannendes schätzen zu lernen.

Es wäre für unsere Kommunikationskultur ein Paradigmenwechsel, wenn wir statt von der gleichen Wellenlänge von der wechselseitigen Unkenntnis ausgehen würden. Es wäre ein Miteinander im Sinne gegenseitiger Bereicherung. Voraussetzung ist die Akzeptanz unterschiedlicher Lebensentwürfe. Wir kämen wesentlich besser miteinander aus, denn unsere mitmenschlichen Beziehungen ruhten auf einer solideren Basis.

Daraus ergibt sich zwingend, daß wir uns mit uns selbst beschäftigen müssen, denn die Grundvoraussetzung für hilfreiche Auseinandersetzungen ist, sich selbst zu kennen. Je weniger ich mich selbst kenne, um so weniger kann ich mich auf andere einstellen. Je mehr ich von mir weiß, um so mehr bin ich in der Lage, mit den unterschiedlichsten Menschen zu kommunizieren.

Hilfreiches Zuhören

Ich habe für diesen Vorgang des Zuhörens, des Hin- und Hineinhörens, des Hinsehens und des Hineinfühlens den Begriff Hilfreiches Zuhören gewählt. Den Begriff »Hilfreich« habe ich aus der therapeutischen Arbeit von Carl Rogers übernommen. Dreh- und Angelpunkt seiner klientenzentrierten Therapie ist die »Hilfreiche Beziehung« zwischen Klient und Therapeut. Rogers versteht unter einer »Hilfreichen Beziehung« eine Beziehung, in der zumindest eine der Parteien die Absicht hat, beim anderen Entfaltung, Entwicklung, Heranreifung, besseres Agieren, ein verbessertes Fertigwerden mit dem Leben zu fördern. Die andere Partei kann in diesem Sinne ein einzelner oder eine Gruppe sein. Als hilfreich läßt sich eine Beziehung definieren, in der einer der Teilnehmer bestrebt ist, für eine oder beide Parteien dahin zu gelangen, daß die latenten inneren Ressourcen des Individuums höher geschätzt, nachhaltiger ausgedrückt und wirksamer gebraucht werden.

In der Fachliteratur wird meist der Begriff »Aktives Zuhören«

(nach Gordon) verwendet. So wie Aktives Zuhören in vielen Rhetorikbüchern angepriesen wird, erscheint es mir als zu technisch und zu vereinfachend dargestellt. Dies verleitet dazu, den Aspekt der »Einstellung und Haltung«, die diesem Prozeß innewohnt, zu übersehen. Solche Darstellungen sind von der Illusion getragen, aktives Zuhören könne in kurzer Zeit als Technik eingeübt und von heute auf morgen umgesetzt werden. Das führt im Alltag nur zu Enttäuschungen. Wenn ich von dem Neuen in der Praxis enttäuscht werde, bin ich nicht mehr bereit, es auszuprobieren, sondern bleibe bei dem, was ich bislang gemacht habe, selbst dann, wenn es alles andere als erfolgreich war. Aus diesem Grund habe ich den Begriff »Aktives Zuhören« durch »Hilfreiches Zuhören« ersetzt.

Einfühlsames Zuhören ist eine nicht sehr verbreitete Kunst. Es geht nicht nur darum, die einzelnen Worte des Gesprächspartners zu verstehen, sondern ich versuche über die Worte hinaus zu erfassen, was das Gesagte für ihn als Person bedeutet. Für unser Kommunikationstraining ist entscheidend, daß ich lerne, Zwischentöne herauszuhören. Ich öffne alle Sinne für Wahrnehmungen und entwickle meine Beobachtungsgabe, und dadurch höre und sehe ich mehr, fühle, rieche und schmecke mehr, als ich bislang wahrgenommen habe.

Wie kann ich in einer Sprechsituation zu dem anderen eine Beziehung herstellen, die er zu seiner eigenen Kommunikationsentfaltung nutzen kann? Wenn es mir gelingt, durch Hilfreiches Zuhören zwischen mir und meinem Kommunikationspartner eine vertrauensvolle Beziehung aufzubauen, wird er seine kommunikativen Fähigkeiten, die in ihm schlummern, entdecken und sie auch nutzen.

Akzeptanz und Empathie

Hilfreiches Zuhören besteht aus zwei Fähigkeiten, die keine kommunikativen Techniken sind, sondern innere Grundeinstellungen: Akzeptanz und Empathie.

Ich akzeptiere den anderen, so wie er ist. Ich akzeptiere die Selbstdefinition des Dialogpartners. Ich befreie mich von identitätsfixierenden Etiketten. Mein Grundsatz: Meine Ansichten sind die meinen, deine Ansichten sind die deinen. Ich habe das Recht auf meine eigene Meinung. Genauso haben die anderen das Recht, sie nicht teilen zu müssen. Ich verzichte auf ständiges Werten. Ich vermeide negatives Urteilen und spontanen Widerspruch. Ich habe Interesse am Fremden. Dazu gehört, dem anderen seine Gefühle zuzubilligen. Wir üben unbewußt auf unsere Gesprächspartner ungeheuren Druck aus, die gleichen Gefühle wie wir zu haben. Das gleiche gilt für Ziele, Werte und Glaubenssätze. Versteckte Werturteile sind ein Haupthindernis für dialogische Kommunikation.

Ich versuche nicht, den anderen ständig durchschauen zu wollen. Ich verzichte auf alle Kontrollversuche. Es ist eines der vielen Paradoxa in der Kommunikation: Erst wenn ich aufgebe, den anderen durchschauen zu wollen, wird die Beziehung durchsichtig.

Ich lasse den Fremden fremd sein, ich öffne mich dem Fremden. Ich respektiere sein Anderssein. Das gelingt mir nur, wenn ich mich dem Neuen und Unbekannten wirklich öffne. Produktive Neugier und die Fähigkeit zu staunen, sind die Voraussetzung dafür. Martin Buber sagt: »Zugeben, daß einem das Fremde fremd ist, ist eine der wichtigsten Voraussetzungen für ein geglücktes Gespräch.« Enthalten ist in der Akzeptanz auch der Verzicht auf Gewalt und Unterdrückung.

Empathie bedeutet, in der Lage zu sein, sich in die Welt des anderen einzufühlen und diese Welt gleichsam mit dessen Augen zu sehen. Das bedeutet, sich selbst mit den Augen des anderen sehen zu können. Es ist ein »Mitschwingen« mit dem anderen. Oder anders ausgedrückt: Empathisches Verstehen ist nach Carl Rogers ein Verständnis mit (!) einem Menschen, nicht von (!) ihm. Die Fähigkeit zur Empathie ist es, die in Ergänzung zur Akzeptanz das höchste Maß an psychischer Sicherheit für meinen Gesprächspartner bietet.

Ich stelle mich auf das Zuhören als einen aktiven Prozeß ein. Hilfreiches Zuhören kann anstrengender sein als Reden. Ich bereite mich darauf vor und frage mich: »Was will mir der andere sagen?« Und meine Grundeinstellung dabei ist: »Der andere hat mir etwas zu sagen.« Es ist die aktive Auseinandersetzung mit dem anderen, in der festen Absicht, ihn besser zu verstehen als bisher.

Hilfreiches Zuhören verstehe ich schon gar nicht als eine Technik, mit deren Hilfe ich meinen Gesprächspartner manipulieren, verändern oder gar »heilen« kann. Dafür ist er nach meiner Auffassung selbst zuständig. Genauso wenig ist Hilfreiches Zuhören eine Art Trick, mit dessen Hilfe ich den anderen aushorchen kann.

Schematisch gesehen läuft Hilfreiches Zuhören folgendermaßen ab:

1. Schritt: Ich bemühe mich, ein Gesprächsumfeld zu schaffen, das von Sicherheit und Vertrauen getragen ist, indem ich meinem Gesprächspartner auf eine Weise begegne, die Barrieren abbaut und Brücken zwischen uns entstehen läßt. Ich versuche, beim Hilfreichen Zuhören die Worte des Senders zu verstehen, nachzufühlen, was er empfindet, und ich versuche zu erfassen, was seine Botschaft ihm bedeutet. Ich begebe mich auf Entdeckungsreise, um hinter dem Gesagten das Gemeinte zu erkennen.

2. Schritt: Ich melde zurück, wie und was von der Botschaft meines Gesprächspartners bei mir angekommen ist. Ich versuche, in eigenen Worten seine Mitteilungen zu wiederholen. Ich bringe zum Ausdruck, was ich bei seinen Worten empfinde und fühle.

3. Schritt: Ich frage nach, wie meine Rückmeldungen bei ihm ankommen. Als hilfreicher Zuhörer sende ich vorerst keine eigenen Botschaften, z. B. Ratschläge. Ich analysiere (noch) nicht.

Hilfreiches Zuhören eröffnet mir Chancen und Möglichkeiten, meinen Kommunikationspartner kennenzulernen.

Ich versuche mit allen Sinnen zu erfassen, wie der Gesprächspartner sich fühlt, wie ihm zumute ist, welches Wertesystem oder welche Glaubenssätze seinen Worten zugrunde liegen. Ich achte bewußt auf die Körpersprache und zeige ihm mein Interesse auch nonverbal: durch Blickkontakt, durch den Tonfall meiner Stimme, durch Mimik, Gestik und Körperhaltung.

Hilfreiches Zuhören bedeutet keineswegs, die eigene Meinung

aufzugeben. Durch Hilfreiches Zuhören teile ich dem Sender nur mit, daß ich mich bemühe, zu verstehen, was er mir mitteilen will. Hilfreiches Zuhören enthält also weder Zustimmung noch Widerspruch. Schon gar nicht maße ich mir ein Urteil darüber an, ob die Gefühle des anderen richtig oder falsch sind. Ich bringe zum Ausdruck, daß die Beurteilung der Gefühle die alleinige Sache des Senders ist. Er ist für seine Gefühle verantwortlich, ich für die meinen. Diese Art des Miteinander-Umgehens ist für viele Menschen völlig neu, wird aber von Anfang an als äußerst wohltuend erlebt. Auf diesem »Sich-wohlfühlen-Dabei« basiert die einzigartige Wirkung des Hilfreichen Zuhörens.

Schweigen, passives Zuhören ist ein Bestandteil des Hilfreichen Zuhörens. Ich gebe dem Gesprächspartner die Möglichkeit, sich auszusprechen. Ich unterbreche nicht. Hilfreiches Schweigen vermittelt das Gefühl von Interesse und Anteilnahme. Ich überlasse dem anderen die Entscheidung, was und wieviel er mir wie und in welchem Zeitraum mitteilen will.

Der Erfolg des Passiven Zuhörens liegt vor allem in der Tatsache, daß ich keinerlei Druck auf den Gesprächspartner ausübe. Druck erzeugt nur Gegendruck. Ich reagiere, vor allem im persönlichen Bereich, außerordentlich empfindlich auf Druck. Ich fühle mich dann hilflos und wehrlos und verhalte mich so, wie ich es im Grunde gar nicht möchte.

Leider gibt es auch unehrliches Hilfreiches Zuhören, wir plappern dem anderen nach, wir horchen ihn aus, wir täuschen Anteilnahme nur vor. Unehrliches Hilfreiches Zuhören ist leicht zu erkennen: Es treten Inkongruenzen auf, die Sprache sagt etwas anderes als der Körper.

Hilfreiches Zuhören ist ein Türöffner

Was verändert sich in Sprechsituationen, wenn ich in der Lage bin, den anderen so zu akzeptieren, wie er ist, oder ihn so gut wahrzunehmen, wie es mir mit meinen Sinnen gelingt? Wenn ich durch

Hilfreiches Zuhören versuche, die Welt des anderen nicht mit meinen, sondern mit seinen Augen zu sehen, so entsteht ein Klima des Verständnisses und des Vertrauens. Ich traue mich, ich wage etwas, ich riskiere etwas Neues. Es entsteht eine Atmosphäre, in der Fehler keine Schande, sondern Lernerfahrungen sind. Ich fühle mich wohl dabei. Und wenn ich mich wohl fühle, kann ich meine Ressourcen mobilisieren.

Mag Hilfreiches Zuhören am Anfang Geduld und Zeit kosten, letztlich aber sparen wir Zeit damit. Ein Gespräch bleibt nie lange im Vordergründigen stecken, sondern führt schnell zum Wesentlichen. Bei Akzeptanz ist der andere eher in der Lage, seine Abwehrmechanismen aufzugeben, denn ich bringe seine Identität nicht in Gefahr. Er kann er selbst sein, und je mehr er dies sein kann, desto mehr öffnet er seine Mauern um sich herum. Der Gesprächspartner läßt mich in seine Landkarte schauen.

Eine kommunikativ behagliche Situation schafft Vertrauen und eröffnet Wahlmöglichkeiten auf beiden Seiten. Flexibilität und Offenheit, Zuhörbereitschaft und Zuhörfähigkeit nehmen auf beiden Seiten zu. Dadurch sind wir aufnahmebereiter für Neues, Fremdes, Ungewohntes. Wir fühlen uns freier und sind offener für neue Ideen.

Hilfreiches Zuhören sorgt also für zufriedene Kommunikation, für gute Beziehungen, ist gewinnbringend, erfolgreich, tut seelisch gut. Wir brauchen es nicht zu lernen, wir können es, wir können hier und heute damit anfangen, denn wir sind nicht davon abhängig, daß die anderen es auch machen, und doch, das ist das Erstaunliche, findet Hilfreiches Zuhören in unserer Alltagskommunikation eher selten statt.

Warum erweist sich Hilfreiches Zuhören in der Praxis als außerordentlich schwierig? Wenn ich mit einem Kommunikationspartner eine Hilfreiche Beziehung aufbaue, dem anderen Wärme und Zuneigung, Interesse und Respekt erweise, so tut es mir einerseits gut, andererseits jedoch schleicht sich gleichzeitig ein unbestimmtes Angstgefühl ein. Wenn wir uns erlauben, diese Einstellung dem anderen gegenüber zu erfahren, kommt nicht neben dem guten

Gefühl auch Mißtrauen auf? Fürchten wir nicht auch, daß Forderungen an uns erwachsen könnten, die wir nicht wollen, aber nicht abwehren können, oder denen wir uns nicht gewachsen fühlen?

Wenn ich die Bereitschaft aufbringe, mich einfühlsam, offen erlebnisbereit – also hilfreich – auf den anderen einzulassen, wenn ich bereit bin seinen Bezugsrahmen, sein Wertesystem zu erfühlen, wahrzunehmen und zu akzeptieren, ich also auf diese Weise den anderen wirklich verstehen lerne, setze ich mich einer großen Gefahr aus: Es könnte nämlich sein, daß ich die Dinge plötzlich so sehe wie der andere. Mit einem Mal fühle ich, wie ich bewußt werde, wie mein Weltbild ins Wanken gerät, mein Wertesystem zerfällt, meine Glaubenssätze sich auflösen, und vieles, was mir bislang lieb und teuer war, unversehens zusammenbricht. Und wenn meine Identität in Gefahr gerät, erlebe ich das als Verlust der Geborgenheit, häufig sogar als persönliche Katastrophe. Um uns geborgen zu fühlen, unterschlagen wir die Andersartigkeit des anderen.

Wie werde ich mir selbst sicher genug? Die entscheidende Voraussetzung ist Mut. Ich muß die Bereitschaft aufbringen, mich auf Einwände einzulassen. Ich akzeptiere die Argumente meines Gegenübers, was keineswegs bedeutet, sie zu billigen. Ich setze mich damit auseinander, suche nach stichhaltigen Argumenten und mache mich auf die Suche nach anderen Erfahrungen.

Das Lernziel wird mit dem Wortungetüm Ambiguitätstoleranz umrissen: Es ist die Fähigkeit, unterschiedliche kulturelle Normen und deren Differenzen und Inkompatibilitäten ertragen zu können.

Regeln für Hilfreiches Zuhören

Hilfreiches Zuhören ist weder eine Technik noch eine detektivisch-diagnostische Haltung, sondern überwiegend eine Angelegenheit des Herzens, eine wohlwollende Einfühlung. Deshalb helfen Regeln in diesem Entwicklungsprozeß nur begrenzt weiter. Was wirksam, was angebracht ist in einer Sprechsituation, was also hilfreich ist –

diese Entscheidung muß ich in Sprechsituationen blitzschnell, intuitiv fällen –, kann ich nur erspüren. Erspüren aber kann ich nur etwas mit dem Herzen, nicht mit einem Regelwerk.

Die Regeln sind Entwicklungsziele. Ich mache mir mit den Regeln etwas klar, ich »durchleuchte« mit Hilfe der Regeln meine Kommunikation und schaue, wie und wo ich mit Veränderungen anfangen kann. Ohne die echte Bereitschaft zu Akzeptanz und Empathie jedoch degenerieren die Regeln zu einer didaktischen Trickkiste. Andererseits vermitteln Akzeptanz und Empathie allein noch nicht das nötige methodische Handwerkszeug. Beides ist wichtig und unverzichtbar.

Es ist eine hohe Kunst, diese Regeln im täglichen Leben, sei es privat, sei es beruflich, anzuwenden, denn unsere psychosoziale Wirklichkeit entspricht keineswegs den Wertvorstellungen vom Hilfreichen Zuhören. Mein Ziel ist die Entwicklung einer neuen Kultur des Zuhörens und Verstehenwollens, und das keineswegs nur im Seminar, sondern für den Alltag. Hilfreiches Zuhören kann schon heute umgesetzt werden, denn ich bin nicht darauf angewiesen, daß der Gesprächspartner auch vom Prinzip des Hilfreichen Zuhörens ausgeht. Ich fange bei mir selbst an. Langsam, aber sicher können wir lernen, von der wechselseitigen Unkenntnis auszugehen statt von der gleichen Wellenlänge. Mit Rückfällen muß stets gerechnet werden.

Regel 1

Lassen Sie sich Zeit beim Hilfreichen Zuhören. Haben Sie Geduld. Zeitdruck schließt Hilfreiches Zuhören aus. Erwarten Sie keine schnellen Lösungen, Hilfreiches Zuhören führt selten zu einer unmittelbaren Lösung, sondern schafft eine Basis zum Finden von Lösungen. Vertrauen Sie auf die Langzeitwirkung.

Regel 2

Sorgen Sie für eine hilfreiche Umgebung. Kein Telephon, keine Störungen von außen, gute, gleichberechtigte Sitzgelegenheiten.

Regel 3

Konzentrieren Sie sich voll auf das Gespräch. Lesen Sie nicht in irgendwelchen Unterlagen, malen Sie keine Männchen. Notfalls verschieben Sie lieber das Gespräch, vereinbaren aber, bevor Sie auseinandergehen, einen Termin. Vertrösten Sie den Gesprächspartner nicht auf einen unbestimmten Zeitpunkt.

Regel 4

Zeigen Sie Ihrem Zuhörer durch Körpersprache, daß Sie ihm wirklich zuhören wollen. Geben Sie dem Sender zu verstehen, daß Sie sich bemühen, sich wirklich in seine Situation hineinzudenken und hineinzufühlen. Es genügt nicht, daß diese Bedingungen nur in uns selbst existieren, ohne daß wir sie dem Gesprächspartner zeigen und vermitteln. Teilen Sie ihm aber auch mit, wenn Sie dazu nicht in der Lage sind.

Regel 5

Vergessen Sie nie, daß Akzeptanz und Empathie die Basis des Hilfreichen Zuhörens ist. Wenn Sie sich in den Gesprächspartner hineindenken und hineinfühlen wollen, gelingt es Ihnen nur, wenn Sie auch die »indirekten« Signale wahrnehmen. Achten Sie deshalb einfühlsam auf Körpersprache und verbale Sprache, die Ihr Gesprächspartner verwendet. Die Sprache vermittelt uns viele Zusatzinformationen: über das Weltbild, über Urteile und Vorurteile, über Werte, über Glaubenssätze und über unser Selbstbild. Denken Sie daran, daß die Bereitschaft, den anderen kennenzulernen, die Bereitschaft voraussetzt, sich selbst kennenlernen zu lassen.

Regel 6

Achten Sie auf Ihre Gefühle. Emotionen blockieren Hilfreiches Zuhören. Das Entwicklungsziel: Den Ärger, die Angst oder die Verwirrung des Gesprächspartners zu spüren, ohne daß dabei der eigene Arger, die eigene Angst, die eigene Verwirrung hineingezogen wird. Bedenken Sie, daß Sie für Ihre Gefühle verantwortlich sind, nicht ihr Gesprächspartner. Er ist verantwortlich für die seinen. Ich gebe durch Tonfall und Gestik zu erkennen, daß ich in der Lage bin, die Gefühle des anderen zu verstehen und zu teilen. Streiten Sie nicht in dieser Phase des Gesprächs.

Regel 7

Fragen Sie notfalls mit gebotener Vorsicht und Einfühlungsvermögen nach. Wenn Sie eine Frage stellen, begründen Sie, warum Sie gerade jetzt diese Frage stellen. Teilen Sie dem Gesprächspartner mit, was Ihnen diese Frage bedeutet. Persönliche Aussagen sind förderlicher als Fragesätze.

Regel 8

Vertrauen Sie immer auf die Fähigkeit Ihres Gesprächspartners, mit seinen eigenen Angelegenheiten selbst fertig zu werden. Fördern Sie niemals Unselbständigkeiten.

Eine Regel ist nur dann anwendbar, wenn die Situation es zuläßt. Wenn ein Freund kommt, dem es schlecht geht, kann ich ihn in die Arme schließen und auf alle verbalen Äußerungen verzichten, ich kann passiv zuhören, also schweigen, ich kann sagen: »Heute bitte nicht«, ich kann ihm ein Terminangebot machen oder hier und jetzt hilfreich zuhören. Welches Verhalten sinnvoll ist, dafür läßt sich keine Regel aufstellen, sondern das kann ich in der konkreten Situation nur mit dem Herzen erspüren. Ein Regelwerk eröffnet mir nur Auswahlmöglichkeiten. Was ich auswähle, bestimmen die Bedingungen der jeweiligen Sprechsituation. Es ist ein weitverbreiteter Irrtum, mit dem Beherrschen der Regeln Erfolge in Sprechsituationen vorprogrammieren zu können. Jede Regel ist nur so gut, wie die Situation es zuläßt.

Konfrontation

Hilfreiches Zuhören allein führt keineswegs zu gelungener Kommunikation, vielmehr kann es zum Alibi für bequeme Standpunktlosigkeit verkommen, nämlich dann, wenn die »Konfrontation« (der Meinungen) nicht stattfindet. Hilfreiches Zuhören darf auch nicht zur reinen Seelenmassage degenerieren. Das ist für den Gesprächspartner alles andere als hilfreich. Wenn ich nur hilfreich zuhöre, bin ich kein glaubwürdiger Gesprächspartner. Dialogische Kommunikation setzt voraus, daß es bei mir wie auch bei dem Gesprächspartner einen Standpunkt gibt, über den zu reden sich lohnt. Meine Definition für Konfrontation ist gleichzeitig mein Lernziel: Unter Konfrontation verstehe ich Gesprächsbereitschaft in Standfestigkeit.

Standfestigkeit

Die Fähigkeit zur Konfrontation wächst aus der eigenen Standfestigkeit, worunter ich weder Sturheit oder eine Position des Entweder/Oder noch rigides Urteilen verstehe. Ich bin auch kein Anhänger moralisierender Standhaftigkeit, noch verwechsle ich Standfestigkeit mit einer Art Selbstverliebtheit in die eigene Position.

Es geht mir um Standhaftigkeit, Standfestigkeit, Beständigkeit, Beharrlichkeit, Konsequenz, Ausdauer, Unerschrockenheit, Beherztheit. Nach Aristoteles geht es um die Fähigkeit, »gegen die rechte Person, im rechten Maß, zur rechten Zeit, für den rechten Zweck auf die rechte Weise zornig zu sein«.

So wie Hilfreiches Zuhören eine neue Kultur des Zuhörens begründet, so gründet sich auf der Fähigkeit zur Konfrontation eine neue Kultur des Streitens. Ich bin hart in der Sache, von der ich überzeugt bin, aber nicht hart gegen die Person. Ich lerne, für mich »nein« zu sagen, nicht gegen andere. Ich unterscheide zwischen der Sach- und der Beziehungsebene.

Dialogische Auseinandersetzung ist nicht harmonisierend, sondern konfliktorientiert. Es ist die Konfliktfähigkeit des Individuums auf der Basis wechselseitigen Vertrauens, denn nur ein Klima aus Hilfreichem Zuhören und Konfrontation erlaubt ein faires Ringen um Positionen.

Das führt zu neuen Einsichten auf beiden Seiten. Ich lerne, die Interaktionen zwischen verschiedenen Menschen zu verstehen, und es gelingt mir, auf dieser Basis Hilfreiche Beziehungen herzustellen. Erst in einem Klima des Verstehens lösen sich Sprachlosigkeiten auf. Entscheidend ist, daß ich immer wieder die Balance, die ausgehaltene Spannung zwischen Hilfreichem Zuhören und Konfrontation herstelle.

Wenn es mir gelingt, kann das Pendel durchaus in die extreme Richtung ausschlagen. Auch extreme Positionen sind Bestandteil einer neuen Streitkultur, sind hilfreich und notwendig. Polemik, selbst wenn sie die Form der leidenschaftlichen, sogar der pamphletischen Einwendung annimmt, kann fruchtbar sein. Demokratische Kultur bildet sich nicht nur durch Konsens, sondern auch durch Dissens.

Flexibilität

Die Schwestertugend der Standfestigkeit ist die Flexibilität. Ich bin bereit, meine Meinung zu überprüfen, und erwarte das von dem anderen auch. Ich habe einen festen Standpunkt, den ich offensiv vertrete, bin gleichzeitig aber bereit, über neue und andere Gedanken zu reflektieren. Ich konfrontiere einerseits den anderen mit meiner Meinung, will ihm andererseits keinesfalls meine Meinung aufzwingen. Selbst wenn ich von etwas völlig überzeugt bin, selbst dann besitze ich noch die Flexibilität, andere Meinungen gewichten zu können. Entscheidend ist, die Dogmatisierung von Antworten zu verhindern. Der Irrtum wird jederzeit fest einkalkuliert.

Standfestigkeit und Flexibilität sorgen dafür, daß ich in meinem psychischen Haushalt nicht davon abhängig bin, daß der andere mir zustimmt. Mit diesen Voraussetzungen ausgestattet, erlebe ich auch bei anhaltender Konfrontation ein Gespräch als anregend und belebend.

In England ist es möglich, folgende Variante zu wählen, wenn sich zwei oder mehrere nicht einigen können: Let's agree to differ. Ich halte diese Einstellung für hilfreich, sie vermeidet stundenlange fruchtlose und meist aussichtslose Diskussionen, die im Grunde gar keine sind, sondern aneinandergereihte Monologe.

Wir müssen beide Fähigkeiten – Hilfreiches Zuhören sowie Konfrontation – gleichermaßen entwickeln.

Dazu habe ich bei Fritz Perls eine Anregung gefunden: »Dies ist eine eigentümliche Polarität in unserer Welt: Zuhören oder Kämpfen. Menschen, die zuhören, kämpfen nicht, und Menschen, die kämpfen, hören nicht zu. Wenn in unserer Gesellschaft die kriegführenden Parteien – Ehepartner, Firmen – ihre Ohren aufsperren und ihren Gegnern zuhören könnten, so würde die Feindschaft in unserer Umwelt und zwischen den Völkern stark abnehmen. An die Stelle des ›Ich sag dir, was dir fehlt‹ träte ein ›Ich hör mir an, was du willst‹, und der vernünftigen Diskussion wäre der Weg bereitet. Dies gilt für unsere inneren Konflikte ebenso wie für die Weltlage im allgemeinen.«

Beide Säulen, Hilfreiches Zuhören wie Konfrontation, sind integrale Bestandteile der Wirklichkeit. Beide Teile sind lebensnotwendig.

Aus: Jürgen Heckel: Hilfreiches Zuhören. In: Jürgen Heckel: Frei sprechen lernen. Ein Leitfaden zur Selbsthilfe, 2. Auflage. München, A-1-Verlag, 1999, S. 86–103.

Vier Arten des Zuhörens

von Christian-Rainer Weisbach

In vielen Ratgebern über »Professionelle Gesprächsführung« wird nur am Rande über die Zuhörfähigkeit eingegangen. Für den Kommunikationspsychologen Christian-Rainer Weisbach (Universität Hohenheim und Tübingen) ist gekonntes Zuhören im Vergleich zu anderen Methoden jedoch eine der besten Möglichkeiten, die Führung im Gespräch zu behalten. Denn in Untersuchungen über die Erfolgsmechanismen herausragender Führungspersönlichkeiten wird immer wieder das professionelle Zuhörverhalten betont. Hierzu hat Weisbach vier Arten des Zuhörens und ihre Wirkung auf den Gesprächspartner beschrieben.

Mancher Leser wird womöglich erstaunt sein, weil er in einem Buch über »Professionelle Gesprächs*führung*« nicht gerade ein Kapitel über das Zuhören sucht. Doch gekonntes Zuhören erweist sich, im Vergleich zu anderen Methoden der Beeinflussung im Gespräch (wie z. B. Fragen, Ratschläge, Kommentare etc.), als eine der besten Möglichkeiten, die *Führung im Gespräch* zu behalten. Es ist bezeichnend, daß in Untersuchungen über die Erfolgsmechanismen herausragender Führungspersönlichkeiten immer wieder das *professionelle Zuhörverhalten* betont wird.

Im folgenden unterscheide ich vier Formen des Zuhörens und ihre Wirkung auf den Gesprächspartner:

(1) »Ich-verstehe«-Zuhören

Hierbei handelt es sich im Grunde genommen gar nicht um Zuhören, sondern um den *Auftakt zum eigenen Sprechen.* Weil es jedoch als unhöflich gilt, dem anderen direkt ins Wort zu fallen, hat es sich eingebürgert, ihn mit einer »netten Floskel« zum Schweigen zu bringen, wie das »Ich verstehe, …« oder auch das »Ja, da haben Sie recht, aber …« oder das beliebte »Ja, da bin ich ganz deiner Meinung, weißt du, ich …« und ähnliche Formulierungen.

Erinnert Sie folgende Szene, am Nachbartisch in der Kantine belauscht, an ähnliche Begebenheiten?

Kollege A: »Mensch das ist vielleicht eine Sauerei, jetzt haben die uns doch den Zeitplan zum dritten Mal geändert. Also ich weiß bald nicht mehr, wo mir der Kopf steht. Erst hieß es, wir haben für die Abwicklung sechs Wochen Zeit, dann wurden plötzlich fünf Wochen draus, und gestern haben sie uns gesagt, bis zum Monatsende muß alles fertig sein. Und weißt du, was das Schlimmste ist, Krämer hat sich doch an der Bandscheibe operieren lassen und fällt mindestens noch weitere vier Wochen aus.«

Kollege B: »Oh, das kann ich gut verstehen, Mensch, bin ich froh, daß ich damals noch die Kurve gekriegt hab‹, euch zu verlassen, um ins Labor zu gehen. So was gibt es bei uns nicht, weißt du, wir haben …«

Sie können übrigens beim »Ich-verstehe«-Zuhören sehr schön beobachten, daß vor dem Sprechen, als nichtverbaler Auftakt, in der Regel ein Kopfnicken, ein leichtes Vorbeugen oder Aufrichten und ein Luftholen vorangeht – alles Zeichen, nun selbst zum Zuge kommen zu wollen.

Nichts gegen echtes Verstehen, aber hinter der Formulierung »Das kann ich verstehen« oder »Ich verstehe das« kommt dann nichts Weiteres, sozusagen ein sprachlicher Punkt. Eine Pause oder ein aufmunternder Blick regt den Gesprächspartner zum weiteren Sprechen an.

Bei diesem *Pseudo-Zuhören* verwundert, wie unbekümmert die Beteiligten aneinander vorbeireden und sich mit konventionellen Redewendungen abspeisen bzw. ein Zuhören vorgaukeln lassen. Aber vielleicht stößt sich auch deswegen keiner daran, weil diese Floskeln allgemein verbreitet sind, so wie auch kaum einer über die Redewendung »mein Beileid« nachdenkt, es sei denn, der Sprecher merkt im letzten Moment, wie wenig er ja tatsächlich leidet. Dann fällt ihm prompt »Mein tiefempfundenes, aufrichtiges Beileid« ein.

(2) Aufnehmendes Zuhören

Im Duden heißt es: »Seine Aufmerksamkeit auf Worte oder Töne richten«. Diese *Aufmerksamkeit* gilt es, *hör- und sichtbar* zu *zeigen*, damit der Gesprächspartner wahrnimmt, daß ihm aufnehmend zugehört wird. Dazu gehört zunächst einmal das Schweigen. Dabei muß zwischen »Schweigen« und »echtem Schweigen« unterschieden werden, denn auch ohne zu sprechen sind wir in der Lage,

- einen Kommentar zum Gehörten abzugeben, z. B. durch hörbar lautes Ausatmen oder leichtes Kopfwiegen oder gar -schütteln,
- unsere Ungeduld zum Ausdruck zu bringen, z. B. durch rasches Luftholen und Nach-vorn-Beugen,
- unser Desinteresse kundzutun, indem wir uns mit etwas anderem beschäftigen oder interessiert woanders hinschauen.

Nein, dieses Schweigen ist beim aufnehmenden Zuhören nicht gemeint, sondern das »echte Schweigen«, bei dem wir unsere ganze Aufmerksamkeit auf den Gesprächspartner richten. Wie stark diese Aufmerksamkeit tatsächlich gerichtet ist, wird an unserem Blickkontakt sichtbar. Dem Sprechenden in die Augen zu schauen, ohne ihn jedoch anzustarren, gekoppelt mit einem leichten Kopfnicken drückt unmißverständlich aus, daß wir aufnehmend zuhören. Das Kopfnicken hat dabei keinerlei zustimmenden Charakter, sondern drückt lediglich aus, daß wir gedanklich mitgehen.

Fehlt dieser Blickkontakt, wie dies beispielsweise am Telefon der Fall ist, bedarf es eines hörbaren Ausgleichs durch kleine Zuhörfloskeln wie »Mhm«, »Aja«, »So«, »Ach«, »Ja« bzw. »Nein« usw. Und jeder kennt die Situation vom Telefon: Wenn eine Weile das »Mhm« ausbleibt, kommt garantiert ein »Sind Sie noch dran?« vom anderen Ende der Leitung.

Sie können selbst einmal beobachten, wie oft Menschen die Zuhörfloskeln einsetzen, aber kaum Blickkontakt halten. Häufig treffen Sie derartiges Pseudo-Zuhören an, wenn Vorgesetzte einem Mitarbeiter zuhören (sollen). Da wird schon die Post gesichtet, unterschrieben oder abgezeichnet und gleichzeitig der Mitarbeiter durch »Mhm«, »Nein, wie interessant«, »So so« am Sprechen gehalten.

Machen wir uns nichts vor: *Ob wir tatsächlich aufnehmen*, d. h. gedanklich mitgehen, *drückt unser Körper sichtbar aus.* Nicht nur unsere Gestik, auch unsere Mimik verrät, wie aufmerksam wir bei der Sache sind. Sei es die Stirn, die wir runzeln, weil uns eine Äußerung gegen den Strich geht, seien es unsere Lippen, die wir zusammenpressen, weil wir genug haben, die hochgezogenen Augenbrauen, wenn wir erstaunt sind, oder die gerümpfte Nase, wenn uns etwas mißfällt. Ob wir uns langweilen oder schon innerlich auf Kontra gehen und an einer Erwiderung basteln, immer drücken wir unserem Gesprächspartner gegenüber – meist unbewußt – aus, ob wir aufnehmend zuhören.

Folgendes Gespräch konnte ich am Nachbartisch meiner Stammkneipe mithören. Dabei fiel mir das aufnehmende Zuhören auf. Zur Verdeutlichung habe ich einmal mögliche Gesprächsreaktionen hinzugeschrieben, wie sie häufig formuliert werden.

A und B (bei diesem Gespräch spielt es keine Rolle, ob es sich um zwei Frauen oder zwei Männer oder um je einen von ihnen gehandelt hat) betreten gemeinsam das Lokal, setzen sich an einen Tisch über Eck und bestellen sogleich ein Bier. Nachdem die Bestellung aufgenommen worden war, begann

A: »Also, unser Urlaub war schon ganz gut.«

B: »Mhm.«

B hätte hier geschickt auf den eigenen Urlaub und den vielen Regen, die Sonne oder sonst etwas hinweisen können, beispielsweise: »Wir hatten mit dem Hotel unglaubliches Pech!«

A: »Also nicht nur so vom Wetter, auch sonst. Wir haben uns eigentlich verstanden, so im großen und ganzen.«

B schaut A aufmerksam an und nickt. B hätte mit einer Frage im Stil des: »Wo wart ihr denn?«, oder »Wie lange wart ihr eigentlich weg?« sein Interesse zeigen können, und es wäre so ein Gespräch über Urlaub im allgemeinen entstanden.

Das Bier wird gebracht, und beide prosten sich kurz zu.

A: »Nun ja, Spannungen gibt's ja immer wieder. Krach kommt in den besten Familien vor. Oder?«

B verpaßt diese eindeutige Aufforderung zum Sprechen. Wie leicht wäre es gewesen, jetzt das Gespräch auf die eigenen Schwierigkeiten zu lenken, etwa: »Wem sagst du das, was glaubst du, was bei uns letzte Woche los war ...« Statt dessen blickt B ernsthaft zu A, nickt und murmelt »mhm«.

A: Ich weiß gar nicht so recht, ob's nun eigentlich schon im Urlaub angefangen hat oder erst wieder hier zu Hause.« A dreht sein Glas hin und her und scheint nachzudenken.

B schweigt, bleibt jedoch A zugewandt.

Denkbar wäre hier eine Frage, z. B.: »Was denn?« oder »Nun red nicht um den heißen Brei rum, was ist passiert?«

A: »Ja, wahrscheinlich erst hier. Denn da oben waren wir noch ein Herz und eine Seele.« A beginnt mit dem Bierdeckel zu spielen und schaut auf den Tisch.

B schweigt weiterhin.

Bei etwas Ungeduld wäre B wahrscheinlich ein: »Ich versteh nur Bahnhof« rausgerutscht o. ä.

A: »Weißt du, wir haben da ganz aufregende Situationen miteinander erlebt, das hat uns ganz schön aneinander gebunden.«

Zu meinem großen Erstaunen befriedigte B am Nebentisch nicht seine Neugier, z. B.: »Erzähl mal, was waren denn das für aufregende Situationen?«, sondern B blickte A aufmerksam an und nickte.

A: »Und jetzt weiß ich eigentlich gar nicht, was ausschlaggebend war. Irgendwie ist das alles noch so unfaßbar.«

Ich gestehe, daß ich selbst langsam neugierig wurde und mich ertappte, wie ich innerlich ein »Wieso?« formulierte, doch ganz anders die Reaktion von

B: »Mhm« und ruhiger Blickkontakt zu A.

A: »Weißt du, wir haben uns nämlich getrennt. Vorgestern. Ganz plötzlich. Für mich kam das echt aus heiterem Himmel,«

B: »Oje!«

Wenn B Spaß gehabt hätte, seine Menschenkenntnis zu zeigen, hätte er vielleicht erwidert: »So etwas deutet sich aber vorher an, da gibt es unzählige Anzeichen, die man beobachten kann, wenn man nicht plötzlich mit leeren Händen dastehen will.«

A: »Du kannst dir wahrscheinlich gar nicht vorstellen, wie mir zumute ist. Ich hab schon seit zwei Tagen nichts mehr gegessen, mir ist speiübel, und an Schlaf ist schon gar nicht zu denken. Da werfe ich mich nur von einer Seite auf die andere.«

Mich erstaunte am Nebentisch, daß B keinerlei Anstalten machte, sich ob seines mangelnden Vorstellungsvermögens zu verteidigen, in Form von: »Und ob ich mir das vorstellen kann, weißt du nicht, daß ich letzten Herbst …«

Tatsächlich schaute B seinen Gesprächspartner nur an, nickte langsam und sagte: »Ja.«

A: »Am liebsten möchte ich gar nicht mehr leben.«

Üblicherweise wird nun dem Gesprächspartner dieser Gedanke ganz schnell ausgeredet, entweder »Komm, komm, du wirst dich doch nicht wegen Liebeskummer gleich umbringen wollen, denk doch mal an …« oder »Oh, das kenn ich, das ging mir damals auch so, als …«

Doch B sagte gar nichts, sondern schaute A nur ernst an.

A: »Verdammt noch mal, mir ist zum Heulen.«

Statt des gutgemeinten »Na, na, wird schon werden, das passiert uns allen einmal!«

sagte B tatsächlich: »O ja.«

A: »Weißt du, eigentlich komisch, wir kennen uns gar nicht so gut, aber du bist tatsächlich der erste, dem ich das jetzt erzählt habe.«

B nickt.

und verzichtet auf die naheliegende Frage: »Und warum hast du mir das nun doch erzählt?«

A: »Aber, weißt du, worüber ich mir am meisten Sorgen mache, das ist der Besuch meiner Eltern nächste Woche. Wie soll ich denen nun erklären, daß es keine Hochzeit im Oktober geben wird? Ich weiß überhaupt noch nicht, wie ich mich da verhalten soll.«

B: »Mhm.«

Auch hier erfolgte nicht der zu erwartender Ratschlag in der Art von: »Lade deine Eltern unter irgendeinem Vorwand doch einfach wieder aus.«

Naheliegenderweise wird der Selbstmordgedanke als Folge der zuvor geäußerten Trennung verstanden. Doch dann sollte uns stutzig machen, daß A erklärt, worüber er sich am *meisten* Sorgen macht. Und genau um diesen Punkt, die nicht stattfindende Hochzeit, verlief dann auch das weitere Gespräch: A war mit seinen Gedanken fast ausschließlich bei seiner Mutter, der er nun irgendwie erklären mußte, daß er die von ihr so favorisierte zukünftige Schwiegertochter nicht heiraten könne, weil sie auf und davon sei. Bis zu dieser Stelle dauerte das Gespräch noch keine fünf Minuten. Tatsächlich hat sich B im weiteren Verlauf des Gesprächs keineswegs als einsilbiger »Mhm«-Sager erwiesen, sondern sehr anteilnehmend das »Eltern-Problem« vertieft. Nur dank seiner Geduld konnte über das gesprochen werden, was A wohl zutiefst beschäftigte, ohne daß er sich übrigens dessen hätte bewußt sein müssen. Vermieden wurde durch ein derartiges aufnehmendes Zuhören, daß sich ein Gespräch über Urlaub und spannende Situationen, über Partnersorgen und Liebeskummer oder über Körperbeschwerden und Selbstmordabsichten entwickeln konnte.

(3) Umschreibendes Zuhören

Im Gegensatz zum wörtlichen Wiederholen wird beim Umschreiben das soeben Gehörte *mit eigenen Worten wiedergegeben.* Das klingt sehr viel einfacher, als es tatsächlich ist. Vielleicht haben Sie selbst schon festgestellt, daß wir in der Lage sind, ohne weitere Übung ganze Sätze wörtlich zu wiederholen. Dabei müssen wir den Inhalt nicht einmal verstanden haben. Wichtig ist lediglich, daß wir unsere wörtliche Wiederholung im direkten Anschluß formulieren dürfen. Sollen wir jedoch mit eigenen Worten sagen, was wir verstanden haben, was bei uns angekommen ist, kommen wir ohne Übung in der Regel nicht sehr weit.

Umschreibendes Zuhören ist die einfachste und sicherste Möglichkeit, *Mißverständnisse* bereits von Anfang an zu *vermeiden.* Manch einer mag einwenden, daß eine derartige Erwiderung ja nichts Neues ins Gespräch bringt und darum weitgehend überflüssig sei. Wer jedoch einmal als Betroffener erlebt hat, wie wohltuend umschreibendes Zuhören sein kann, läßt diesen Einwand nicht mehr gelten. Wenn Sie das Gehörte mit eigenen Worten wiederholen, fördern Sie das Gespräch aktiv. Durch Ihr Umschreiben geben Sie zu verstehen, daß Sie nicht nur zugehört, sondern auch das Wesentliche der Aussage erfaßt haben und bereit sind, weiterhin über das begonnene Thema zu sprechen.

Folgende Einstiegsformulierungen eignen sich für das umschreibende Zuhören:

»Ihnen ist wichtig, daß ...«
»Verstehe ich dich richtig, daß ...«
»Du meinst, wenn ...«
»Ich habe jetzt verstanden, daß Sie ...«
»Was du sagst, fasse ich so auf...«
»Wenn ich das richtig erfaßt habe, dann geht es Ihnen um ...«

Diese umschreibenden Formulierungen sind Äußerungen, die sich ganz und gar auf das beziehen, was Ihr Gesprächspartner bislang gesagt hat.

Die größte Schwierigkeit beim umschreibenden Zuhören liegt wohl darin, für einen Moment die eigene Meinung, Ansicht, Bewertung oder Fragen und Ratschläge zurückzuhalten. Diese große Schwierigkeit mag erklärbar sein mit der Tatsache, daß wir fähig sind, ca. 400 Wörter in der Minute geistig zu verarbeiten. Dies entspricht der Lesegeschwindigkeit eines untrainierten Erwachsenen. Nun sprechen Menschen aber üblicherweise wesentlich langsamer. Eine mittlere Sprechgeschwindigkeit von 200 Wörtern in der Minute (das ist schon flott gesprochen!) lastet unsere Aufnahmekapazität aber bei weitem nicht aus. Rein rechnerisch sind wir gewissermaßen nur zu 50 % gefordert. Die verbleibende Hälfte liegt jedoch nicht brach, sondern erfährt eine Eigendynamik in Form der persönlichen Stellungnahme, des Vorformulierens der eigenen Antwort oder des Nachdenkens über etwas gänzlich anderes. Würden wir nun konsequent mit der einen Hälfte unseres Aufnahmevermögens zuhören und mit der anderen Hälfte unseren eigenen Gedanken anhängen, dann wäre dies wohl kein Verlust. In der Regel werden jedoch unsere eigenen Gedanken schon nach wenigen Sekunden so viel interessanter als das, was wir gerade hören, so daß wir mehr als die verbleibenden 50 % unserer Kapazität benötigen und mit entsprechend nachlassender Aufmerksamkeit dem anderen zuhören. Im Extremfall bekommen wir gerade noch mit, daß der andere (endlich) aufgehört hat zu sprechen und wir mit unserer Erwiderung loslegen können.

Von dem griechischen Philosophen *Sokrates* ist uns überliefert, daß er ein Meister des genauen Zuhörens war. Sein Schüler *Platon* läßt ihn in einem Streitgespräch (über die Unsterblichkeit: »Phaidon«) zum Beispiel folgendes sagen:

»Dies ist, glaube ich, ungefähr deine Meinung, *Kebes.* Mit Absicht wiederhole ich sie öfters, damit uns ja nichts davon entgeht und damit du das, was du etwa willst, noch hinzusetzen oder abstreichen kannst.«

Hier wird deutlich, daß nicht so sehr die »wunden Punkte« einer Gegenmeinung gesucht werden, als vielmehr zunächst ein *genaues Verstehen der Ansichten des Gesprächspartners* angestrebt wird.

Diese Form des Miteinandersprechens, des Streitens im Sinne des Meinungsaustausches, erreichte ihren Höhepunkt im 13. Jahrhundert, in den sogenannten scholastischen Disputationen. Für diese Streitgespräche gab es damals eine Spielregel, die das Zuhören erzwungen hat. So war niemandem gestattet, auf einen Einwurf des Gesprächspartners unmittelbar zu antworten; zuvor mußte er die gegnerische Position mit seinen eigenen Worten wiederholen und sich bei seinem Gesprächspartner ausdrücklich vergewissern, daß dieser auch genau das gleiche gemeint hatte.

»Umschreibendes Zuhören« verdeutlicht, daß Sie den Inhalt verstanden haben.

(4) Aktives Zuhören

Die hohe Kunst des Zuhörens bildet das aktive Zuhören. Hierbei wird nicht nur auf das geachtet, *was* der andere sagt, sondern *wie* der andere spricht und sich verhält. Gefühle, Hoffnungen und Wünsche werden meist nicht direkt formuliert, doch schwingen sie in fast jeder Äußerung mit.

Beim aktiven Zuhören fragen Sie sich im stillen:

»Was empfindet mein Gesprächspartner?«
»Was ist ihm an dem, was er gerade äußert, so wichtig?«
»Was beschäftigt ihn daran so sehr?«
»Welches Interesse will er damit verfolgen?«
»Wie ist ihm zumute?«

Um Antwort auf diese Fragen zu erhalten, werden Sie sich bemühen, sich in den anderen hineinzudenken, ja hineinzufühlen.

Anders als beim umschreibenden Zuhören geben Sie beim aktiven Zuhören nicht die ganze Aussage wieder, sondern versuchen knapp, das *in Worte zu fassen, was gefühlsmäßig mitschwingt.* Durch Ihr aktives Zuhören signalisieren Sie, daß Sie die Empfindungen

Ihres Gesprächspartners mitbekommen haben. Mit derartigen Formulierungen zeigen Sie, daß Sie sich ganz und gar auf den anderen Menschen einzustellen bemüht sind. Sie machen deutlich, daß Sie versuchen, ihn, seinen Standpunkt und seine Situation zu verstehen.

»Aktives Zuhören« ist der Schlüssel zum Gesprächspartner. Es schafft ein Klima der Verbundenheit und des Vertrauens.

Ein Ziel professioneller Gesprächs*führung* ist die Schaffung einer Atmosphäre, in der sich der andere *verstanden fühlt.* Wie schwer es fällt, diesen Gefühlszustand rational zu erfassen, wird Ihnen deutlich, wenn Sie einmal versuchen, jene Gründe aufzulisten, die für Sie ausschlaggebend sind, um sich verstanden zu fühlen. Menschen können ausgesprochen hartnäckig sein, wenn sie sich gefühlsmäßig nicht verstanden glauben. Am leichtesten können Sie dies bei kleinen Kindern beobachten.

Stellen Sie sich folgende Situation vor: Da läuft ein zwei- bis dreijähriges Kind die Straße entlang, stolpert plötzlich und liegt unvermittelt auf der Straße. Das Kind beginnt zu schreien. Die herbeieilende Mutter oder der Vater helfen dem Kind aufzustehen und versuchen, das Kind zu beruhigen und zu trösten. Typische Sätze in derartigen Szenen lauten: »Heile, heile Segen ...«, »Das tut ja gar nicht weh, es blutet ja nicht einmal ...«, »Komm, schrei jetzt nicht, das hört gleich wieder auf ...«, »Ein Indianer kennt keinen Schmerz ...« oder »Wenn du aufhörst zu weinen, dann bekommst du 'ne Brezel ...«. Nur zeigt die Erfahrung, daß Kinder in solchen Situationen eher lauter schreien und sich ganz und gar nicht beruhigen. Wie kommt das? Wenn wir uns überlegen, welche Empfindung sich bei dem Kind, nachdem es unversehens auf die Nase gefallen ist, als erstes eingestellt hat, dann entdecken wir, daß es kaum der Schmerz sein wird. Nein, zunächst einmal empfindet ein stolperndes Kind (ein Erwachsener übrigens ebenso) einen gewaltigen Schreck. Eben lief es noch und nun liegt es da. Und dieser Schreck, der förmlich in die Glieder gefahren ist, wird vom Erwachsenen mit keinem

Wort erwähnt. Statt dessen wird ein Schmerz geleugnet, den das Kind womöglich noch gar nicht registriert hat. Wer in dieser Situation auf den Schreck des Kindes eingeht, zeigt, daß er sich wirklich in seine Lage eingefühlt hat. Folgende Begebenheit soll verdeutlichen, daß derartiges Eingehen auf Empfindungen keineswegs die Situation dramatisiert, im Gegenteil:

In diesem Fall handelte es sich um einen dreijährigen Jungen, der nach einem Sturz durch kein Zureden seiner Mutter zu trösten war. Er saß auf ihrem Schoß und weinte bitterlich. Auf meinen Satz: »Na Raffael, du hast dich arg erschrocken, als du plötzlich an der Treppe ausgerutscht bist« kam mit völlig veränderter Stimme ein deutliches: »Ja, blöde Stufe!«, und gleichzeitig hörte der Junge auf zu weinen. Doch prompt fügte seine Großmutter hinzu: »Siehst du, Raffael, es tut gar nicht mehr weh«, und schon ging die Heulerei von neuem los – noch um einiges lauter.

Nicht nur Kinder reagieren so. Wir Erwachsenen legen genauso großen Wert darauf, ernst genommen zu werden, und in manchen Situationen können wir ausgesprochen unangenehm werden, wenn auf unsere Gefühle nicht angemessen eingegangen wird.

Nun höre ich oft: »Nur nicht Öl ins Feuer gießen.« Daraus klingt die Sorge, daß die ohnehin schon negativen Gefühle womöglich durch einfühlsames Eingehen verstärkt werden. Doch können Sie immer wieder beobachten, daß Menschen dazu neigen, so lange auf ihre »emotionale Tube zu drücken«, bis sie gehört werden, d. h. bis sie sich verstanden fühlen. Wer sich nicht traut, das bei Erwachsenen auszuprobieren, mag bei Kindern entdecken, wie schnell *aktives Zuhören* zu einem *Perspektivenwechsel* beitragen kann.

Da fällt ein vierjähriges Mädchen von der Schaukel und zieht nicht schnell genug den Kopf ein. Zum Schreck kommt unvermittelt der schmerzhafte Schlag der Schaukel an den Hinterkopf, wovon das kräftige Brüllen Zeugnis ablegt. Der herbeieilende Vater nimmt seine Tochter auf den Schoß und versucht sich in die Lage des Kindes einzufühlen: »Ich kann mir gut vorstellen, wie erschrokken du warst, als du da abgerutscht bist. Und dann auch noch die Schaukel an den Kopf kriegen, das tut bestimmt schrecklich weh.«

Zum Staunen des Beobachters wendet sich das Kind mit verheultem Gesicht dem Vater zu und fragt: »Gibt das jetzt eine Beule?« – »Bestimmt gibt das eine Beule, so wie die Schaukel an deinen Kopf geknallt ist.« Kurzes Nachdenken bei dem kleinen Mädchen, das plötzlich seine Perspektive wechselt: »Ich will aber keine Beule haben. Du mußt mir gleich Arnika drauf machen. Komm mit.«

Es kommt allerdings auf die Reihenfolge an:

Erst zeigen Sie Einfühlung durch aktives Zuhören, danach zeigt Ihr Gesprächspartner meistens von selbst einen Perspektivenwechsel.

Den Unterschied soll folgendes Beispiel verdeutlichen:

Dirk und Doris Weiß haben Hochzeitstag. Beim Frühstück vereinbaren sie, abends ins Theater zu gehen. Doris freut sich, geht extra zum Friseur und macht sich für den Abend fein. Doch erst kurz nach acht kommt ihr Mann nach Hause. Sie ist stocksauer. Als er wie immer fröhlich pfeifend ins Wohnzimmer kommt, platzt ihr der Kragen:

»Du bist ein ganz gemeiner Egoist. Du denkst nur an dich und deine blöde Karriere.«

Sachliche und pragmatische Äußerungen wirken in einer angespannten Situation anheizend. So gießt Dirk Weiß Öl ins Feuer, wenn er erwidert

»Tut mir echt leid, wir hatten noch eine wichtige Besprechung, und du weißt ja, was Dr. Vogel sich in den Kopf gesetzt hat, das müssen wir ausbaden.« Oder:

»Nun beruhige dich doch, wir können ja statt dessen ins Kino gehen. Oder:

»Ich mache dir einen Vorschlag: Ich führe dich jetzt ganz chic zum Essen aus, und du wirst sehen, daß es ein toller Abend wird.«

Wir können davon ausgehen, daß nach derartigen Äußerungen die erwähnte »emotionale Tube« erst recht ausgedrückt wird.

Wer jedoch spürt, daß der emotionale Ausfall zeigt, wie wichtig für Doris Weiß der geplante Abend war, kann darauf einfühlend eingehen: »Du bist stocksauer, daß ich dich hier stundenlang warten lasse. Mir wird gerade klar, wie sehr dich das kränken muß, wenn ich meinen Beruf so wichtig nehme. Ich vermittele dir womöglich das Gefühl, du läufst bei mir unter ferner liefen.«

»Ja, ich komme mir vor, wie bestellt und nicht abgeholt. Das ist für mich kein Zustand. – Aber ich habe jetzt keine Lust, mit dir zu streiten. Laß uns darüber bitte bei einem Glas Wein reden.«

Aber *aktives Zuhören* läßt sich auch in weit weniger dramatischen Situationen anwenden.

Wie ist es Ihnen bislang in Situationen ergangen, in denen Sie in einem Geschäft berechtigterweise reklamiert haben?

Mit großer Wahrscheinlichkeit wird Ihr weiteres Kundenverhalten nicht nur davon abhängig gewesen sein, ob Sie zu Ihrem Recht kamen, sondern ob Sie den Eindruck gewinnen konnten, mit Ihrem Anliegen ernst genommen zu werden.

Denken Sie sich in folgendes Beispiel hinein: Da kauft sich ein Kunde eine Stehlampe. Da das Gerät originalverpackt ist, nimmt er die Lampe mit nach Hause und montiert sie dort zusammen. Beim ersten Ausprobieren muß er leider feststellen, daß die Lampe deutlich hörbar brummt. Sofort stellen sich Gefühle ein, deren sich unser Beispiel-Mensch gar nicht bewußt zu sein braucht, dennoch wird er vermutlich enttäuscht sein. Vielleicht stellt sich ein Gefühl der Hilflosigkeit ein, von der Art des »Oje, was habe ich jetzt bloß falsch gemacht«, oder es kommt Ärger auf, weil das Tauschen der Lampe erneut Umstände macht. In diesem Fall greift der Kunde zum Telefon, um den Schaden sogleich zu melden.

»Guten Tag, ich habe doch heute vormittag bei Ihnen diese italienische Stehlampe gekauft, nun habe ich nach dem Zusammensetzen festgestellt, daß die brummt.«

»Sie, das kann aber eigentlich nicht sein.«

Auch wenn der Verkäufer recht haben mag, daß ein derartiges Brummen *eigentlich* nicht sein kann, so geht er doch nicht im geringsten auf den Kunden ein. Verständlich, daß dieser hörbar seinem Anliegen Nachdruck verleiht:

»Nun halten Sie aber mal die Luft an, ich werde ja wohl noch hören können, ob das Ding brummt oder nicht, ja?!«

»Ja wenn Sie meinen, dann müssen Sie noch mal herkommen und die Lampe vorbeibringen, dann sehen wir weiter.«

Natürlich hat der Verkäufer recht: Am Telefon wird er kaum dieses Brummen abstellen können, und darum ist es zweckmäßig, wenn der Kunde mit der Lampe in das Geschäft kommt. Dennoch reicht der Satz nicht aus, um dem Kunden zu zeigen, daß er verstanden wird. Was folgt, ist ein verärgerter Kunde, der in seiner Empörung die Lampe sogleich in das Geschäft zurückträgt und kurz nach Betreten des Ladens laut ruft:

»Da haben Sie das Brummding! Und jetzt will ich für mein Geld 'ne anständige Lampe haben, ist das klar?!«

»Sachte, sachte, Mann, was ist überhaupt los?«

Für den Verkäufer ist es in der Tat wichtig, möglichst schnell zu erfahren, um was für einen Vorgang es sich genau handelt. Doch dadurch fühlt sich der Kunde erst recht unverstanden und geht auch prompt an die Decke:

»Das will ich gern erklären, aber dafür holen Sie mir mal jemand Kompetentes.«

Hätte der Verkäufer geübt, auf Beschwerden, Beanstandungen und Reklamationen grundsätzlich durch aktives Zuhören einzugehen, dann wäre ihm mühelos folgende Formulierung eingefallen:

»Oh, wie ärgerlich. Jetzt haben Sie sich die Mühe gemacht und sind enttäuscht, daß die Lampe so gar nicht funktioniert.« Mit großer Wahrscheinlichkeit wäre der Kunde sachlich geblieben. Vielleicht hätte er erwidert: »Na ja, so schlimm ist es nun auch nicht, aber ich wollte es gleich mitteilen, weil ich erst nächste Woche wieder in die Nähe komme.«

Aktives Zuhören erfaßt die Empfindungen des Gesprächspartners.

Stellen Sie sich vor, ein Kollege äußert beim Mittagessen:

»Ich weiß nicht, wieso die Arbeit nicht vorangeht. Vielleicht sollte ich aufgeben.«

Wer zunächst zuhörend reagieren will, wird auf Äußerungen verzichten, die in etwa so lauten könnten:

»Nur Mut, das gibt sich wieder, das wird schon noch klappen.«

»Wieso, wo liegt denn das Problem?«

»Also ich würde folgendes machen …«

»Ich könnte mir vorstellen, daß liegt daran …«

Beim *aufnehmenden Zuhören* werden Sie Ihren Kollegen wohl nur fragend anschauen, um zu zeigen, daß Sie aufmerksam und gespannt sind, noch mehr zu erfahren.

Beim *umschreibenden Zuhören* könnte sich die Erwiderung so anhören:

»Weil du keine Fortschritte siehst, möchtest du am liebsten abbrechen.«

Und das *aktive Zuhören* geht auf die mitschwingende Emotion ein, beispielsweise:

»Du klingst entmutigt.« Oder:

»Sie hören sich ratlos an.«

Als weiteres Übungsbeispiel stellen Sie sich vor, wie Ihr Kollege freudestrahlend sagt:

»Ich kann's noch gar nicht glauben, mein Urlaubsantrag ist doch bewilligt worden.«

Auch hier bieten sich viele Erwiderungen an, die jedoch keineswegs zuhörenden Charakter haben, wie:

»Na, freu dich mal nicht zu früh, noch ist nicht aller Tage Abend.«

»Also wir wollen diesen Sommer ja gar nicht wegfahren, sondern …«

»Wohin soll's denn gehen?«

»Ich würde das nicht so laut ausplaudern, das gibt nur böses Blut …«

Nein, wer hier aktiv zuhören will, hört neben der Freude auch heraus, daß der Gesprächspartner wegen seines unbewilligten Urlaubsantrages in Sorge war, die sich nun erübrigt hat. Folgende Formulierung bietet sich an: »Ich kann mir vorstellen, wie Sie das erleichtert.«

Aktives Zuhören ist auf den Partner gerichtet.

Eigene Ziele, Wünsche und Meinungen stehen im Hintergrund.

Die Grundeinstellung des aktiven Zuhörens lautet, sich dem anderen uneingeschränkt zuzuwenden. Darum ist aktives Zuhören auch keine Technik, um seinen Gesprächspartner erst einmal auszuhorchen, sondern eine Haltung, die Respekt und Achtung vor dem anderen zum Ausdruck bringt. Die meisten Menschen erleben es als ungewohnte Wohltat, wenn sie wahrnehmen, daß ihnen ernsthaft und geduldig zugehört wird. Mögen sie anfangs noch zurückhaltend sein, so zeigt sich regelmäßig, daß dieses anfängliche »Eis« in der Wärme konzentrierter Zuwendung schnell schmilzt. Wenngleich ich einräumen will, daß sich mit aktivem Zuhören sehr wohl ein Gesprächspartner aushorchen läßt. Ich erlaube mir aber die Warnung, daß der Preis für diesen »Verrat« sehr hoch ist: Wer nur ein einziges Mal erlebt, daß die in vertrauensvoller Atmosphäre offen geäußerten Ansichten und Empfindungen später gegen ihn verwendet werden, wird sich hüten, mit diesem Gesprächspartner noch einmal eine vergleichbare Erfahrung zu machen.

Aus: Christian Rainer Weisbach: Die vier Arten des Zuhörens. In: Christian Rainer Weisbach: Professionelle Gesprächsführung. Ein praxisnahes Lese- und Übungsbuch. 5. Auflage. München, dtv, 2001, S. 37–54.

Die griechischen Philosophen waren an Klängen äußerst interessiert, und ihr Interesse war nicht einfach nur spekulativer Art, sondern auch empirischer Natur. Sie horchten. So Aristoteles, der folgende Fragen stellt:

Warum hört man nachts besser?

Warum hallen frischgestrichene Häuser besser?

Warum ergibt kaltes Wasser, wenn es aus dem gleichen Gefäß ausgegossen wird, einen helleren Klang, als warmes Wasser?

Warum knistert das Salz, wenn es ins Feuer geworfen wird?

Warum hört man während des Gähnens schlechter?

Warum hört man von draußen ins Innere eines Hauses besser als von innen nach außen?

Warum ist, wenn einer und wenn viele zugleich sprechen, der Klang nicht derselbe, und warum dringt er nicht im Verhältnis weiter vernehmbar durch?

Aristoteles: Probleme (aus Buch XI), herausgegeben, übersetzt und erläutert von Dr. Paul Gohlke, Paderborn 1961.

Die Probleme des Aristoteles sind noch immer gültig. Probieren Sie zum Beispiel die Sache mit dem heißen und kalten Wasser aus. Obwohl uns die moderne Physik dieses Phänomen wahrscheinlich einleuchtender erklären wird als die alten Griechen, ist deren Art, die Sinne zur Erkundung der Umwelt zu benutzen, charakteristisch für ihr Denken – und das ist es, was uns hier beschäftigt.

R. M. Schafer, Hörübung 64

V Resonanzen

Und zwischendurch hör ich vernehmbar
lockende Harfenlaute,
sehnsuchtswilden Gesang,
seelenzerreißend,
und ich erkenne die Stimme.

Heinrich Heine

Das Rauschen der Sprache

von Roland Barthes

Kraftzentrum der Texte des Literaturkritikers und Semiotikers Roland Barthes (vgl. S. 76) sind die zentralen Problematiken der Sprache und des Schreibens – und im fortschreitendem Alter immer dringlicher: des literarischen Schreibens, nicht zuletzt auch des eigenen. In seinem knappen Text aus dem Jahr 1975 stellt Barthes Überlegungen zum Verhältnis einer funktionierenden Sprache zu einer gut funktionierenden Maschine an und kommt zu dem Schluss, dass »ich im Rauschen der Sprache immer dem ›Säuseln des Sinns‹ lausche«.

Das Sprechen ist unumkehrbar, dies ist sein Verhängnis. Das Gesagte läßt sich nicht zurücknehmen, *außer durch Vermehrung*: korrigieren heißt hier bizarrerweise hinzufügen. Beim Sprechen kann ich nie löschen, wegstreichen, annullieren; ich kann nichts anderes tun als sagen »ich annulliere, ich lösche, ich berichtige«, kurz, wieder sprechen. Dieses sehr eigenartige Annullieren durch Hinzufügen nenne ich »Gestammel«. Das Gestammel ist eine zweifach mißlungene Botschaft: einerseits versteht man es schlecht, andererseits versteht man es mit einiger Anstrengung dennoch; es ist weder wirklich innerhalb noch außerhalb der Sprache – es ist ein Sprachgeräusch, dem Klopfen vergleichbar, mit dem ein Motor meldet, daß er nicht rund läuft; genau dies ist der Sinn der *Fehlzündung*, das hörbare Zeichen eines Scheiterns, das sich im Funktionieren des Objekts abzeichnet. Das Stottern (des Motors oder des Subjekts) ist im Grunde eine Angst: Ich habe Angst, es könnte zum Stillstand kommen.

Der Tod der Maschine: er kann für den Menschen schmerzlich sein, wenn er ihn wie den eines Tiers beschreibt (man denke an den

Roman Zolas). So unsympathisch die Maschine auch sein mag (weil sie in Gestalt des Roboters die schlimmste Bedrohung darstellt: *den Verlust des Körpers*), enthält sie letztlich doch die Möglichkeit eines euphorischen Motivs: ihr gutes Funktionieren; wir fürchten die ganz von allein laufende Maschine, wir genießen die gut laufende Maschine. Genauso wie die Funktionsstörungen der Sprache gewissermaßen in einem hörbaren Zeichen zusammengefaßt sind: dem Gestammel, genauso tritt das reibungslose Funktionieren der Maschine in einem musikalischen Wesen hervor: dem *Rauschen*.

Das Rauschen ist das Geräusch des gut Laufenden. Daraus folgt dieses Paradox: das Rauschen denotiert ein Grenzgeräusch, ein unmögliches Geräusch, das Geräusch des perfekt funktionierenden Geräuschlosen; rauschen heißt, die Verflüchtigung des Geräuschs zu Gehör bringen: das Dünne, Verschwommene, Summende werden als die Zeichen einer Lautaufhebung rezipiert.

Die glücklichen Maschinen sind folglich die rauschenden. Wenn sich die tausendmal von Sade vorgestellte und beschriebene erotische Maschine, dieses »durchdachte« Agglomerat von Leibern, deren Liebesstellungen sorgfältig aufeinander abgestimmt sind, wenn sich also diese Maschine durch die konvulsiven Bewegungen der Teilnehmer in Gang setzt, zittert und rauscht sie leicht: kurz, *es läuft*, und es läuft gut. Wenn sich anderswo die Japaner in den großen Hallen massenhaft dem Spiel mit Glücksspielautomaten hingeben (die dort *Pachinko* heißen), so erfüllt diese Hallen das enorme Geräusch von Kugeln, und dieses Rauschen bedeutet, daß kollektiv etwas läuft: die (aus anderen Gründen rätselhafte) Lust am Spiel, an der genauen Betätigung des Körpers. Denn das Rauschen setzt (wie aus dem Beispiel Sade und dem japanischen Beispiel ersichtlich) eine Gemeinschaft der Leiber voraus: In den Geräuschen der Lust, die »läuft«, erhebt sich keine Stimme, übernimmt keine die Führung oder weicht ab, bildet sich keine Stimme heraus; das Rauschen ist das Geräusch der mehrfachen, aber keineswegs massenhaften Lust (die Masse hat, ganz im Gegenteil, nur eine, und zwar eine schrecklich laute Stimme).

Kann die Sprache rauschen? Als Sprechen bleibt sie scheinbar zum Gestammel verurteilt; als Schreiben zur Stille und zur Distinktion der Zeichen: es bleibt ohnehin immer *zuviel Sinn*, als daß die Sprache eine Lust hervorbrächte, die ihrer Stofflichkeit innewohnte. Das Unmögliche ist jedoch nicht undenkbar: das Rauschen der Sprache stellt eine Utopie dar. Welche Utopie? Die einer Musik des Sinns; darunter verstehe ich, daß die Sprache in ihrem utopischen Zustand erweitert, ja, ich würde sogar sagen, *denaturiert* wäre, bis sie ein immenses lautliches Geflecht bildet, in dem der semantische Apparat irrealisiert wäre; der lautliche, metrische, stimmliche Signifikant würde sich in seiner ganzen Pracht entfalten, ohne daß sich jemals ein Zeichen abhebt (diese Schicht aus reiner Lust *naturalisiert*), aber auch – und darin liegt die Schwierigkeit – ohne daß der Sinn brutal verabschiedet, dogmatisch verworfen, kurz, kastriert wird. Die rauschende, durch eine unerhörte, unseren rationalen Diskursen unbekannte Bewegung dem Signifikanten überantwortete Sprache würde jedoch in einem Sinnhorizont verbleiben: Der ganzheitliche, undurchdringliche, unsagbare Sinn stünde jedoch in der Ferne wie eine Fata Morgana und würde aus der Stimmübung eine zweifache, mit einem »Hintergrund« versehene Landschaft machen; statt daß die Musik der Phoneme den »Hintergrund« unserer Mitteilungen abgibt (wie dies in unserer Poesie geschieht), wäre hier der Sinn der Fluchtpunkt der Lust. Genauso wie das der Maschine zugeschriebene Rauschen nur das Geräusch einer Geräuschlosigkeit ist, genauso wäre das Rauschen, nun auf die Sprache bezogen, dieser Sinn, der eine Leerstelle des Sinns zu Gehör brächte oder – was dasselbe ist – dieser Un-Sinn, der in der Ferne einen Sinn erklingen ließe, der nunmehr von allen Aggressionen, die im Zeichen, dieser von der »traurigen und wilden Geschichte der Menschen« geformten Büchse der Pandora, stecken, befreit wäre.

Das ist wohl eine Utopie; oft ist es jedoch die Utopie, die die Forschungen der Avantgarde leitet. Es gibt also da und dort, ab und zu, was man als Erfahrungen des Rauschens bezeichnen könnte: etwa in gewissen Hervorbringungen der nachseriellen Musik (es ist sehr bezeichnend, daß diese Musik der Stimme eine extreme Bedeutung beimißt: sie bearbeitet die Stimme, sucht in ihr den Sinn zu denaturieren, nicht das lautliche Volumen), in manchen Rundfunkexperimenten; oder auch in den letzten Texten von Pierre Guyotat oder Philippe Sollers.

Mehr noch: diese Forschung im Umfeld des Rauschens können wir selbst im Leben, in den Abenteuern des Lebens betreiben; in dem, was uns das Leben an Unvorhergesehenem zuträgt. Eines Abends habe ich, als ich den Film von Antonioni über China sah, plötzlich, beim Auslaufen einer Sequenz, das Rauschen der Sprache verspürt: In einer Dorfstraße lesen Kinder, an eine Mauer gelehnt, laut und jeder für sich alle zusammen ein anderes Buch; da rauschte es auf die richtige Weise, wie eine reibungslos laufende Maschine; der Sinn war mir doppelt undurchschaubar, durch die Unkenntnis des Chinesischen und durch die Überlagerung dieser gleichzeitigen Lektüren; aber ich hörte in einer Art halluzinierten Wahrnehmung, so intensiv nahm sie die Feinheit der Szene auf, die Musik, den Atem, die Spannung, die Beflissenheit, kurz, etwas wie ein *Ziel.* Was! Brauchten etwa nur alle gemeinsam zu sprechen, damit die Sprache auf diese seltene, vorhin angesprochene, lustgeprägte Weise zu rauschen beginnt? Dem ist natürlich nicht so; die sonore Szene erfordert eine Erotik (im weitesten Sinn des Wortes), einen Schwung oder eine Entdeckung oder einfach eine begleitende Rührung: eben das, was das Gesicht der chinesischen Jungen beisteuerte.

Ich sehe mich heute ein wenig wie den von Hegel beschriebenen Griechen der Antike: er lauschte, sagt er, leidenschaftlich und ohne Unterlaß auf das Rauschen der Blätter, der Quellen, der Winde, kurz auf das Säuseln der Natur, um darin die Umrisse einer Intelligenz auszumachen. Und ich lausche dem Säuseln des Sinns, wenn ich das Rauschen der Sprache vernehme – jener Sprache, die für mich, als modernen Menschen, meine Natur ist.

Aus: Roland Barthes. Das Rauschen der Sprache. In: Roland Barthes: Kritische Essays. Teil 4. Aus dem Französischen von Dieter Hornig. Frankfurt a. M., Suhrkamp, S. 88–91.

Achtlose Ohren – Zur Politisierung des Zuhörens

von Christina Thürmer-Rohr

Die Erziehungswissenschaftlerin Christina Thürmer-Rohr ist eine der ersten und wichtigsten Theoretikerinnen der deutschsprachigen Frauenbewegung und arbeitet seit 1980 an der Technischen Universität Berlin im Bereich Feministische Forschung. Von 1979 bis 1983 war sie Mitglied in der Rockband »Außerhalb« und erprobt heute klassische und experimentelle Musik für zwei Klaviere. Am »Zuhören« interessiert sie vor allem die verborgenen Logik der Macht. Nach Thürmer-Rohr entstammt das Motiv zum Zuhören einer Herrschaftskritik, die einem »Willen zur Umorientierung Ausdruck« gibt.

Zuhören drückt aus, daß Andere mich etwas angehen. Es signalisiert Interesse an der Welt, Interesse an den Anderen. Zuhören ist eine Metapher für die Offenheit, das Offenstehen der Person, die innere Gastfreundschaft. Wer zuhört, macht sich zugänglich und verwundbar, will von Anderen wissen, ist von Anderen beunruhigt, will Anderen antworten. Zuhören widerspricht dem monologischen Bewußtsein, ist kein bloßer Empfang, sondern Zuwendung und Irritation. Wie ein Raum sich verändert, in den jemand eingetreten ist, läßt die Aufnahme des Anderen die aufnehmende Person nicht als die gleiche zurück, die sie vorher war. Zuhören bedeutet Bejahung der Anderen, Angewiesenheit auf ihre Existenz. Diesem Zuhören widerspricht die Norm der Unterdrückung von Stimmen, die anders sind als die eigenen und die das Geborgenheitsgefühl im unverwüstlichen Wir der dominanten Kultur und ihrer dominanten Gruppen stören.

Das Bewußtsein von der Mit-Anwesenheit, der Verwiesenheit aufeinander und damit der Abhängigkeit von Ich und Anderen ist längst nicht selbstverständlich. Die westliche Moderne hat die Individuen – in männlicher und weiblicher Version – mit Selbstverteidigungen und Selbstgenügsamkeiten zu wappnen gesucht und mit einem Emanzipationsverständnis gerüstet, mit dem das Wort »Abhängigkeit« in einen abschreckenden Gegensatz zu den leuchtenden Worten Freiheit und Autonomie rückt und schnellstens mit Unfreiheit und Fremdbestimmung gleichgesetzt wird. Dabei hat eine Autonomievorstellung, die das Individuum in sich selbst einschließt und sein Wesen, seine Würde, seine Selbstverwirklichung *für sich* bestimmen will, sich längst als naiv oder vernichtend erwiesen. Diese Autonomieidee führt zur Manie und Aufblähung eines Ichs, das sich vom Anspruch der Anderen weniger gefordert als beeinträchtigt sieht. Sie entbindet vom Infragegestelltsein durch die Anderen, vom Bewußtsein, angesprochen zu sein, und vom Akt des Antwortens.

Die (deutsche) Sprache hat eine Fülle von Wortverbindungen gefunden, die die Art der Aufmerksamkeit beim Hören und Zuhören ausdrücken. So ist die Rede von einem horchenden, lauschenden, suchenden Ohr, einem begierigen, neugierigen, durstigen, empfangenden, wachsamen, stillen, freundlichen, gnädigen, empfindlichen, offenen, geübten, erfahrenen Ohr, von einem unachtsamen, achtlosen, halben, tauben, toten Ohr oder von einem kranken, wunden und beleidigten Ohr. Diese Wendungen zeigen, wie reichhaltig die Versprechungen und Enttäuschungen sind, die das Ohr bereiten kann. Sie zeigen auch, wie undifferenziert unsere Sprache und damit die Wahrnehmungen selbst geworden sind. Denn wem fallen heute so schöne Adjektive ein, um die vielen Hörfähigkeiten und -unfähigkeiten zu beschreiben, und wem ist bewußt, welche Verheerungen ein achtloses Ohr anstellen kann?

Die Erinnerung verschwindet, daß das Zuhören – könnte es frei oder jenseits von Herrschaftsverhältnissen gedacht und praktiziert werden – Bestandteil eines dialogischen Lebens zwischen Menschen sein könnte, Menschen, denen wir und die uns *Aufschluß* darüber geben könnten, wer wir sind und wer sie sind; eines Lebens, das ohne diesen Aufschluß insular wird, ich-verhärtet und brutal, weil es zur »Gewalt der Tat« statt zur Annäherung gerät. Charakteristischerweise und gewohnheitsgemäß wird *Aufschluß geben* als ein Akt verstanden, in dem *ich* über *mich* Auskunft gebe, in dem *ich* spreche, *mich* zeige, *mich* mitteile, *mich* einbringe. Aufschluß geben könnte aber zugleich heißen, mich aufzuschließen, um anderes aufnehmen zu können: ich gebe dir oder euch meinen Aufschluß. Ohne mich aufzuschließen, kann ich überhaupt nichts und niemanden aufnehmen. Ich schließe mich auf, damit Andere Aufschluß über *sich* geben können, damit *sie* sich äußern. Nur wenn ich zuhöre, mache ich deutlich, daß ich Interesse am Aufschluß der Anderen habe. Ich schließe mich auf, damit du sprechen kannst, nicht ins Leere sprichst und ich dich hören kann. Zuhören schafft erst die mitmenschliche Bedingung dafür, zur Sprache zu kommen und sich verändern zu können.

Die Postmoderne hat das Ohr – seit den achtziger Jahren vor allem in spirituell orientierten Kreisen der westlichen Alternativkultur – ausführlichst zu würdigen begonnen und es sogar philosophisch ins Gespräch gebracht. Mit großer Emphase wurde das Hören auf einmal heiliggesprochen und von der »postmodernen Einsetzung unserer Hörorgane« Rettung für die geschrumpften Wahrnehmungsapparate erwartet. Eine neue Hörbereitschaft sollte die stumpf gewordenen Sinne sensibilisieren. Erprobt wurde die Bewußtseinsintensivierung durch Musik – im verstärkten Zugriff auf außereuropäische Musiktraditionen. Die *workshop*-Kultur florierte. Die schmalgewordene Wahrnehmung sollte ausgedehnt, die Reise in die Innerlichkeit zu den verschütteten Urquellen der Person angetreten und der eigenen Person eine neue Dimension des Empfindens abgewonnen werden. Die ausgemagerte westliche – meist männliche – Psyche wünschte sich Animation, ging auf neue Stoffsuche – *in* sich selbst und *für* sich selbst und gern außerhalb der eigenen kulturellen Grenzen. Dieses neue Hören diente mehr der Entdeckung der inneren Stimme als der Stimme Anderer, die das eigene System nicht nur hätten bereichern, sondern auch aufstören können. Der »auditive Pietismus« brachte eine Weltanschauung auf den Markt, nach der jedem Hörstoff mit willigem und sanftem Ohr zu begegnen sei. Sie trieb erstrangig ins selbstbezügliche Hören und zur Versunkenheit in sich selbst. Welche Grenzen jene Begeisterungen der achtziger Jahre auch immer hatten, das neue Interesse am Hören drückte die Erfahrung eines persönlichen Verlusts und kulturellen Defizits aus. Ob es zum Bestandteil einer Kulturkritik geworden ist oder werden wird, die möglicherweise nicht nur auf die selbsterlittenen Schäden aus ist, bezweifle ich.

Die Geringschätzung des Hörens und das Schwinden des Zuhörens sind Ausdruck einer Kultur, deren Angehörige sich Herrschaftsinstrumente zu eigen gemacht haben und in die Herrschaftsmerkmale eingeschrieben sind. Ebenso wie das Hören aus dem gesellschaftlichen Herrschaftskontext nicht herauszudenken ist, ist das Nichthören Instrument und Ergebnis von Herrschaftsverhältnissen geworden. Im Zuhören, Halbhören, Vorbeihören oder Weghören, im Abstoßen oder Assimilieren des Gehörten spiegelt sich das Verhältnis zwischen verletzungsmächtigen und verletzungsoffenen sozialen Gruppen. Sprechende und Hörende werden zu zwei Klassen, das Verhältnis von Sprechen und Zuhören wird zu einer sozial verfestigten hierarchischen Teilung von Einwirken, Zufügen, Aufnehmen, Erleiden, Gehorchen. Grob gesagt ist es das Privileg dominanter Gruppen, daß sie sich jederzeit Gehör verschaffen können und das Zuhören *nach unten* nicht nötig haben – es sei denn zum Zweck des Abhörens und Aushorchens. Umgekehrt ist es die Realität dominierter Gruppen und Minderheiten, daß sie in der Mehrheitsgesellschaft kein Gehör finden und zum eigenen Schutz aufs Zuhören *nach oben* angewiesen sind.

Zuhören verlernen heißt, den Regeln zu folgen, die in der Dominanzgesellschaft gelten. Die Besitzer der Rede brauchen ZuhörerInnen, um Einfluß auszuüben und sich auszubreiten, diese sehen sich mißbraucht und mundtot gemacht. Aus der Perspektive von MachtinhaberInnen wird eigenes Zuhören uninteressant, weil es nicht der Machtsicherung dient, aus der Perspektive der Machtlosen verdächtig, weil es an die Erfahrung von Unterwerfung gebunden ist oder an sie erinnert. Die Funktionalisierung des Zuhörens zum Zweck der Herrschaftsausübung macht es zu einer Tätigkeit, die für beide Seiten wenig Motiv hat, jedenfalls kaum ein freiwilliges. Auch wenn die Machtlosigkeit vielleicht eine bessere Lehrmeisterin des Zuhörens ist als die Position der Macht – auch dort bleibt das Zuhören strukturell gebunden an seinen Herrschaftskontext, wird Strategie oder Kalkül, von Entmündigung, Einschüchterung oder Selbstauslöschung bedroht. Zuhören ist kein Erfolgsrezept, erscheint als persönliche Schwäche, wer zuhört, gerät in den Hintergrund des Geschehens, fürchtet, die Situation aus der Kontrolle zu verlieren. So verschwindet das Motiv. Ebenso verschwindet das Bewußtsein, daß Zuhören überhaupt eine *Fähigkeit* ist, und mit ihm die Fähigkeit selbst. Sie wird delegiert an professionelle Stände, an bezahlte ZuhörerInnen vom Dienst. Und mit dem Schrumpfen des Seelsorgerstandes und der Verwandlung von Ärzten in Technologen bleiben noch in erster Linie die TherapeutInnen, die das Zuhören als Methode feilbieten. Der Therapismus – Therapie als Lebensform – profitiert vom Nichtvorhandenen. Die wöchentlichen Stunden werden zur Gefühlsbeichte und einseitigen Sprechveranstaltung für die Bedürftigen, die sich als Ersatz für Mitmenschlichkeit und Freundschaft ein professionelles Ohr kaufen.

Frauen wird immer wieder nachgewiesen, sie seien – im Unterschied zu Männern – zum Zuhören besonders befähigt und im Zuhören besonders geübt. Das gilt allerdings wohl erstrangig für die Kommunikation im innerkulturellen Geschlechterverhältnis. In dieser Domäne haben viele Frauen gelernt, auf den Mann zu hören und ihm ein gutes Publikum zu sein, jedenfalls die gute Zuhörerin vorzutäuschen. Aber diese Art Zuhören gerät in der Regel zur »Variante der Versockelung«, zur Unterwerfungsgeste oder zum Stillhalte- oder Totstellreflex, der dem Überlegenen sein Terrain überläßt: Hörform von Beherrschten oder solchen, die sich wie Beherrschte verhalten. Viele Frauen sind ans Schweigen gewöhnt. Sie fühlen sich stumm, weil sprachlos, und taub, weil sie feststellen, daß die Worte anderer sie nicht erreichen. Vielleicht ist vielen deshalb auch jedes Plädoyer fürs Zuhören schlichtweg unerträglich. Denn sie gehen davon aus, daß sie ihr Soll erfüllen oder über Gebühr erfüllt haben und daß es nun endlich an der Zeit ist, sich vom Zuhören zu emanzipieren und als Sprechende in Erscheinung zu treten. Auch die Metapher der »Gastfreundschaft«, die den Zutritt eines Gegenübers, die Offenheit der Person für etwas, das nicht sie selbst ist, andeutet, ruft den Widerstand der Kundigen hervor. Wie könnte überhaupt ein Interesse an dieser Offenheit entstehen, wenn eine Kardinalerfahrung des Lebens die grenzüberschreitende Verletzung ist, die ständige Invasion und Gängelung durch handelnde, sprechende männliche Subjekte?

Die widersprüchlichen Herrschaftsverhältnisse, in denen weiße Frauen als Zugehörige zur weißen Kultur, als Betroffene und Teilhabende stecken, erweisen sich einerseits in der Abschnürung der eigenen Stimme und der Gewohnheit oder dem Zwang, auf die eigenen Kontrolleure zu hören. Sie erweisen sich andererseits im Grad der eigenen Bindung an ein ideologisches System, das seinen Mitgliedern Vorteile durch Überlegenheits- und Ausbeutungsansprüche gegenüber Anderen zugesteht, und das über Werteskalen und Autonomiediktate verfügt, nach denen nicht des Hörens wert ist, wer von den eigenen lauten oder stillen Übereinkünften abweicht. Weiße Frauen befinden sich im Grundsatz nicht jenseits eines Herrschaftssubjekts, das die Irritation durch Andere als Selbstgefährdung und die Angewiesenheit auf Andere als Schwäche verwirft. Frauen der westlichen Kultur sind nicht nur Objekte, sondern auch Subjekte eines Herrschaftshörens, dem Hierarchisierung und Gleichgültigkeit selbstverständlich sind. Nur zeigt sich dieses wohl am wenigsten im Geschlechterverhältnis.

Das Motiv für ein Zuhören, das sich mit seiner Pervertierung zum Herrschaftsmittel nicht abfinden will, ist aus einer beleidigten oder einer veränderungsrenitenten Psyche wohl nicht ohne weiteres herauszuholen. Wer zuhört, verzichtet zeitweise auf Selbstpräsentation. Und Grenzen des Zuhörens liegen in Grenzen dieses Verzichts, in den Impulsen zur Selbstrechtfertigung, dem Verdacht, angegriffen, vergiftet, dominiert und manipuliert zu werden, in der Angst, zu verschwinden und zu kurz zu kommen, in einer Panik vorm Wichtigkeitsverlust des Ichs. Der Perspektivwechsel von der eigenen auf die andere Person, vom eigenen zum anderen Stoff wird konterkariert, wenn das Zuhören von unausgesetzter Selbstreflexivität begleitet ist, von der Rückwendung auf den eigenen Zustand, der Sucht des Sichvergleichens, mit dem das Gehörte sofort am eigenen Maßstab relativiert wird. »Du meinst, wenn ich spreche, bist du zum Schweigen verurteilt. Wenn ich über meinen Zorn, meine Verletzungen als schwarze Frau rede, bleibe dir als weißer Frau nur, deinen Zorn, deine Verletzungen [...] zu vergessen. Beides gleichzeitig geht nicht. [...] Wenn ich spreche, sollst du schweigen – aber nur in dem Augenblick, nicht für immer. Wenn du nicht zuhören kannst, wie willst du erfahren, was ich dir sagen will? Ich habe diese Frage immer wieder gestellt. Oft kam die Rückfrage: ›Aber was soll ich tun, nachdem ich zugehört habe? Ich fühle mich so schuldig.‹« Der ununterbrochene Drang, »ich« sagen und denken zu müssen, auf die eigene Reaktion zurückzulenken und sich selbst vor Belastungen zu schützen, kommt einer Vertreibung der Anderen gleich.

Das Motiv zum Zuhören entstammt einer Herrschaftskritik, die einem Willen zur Umorientierung Ausdruck gibt. Diese ist eine politische Haltung, die den Konditionierungen des Herrschaftssubjekts nicht gehorcht. Das politische Motiv kann sich nur aus einer Herrschaftskritik entwickeln, die den von der christlich-abendländischen Geschichte definierten, degradierten, ausgenommenen und aussortierten Anderen nicht ausweicht. Wer sich im Kontinuum dieser Geschichte sieht, kann sich nicht irritations- und folgenlos den Fakten und lebendigen Trägerinnen dieser Geschichte aussetzen. Sie fordern den Angehörigen der Herrschaftskultur die systematische Auflösung einer Identität ab, die auf die Anstrengung des Ichs hinausläuft, alles zu beherrschen, sich selbst inbegriffen, und alles zu vereinnahmen oder zu eliminieren, was im eigenen System nicht integriert werden kann. Das oft postmodern vorgetragene Plädoyer für das »Ende der Identität« ist dabei offensichtlich häufig mit der Hoffnung verbunden, die Zeiger könnten auf Null gestellt und mit dem *post* könnte auch ein Strich unter die eigene weiße Geschichte gezogen werden. Durch historische Entsorgung, durch Ausradierung der eigenen Zugehörigkeit und durch Selbstverschwinden erschiene so das Problem gelöst, und niemand mehr wäre fürs Gegenüber eine Provokation. Ein Dialog braucht aber Menschen, die den Mut haben, sich zu positionieren, statt nichts oder jedenfalls nicht greifbar zu sein. Die Anderen lassen diese weiße Identitätsflucht auch gar nicht zu. Sie zwingen zum Blick auf diese Herrschaftsgeschichte. Und diese Geschichte ist die einzige nicht veränderbare Identität, die wir haben und die eine Antwort verlangt.

Die unspektakuläre Haltung des Zuhörens kann nicht als Postulat formuliert werden. Das Zuhören und das Nichtzuhören berühren Fragen, die sich den politisch-pragmatischen oder pädagogischen Umsetzungen entziehen. Es sind Fragen der Existenzsuche. Es ist die Frage, wozu die Individuen eigentlich da sind, die Frage nach einem erotischen Verhältnis zur Welt. Die Menschen gehen mich etwas an, ich bin auf sie angewiesen, sie können mich aus der Bahn werfen, ich will etwas von ihnen, und ich will, daß sie von mir etwas wollen. Gemeint ist eine Haltung des *inter-esse*, was »Leben« im Sinne von »unter Menschen weilen« heißt – mit Menschen zu tun haben, zwischen Menschen sein, zwischen Menschen handeln, Leben als politische Existenz verstehen. Und das Handeln, mit dem die Person sich ins Spiel und mit allen Risiken zum Vorschein bringt, ist nicht nur sprechendes Handeln. Ohne Zuhören bleibt das Sprechen leer, und ohne Resonanz bleibt es bloße Selbstdarstellung oder verzweifeltes Agieren. Das Zuhören ebenso wie das Sprechen ist Ausdruck eines Interesses, mit dem das Individuum sich aussetzen und das eigene System überschreiten will. Ein solches Interesse drückt ein Verhältnis zur Welt aus, das mit dem gleichgültigen oder gelähmten Habitus des Zynischen oder Geschockten auf Dauer nicht zu vereinbaren ist. Die eigene Gleichgültigkeit wird unerträglich.

Aus: Christina Thürmer-Rohr: Achtlose Ohren – zur Politisierung des Zuhörens. In: Christiane Thürmer-Rohr, Verlorene Narrenfreiheit. Essays. Berlin, Orlanda Frauenverlag, 1994, S. 111–129.

Mutter Weinezehr und Fräulein Leichnam – Schönheit und Schrecken des Verhörens

von Axel Hacke

In einem der ersten Briefe, die mich zu diesem Thema erreichten, schrieb Leser B., er habe als Kind oft das Lied vom Hänschen klein gehört, darin die Zeilen:

»Da besinnt
sich das Kind,
eilet heim geschwind.«

B. aber verstand den Text immer anders, er hörte:

»Dabesin
sieht das Kind,
eilet heim geschwind.«

B. hatte dafür nur eine Erklärung: Es müsse einen Herrn Dabesin (wohl ein Bekannter der Eltern) geben, der das entlaufene Kind sehe und zu den Eltern eile, die es dann holten. Oder der mit dem Kind rede und es dazu bringe, reumütig heim zu eilen. Kaum hatte ich das veröffentlicht, meldete sich bei mir Herr W., der mir den kompletten Text der zweiten Hänschen-Strophe zur Verfügung stellte, jedenfalls wie er sie verstand:

»Aber Mutter Weinezehr
hat ja nun kein Hänschen mehr!
Dabesin sieht das Kind,
eilet heim geschwind.«

Damit wurde die Sache plötzlich viel klarer: Dabesin ist der Geliebte von Frau Weinezehr, Hänschens Mutter, der zu ihr eilt, nachdem er Hänschen hat gehen sehen. Nun aber werden neue Fragen aufgeworfen: Ist Dabesin Hänschens Vater? Warum nimmt er Hänschen nicht mit zur weinenden Mutter? Hat er ihn gehasst? Hat Hänschen ihn gestört, wenn er mit Mutter Weinezehr allein sein wollte? Ist Hänschen am Ende seinetwegen gegangen, weil er den Stiefvater nicht mehr ertrug? Das muss offen bleiben.

Fest steht aber: Wir, die wir immer alle Texte falsch verstehen, sobald wir sie nicht lesen, sondern hören, sobald sie gesungen, gebetet oder sonstwie vorgetragen werden, wir leben in einer rätselhaften, doch auch reichen, poetischen Welt, bevölkert von Wesen, die niemand außer uns auch nur zu kennen imstande ist.

Nehmen wir jenen Herrn, der mich nach einer Lesung ansprach, um mir seine Version von Matthias Claudius‹ *Der Mond ist aufgegangen* mitzuteilen. Da heißt es:

»Der Wald steht schwarz und schweiget,
und aus den Wiesen steiget
der weiße Nebel wunderbar.«

Dieser Mann erzählte mir, was in seinen Ohren klang:

»Der Wald steht schwarz und schweiget,
und aus den Wiesen steiget
der weiße Neger Wumbaba.«

Das hat nun etwas, das weit über Claudius hinausweist: Von weißen Nebeln singen kann, mit Verlaub, jeder. Aber einen weißen Neger namens Wumbaba zu ersinnen – das ist sehr groß.

Sehr viel später meldete sich bei mir noch Leser L. aus München, der eine münchnerisch-bayerische Version vortrug, die auf seine Enkel zurückgeht, und in der es heißt:

»Und aus der Isar steiget
der weiße Neger Wumbaba.«

Das ist natürlich auch nicht zu verachten, wenngleich ich es doch schöner finde, diese sagenhaft fremd-schöne Wumbaba-Gestalt aus nebelüberhangenen Wiesen aufsteigen zu sehen, die sich vor einem schwarzen Walde erstrecken. Da kann die Isar nicht mithalten.

Herr Dabesin, Mutter Weinezehr, Wumbaba …

Der Verhörende schafft sich gewissermaßen aus der Unverständlichkeit der Welt heraus seinen eigenen Figurenkosmos, ein Beweis für die kindlich-dichterische Kraft, die vielen von uns innewohnt, ohne dass wir eigentlich etwas von ihr ahnen, und die uns ganz nebenbei Figuren beschert wie den unermesslich reichen niederländischen Kaufmann Ohrjens, von dem Leser J. aus Berlin berichtete. J. sang als Kind:

»Schwer mit den Schätzen des Ohrjens beladen,
Ziehet ein Schifflein am Horizont dahin.«

Und er will bis heute nicht verstehen, dass die Schätze »des Orients« gemeint waren. Recht hat er!

Aber wie tief stürzen wir, wenn wir uns von hier aus noch einmal dem Kinderlied zuwenden, jenem zum Beispiel, mit dem einst Frau L. als Kind Abend für Abend in den Schlaf gesungen wurde:

»Guten Abend, gute Nacht,
mit Rosen bedacht,
mit Näglein besteckt,
lieg' unter der Deck'.«

Vielleicht wäre es nett gewesen, hätte damals jemand der kleinen L. erklärt, mit »Näglein« sei Flieder gemeint, »Braunnägelein«, wie man zu Brahms' Zeiten sagte. Sie wäre friedlicher eingeschlafen.

Kaum hatte ich aber die Geschichte der L. veröffentlicht, meldete sich bei mir Frau E., deren Tochter sogar immer zu weinen begann, wenn man ihr dieses *Guten Abend, gute Nacht* vorsang. Es war aber eine andere Zeile als bei der kleinen L., welche die Tochter der Frau E. so ängstigte, dass sie immer wieder rief: »Du sollst aufhören, aufhören!« Die Zeile hieß:

»Morgen früh, wenn Gott will
wirst du wieder geweckt.«

Als die Mutter fragte, warum denn – um Gottes willen! – sie aufhören solle zu singen, da stellte sich heraus, dass ihr Kind diese Passage des berühmten Lieds so verstanden hatte:

»Morgen früh, wenn Gott will,
wirst du wieder gewürgt.«

Dies vor dem Hintergrund, dass die Tochter einen rabiaten Sandkastenkameraden hatte, der allen anderen Kindern mit Vorliebe an den Hals ging und von den Erwachsenen ständig gemahnt werden musste: »Hör mit dem Würgen auf.« Und sie hasste diesen Sandkastenknaben und hasste und hasste ihn. Und doch hieß es Abend für Abend, morgen früh, »wenn Gott will«, werde sie wieder gewürgt.

Daran schließt sich nahtlos der Bericht von Frau F. an, die von einem Kind berichtet, das sich einmal bei ihr nach dem »Lied vom toten Hannes« erkundigte. Es stellte sich dann heraus: Gemeint war *Der Hahn ist tot*, was im Elternhaus des Kindes gern und oft und immer mit viel Schwung gesungen wurde. Die Eltern sollen nicht wenig erschrocken über die Nachricht gewesen sein, dass ihr eigenes Kind ihnen zutraute, mit so viel Elan vom toten Hannes zu singen.

Hannes hieß nämlich der Bruder des Kleinen.

Noch nicht schrecklich genug? Für die Freunde des Horror-Genres hätten wir noch das geradezu einem Splatter-Movie entsprungene »Fräulein Leichnam« zu bieten, das lange durch die Phantasie von Frau P. geisterte: Sie schrieb, wenn sie sich als Kind habe besonders gewählt ausdrücken wollen, habe sie vom Feiertag »Fronleichnam« immer als »Fräulein Leichnam« gesprochen, weil sie dachte »Fron« sei nur die Verkürzung von »Froin« oder »Froll'n«, also eben »Fräulein« gewesen. Über die Bedeutung des einen wie des anderen sei sie sich nie im Klaren gewesen. Was den Feiertag »Fronleichnam« angeht, geht es ja bis heute vielen Erwachsenen ähnlich.

Aber »Fräulein Leichnam«? Huuuuuh!

Die junge Frau könnte sich den schaurigen »Mutaten« zum Mitternachts-Tanze zugesellen, von deren Existenz mich Herr P. aus Frankfurt unterrichtete, der als Kind *oft Kein schöner Land in dieser Zeit* sang. Darin heißt es:

»Da haben wir so manche Stund',
gesessen da in froher Rund',
und taten singen,
die Lieder klingen
im Eichengrund!«

P. aber verstand eine ganze Kindheit lang immer nur:

»Mutaten singen
die Lieder klingen
im Eichengrund.«

Noch horribler ist eigentlich nur jene Figur, die in den Phantasien von Phil Thomas erstand, der auf der Internet-Seite *www.kissthisguy.com* berichtet, wie er zum ersten Mal Madonnas *La Isla Bonita* hörte. Das Lied geht so:

»Tropical the Island breeze
All of nature wild and free
This is where I long to be
La Isla Bonita.«

Phil Thomas hörte:

»Just call me an Island sleaze
All my body yours for free
This is who I long to be
Louise the Bone Eater.«

»Island sleaze« sollte man vielleicht mit »Inselschlampe« übersetzen. Dass jemand sich eine »Inselschlampe« nennt und erklärt, sein Körper gehöre – wie ich das jetzt mal vorsichtshalber übersetze, es sind ja vielleicht noch Kinder im Raum – »Louise, der Knochenfresserin«, das scheint einem Horrortraum zu entstammen. Ich beneide Phil Thomas nicht um seine Phantasie.

Es ist eine Welt von Gut und Böse, von der uns da gesungen wird, wie in Grimms Märchen: die Welt von Herrn Dabesin und Mutter Weinezehr, vom weißen Neger Wumbaba und dem unermesslich reichen Mijnher Ohrjens und von Louise, der Knochenfresserin, einer Vorläuferin Hannibal Lecters, die ihre Opfer vor Verzehr mit Näglein besteckt …

»Kinder brauchen Märchen«, schrieb Bruno Bettelheim. Und Erwachsene brauchen sie anscheinend auch. Und wenn sie die nicht bekommen, dann schaffen sie sich die Märchen selbst.

Sehen wir das nicht vor uns, im Eichengrund: Wie sie da tanzen, auch der tote Hannes und das Fräulein Leichnam sind dabei, umringt von Mutaten – vereint in froher Rund'?! Und die Lieder klingen!

Aus: Axel Hacke: Der weiße Neger Wumbaba. Kleines Handbuch des Verhörens. Mit Illustrationen von Michael Sowa. München, Kunstmann, 2004, S. 11–17.

Zuhören im Zeitdruck

von Karlheinz Geißler

Zuhören lässt sich nicht beschleunigen. Zuhören braucht die Zeit, in der man zuhört. Vielleicht gerät deshalb Zuhören in einer Gesellschaft, die auf schneller arbeiten, lesen, essen, sprechen aus ist, unter die Räder. Zuhören ist in einer Beschleunigungsgesellschaft ein Instrument der Langsamkeit. Der Zeitforscher Professor Karlheinz Geißler (München) blickt auf Zeitordnungen zurück, die sich Menschen in ihrer Geschichte gemacht haben.

Wer reden und wer zuhören will, braucht Zeit. Das ist trivial, denn nichts geschieht in unserer Welt, was außerhalb der Zeit geschieht. Wo und auf welch spezifische Art und Weise etwas getan, erlebt und erfahren wird, immer geschieht es in einem zeitlichen Zusammenhang. So auch das Hören und das Zuhören, das Reden, das Reden lassen und das Lassen des Redens. Aber, was wir »Zeit« nennen, ist nicht Zeit, sondern eine bestimmte Zeitordnung. Und diese Zeitordnungen sind menschengemacht. Sie haben sich im Laufe der Geschichte verändert und sie verändern sich weiter, speziell aber in unserer hochtourigen Moderne. Es gibt also keine unbefleckte Empfängnis der Zeitordnungen, genauso wenig wie es eine unbefleckte Empfängnis jener akustischen Signale gibt, die wir hören und denen wir zuhören.

Zeitordnungen sind, ebenso wie die Produktion von Tönen und Lauten immer auch von Interessen geprägt. Das heißt, sie tangieren Fragen von Macht und Herrschaft. Unser Umgang mit der Zeit, unser Umgang mit dem Hören, dem Zuhören sowie dem Reden wechseln mit unserem Kulturverständnis, mit den unterschiedlichen Lebensstilen und den subjektiven Interessen. In einer Gesellschaft, die dem Medium »Geld« den absoluten Vorrang einräumt, und es gibt keinen Zweifel, daß dies heute fast weltweit der Fall ist, werden Zeit, Zuhören und Reden gleichermaßen mit eben diesem Geld gekoppelt. »Zeit ist Geld«, diese Franklin'sche Gleichung dominiert unser Zeitverhalten, und was das Zuhören anbelangt, so ist dies ebenso vom monetären Virus infiziert. Den Gesang einer Blaumeise hören nur mehr wenige unter der stetig wachsenden Lärmglocke unserer Industriegesellschaft, das klirrende Fallen eines Geldstückes dagegen provoziert allseitige Hellhörigkeit.

Das alles war nicht immer so. Um das, was uns heute beschäftigt, was wir heute erleben und erfahren, auch verstehen zu können, muß man sich mit der Geschichte der Zeitordnungen, denen bestimmte Formen und Inhalte des Hörens und des Zuhörens zugeordnet werden können, befassen. Das tue ich. Hier nun eine »kleine Geschichte des Umgangs mit der Zeit in drei epochalen Abschnitten«.

Vormoderne: Natur-Zeit

Die erste historische Großkonstellation, sie soll »Vormoderne« genannt werden, ist gekennzeichnet durch eine enge Verbindung des gesamten Lebens – speziell auch der Arbeit – mit den Dynamiken der Natur. Natürliche Zyklen bestimmten den Lebensrhythmus (z. B. der Wechsel der Gestirne, Ebbe und Flut, Regenzeiten und Trockenzeiten, Tag und Nacht usw.). An ihnen wurden kulturelle und soziale Ereignisse festgemacht. Man lebte in der Natur und mit der Natur, ging mit den Hühnern schlafen und stand beim ersten Hahnenschrei wieder auf. Die Zeit war aufgabenbezogen strukturiert. Abstrakte Maße, wie z. B. Jahreszahlen, waren ungebräuchlich. Noch bis ins 17. Jahrhundert, so läßt sich aus Chroniken ersehen, konnten die wenigsten Menschen das Jahr beziffern in dem sie geboren waren. Das soziale Leben begann mit dem Aufgang der Sonne, und es endete meist bei Sonnenuntergang. So wie das Sonnenzeitmaß die Grundgeschwindigkeit der Natur bestimmte, so auch die der Menschen. Im Sommer reduzierten die Bauern die

Schlafenszeit auf die wenigen Stunden der Dunkelheit, im Winter hingegen waren so lange Schlafenszeiten üblich, daß man auf die Idee kommen konnte, der Mensch hätte alle Dispositionen für einen Winterschlaf.

Die Handlungs- und Aufgabenorientierung der Lebensweise strukturierte die Zeitgestaltung und die Zeitwahrnehmung Es war nicht etwa 6 Uhr, sondern Sonnenaufgang. Mit Vorliebe wurde die Zeitorientierung neben natürlichen Zyklen auch an religiösen Ordnungen und Abläufen festgemacht. Die Gänse wurden an Kirchweih verspeist und der Henker tauchte *Agnes Bernauer* »fünf Vaterunser lang« unter. Die kosmischen und die natürlichen Prozesse gaben dabei nicht, wie wir uns das heute vorstellen, die Zeit an, sie waren die Zeit, bzw. sie legten fest, um welche Art Zeit es sich jeweils handelte. Damit war Zeit immer auch soziale Zeit, denn die Zeitstrukturen galten unproblematisiert für alle, mit denen man auf relativ beschränktem Raum lebte. Zukunftsperspektiven entwickelten sich bei einem diesbezüglichen Zeiterleben und Zeitverständnis nur sehr begrenzt. Man ging davon aus, daß alles so weitergeht wie bisher.

Bei diesem Blick auf das Vergangene darf man sich jedoch nicht zu idyllischer Verklärung verführen lassen. Die Naturnähe war damals auch zwangsläufig mit all jenen Dramatiken verbunden, in die eine nicht beherrschte und nicht beherrschbare Natur die Menschen mit einbezog. Hungersnöten, Überschwemmungen, Trockenheiten war man ausgeliefert und nicht wenige Männer und Frauen und Kinder fielen der Natur zum Opfer.

Die Menschen waren, in guten und in schlechten Zeiten, eins mit der Natur. Sie lieferte die orientierenden Maßstäbe des Handelns und strukturierte die Wahrnehmung dessen, was sich veränderte. Die Rhythmen der Natur verorteten in Raum, Zeit und Gesellschaft. Sie waren die stabilisierenden Ordnungsprinzipien der Lebensführung. »Zeit« war zu dieser Zeit kein Thema und Zuhören, so wie wir es heute thematisieren, auch nicht.

Der, aus unserer heutigen Sicht, beengenden Gewißheit der

natürlichen Ordnung der Zeit korrespondierte eine Gewißheit der natürlichen Laute und der sozialen Töne. Das Gegackere eines Huhnes signalisierte die erfolgreiche Produktion eines Nahrungsmittels – anders als heute – wo die Eier nicht mehr frisch sind und sich das Gegackere vom Produktionserfolg gelöst hat und oft ohne Ei geliefert wird. Die weitaus größte Zahl der Geräusche entstammte damals der Natur – heute sind es nur noch sechs Prozent. Die natürlichen Töne hatten wichtige Signalfunktionen für das Leben im zeitlichen Rhythmus. Der Hahn beispielsweise hat diesem Sachverhalt seine weltweite Karriere als krähende Zeitansage, speziell aber als lebendige Weckapparatur, zu verdanken.

Andere Vögel wiederum signalisierten und markierten jahreszeitliche Zyklen mit ihrem Gesang und ihrem Zugverhalten. Das Zuhören, z.B. den Unterschied zwischen einem reißenden und einem murmelnden Bachlauf erhören, war überlebenswichtig, um die Signale einer vielfach auch lebensbedrohlichen Natur nicht zu überhören, um günstige Zeitpunkte für Aussaat und Ernte nicht zu verpassen. Man mußte hören können, woher der Wind weht, nicht zuletzt an jenen Geräuschen, die er mitbringt oder überlagert. Aber man war auch geschickt beim Zuhören – ohne dies in der Schule, die es damals nicht gab, gelernt zu haben. Die Informationen, die Traditionen wurden mündlich überliefert. Die Vormoderne war eine Hörkultur. Aus guten Zuhörern wurden gute Erzähler und aus guten Erzählern gute Zuhörer. Alles dies, die Zeitordnung und das Zuhören, änderte sich mit der Epoche, die wir heute als »Renaissance« bezeichnen.

Renaissance und Moderne: Glocken-Zeit

Die Menschen begannen in einigen europäischen Städten, besonders in den italienischen und den nordfranzösischen, »einen eigenartigen und bislang unerhörten Wunsch zu verspüren. Sie wollten wissen, wie spät es ist« (Adolf Holl). Die Zeit wurde als Thema entdeckt. 1358 wurde in Regensburg die erste deutsche Schlaguhr am

Rathaus angebracht, andere Städte wie Nürnberg und Augsburg folgten. Die Stadtbewohner konnten von jetzt an in pünktliche und unpünktliche Einwohner eingeteilt werden. Man konnte Termine machen, das, was fünfhundert Jahre später zum allseits beliebten Volkssport wird. Die Zeit wurde wertvoll, Turmuhren dienten zur Orientierung bei der Arbeit. Die Kaufleute entwickelten sich zu Kalkulatoren und zu Buchhaltern der Zeit. Die Stunde mit ihrer Unterteilung in sechzig Minuten wurde erfunden. Sie löste das »Tagwerk« als handlungsorientierende Maßeinheit der Arbeit immer mehr ab. Das alles vollzog sich langsam, dauerte Jahrhunderte und hatte seinen Schwerpunkt in den wachsenden Städten. Zuallererst waren es die Kaufleute, die Handwerker und jene Personen, die sich mit Verwaltungs- und Kontrollaufgaben befaßten, deren Lebensform sich immer mehr an der Uhr und immer weniger am Himmel und der Natur ausrichtete. Für die Landbevölkerung jedoch blieben die natürlichen Zyklen weiterhin die bestimmenden Orientierungsmerkmale ihres Lebensrhythmus.

Es zeichnete sich eine neue Zeit, d h. eine neue Einstellung zur Zeit, ab. Folgerichtig sehen wir heute zurückblickend in dieser Epochenschwelle auch den Beginn der »Neuzeit«. Diese Ablösung der Lebensgestaltung von den »Zeitangaben« der Natur führte dann in der Folge zur industriellen Revolution, mit ihren bis heute gültigen und wirksamen abstrakten und differenzierten Zeithorizonten.

Die zweite Großkonstellation der Entwicklung, die der »Moderne«, ist daher dort zeitlich zu lokalisieren, wo menschliche und tierische Arbeitskraft durch Maschinen ergänzt und ersetzt wurden. An die Stelle der rhythmisch gestalteten Produktivität der Natur trat die Produktivität der industriell organisierten Arbeit Die technisch-industrielle Produktion löste sich in ihren Zeitformen von der Natur.

Technik und Ökonomie setzten den Takt – die mechanische Wiederkehr des Gleichen – an die Stelle der rhythmischen Gliederung des Werdens und Vergehens. Nicht mehr natur- und aufgabenbezogene Rhythmik bestimmten das Leben, sondern die Eigendynamik des Ökonomischen und des Mechanischen. Die »Zeit«

und die Zeiteinteilung wurden an das abstrakte Medium Geld gekoppelt. Die Zeit wird von nun an kontrolliert und verplant und dies mit dem Zweck, die Arbeitsprozesse profitabel zu beschleunigen. Zeit ist ein bewirtschaftetes Gut geworden. »Time is money«. Der Takt wird zum alles beherrschenden Organisationsprinzip. Moderne Zeiten: Chaplin hat für dieses Leben auf die Minute die treffenden Bilder gefunden. Die Maschine liefert das Zeitmaß, an diesem gilt es sich primär auszurichten und nicht mehr an den Rhythmen des Lebendigen.

Die Beherrschung aller Bedingungen menschlichen Daseins – wir nennen dies »Fortschritt« – eröffnet vielfältige neue Denk- und Handlungsperspektiven. Letztlich haben wir unseren Güterwohlstand diesem Perspektivwechsel zu verdanken – aber auch unseren Zeitnotstand. Die Ablösung der Naturrhythmen durch den menschengemachten mechanischen Takt hat uns zu neuen Horizonten der Freiheit geführt – jedoch um den Preis wachsender funktionaler Abhängigkeiten. Wir sind heute weitgehend unabhängig von den Folgen von Naturgewalten, dafür abhängiger vom Ölpreis.

In diese Zeit fällt auch die Erfindung der Zukunft, auf die hin sich unser Streben orientiert und auf die wir zunehmend auch hören. Das, was »Zukunftsfähigkeit« signalisiert, kann erhöhte Aufmerksamkeit beanspruchen. Man hört auf und für den Fortschritt, und der Fortschritt ist auch einer, dem das Hören und Zuhören zu dienen hat. Veränderungen in der Zeit, was wir metaphorisch das »Verfließen der Zeit« nennen, werden in der Moderne, speziell im 18. Jahrhundert, für die breite Bevölkerung hörbar. Uhren mit Läutwerken werden an Kirchen und Rathäusern angebracht. Ein damals ideales Mittel, die Bewohner durch akustische Zeichen in ihrem zeitlichen Verhalten zu lenken und sie, wenn es denn notwendig war, auch schnell zu mobilisieren.

Die wichtigste Glocke war die Stadtglocke. Sie rief die Bürger bei allen wichtigen Ereignissen zusammen und bei Gefahr auf ihre jeweiligen genau festgelegten Posten.

Für die Regelung des täglichen Lebens in der Stadt wurde eine große Anzahl von Glockenzeichen eingerichtet. Die Werkglocke gab den Anfang und das Ende der Arbeit sowie die Mittagspause an, die Wein- oder Bierglocke beendete den Getränkeausschank in den Wirtshäusern, die Schmiedglocke begrenzte die Arbeitszeit der Lärm verursachenden Handwerke, die Feuerglocke mahnte abends zur Verwahrung der Herdfeuer, und die Wachglocke regelte die Wachablösung an den Toren und Türmen der Stadt.

Neben diesen täglichen Zeichen gab es solche, die nur zu bestimmten Wochentagen geschlagen wurden. So rief die Ratsglocke zur Ratsversammlung, und die Marktglocke eröffnete und beendete die Markttage. Zu dieser ohnehin schon erheblichen Anzahl täglicher Zeichen, kamen örtlich unterschiedliche Sonderzeichen, wie die Zinsglocke, die säumige Steuerzahler mahnte oder die Kehrglocke, die an die fällige Straßenreinigung erinnerte.

Wenn man nun bedenkt, daß dieses städtische Geläut neben dem Messe-, Begräbnis- und anderem Geläut der vielen Kirchen und Klöster einer Stadt erklang, so kann man sich vorstellen, wie nötig es war, zuzuhören und dabei auch differenzieren zu können. Jetzt aber nicht mehr der Natur und ihren Geräuschen, sondern den sozial und d. h. meist herrschaftlich, gesetzten akustischen Signalen. Wer nicht hörte, bzw. nicht hören wollte, wurde bestraft. Die Geschichte der Pünktlichkeitserziehung liefert dafür schauerliche Beispiele.

Ivo Andrić hat in seiner Erzählung »Brief aus dem Jahre 1920« an die Zeit der Glocken eindrücklich erinnert. Er schildert dabei die Vielfalt einer Zeitordnung und einer Zuhörkultur, die inzwischen der Unkultur ethnischer Säuberungen zum Opfer fiel.

»Wer in Sarajewo die Nacht durchwacht, kann die Stimmen der Nacht von Sarajewo hören. Schwer und sicher schlägt die Uhr an der katholischen Kathedrale: zwei nach Mitternacht. Es vergeht mehr als eine Minute (ich habe genau 75 Sekunden gezählt), und erst dann meldet sich, etwas schwächer, aber mit einem durchdringenden Laut die Stimme von der orthodoxen Kirche, die nun auch ihre zwei Stunden schlägt. Etwas später schlägt mit einer heiseren und fernen Stimme die Uhr am Turm der Beg-Moschee, sie schlägt elf Uhr und

zeigt elf gespenstische türkische Stunden an nach einer seltsamen Zeitrechnung ferner, fremder Gegenden. Die Juden haben keine Uhr, die schlägt, und Gott allein weiß, wie spät es bei ihnen ist, wie spät nach der Zeitrechnung der Sepharden und nach derjenigen der Aschkenasen. So lebt auch noch nachts, wenn alle schlafen, der Unterschied fort, im Zählen der verlorenen Stunden dieser späten Zeit. Der Unterschied, der all diese schlafenden Menschen trennt, die im Wachen sich freuen und traurig sind, Gäste empfangen und nach vier verschiedenen, untereinander uneinigen, Kalendern fasten und alle ihre Wünsche und Gebete nach vier verschiedenen Liturgien zum Himmel senden. Und dieser Unterschied, der manchmal sichtbar und offen ist, manchmal unsichtbar und heimtückisch, ist immer dem Haß ähnlich, sehr oft aber mit ihm identisch.«

Andrić schildert eine verloren gegangene sakral strukturierte akustische Landschaft, die ja auch eine differenzierte Zeitlandschaft war. Das speziell in der französischen Revolution praktisch gewordene Programm der Aufklärung hat die klangvollen Zeitordnungen desakralisiert. Die individuelle und die soziale Disziplinierung des Zeitverhaltens ging auf die zivile Gewalt über. Das Läutemonopol der Kirchen wurde gebrochen. Heute nun wird die hörbare Zeitdisziplinierung von der staatlichen Gewalt auf die Individuen verlagert. Wir richten unser Leben nicht mehr an den Tönen von Glokken aus, weder an kirchlichen noch an kommunalen, sondern an jenen hörbaren Signalen, die wir selbst in Gang setzen. Es sind die Wecker, die wir zur temporalen Selbstdisziplinierung heute massenhaft verwenden. Die Töne, die uns vom Schlaf ins Wachsein schubsen, sind nicht mehr öffentlich. Sie bleiben im privaten Dunkeln – dort, wo die Wecker ja meist stehen. Sollte jemand heute auf die wahnwitzige Idee kommen, eine Revolution zu planen, dann wäre die Zerstörung aller Wecker die erfolgversprechendste Strategie für einen solchen Umsturz. Egal ob Wecker oder Glockenzeichen, sie machen beide deutlich, daß Zeitordnungen menschengemacht sind und sozial gewaltsam durchgesetzt wurden und dies auch noch werden. Beide, Wecker und Glocken, sind schließlich auch eine Kompensation für die verlorene Gewißheit natürlicher Laute und kosmisch-naturbezogener Zeitordnung.

Nach der Moderne: Medien-Zeit

Die unüberhörbaren Wecker sind sicht- und hörbare Symbole jener dritten Epoche, die ich mit »Postmoderne« nur unbefriedigend zu benennen vermag. Das Leben in dieser Postmoderne spielt sich zwischen Radiowecker und individualisiertem Sendeschluß, zwischen Schallschutzwänden und großem Lauschangriff ab. Da braucht man viel Zeit, um etwas Zeit zu haben, und viel Hinhören, um zuhören zu können.

Heute zeigen sich die Grenzen der am mechanischen Takt orientierten zeitlichen Lebens- und Arbeitsformen. Dies berechtigt dazu, die neueren Entwicklungen als eine eigenständige dritte Phase – eben als Postmoderne – zu kennzeichnen. Unter den in unserer Gesellschaft positiv bewerteten Begriffen von »Flexibilisierung« und »Deregulierung« wird die Orientierung am Takt und an der Pünktlichkeitsnorm gelockert; dies aber nicht zugunsten einer Anbindung an naturnahe, rhythmische Prozesse. Vielmehr wird die Bindung an standardisierte äußere Zeitgeber generell verringert. Sie wird aus traditionalen Kontexten gelöst. Die zeitlichen Orientierungsmaße werden immer häufiger individueller Disposition anheimgestellt.

So kommt es denn schon einmal vor, daß sich Touristen im Hochsommer beim Besuch eines Heimatabends »Stille Nacht« von den Musikanten erbitten oder Spargel zur Weihnachtszeit am Markte feilgeboten wird. Zeitlich wollen und müssen wir unser Leben selbst führen, und d. h. jeder und jede einzelne muß seine/ihre Zeitordnungen finden, um sich im Zeitlichen Halt zu verschaffen. Werden die Arbeitszeiten, wie es heute ja der Fall ist, immer unregelmäßiger, wird der Normalarbeitstag zur Ausnahme, dann verflüssigen sich die standardisierten Zeitvorgaben zugunsten situativer und punktueller. Der Mensch wird zum Nomaden zwischen unterschiedlichen Zeitfetzen. Sein Leben besteht im permanenten Bemühen, diese verschiedenen Zeitanforderungen und Zeitbedürfnisse zu balancieren. Wir leben nicht mehr in einer Zeit, sondern in vielen Zeiten. Wir leben multitemporal. Die Moral der Pünktlichkeit wird von jener der Flexibilität abgelöst. Wenn es um Flexibilität geht, sind wir sehr inflexibel – wir müssen nämlich flexibel sein, wir können es uns nicht als Wahlmöglichkeit aussuchen.

Die Frage nach Zeitmaßen stellt sich daher heute für alle. Die Individuen werden gezwungen, selbst darüber zu entscheiden, an welchen Zeitmaßen sie ihr Leben ausrichten. Sie werden zu dieser Freiheit verpflichtet. Beispielsweise besteht unser Alltag immer weniger aus Anpassungsleistungen an Zeitvorgaben der Natur und auch nicht an diejenigen einflußreicher Personen und sozialer Organisationen, dafür mehr aus komplizierten Entscheidungs- und Abstimmungsprozessen im Hinblick auf die zeitliche Koordination unterschiedlicher Handlungen. Die hochflexiblen jungen Menschen, die heute gezwungen werden, durch das »Job-Surfen« ihren Lebensunterhalt zu bestreiten, erleben das: Morgens Textverarbeitung, mittags Austeilen von Fastfood am Tresen des Schnellimbißrestaurants, nachmittags zwei Stunden Arbeit im Szenecafe, abends noch schnell einen Artikel für die Stadtzeitung schreiben und nachts hin und wieder Taxifahren. Das läßt sich nicht so einfach unter einen Hut bringen, das »kostet« Zeit – manchmal mehr Zeit als wir durch Arbeitszeitkürzung und Beschleunigungsprozesse »gewonnen« haben. So kommt es zu dem lästigen Zustand, daß man immer mehr Zeit braucht, um mehr Zeit zu haben. Mit Hilfe von Zeitmanagementseminaren, durch Zeitplanbücher, durch Terminkalender, jetzt auch in elektronischer Ausführung, versuchen wir die Zeit nach unseren Wünschen zu ordnen. Wir machen also die Zeit zum Thema und hoffen dadurch, dem Zeitdruck zu entkommen. Aber das ist eine Illusion, denn wir brauchen für das Organisieren jene Zeit, die uns dann zum leben dieser Zeit fehlt, es sei denn unser Leben erschöpft sich im Organisieren von Zeit. Und bei so manchem Manager ist es dann auch so. Die meisten Menschen in unserer Republik jedoch suchen ihre Zeitorientierung nicht bei sich selbst. Sie lassen sie sich vorgeben. Nicht von

Kirchengewaltigen, nicht mehr von Staatsmännern und auch nicht mehr von Fabrikherren (nebenbei: die Zeitordnungen sind Herrschaftsordnungen, Frauen waren dabei nur am Rande beteiligt), sondern von den Medien.

Als kollektive Teilhaber einer schwebend, vibrierenden Lebensform, die vielen als eine abwechslungsreiche Langeweile erscheint, stabilisieren wir uns zeitlich über die Programmstrukturangebote unserer Radio- und Fernsehanstalten. Wußten wir früher durchs Geläut der Glocken, daß es 20 Uhr ist, so heute durch den Beginn der Tagesschau. Sie bringt Ordnung ins unordentliche Dasein. Jeden Tag zur gleichen Zeit, jeden Tag aus Hamburg, jeden Tag 15 Minuten, (fast) jeden Tag von einer blonden Sprecherin vorgelesen. Das ist ein hörbares und ein sichtbares Zeitordnungsangebot, auf das wir nicht verzichten wollen – auch wenn wir nicht hinsehen und wenn wir nicht zuhören – denn dies lohnt sich häufig nicht.

Das, was man als »Nebenbeihören« bezeichnet, und hierfür wird das Radio ja sehr gerne genutzt, kann als geringe Bindung ans Programm, aber als eine hohe emotionale Bindung an die Programmstruktur gedeutet werden. Im Programm geschieht etwas, da wird Veränderung z. B. akustisch erlebbar und diese Veränderung ist erwartbar. Damit hat das laufende Programm Orientierungsfunktion fürs Nebenbeihören, Orientierung für die zeitliche Alltagsgestaltung. Und die Programmacher und Programmacherinnen passen sich dieser Erwartung an, indem sie z. B. die Zeitmuster der gesendeten Musik an den erwartbaren Aktivitätsgraden der Hörer ausrichten. Morgens mehr aktivierende, abends mehr entspannende Musik. Am Sonntag etwas mehr Klassik als am Werktag. So braucht man sich, alleine gelassen, nicht allzu alleine fühlen. Man ist eingebettet in eine vorfabrizierte Zeitordnung; und das gibt Sicherheit in einer unsicheren Welt. Man hört also nicht nur Radio, sondern hört auch auf das Radio. Aber diese Hörigkeit ist, im Gegensatz zu jener, die sich an Glockenzeichen orientierte, individuell steuerbar und damit sanktionsfrei verletzbar. Das ist die gewonnene Freiheit, die mit dem Verlust der sozialen Gemeinsamkeit, sowohl hinsichtlich der Zeitordnung, als auch hinsichtlich eines geselligen Zuhörens, erkauft ist. Nicht mehr der Staat, nicht mehr der Bürgermeister, nicht mehr der Pfarrer und schon gar nicht die vielen Lehrer und Lehrerinnen sagen heute, was die Stunde geschlagen hat. Das tun die Sendeanstalten. Sie haben die Macht, die früher jene hatten, die mit Glocken und Sirenen die Menschen zeitlich leiteten. Und da sie es tun und da sie so genutzt werden, kann man vieles andere gleichzeitig auch noch machen. Nur so läßt es sich sicher in einer unsicheren Multioptionsgesellschaft leben.

Mit dem Zuhören geht es dabei nicht, wie vielfach behauptet wird, zu Ende. Es ist jedoch nicht mehr in unproblematisiert vorgefundene und langfristig gültige Verbindlichkeiten und Verläßlichkeiten eingebettet; denn diese haben sich in der verschärft beschleunigten Moderne verringert, nicht aber das Zuhören. Das Ergebnis ist sichtbar: Das Zuhören muß gelernt werden. Und es wird gelernt. In Kursen, Seminaren und durch Selbstlernprogramme. Die deutschen Volkshochschulverzeichnisse künden davon: »Erfolgreiche Gespräche durch aktives Zuhören«, »Learn to be a better listener«, »Die Kunst des Zuhörens«. Auch das Fernsehen macht mit. Im Programm des Kultursenders ARTE fand sich jüngst das Angebot: Der Fünf-Minuten-Patient? Ärzte trainieren das »richtige Hinhören«. Und, da man eine Kommunikationsgesellschaft schließlich auch daran erkennt, daß man dort fürs Schweigen zahlen muß, kann das ganzheitliche Bildungsangebot mit dem Titel: »Gemeinsam in die Stille horchen«, nicht ausbleiben.

Das massiv erhöhte Lebenstempo in unserer modernisierten Moderne hat die Professionalisierung des Zuhörens in der Ausprägung von Therapeuten und Beraterinnen provoziert. Es sind Horchsamkeitsberufe. Diesen wird in allen Hochrechnungen der Arbeitsmarktverwaltung eine blühende Zukunft vorausgesagt. Denn immer neue Fragen tauchen auf, werden gestellt und müssen beantwortet werden. So etwa: »Was hören wir, wenn wir nichts hören, und wem hören wir zu, wenn wir nicht zuhören« und – dies ist die existentielle Version – »auf wen hören wir eigentlich, wenn wir auf niemanden mehr hören?« Diese Fragen sind es, die wir heute als Antworten von Beratern und Therapeutinnen erhalten.

Das ist der Preis gewonnener Freiheit, denn die wirklichen Antworten dürfen wir nicht nur, wir müssen sie selbst finden. Und dabei produzieren wir, wie Michel Serres dies pointiert ausdrückt: »Zuviel Lärm, zuwenig Rhythmus und keine Melodie.« Das macht das Zuhören nicht leichter, aber notwendiger, genauso wie es die Orientierung in der Zeit und mit der Zeit erschwert, aber deshalb unverzichtbar macht.

Aus: Karlheinz Geißler: Zuhören im Zeitdruck. In: Axel Schwanebeck; Max Ackermann (Hg.): Radio im Zeitdruck. Medienzeit und Beschleunigungskrise. Eine Dokumentation der Nürnberger Radiotage 1997, München, Reinhard Fischer, 1998 S. 175–184.

*

Finden Sie einen Klang, der in Gefahr ist, aus der Klanglandschaft zu verschwinden. Nehmen Sie ihn auf – so, als ob Sie ihn der Sammlung eines Museums zuführen wollten. Versuchen Sie sich vorzustellen. Ihre Aufnahme sei das einzig übriggebliebene Exemplar eines wertvollen ausgestorbenen Klangobjekts. Mit welchen Informationen würden Sie Ihre Aufnahme versehen? – Aufnahmedatum, Geschichte des aufgenommenen Klangs, Datum seiner Entstehung oder Einrichtung, genauer Ort usw. Gewöhnen Sie sich an, solche Tonaufnahmen stets für spätere Verwendungen genau zu beschreiben und einzuordnen.

R. M. Schafer, Hörübung 67

Das Elfte Gebot

von Robert Gernhardt

Du sollst nicht lärmen

Als nun der HErr herabgefahren war auf den Feldberg, oben auf seinen Gipfel, berief er seinen Knecht Gernhardt hinauf auf den Gipfel des Berges, und Gernhardt stieg hinauf.

Da sprach der HErr: Ich bin der HErr, dein Gott, und habe seinerzeit vollkommen verschwitzt, meinem Knecht Moses das Elfte Gebot mitzugeben, als er vom Berge Sinai hinunter zum Volke stieg.

So nimm du es und geh hin und steig hinab und verkündige allem Volke das Elfte Gebot.

Und Gott redete nur diese Worte: »Du sollst nicht lärmen.«

Und Gernhardt tat wie ihm geheißen und stieg hinab und sprach also zum Volk: Dies sind die Lärmvorschriften, die der HErr euch auferlegt hat:

Gesetze über reine und unreine Instrumente

Und der HErr redete mit Gernhardt und sprach zu ihm: Rede mit den Musikern und sprich: das sind die Instrumente, die ihr spielen dürft in euren Wohnungen.

Alles, was Löcher hat oder Saiten unter den Instrumenten, das dürft ihr spielen, sofern ihr deutlich im Rahmen der Zimmerlautstärke bleibt. Alle Instrumente aber, die geschlagen werden oder bei denen sich eure Backen blähen, oder solche mit elektrischen Verstärkern sollen euch unrein sein, und ihr sollt sie nicht spielen in euren Wohnungen.

Und diese sollt ihr verabscheuen unter den Instrumenten, daß ihr sie nicht spielet in euren Wohnungen, denn ein Greuel sind sie: das Waldhorn, der Brummbaß und die Quetschkommode.

Vergehen gegen Ohr und Seele

So du in geschlossenen Ortschaften dein Autoradio einschaltest, so sollst du die Fenster und das Verdeck deines Wagens fest verschlossen halten.

Parkt jemand seinen Wagen, so soll er den Motor im Leerlauf nicht brummen lassen.

Ihr sollt nicht hupen.

Wer seinen Rasenmäher anwirft, der soll dies nur an Werktagen zwischen elf und dreizehn Uhr tun. Und er soll danach unrein sein bis an den Abend und weder eine Motorsäge anrühren noch einen Elektrobohrer noch eine Häckselmaschine noch alles, was Lärm macht.

Ihr sollt eure Bahnhöfe nicht mit Musik bedudeln. Unter Bahnhof aber verstehe ich jedwede Anlage zur Abwicklung des Personen- und Güterverkehrs der Eisenbahn, an der Züge beginnen, enden, halten, sich kreuzen, sich überholen oder mit Gleiswechsel wenden können.

Dasselbe soll gelten für U-Bahnhöfe, für S-Bahnhöfe sowie für alle anderen Bahnhöfe, die Gleise haben. Die aber keine Gleise haben, sind Bus-Bahnhöfe, und die sollen ebenfalls nicht bedudelt werden.

Bedudelt keine Flughäfen.

So jemand Tiere hält, welchen die Natur die Gabe verliehen hat, zu lärmen, so soll er sie so halten, daß sie keinen Grund haben zu lärmen, oder so, daß ihr Lärmen nicht zu hören ist. Das gilt für Hunde und alles Getier, das den Mond anbellt oder auf Erden winselt, sowie für Papageien und alles gefiederte Volk, das da pfeift, wenn es tagt.

Ihr sollt die Hunde und die Papageien nicht bedrücken.

Wirst du sie bedrücken und werden sie zu mir schreien, so werde ich ihr Schreien erhören. Dann wird mein Zorn entbrennen, daß ich euch züchtige, und ihr werdet um Gnade winseln und aus dem letzten Loch pfeifen.

Todeswürdiger Lärm

So ein Mann seinen fahrbaren Untersatz frisiert, auf daß der mehr Lärm mache, so ist er unrein.

Auch der Sattel, auf dem er reitet, wird unrein.

Und er und seine Maschine sollen dem Bann verfallen.

Fährt er aber fort, auf ihr herumzudüsen, so soll er des Todes sterben. Die Motocrossfahrer sollst du nicht am Leben lassen.

So einer auf dem Wasser mit einem Motorfahrzeug herumdüst und es erhebt auch nur ein Gestörter seine Stimme und saget: Ruhe dahinten! so soll er seine Düsen unverzüglich und zu jeder Tageszeit einstellen.

In der Nachtzeit aber sollt ihr überhaupt nicht herumdüsen und schon gar nicht auf dem Wasser.

Auch sollt ihr nicht am Himmel herumdüsen, denn ein Greuel sind mir das Sportflugzeug, die Ultraleichtmaschine und der Hubschrauber.

Und ich will sie alle abstürzen lassen, sobald auch nur ein Gestörter ausruft: Ruhe da oben! und es kehrt keine Ruhe da oben ein.

Rettungshubschrauber aber will ich nicht abstürzen lassen.

Transportieret aber der Rettungshubschrauber jemanden, den ich habe abstürzen lassen, weil er gelärmt hat, so will ich auch den Rettungshubschrauber abstürzen lassen.

Von den Geräten

Und der HErr sprach mit Gernhardt und sprach also zu ihm: Rede mit deinen Leuten, aber schön ruhig, und sprich: Das sind die Gebote, die euch der HErr gibt für alles, was Knöpfe hat und Lärm erzeugt:

Ihr sollt bei der Aufstellung eurer Hi-Fi-Anlagen für eine gute Dämmung sorgen.

Ihr sollt nicht am Lautsprecher sparen, auf daß ihr eure Anlage schön leise stellen könnt.

Ihr sollt sie nie lauter aufdrehen, als ihr eure Stimme erheben könntet.

Ihr sollt keine Radios mit euch tragen, so ihr den Fuß aus dem Hause setzt.

Ihr sollt keinen Walkman in Bahnen und Zügen benutzen, denn siehe: der Walkman ist ein Blendwerk des Satans, zu verwirren die Sinne des Menschen, auf daß er glaube, er könne seinen Kopf mit Musik vollknallen, ohne daß sein Nächster davon höre.

Ich aber sage euch: Und ob der was mithört!

Du sollst nicht tönen.

Macht euch nicht selbst zum Greuel an dem kleinen Gerät, das wummert, zirpt und dudelt, und macht euch nicht unrein an ihm, so daß ihr dadurch nicht unrein werdet.

Diese sollen euch in Bahnen und Bussen ebenfalls unrein sein unter den Piepsgeräten, welche Knöpfe haben und die man in die Tasche stecken kann: das Computerspiel, das Handy und der Laptop. Denn alles, was ihr Pieps beschallt, das wird unrein. Und alles Gerät, das gepiepst hat, soll man ins Wasser tun, es ist unrein bis zum Abend und danach unbrauchbar. In euren Wohnungen aber sollen diese Geräte nicht unrein sein.

Ersatzleistungen

Entsteht durch Lärm ein dauernder Schaden, so sollst du geben Lärmen um Lärmen, Ohr um Ohr, Ton um Ton, Krach um Krach. Wer aber fortfährt zu lärmen, der soll des Todes sterben, und seine Lärmquelle soll man steinigen.

Das ist das Elfte Gebot, das der HErr dem Gernhardt gebot für alles Volk auf dem Feldberg.

Wenn ich Musik höre … – Eine kleine Zuhörtypologie

von Klaus-Ernst Behne

Klaus-Ernst Behne, der frühere Präsident der Hochschule für Musik und Theater in Hannover (1997–2003), gilt als Pionier der neueren deutschen Musikpsychologie. Besonders interessiert ihn hier die Entwicklung individueller Hörgewohnheiten, die ihm dann eine Einteilung in bestimmte »Hörertypen« erlaubt. Behne hat dazu in mehreren empirischen Studien die befindlichkeitsverändernde Funktion von Musik untersucht und Schüler an Haupt-, Realschule und Gymnasium gefragt, in welcher Situation sie welche Musik bevorzugen.

Wenn ich Musik höre, …

Motorisches Hören

… singe oder summe ich oft mit.
… möchte ich mich am liebsten immer bewegen.

Kompensatorisches Hören

… soll sie mich auf andere Gedanken bringen, unangenehme Stimmungen aus meinem Kopf vertreiben.
… fühle ich mich weniger einsam.

Vegetatives Hören

… kann es sein, daß mir die Musik regelrecht unter die Haut geht.
… kann es sein, daß ich bestimmte körperliche Wirkungen (Veränderung des Herzschlages, Kribbeln auf der Haut, Gefühl im Magen, …) spüre.
… kann es sein, daß mich der Rhythmus ganz gefangen hält.

Diffuses Hören

… stört es mich nicht, wo ich gerade bin (im Kaufhaus, bei den Schularbeiten, …).

… höre ich gern nur mit einem Ohr zu und mache dabei etwas ganz anderes.

… habe ich oft irgendwelche Gedanken, die mit der Musik gar nichts zu tun haben.

Emotionales Hören

… ›bade‹ ich gern in den Klängen der Musik.

… höre ich vor allem mit dem Gefühl.

… kann es sein, daß ich meine Gefühle und Stimmungen in der Musik wiederfinde.

… achte ich auch darauf, welche Gefühle durch die Musik ausgedrückt werden.

… finde ich es gut, wenn man sich der Musik ganz hingeben kann, sich ganz in sie versenken kann.

Sentimentales Hören

… werde ich an Dinge erinnert, die ich früher erlebt habe.

… kann es sein, daß ich am liebsten weinen möchte.

… träume ich am liebsten.

Assoziatives Hören

… habe ich oft bildhafte Vorstellungen.

… kann es sein, daß ich eine ganze Geschichte zur Musik erfinde, so als wenn ein Film in mir abläuft.

Distanzierendes Hören

… versuche ich gleich zu erkennen, welche Art von Musik das sein könnte (z. B. Folk, Modern Jazz, Barockmusik, …)

… finde ich es interessant, die verschiedenen Themen, Melodien und Rhythmen zu verfolgen.

… versuche ich, den Formaufbau eines Stückes (Wiederholungen, Veränderungen, …) zu verstehen.

... achte ich darauf, wie der Komponist die Melodien, den Rhythmus oder die Harmonien gestaltet hat.
... achte ich auch darauf, ob sich z. B. die Tonart, Dur und Moll oder etwas anderes ändert.
... achte ich darauf, ob die Musiker das Stück auch wirklich gut spielen.

Aus: Klaus-Ernst Behne: Zuhörtypen: Wenn ich Musik höre – acht Hörweisen. In: Klaus-Ernst Behne: Hörertypologien. Zur Psychologie des jugendlichen Musikgeschmacks. Regensburg, Gustav Bosse Verlag, 1986, S. 127.

*

Obwohl die Stimme nicht alle Klänge bis ins Kleinste nachahmen kann, ist es erstaunlich, wie weit diese Fähigkeit geht, wenn man sie trainiert. Dann und wann versuchte ich herauszufinden, wie weit sich zwei Stimmen gegenseitig imitieren können. Können sie derart perfekt aufeinander abgestimmt werden, daß sie nicht mehr zu unterscheiden sind? Wählen Sie zwei Personen aus. Die eine versucht jeweils, die Klangfarbe der Stimme der anderen zu treffen, während beide abwechselnd dasselbe Wort sprechen. Die restlichen Teilnehmer schließen die Augen und heben mit jeder Wiederholung die Hand – die rechte, wenn sie der Meinung sind, sie hörten die erste Stimme, die linke, wenn sie meinen, es sei die zweite. Geben Sie nach Belieben den Einsatz und lassen Sie zuweilen auch beide Stimmen sprechen, um die Gruppe irrezuleiten. Mitunter habe ich bei dieser Übung erlebt, daß es zu totaler Konfusion kommt.

R. M Schafer, Hörübung 57

VI Zukunftsmusik

Am Waldessaume träumt die Föhre,
Am Himmel weiße Wölkchen nur,
Es ist so still, daß ich sie höre,
die tiefe Stille der Natur.

Theodor Fontane

Was tun?

von Stephan Marks

Der 1951 geborene Sozialwissenschaftler Stephan Marks lebt in Freiburg (s.a. S. 196). Der folgende Text beschreibt, was der Einzelne zum Schutz der Stille unternehmen kann: zum Beispiel selbst weniger Lärm produzieren.

Das eigene Verhalten

Jeder einzelne Bürger hat vielfältige Möglichkeiten, weniger Lärm in die Welt zu setzen, indem er möglichst lärmarme Geräte kauft und diese möglichst lärmarm anwendet. Weitere Anregungen zur Reduzierung von Autolärm:

Autotüren und -heckklappen möglichst leise und nicht öfter als nötig schließen.

Anlassergeräusche können möglichst kurz und gering gehalten werden, wenn die Elektrik Ihres Fahrzeugs regelmäßig gepflegt und gewartet wird.

Motoren nicht warmlaufen oder warm »heulen« lassen. Heute wird empfohlen, sofort loszufahren. Dadurch erreicht der Motor am ehesten die günstigste Betriebstemperatur.

»*Kavalierstarts*« vermeiden, zumal sie den Motor schädigen, Reifen verschleißen und viel Benzin verbrauchen. Nach der StVO ist unnötiges Beschleunigen von Fahrzeugen verboten.

Leerlauf: schon bei einem Halt von einer halben Minute lohnt es sich auch unter Benzinspar-Gesichtspunkten, den Motor abzustellen; 3 Minuten Leerlauf verbrauchen so viel wie 1 km Fahrt.

Das *Autoradio* nicht mit voller Lautstärke und nicht bei offenen

Türen oder Fenstern spielen lassen. Den Regler für die Bässe auf niedrig stellen.

Grüne Welle durch vorausschauendes Fahren nutzen. Nutzloses Sprinten und Bremsen zwischen Ampeln vermeiden.

Hupen ist nur bei Gefahr erlaubt, nicht zum Grüßen von Bekannten oder um den Vordermann zu schnellerer Fahrweise zu drängeln.

Leisere *Reifen* verwenden.

Autofahrten reduzieren durch Fahrgemeinschaften, Car-Sharing, öffentliche Verkehrsmittel, Fahrrad oder Schusters Rappen.

Das allgemeine *Verkehrsvolumen* kann durch den Konsum lokaler Produkte und Dienstleistungen vermindert werden.

Solange sich allerdings nur wenige Einzelpersonen um Lärmreduzierung bemühen, geht der reduzierende Effekt in der anonymen Masse der Millionen von Fahrzeugen unter. *Individuelle* Verhaltensänderungen sollten daher durch *kollektive* Lernschritte ergänzt werden. Die größte Chance, eigenes Bemühen um Lärmminderung honoriert zu bekommen durch entsprechende Bemühungen der Mitmenschen, besteht beim Nachbarschaftslärm. Die Möglichkeiten, den eigenen Nachbarn Lärm zu ersparen, sind vielfältig:

Altglascontainer: Werfen Sie die Flaschen nicht während der Ruhezeiten ein.

Knallkörper wie Kanonenschläge, Lufttheuler usw. dürfen nur in der Silvesternacht abgebrannt werden. Strafbar macht sich, wer Feuerwerkskörper zu anderen Zeiten zündet.

Beim *Heimwerken* nur außerhalb der Ruhezeiten klopfen, bohren oder sägen.

Klaviere sollten (um Körperschall zu vermeiden) mit Abstand zur Wand und auf weichen Unterlagen oder Gummimatten aufgestellt werden.

Musikanlagen sollten (auch außerhalb der Ruhezeiten) in Zimmerlautstärke betrieben, die Baßregler dabei auf möglichst niedrige Werte eingestellt werden. »Wer mit Musikgeräten mutwillig gegen die Lärmschutzbestimmungen verstößt, muß damit rechnen, daß das Gerät eingezogen wird.«

Partylärm vorher mit den Mitbewohnern absprechen, die Fenster geschlossen halten. Ab 22 Uhr: Zimmerlautstärke.

Die *Rolläden* nicht mit einem schnellen »Rrrrratsch«, sondern langsam und leise herunterlassen.

Türen nicht schlagen, durch Dichtungsbänder abdämmen.

Haushaltsgeräte können sich in ihrer Lautstärke erheblich unterscheiden; einige Beispiele für die Mindest- und Höchstpegel bei handelsüblichen Geräten (in dB[A]):

Küchenmaschinen: 68-82
Geschirrspülmaschine: 48-56
Staubsauger: 68-80
Kühl- und Gefriergeräte: 40-60
Dunstabzugshauben: 50-72
Waschmaschinen: 55-75.

Vergleichen Sie die Lärmabstrahlung vor dem Kauf, und achten Sie auf die Testergebnisse der *Stiftung Warentest.* Lärmbekämpfer fordern eine generelle Kennzeichnungspflicht für die Lärmemissionen der verschiedenen Geräte, damit die Bürger leichter stille-bewußt einkaufen können.

Sich selbst wehren? – Bitten, Beschwerden und rechtliche Schritte

Lärmgeschädigte werden häufig als überempfindliche Querulanten betrachtet oder fühlen sich selber als Störer; daher zögern viele, ihre Rechte durchzusetzen. Falls die für den Lärm Verantwortlichen bekannt sind, besteht der erste Schritt für Lärmbetroffene darin, über das *Gespräch* zu einer Verständigung zu kommen – indem man beispielsweise die Nachbarn auf den lärmintensiven Charakter einer Betätigung hinweist, der ihnen eventuell gar nicht bewußt ist, eigene Empfindlichkeiten benennt und Ruhezeiten vereinbart.

Viele Lärmopfer schreiben Beschwerden über Beschwerden und erhalten oft gar keine oder nur eine hinhaltende Antwort. Oft vergehen Jahre, zig Aktenordner werden mit Korrespondenz gefüllt, und außer der Zerrüttung der Nerven geschieht nichts. Monatelang hin und her zu schreiben bringt meist nichts, so daß die *Gesellschaft für Lärmbekämpfung* in ihrer Broschüre *Selbsthilfe bei Lärmbeschwerden* rät: Wenn die Lärmbelästigung innerhalb einer angemessenen Frist, die man dem Lärmverursacher gesetzt hat, nicht aufhört, sollte man die nächsten Schritte einleiten. Dazu sollte man fachkundigen Rat einholen. Solchen erteilen die *Gesellschaft für Lärmbekämpfung*, die *Bundesvereinigung gegen Fluglärm* (in Fragen des Fluglärms) und der Deutsche Arbeitsring für Lärmbekämpfung (DAL).

Ein *Grundrecht auf Stille*, wie es z. B. das Europäische Parlament gefordert hat, gibt es (noch) nicht. Auch ein Schutz des Bürgers vor Lärm insgesamt besteht nicht. Zwar gibt es eine große Zahl gesetzlicher Regelungen. Dabei wird jedoch jede Lärmquelle gesondert betrachtet, und je nach Lage der Wohnung, Uhrzeit usw. gelten unterschiedliche Buchungsverfahren, Grenzwerte, Bestimmungen, Verfahrenswege und diverse Ausnahmeregelungen. Viele Lärmbereiche sind überhaupt nicht gesetzlich geregelt. Einige Bürger werden zwar vor extrem lautem Lärm geschützt, viele jedoch nicht. Kriterien wie *(orts)üblicher* oder *zumutbarer* Lärm, die in vielen Gerichtsurteilen auftauchen, sind zu schwammig, um Rechtssicherheit zu schaffen. Insgesamt ist die Rechtslage zur Lärmproblematik sehr unübersichtlich.

Um diesen insgesamt unbefriedigenden Zustand zu verbessern, ist es notwendig, sich politisch gegen Lärm zu engagieren und die allgemeine Sensibilität für das Lärmproblem zu erhöhen. Es gilt, einen kollektiven Lernprozeß auszulösen, vergleichbar mit den Lernprozessen über andere Umweltschutzthemen oder über Frauenrechte. Die Lärmbekämpfung benötigt einen höheren politischen Stellenwert (dies ist auch ein Ziel der Europäischen Kommission), dadurch könnte eine wirkungsvollere Politik der Lärmbekämpfung erreicht werden.

Lärm als politisches Problem

Drei Viertel der Bevölkerung Deutschlands fühlen sich durch Lärm belästigt. Damit »bezeichnen die Bürger am häufigsten Lärm als den Umweltfaktor, von dem sie sich persönlich am stärksten betroffen fühlen«. Die Europäische Kommission bemerkt: »Für viele Europäer, vor allem in Städten, stellt die Lärmbelastung durch den Straßenverkehr sowie Industrie- und Freizeittätigkeiten das wichtigste lokale Umweltproblem dar.« Um so erstaunlicher ist, daß dieser hohe Grad an »Betroffenheit« sich bisher so wenig politisch bemerkbar macht, daß also die Mehrzahl der Lärmbetroffenen so »leise« ist.

Für das chronische Unterschätzen des Lärmproblems gibt es vielfältige Gründe:

Die Verlärmung der Welt von den ersten Werkzeugen bis heute war ein langwieriger, erst in der Neuzeit sich ausweitend verlaufender Prozeß. Wäre der Lärm von einem Moment auf den anderen über uns hereingebrochen – die Menschen hätten vermutlich unmittelbar entsetzt reagiert und revoltiert. Durch die Langsamkeit der Entwicklung jedoch ähneln wir Fröschen in einem Topf mit Wasser, welches allmählich erwärmt wird: Ihre Körper passen sich an die langsam steigende Temperatur an, bis sie gekocht werden, ohne es zu merken.

Die herrschende Lärmmessung und die darauf basierende Gesetzgebung und Rechtsprechung stützen eine Vorstellung von Lärm als »Lautheit«. So ist z. B. das Geräusch eines herannahenden Lkw zunächst leise. Das Bewußtsein versucht zunächst vielleicht zu verharmlosen: »Ist ja nicht so laut.« Mit der Annäherung des Lkw schwillt das Geräusch zunehmend an, überschreitet schließlich die Grenze zum körperlich spürbaren Schmerz – in welchem Moment hat das Geräusch angefangen, Lärm zu sein? Erst ab einem Schallpegel von x oder y Dezibel? Dagegen könnte, ausgehend von einer anderen Lärm-Definition, eingewandt werden: das Lkw-Geräusch ist von Anfang an Lärm; es stört und zerstört die Stille, sobald es zu hören ist.

Lärm hinterläßt keine sichtbaren Spuren und ist auch in seinen schädlichen Auswirkungen selten so spektakulär wie z. B. die Katastrophe von Tschernobyl und so anschaulich wie abgestorbene Bäume, tote Robbenbabies oder Hautkrankheiten. Der Schmerz, den ein Lärmgeschädigter empfindet, ist ja »nur innerlich«, die Schädigung von Gehör, Kreislauf oder Verdauungssystem ist nach außen nicht sichtbar.

Lärm ist flüchtig: kurz nach einem Überschallknall kann schon wieder Stille herrschen. Die zurückbleibende Verletzung ist ja (vermeintlich) »nur psychisch«. So führt die in unserer Kultur verbreitete Abwertung des Psychischen zu einer Verharmlosung von Lärm.

Lärmquellen sind häufig anonym; der Pilot eines Flugzeugs etwa bleibt unsichtbar für den Lärmgeschädigten. Höchstens noch durch Pauschalisierungen können die Lärmtäter aus ihrer Anonymität herausgeholt werden («*die* Motorradfahrer« usw.). In lärmbelasteten Gegenden kann auch beobachtet werden, daß der Ärger z. B. über anonymen Tieffliegerlärm *verschoben* wird, um sich als Ärger an den Geräuschen konkret sichtbarer Menschen wie z. B. spielender Kinder zu äußern.

Jeder Mensch ist mal Lärmopfer, mal -täter: Eine Vielzahl unserer täglichen Verrichtungen und Wege sind mit Lärm verbunden – es ist nahezu ausgeschlossen, nicht selber Lärm zu produzieren, angefangen mit der Fahrt zur Arbeit oder zum Einkaufen. Wenn es aber »die Lärmtäter« nicht als identifizierbare Gruppe gibt (anders als etwa die Gruppe der Raucher), dann kann auch die Wut oder der Ärger über Lärm nicht so einfach hinausgeschleudert werden, der einzelne bleibt eher auf seinem Ärger »sitzen« und rutscht dadurch leicht in die Verdrängung.

Militärflugzeuge, eine der größten Lärmplagen, werden häufig mit Verteidigung, Sicherheit und Frieden assoziiert – wer sich über Tieflugterror empört, wird als schlechter Patriot betrachtet.

Lärm aushalten gilt in großen Teilen der Bevölkerung als »männlich«. Nicht zufällig sind 99 Prozent der Lärmschwerhörigen Männer, was keineswegs nur daran liegt, daß Frauen selten auf lärmreichen Arbeitsplätzen arbeiten. Einen Gehörschutz zu tragen, gilt oft als »verweichlicht«. Bei Motorradfahrern dürften auch Wunschbilder von Individualismus, Freiheit, Weite, Abenteuer mitspielen. Lärm wird häufig mit jugendlich, fortschrittlich, kraftvoll assoziiert und positiv bewertet. Stille zu suchen gilt vielen Menschen als alterstypisch oder altmodisch und daher als etwas Negatives.

Allerdings gibt es auch andere Strömungen in unserer Gesellschaft: Menschen, denen Stille, Meditation, Kontemplation, innerer Friede, religiöse oder spirituelle Erfahrungen wichtig sind. Hans Magnus Enzensberger zählt die Ruhe zu den »neuen Luxusgütern«. Ein Schritt in Richtung Lärmbekämpfung wäre es, wenn es zunehmend »Mode« würde, diesem Gut nachzustreben und damit die in unserer Gesellschaft verbreitete Bewertung von Lärm als positiv und Stille als negativ zu verändern. Ein solcher Wertewandel kann bereits durch eine engagierte Minderheit »von unten« initiiert werden – zum Beispiel durch Schilder, wie sie am Ortseingang von Todtnau im Schwarzwald stehen: »laut ist out« und »leise ist weise«.

Die Befreiung von der Lärmplage kann erst beginnen, wenn wir sie nicht langer verharmlosen oder verdrängen, sondern uns bewußt machen und entsprechend »Laut geben«.

Wo immer Menschen es sich zumuten, ihr *Leiden* angesichts des Lärmterrors (Ohnmacht, Wut, Verzweiflung) nicht zu verdrängen, sondern zu erleben und zu durchleben, kann das Engagement gegen Lärm wachsen. Aus der großen Zahl von Lärmbetroffenen könnte eine gesellschaftliche Bewegung gegen den Lärm werden, wenn immer mehr Menschen beginnen, über ihr Leiden am Lärm zu sprechen, sich auszutauschen, zuzuhören. Der Prozeß, auf den es ankommt, könnte in Anlehnung an den Begriff »Trauerarbeit« *Ohnmachtsarbeit* genannt werden. Es gilt, »Räume«, Zeiten und die Bereitschaft zur Verfügung zu stellen, damit Menschen ihre lärmbedingte Ohnmacht wahrnehmen und durchleben können.

Motivierte Menschen wollen praktisch werden, sich in Aktionen ausdrücken. Dabei ist erfahrungsgemäß die Zusammenarbeit mit Gleichgesinnten in *Bürgerinitiativen* langfristig tragfähiger als »Einzelkämpfertum«. Die gegenseitige Unterstützung kann helfen, den langen Atem zu erhalten, der notwendig ist, um schwierige Phasen durchzustehen. Solidarität und Synergie-Effekte in der Gemeinschaft können viel Spaß, Mut und Phantasie freisetzen. Die Möglichkeiten, sich gegen Lärm zu engagieren, sind vielfältig – von politischer und Öffentlichkeits-Arbeit im herkömmlichen Sinne bis zu Straßenaktionen.

Erfahrungsgemäß gewinnen politische Bewegungen viel Kraft und Durchhaltevermögen, wenn sie sich nicht in einer ›Anti-Haltung‹ erschöpfen, sondern auch ein positives Ziel haben, für das sie kämpfen, eine Vision, von der sie sich ›gezogen‹ wissen. Hier: das Vor-Bild einer Kultur, in der die Stille ein geschätzter und entsprechend geschützter Wert darstellt, Gegenpol zum Lärm. Zu einer solchen Aufwertung der Stille könnten die Religionen und spirituellen Disziplinen ganz entscheidend beitragen. Für den Rechtswissenschaftler Kimminich ist die »Stille nicht erst im Rahmen des Gesundheitsschutzes von Interesse, sie gehört zum Recht der Persönlichkeit. [...] Es geht also nicht darum, einem Häufchen von Eigenbrödlern und empfindlichen Seelen eine Art Naturschutzpark zu errichten, sondern es geht um den rechtlichen Schutz eines überaus hohen menschlichen Wertes.«

Den Lärm verstehen

Allerdings ist es zugleich auch notwendig, Lärm zu kennen, zu erkunden und das Bedürfnis zu verstehen, Lärm zu produzieren und Spaß an ihm zu haben. Laute Jugendliche »haben nichts anderes als Lust auf starke Energie, die sie in lauter Musik finden können«. Es wäre unsinnig und kontraproduktiv, Jugendlichen dafür Vorwürfe oder ein schlechtes Gewissen zu machen. Vielmehr sollte ihr Bedürfnis nach Lebendigkeit »gehört« und ernstgenommen werden. Dafür werden auch künftig Orte und Zeiten notwendig sein, an denen nach Herzenslust gelärmt werden darf (allerdings: getrennt von den Orten und Zeiten der Stille).

Neben Stille-Übungen sollten daher auch *Lärm-Übungen* eingesetzt werden (z. B. in der Schule: die Schüler einige Minuten Krach machen lassen). Denn Ziel kann nicht sein, den Lärm zu verbieten oder »wegzukriegen«, sondern zu lernen, was Lärm ist, wie er wirkt – und daraus einen bewußten und verantwortungsvollen Umgang mit Lärm einzuüben.

Dies könnte die Lärmbekämpfung auch davor bewahren, bitter und »Moralin-sauer« zu werden. Lärmgegner sind keine besseren Menschen, und Lärmbekämpfung sollte kein Kampf gegen Lebendigkeit sein, auch kein Kampf gegen Menschen. Lärmbekämpfung ist keine moralische Frage, sondern eine Frage der sinnvollen Gestaltung des Verhältnisses zwischen den beiden Polen Lärm und Stille.

Aus: Stephan Marks: Was tun? In: Stephan Marks: Es ist zu laut. Frankfurt a. M., Fischer-Taschenbuch-Verlag, 1999, S. 153–179.

*

Lassen Sie in absoluter Stille ein Blatt Papier reihum gehen! Gelingt das? Oder hören wir nicht doch ein leises Rascheln, ein ganz leises Reiben am Papier, wenn es von einer Hand zur nächsten geht?

Machen wir das Blatt Papier zum Musikinstrument. Wie viele verschiedene Klänge können Sie mit dem Papier erzeugen? – Antippen, Schwenken, Wedeln, Schütteln, Knicken, Zerreißen, Falten, Rollen, Streifen, Zerknüllen ... Lassen Sie das Papier im Raum herumgehen und verlangen Sie von jedermann einen neuen, noch nicht gehörten Klang. So wird die Übung anspruchsvoller und erfordert mehr Einbildungskraft.

R. M. Schafer, Hörübung 73 und 74

Die Zukunft der Sinne – Die Töne und das Hören

von Bernd Busch

Seit 1994 leitete Bernd Busch die Schriftenreihe »Forum« der Kunst- und Ausstellungshalle der Bundesrepublik Deutschland in Bonn, bevor er im Juni 2003 die Stelle des Generalsekretärs der Deutschen Akademie für Sprache und Dichtung in Darmstadt übernahm. In seiner Eigenschaft als wissenschaftlicher Redakteur hat sich Busch immer wieder mit der Zukunft der Sinne befasst. In seinem Essay »Die Töne und das Hören« versucht er eine erste anthropologische Grundlegung der akustischen Wahrnehmung.

Die Sinne erschließen uns die Welt, mit ihrer Hilfe erhören, durchschauen, begreifen wir unsere Umgebung, kommen auf den Geschmack oder können etwas nicht mehr riechen. Die Frage nach dem Zustand und nach der Zuständigkeit unserer Sinnesvermögen verbindet sich daher nicht nur mit der Sorge, ob wir den Reichtum sinnlicher Erfahrungsmöglichkeiten einbüßen könnten oder gar bereits verloren haben. Wenn die Vielfalt der gegenständlichen Welt sich für uns im Zusammenspiel von Wahrnehmen und Erkennen herstellt, dann berührt diese Frage auch unser Selbstverständnis als verantwortlich handelnde Subjekte.

An diesem Vermögen unserer Sinne Zweifel anzumelden, ist eine geläufige Formel der Kultur- und Zivilisationskritik geworden. Gegenüber den technologischen Entwicklungen scheint unsere biologische Sinnesausstattung immer mehr ihre kulturellen und sozialen Orientierungsfunktionen zu verlieren, ohne daß wir uns die Welt, unser Gegenüber anders als durch Sinneseindrücke vermittelt vorstellen könnten und auch wollten. Und doch scheinen uns angesichts der Wahrnehmungszumutungen einer immer komplexer gewordenen Umwelt die Sinne zu schwinden. Unser Wahrnehmungsvermögen: ausgebürgert, ein sperriges Relikt, das seines Rechtsanspruchs auf die Mitgestaltung des gesellschaftlichen Fortschritts beraubt ist – ratlos gegenüber der Aussicht auf eine Intelligenz, die auf den Menschen als Gegenüber und Maßstab verzichtet?

Dabei ist die Frage nach dem Zustand und der Zuständigkeit der Sinne keineswegs neu, auch wenn sie sich heute vielleicht mit neuer Brisanz stellt. Die Skepsis, ob den Sinnen zu trauen sei, war immer schon ein Stachel philosophischer Reflexion. Und sie war – und ist – ein Fundament jeder Form der menschlichen Existenzsicherung. Doch liegt zwischen der praktischen Erprobung der Wahrnehmungssicherheit, ohne die beispielsweise keine der frühen Jäger- und Sammlerkulturen hätte überleben können, und dem Nachdenken über die Wahrnehmung ein entscheidender Schritt. Nachdenken setzt Distanz voraus, die Abstraktion vom konkreten Wahrnehmungsakt. Es erforscht die allgemeinen Bedingungen, die jedes besondere Sinneserlebnis begründen und bestimmen. So ließe sich die Geschichte des menschlichen Erkenntnisstrebens auch als eine Geschichte der Aufklärung und Systematisierung der Sinne lesen. Schon die Suche der Pythagoräer nach einem den gesamten Kosmos bestimmenden Gesetz, das für den Menschen erkennbar wäre, die frühen Begründungsversuche für die Wahrhaftigkeit der Sinneseindrücke, wie bei Demokrit, oder die ausgefeilten Bildungsprogramme für eine den Täuschungen des Augenscheins ausgelieferte Erkenntnis, deren berühmtestes Beispiel wohl das platonische Höhlengleichnis ist – allesamt sind sie Elemente eines großen Experiments, mit dem die menschliche Erkenntniskraft in der Antike begann, ihre Rechtmäßigkeit zu erstreiten.

Der Bewertung der Sinnesvermögen innerhalb der menschlichen Erkenntnisprozesse haftete von nun an immer auch ein strategisches Moment an. Ebenso wie das Verhältnis der Sinne untereinander nicht mehr bloß eine Frage ihrer Tauglichkeit für die Existenzsicherung war, sondern zu einem Thema ausgeklügelter hierarchischer Ordnungen wurde. Ob und in welcher Form beispielsweise die mittelalterliche Theologie den Gläubigen ein Recht auf Einsicht – im unmittelbaren wie im übertragenen Wortsinn – zubilligte, war auch ein Instrument der Herrschaft über die Seelen und Köpfe der Menschen. Und doch war es gerade die subtile Entfaltung der Anschaubarkeit und Anschaulichkeit der Glaubensgehalte, die seit dem späten Mittelalter die Freisetzung der Menschenrechte der Wahrnehmung befördert hat. Nicht zufällig beharrten Kritiker dieser »Verweltlichung« (Hans Blumenberg) auf der einmaligen, transzendenten Bedeutung des göttlichen Wortes, des Textes – beispielsweise die zisterziensische Ethik des Heiligen Bernhard, welche die Schrift und das Hören (Gehorchen) nachdrücklich gegen den Siegeszug der Bilder und die irdische Sinnenlust des Sehens verteidigte.

Freisetzung der Wahrnehmung – dies hieß aber auch, die Sinne für ein neues zivilisatorisches Projekt der Erkundung freizugeben: die menschlichen Vermögen wurden von der Ordnung des Wissens erfaßt. Gerade der Erkenntnisfortschritt der Wissenschaften drang immer weiter in die körperlichen, sozialen und kulturellen Zusammenhänge der Wahrnehmung ein, eröffnete ein neues Verständnis, das zugleich die Sinnesfunktionen in ungeahnter Weise produktiv beherrschbar machte.

Und doch: Das 19. Jahrhundert, die Epoche, in der das Wissen über die Funktionsweisen der Wahrnehmung rapide zunahm, ist zugleich auch eine Zeit der großen Irritationen über die Angemessenheit unserer Wahrnehmung an die Verfaßtheit der Welt. Heinz Brüggemann hat diese Verunsicherung am Beispiel der urbanen Wahrnehmungssituation untersucht und darauf hingewiesen, daß die tradierten Erfahrungsmuster im Zusammenstoß mit der modernen Großstadt in einen Prozeß der Auflösung und Umformung gerieten, in dem neue Vermögen der Wahrnehmung sich ausgeprägt haben.

Es ist dieser im komplexen Wechselspiel von sozialem und technischem Fortschrittsprozeß und menschlicher Sinnesausstattung gebildete Wahrnehmungs-Sinn, auf den das ästhetische, aber auch das kulturpolitische Engagement der Moderne sich berufen konnte. So hat Walter Benjamin anläßlich seines frühen Versuchs, die Theorie der Kunst aus den Umwälzungen der Reproduktionstechnik heraus neu zu fundieren, auch die geschichtlichen Veränderungen der menschlichen Sinneswahrnehmung betont: Die Art und Weise, in der unsere Wahrnehmung sich organisiere, sei nicht nur natürlich, sondern auch geschichtlich bedingt. Benjamin hat diese Spannung zwischen biologischen Konstanten und historischen Variablen keineswegs nur kulturpessimistisch verstanden, ihn interessierten insbesondere die Chancen einer neuen, auf kollektiven Kulturgebrauch gegründeten Freiheit. In diesen Hoffnungen war er ein reflektierter Vertreter der Utopie der Moderne, die heute in ihren zentralen Punkten zwar nicht eingelöst, aber von der Geschichte überholt worden zu sein scheint.

Denn am Ende des 20. Jahrhunderts steht auch die Vorstellung einer in allen historischen Veränderungen sich erhaltenden physischen Konstante unserer Sinnesausstattung zur Diskussion. Die sinnesphysiologische Forschung ist in Zusammenarbeit mit der Robotik oder der Gentechnologie mittlerweile durchaus in der Lage, die körperlichen Voraussetzungen der Wahrnehmung nicht nur durch externe Apparaturen zu verbessern, sondern sie durch den direkten Eingriff in den Körper allmählich zu verändern.

Hinzu kommt, daß das Kulturmodell, gegen das noch Benjamin argumentiert hatte, sich heute aufgelöst hat. Kulturelle Identität begründet sich kaum mehr in einer spezifischen, historisch gewachsenen Bildung des Verhaltens und des Wahrnehmungsvermögens. Die Vorrangstellung der einen, legitimen Ausbildung des Wahrnehmungssinns hat sich heute ausdifferenziert in ein Spiel der »feinen Unterschiede« (Pierre Bourdieu). Dieses kulturelle System wechselseitiger Abgrenzung und Angleichung umfaßt die Verfügung über kulturelles Kapital ebenso wie die sozialen Gebrauchsweisen der Kultur.

Als sinnstiftender Zusammenhalt der verschiedenen kulturellen Praktiken und Wahrnehmungshaltungen wirkt daher heute nicht mehr ein privilegiertes Modell, sondern die Sinne und ihre Gegenstände scheinen – wenn wir sie als historisch-gesellschaftliche betrachten – eher nach dem Bild des Warenhauses organisiert zu sein.

Dieses nur schwerlich noch überschaubare Spiel kultureller Haltungen – auch im Gebrauch unserer Sinnesvermögen – ebenso wie die neuen, durch technische und wissenschaftliche Entwicklungen bewirkten Veränderungen unserer Lebens- und Arbeitsbedingungen haben eine tiefgreifende Verunsicherung kultureller Gewohnheiten bewirkt, sie haben jedoch auch teilweise entschiedene Gegenwehr ausgelöst. Möglicherweise eröffnen sie aber schließlich auch die Chance einer vom Druck kultureller Legitimität und unmittelbarer Existenzsicherung, von einer Kultur des Überlebens sich emanzipierenden Sinneskultur. Gerade darin wird das Geschick der Sinne zu einer kulturellen und gesellschaftlichen Gestaltungsaufgabe.

Es gibt Sinne, die sich aufgrund ihrer kulturellen Leitfunktion wie ihrer ökonomischen Bedeutung zum bevorzugten Gegenstand derartiger Verständigungsversuche entwickelt haben: insbesondere gilt dies für den Gesichtssinn, am schwächsten ist dies möglicherweise beim Geruchsvermögen ausgeprägt. Das Hören besetzt in dieser gesellschaftlichen Hierarchie der Sinne eine mittlere Stellung. Es ist ein kultiviertes Vermögen, dem eine eigene Gattung künstlerischer Produktionen gewidmet ist, es hat zentrale Orientierungsfunktionen in unserem Alltag – teils bewußt, beispielsweise wenn wir auf akustische Signale reagieren, teils unbewußt, wenn uns etwa eine Umgebung vertraut oder angenehm erscheint. Ein Großteil unserer Kommunikation basiert auf dem Austausch akustischer Informationen, die Sprache ist nur ein Beispiel hierfür, und eine ganze Epoche der Mediengeschichte war geprägt von der Übermittlung und Speicherung von Tönen: Funkverkehr, Telephon, Radio, Magnettonaufzeichnung etc.

Wie also nehmen wir unsere akustische Wahrnehmung wahr? Der Schulung unseres Gehörs sind eigene Ausbildungsdisziplinen gewidmet, sie erzeugen jedoch eine spezialisierte Sensibilität. Die alltägliche Wahrnehmung von Tönen hingegen – oder auch von Stille – lernen wir als selbstverständlichen Teil unserer Sozialisation. Wir brauchen diese Fähigkeiten, aber sie fristen gegenüber der visuellen Aufmerksamkeit ein Schattendasein. Wann nehmen wir beispielsweise die Geräuschkulisse bewußt wahr, die uns in unserer Wohnung oder auf dem Weg durch die Stadt umgibt?

In einer vernetzten, allseits angeschlossenen Welt, in der Töne von einem Ort potentiell an jeden anderen übermittelt werden können, scheint die Aufmerksamkeit für unsere unmittelbare akustische Umgebung an Bedeutung zu verlieren. Wir orientieren uns immer stärker mit Hilfe medial vermittelter Informationen – der Verkehrslagebericht im Autoradio ist nur ein Beispiel hierfür –, ohne daß dadurch der für unser Befinden zentrale Einfluß der akustischen Umgebung verschwunden wäre. Die Welt der Töne verschwindet keineswegs, aber sie formiert sich neu, nimmt andere Klänge aus anderen Quellen in sich auf – Töne, deren Ursprungsort zwar unserer körperlichen Wahrnehmung zunächst entzogen ist, die aber über die Medien in das räumliche Umfeld unseres Erlebens einrücken.

Doch hat dieser Wandel, diese Überformung des Hörens auch Gegenreaktionen provoziert. Denn in jenen Entwicklungen droht das zu verschwinden, was als ein in unser kulturelles Gedächtnis eingewobenes akustisches Umfeld bezeichnet werden könnte. Möglicherweise hat das Einbrechen der Dynamik zirkulierender elektronischer Signale in unsere noch um den Körper zentrierte Wahrnehmungssphäre überhaupt erst die gezielte Erforschung der akustischen Landschaften bewirkt.

Die neue Empirie der Klänge, die ebenso die Aufzeichnungsmedien nutzt wie sie sich auch einer spezifischen ästhetischen Sensibilität verbunden weiß, scheint von dem Gedanken des Bewahrens motiviert zu sein. Sie ist aber darüber hinaus ein wichtiger Motor der Gestaltung der akustischen Umwelt. Denn indem sie neben die Erkundung der Funktionsweise des Gehörs die Entdeckung dessen rückt, was im Alltag – und nicht in der privilegierten Situation beispielsweise des Konzerts – unsere akustische Umgebung bildet, könnte sie auch eine neue Freiheit des Zuhörens eröffnen.

Im Gegensatz zur magischen Beschwörung, die sich auf einen

natürlichen Einklang mit der Welt berief, sind die Gegenstände unseres Hörens immer gestaltete, sie sind historisch-gesellschaftliche, selbst dann, wenn wir Naturgeräusche wahrnehmen. Die besondere Qualität, mit der die aus verschiedenen historischen, natürlichen, technischen, sozialen Kontexten herrührenden Geräusche sich jeweils durchdringen, wird damit der bewußten Wahrnehmung, der Erkenntnis und der produktiven Auseinandersetzung zugänglich.

Mediengeschichte, als eine Geschichte auch der Modellierung unseres Wahrnehmungssinns, die sinnesphysiologische und psychologische Erforschung des Hörens und Zuhörens und die Beschäftigung mit den kulturellen Veränderungen des Hörens und Zuhörens wie den gesellschaftlichen Besonderheiten des Gehörten – all dies sind Facetten im Zugang zu den Tönen und dem Hören. Aus ihrem Zusammenklang könnte vielleicht eine neue Aufmerksamkeit für diesen Sinn entstehen, die uns nicht nur beim Betreten eines Opernhauses oder der Auswahl einer Stereoanlage befällt, sondern sich produktiv einmischt in die gesamte Welt der Töne und des Hörens.

Aus: Bernd Busch: Die Zukunft der Sinne. In: Kunst- und Ausstellungshalle der Bundesrepublik Deutschland (Hg.): Welt auf tönernen Füßen. Göttingen, Steidl-Verlag, 1994, S. 11–16.

Hören, Denken, Sprechen – Die Rolle der Akustik in der Schule

von Joachim Kahlert

70 bis 80% des Unterrichts in der Schule basieren auf Sprechen und Zuhören. Kaum jedoch wird bisher in das Zuhören eingeübt; Zuhören wird als Bringschuld der Schüler verstanden, die gefordert, aber nicht gefördert wird im Unterschied zu Sprechen, Lesen und Schreiben. Der Leiter des Projekts »GanzOhrSein« (www.ganzohrsein.de) Prof. Dr. Joachim Kahlert (Universität München) entwirft ein Modell, wie Zuhörförderung als pädagogische Aufgabe der Schule verstanden werden kann: Bausteine für eine akustisch gestaltete Schule, die unter dem Motto »Auf dem Weg zu einer zuhörfreundlichen Schule« stehen könnten.

Das Zuhören als Aufgabe in die pädagogische Kommunikation einzubringen, ist nicht ganz ohne Risiko. Autoritäres pädagogisches Handeln hat sich schon immer die Forderung nach »Gehorchen« zu eigen gemacht. »Wer nicht hören will, muss fühlen« gehört zu den berüchtigten Sätzen eines herrschaftsorientierten pädagogischen Bezugs, keinesweg nur in der deutschen Sprache. »Chi non vuole ascoltare consigli, dovrà imparare a sue spese« sagt man in Italien. Wer also den Rat nicht hören will, der muss auf eigene Rechnung lernen. »He wouldn't listen«, er wollte ja nicht hören. Man hört ihn auch im Englischen noch heraus, den Nachhall: Das hat er nun davon.

In der Schule wird man abgehört, von Lehrern, die wissen wollen, ob man sich noch daran erinnert, was in der letzten Stunde behandelt wurde. Der kleine pädagogische Lauschangriff gehört zum Schüleralltag seit Generationen. Außerdem schuldet man Gehorsam. Wer in Verdacht steht, Schlimmes getan zu haben, muss vor den Disziplinarausschuss. Da wird man dann verhört. Und möglicherweise vergehen einem dabei Hören und Sehen. Und noch haben Diktaturen in aller Welt den Lautsprecher an öffentlichen Plätzen und Straßenlaternen genutzt, um zu bestimmen, was das Volk glauben soll. Eine lenkende, herrschaftsorientierte Erziehung hat sich seit jeher der engen Kopplung bedient, mit der das Gehör den Einzelnen an die Umwelt binden kann. Dies ist die eine, die dunkle Seite der pädagogischen Bemühungen um das Hören: Der Sinn wird genutzt, um zu Erziehende einem fremden Willen unterzuordnen. Sie sollen nur hören, dann wüssten sie schon, was geboten und verlangt sei.

Die andere Seite liegt in der Möglichkeit, Hören zu schulen und die Fähigkeit zum bewussten Zuhören zu entwickeln. Ziel ist es, die Autonomie des Einzelnen in einer Umwelt zu fördern, in der eine Vielzahl akustischer Reize von parallel oder rasch hintereinander ablaufenden Ereignissen künden, die die Aufmerksamkeits- und Konzentrationsfähigkeit auf das Äußerste in Anspruch nehmen. Im Folgenden soll zunächst gezeigt werden, warum es sich durchaus lohnt, die Förderung des Hörens und Zuhörens als eine pädagogische Aufgabe zu verstehen (1). Allerdings zeigt sich, dass das gekonnte Hören heute noch eher als Bringschuld der Schüler und weniger als eine pädagogische Aufgabe angesehen wird (2). Und schließlich werden Bausteine für eine akustische Gestaltung einer Schule angeführt, in der Hören und Zuhören gefördert werden (3).

Gekonntes Hören – eine pädagogische Aufgabe der Schule

Von Verständigungslücken über Verständnislücken zur Wissenslücke – ein Fallbeispiel

Unterricht kann als ein themenzentriertes soziales Ereignis angesehen werden, das in der Regel von einem Akteur mit Kommunikationsangeboten an mehrere andere Akteure eröffnet wird. »Mehrere andere« sind dabei die Schüler; der eine Akteur ist die Lehrerin bzw. der Lehrer. Ob Lehrer mit einer motivierend gemeinten Problemstellung einsteigen, Diskrepanzerlebnisse zu schaffen versuchen, eine Fallschilderung einbringen, mit Könnenszielen anregen oder schlicht mit Aufgabenstellungen beginnen – immer sind zunächst mehrere, oft sogar alle Schüler angesprochen. Eine Differenzierung, die bereits in diesem Stadium die Unterrichtsangebote auf individuelle Lern- und Wahrnehmungsvoraussetzungen fein abgestimmt hat, ist kommunikationsökonomisch kaum möglich und unterrichtsökonomisch wohl auch nicht sinnvoll.

Subjektiv wirksame Lernsituationen für die einzelnen Schülerinnen und Schüler entstehen jedoch erst, wenn Lernende den für sie interessanten Zugang finden, Bezüge zu ihren Erfahrungen herstellen, eigene Wege für die Bearbeitung von Aufgaben und Problemen entdecken und individuell mit den Vorschlägen und Kritiken anderer zurechtkommen. So entscheiden letztlich die subjektiven Wahrnehmungen, die subjektiv verfügbaren Assoziationen und damit die individuellen kognitiven Konstruktionen darüber, welche tatsächlichen Effekte bei den Schülerinnen und Schülern erreicht werden. Eine Minimalvoraussetzung dafür, dass die Impulse von Lehrerinnen und Lehrern in die gewünschte Richtung wirken können, ist, dass sie überhaupt erst einmal verstanden werden. Dies ist keineswegs immer der Fall, wie das folgende Beispiel veranschaulicht.

Während einer Unterrichtsbeobachtung in einer 3. Klasse war folgende Episode zu beobachten: Die Klasse bereitete sich auf eine mehrtägige Klassenfahrt vor. Der Lehrer nutzte die Erwartungen an die bevorstehende Wanderzeit, um in das Thema Himmelsrichtungen und Kompass einzuführen. Das Stichwort Kompass fiel sehr schnell, als darüber gesprochen wurde, wie man sich in einer unbekannten Gegend zurechtfinden könne. Als der Lehrer fragt, ob denn alle wüssten, was ein Kompass sei, meldeten sich zahlreiche Schülerinnen und Schüler. Der zu Wort kommende Junge sagte, das sei die Ecke im Garten, wo man immer die Küchenabfälle hinbringt, die Kaffeefilter usw. Der Lehrer war sichtlich irritiert, wusste nicht viel damit anzufangen und rief dann einen anderen Schüler auf, der dann einigermaßen treffend einen Kompass beschrieb.

Für den ersten Schüler ging der Anschluss an das weitere Unterrichtsgeschehen verloren. Er dachte noch an Gemüseschalen und Komposthaufen und konnte nichts damit anfangen, dass die anderen über Magnetismus, Himmelsrichtungen und Landkarten redeten.

Dem Lehrer ist dieses sprachliche Missverständnis übrigens nicht weiter aufgefallen. Erst als er nach der Stunde darauf angesprochen wurde, erinnerte er sich und konnte nach und nach die Situation rekonstruieren.

Für den Schüler wurde das kleine Missverstehen zum Ursprung einer sich im Fortgang der unterrichtlichen Kommunikation öffnenden Schere zwischen dem, was ihn selbst weiter beschäftigte, und dem, was sich im Unterricht ereignete. In solchen Situationen verlieren Schüler den Anschluss. Im entscheidenden Augenblick nicht richtig gehört – und schon wird eine minimale Verständigungslücke zum Ausgangspunkt einer wachsenden Verständnis- und später dann Wissenslücke.

Gekonntes Hören – notwendige Voraussetzung für die Resonanz von Lernangeboten

Auch wenn heute die Forderung nach handlungsintensiven Unterrichtsmethoden, anregungsreichen Arbeitsmaterialien und abwechslungsreichen Lernumgebungen die Diskussionen um die Gestaltung schulischer Lernumwelten bestimmen, wird der Erfolg von Unterricht auch in Zukunft in hohem Maße davon abhängig sein, dass es Kinder und Jugendlichen gelingt, aus akustischen Informationsangeboten die bedeutsamen Informationen herauszuhören.

- Ein geschultes Gehör erleichtert Leselernen und Schriftspracherwerb.
- Hörfähigkeit und das Gedächtnis für phonologische Informa-

tionen beeinflussen die Qualität des mündlichen Sprachgebrauchs und den Erfolg beim Erlernen einer Fremdsprache.
- Leselernen wird gestört, wenn lauter, tieffrequenter Schall (Bau- oder Verkehrslärm) leise, hochfrequente Laute übertönt.
- Sprachschall im Hintergrund kann das phonologische Kurzzeitgedächtnis erheblich beeinträchtigen, ohne dass man sich an diesen Effekt gewöhnen kann.
- Wissenserwerb wird unterstützt, wenn Lernende ihr erworbenes Wissen aktiven, das heißt nachfragenden Zuhörern darlegen.
- Unterrichtsgespräche, in denen sich Schüler intensiv mit einer Sache auseinander setzen, gelingen nur, wenn aufeinander gehört wird.
- Der heute von der Mathematikdidaktik geforderte Austausch über unterschiedliche Lösungsstrategien für mathematische Aufgaben setzt ein Klima voraus, in dem einander zugehört wird.

Dies sind nur einige Argumente, die die Rolle gekonnten Hörens, sinnentnehmenden Zuhörens, für den Erfolg schulischer Bildungsbemühungen unterstreichen. Weitere Gründe, der Förderung des Hörens und Zuhörens im pädagogischen Alltag mehr Aufmerksamkeit zu schenken, lassen sich mit Gegenwartstendenzen in der modernen Gesellschaft begründen.

Der Reizüberflutung entkommen – Begegnungen suchen

In der modernen Gesellschaft wird die Fähigkeit zur Selektion akustischer Reize immer wichtiger, um individuelle Autonomie zu bewahren. In der »Multioptionsgesellschaft« (Peter Gross) mit ihren Verheißungen, Betätigungs- und Zerstreuungsmöglichkeiten konkurrieren zahllose Angebote um die Aufmerksamkeit der einzelnen Menschen. Diese sind einer dauerhaften Konkurrenz um die »Optionen des Hörens und Sehens« unterworfen, mit der Gefahr, von den Reizen der Außenwelt vereinnahmt zu werden.

An Autonomie verliert nicht nur, wer Gehörtem gehorsam folgt, sondern auch, wer sich zu leicht ablenken lässt und sich auf nichts mehr richtig ausrichten kann. Zu Recht gilt daher das gekonnte Hören als ein Merkmal von Bildung. »Bildung heute muss auch das Hören einbeziehen« (Gross). Wer lernt, bewusst zu hören, gewinnt Autonomie gegenüber der akustischen Reizflut: Weghören, wenn es nicht sinnvoll ist, weiter aufmerksam zu sein; hinhören, wenn es lohnenswert erscheint; zuhören, wenn es sich als lohnenswert erweist; abschalten, wenn es sich nicht mehr lohnt.

Beim Hören wählen bedeutet, seine Aufmerksamkeit nicht zu vergeuden, sondern sich gezielt darum zu bemühen, aufmerksam zu sein. Während Hören mit einer eher unspezifischen Offenheit zur Welt einhergeht, sind Hin- und Zuhören Wahrnehmungsformen, die mit einer Absicht verbunden sind. Wer hinhört, will etwas heraushören, etwas wieder erkennen. Zuhören geht noch weiter: Man hört zu, um etwas Neues zu erfahren, um etwas zu lernen.

Diese Zugewandtheit, die mit dem Zuhören ausgedrückt wird, macht Zuhören auch als Qualität sozialer Beziehungen erfahrbar.

Wer einem anderen zuhört, nimmt nicht nur die lexikalische Bedeutung von Wörtern wahr, sondern auch Informationen über die individuelle Bedeutung, die der Sprechende seinen Worten gibt. Verständigung mittels Sprache bietet die Möglichkeit sich über Bestehendes zu vergewissern und darüber hinaus die Gestaltbarkeit der Welt durch gemeinsame Konstruktion von Wirklichkeit zu erfahren. Ein das hinwendende Zuhören pflegende Gespräch schafft soziale Ereignisse.

Im Verständnis der geisteswissenschaftlichen Pädagogik vom Gespräch als Weg zur Entschleierung von Wahrheit ist diese Ereignishaftigkeit des Zuhörens angedeutet. Wer zuhören will, muss sich bemühen, den anderen verstehen zu wollen. Man ist bereit, aus Andeutungen, Wörtern, Sätzen den gemeinten Sinn zu erschließen und gegebenenfalls durch Nachfragen mehr zu erfahren. Zuhören ist somit zugleich Ausdruck und Pflege einer fragend-achtsamen Hinwendung zum anderen.

Eine Schule, in der Zuhören nicht lediglich verlangt, sondern gestaltend gefördert wird, hätte daher die Aufgabe, Schüler zu ermutigen, nachzufragen, wenn sie nicht sicher sind, richtig gehört und verstanden zu haben. Sie sollte ein Klima schaffen, in dem Geduld geboten und eingefordert wird, wenn einem nicht sofort gefällt, was der andere sagt oder tut. Ein solches Klima bestärkt sich selbst: Wenn die Zuversicht wächst, dass man selbst auch die Chance bekommt, sich zu erklären, wenn man falsch verstanden wurde oder sich so fühlt, kann man geduldiger mit anderen umgehen.

Und schließlich erfüllt eine das Hören und Zuhören fördernde Schule eine gesundheitspolitisch wünschenswerte Aufgabe, weil die Chance wächst, dass Schüler aufmerksam für das eigene Gehör werden. Überbelastung des Gehörs durch zu lauten Musikgenuss aus Walkman und in Diskotheken sowie durch Knalleinwirkungen drücken Sorglosigkeit und Missachtung gegenüber diesem empfindlichen Sinnesorgan aus. Selbst Beeinträchtigungen des Gehörs sind den Betroffenen häufig kaum bewusst. Zwar ist Aufklärung über mögliche Schäden keine Garantie für gesundheitsbewusstes Handeln. Aber die Wahrscheinlichkeit, auf das eigene Gehör zu achten, dürfte zunehmen, wenn die Schule Gelegenheit geboten hat, die Feinheiten des Hörens zu erfahren und die Empfindlichkeit des Gehörs schätzen zu lernen.

In das Hören einstimmen – eine vernachlässigte Aufgabe der Schule

Eine Dauerklage – mangelnde Aufmerksamkeit

Obwohl Eltern und Lehrer seit langem und immer wieder darüber klagen, Schüler seien unkonzentriert, zu wenig aufmerksam und könnten nicht richtig zuhören, wird der Förderung des Hörens und Zuhörens eher wenig Aufmerksamkeit geschenkt.

In der visuell dominierten Lernumgebung der Schule, so die Kritik, würde das Hören zu wenig gefördert. Oft werde die Bedeutung einer Hörerziehung nicht einmal wahrgenommen. Dem Hören werde eher eine Hilfsfunktion zugeschrieben. Ja, Lehrer würden

den Schülern das Zuhören sogar erschweren, wenn sie in einer sozial nicht angemessenen Weise in die Interaktionen der Kinder und Jugendlichen intervenieren: Schülern ins Wort fallen, sich selbst nicht an Regeln der Gesprächsführung halten, durch zu schnellen Wechsel der Unterrichtssituation Aufmerksamkeit überbeanspruchen.

Dabei würde die gezielte Förderung des Hörens und der Zuhörfähigkeit auch dem ureigenen Anliegen der Schule dienen, nämlich Aufmerksamkeit für das fördern, was sie zu bieten hat.

In der psychologischen und pädagogischen Fachdiskussion gilt als aufmerksam, wer einer vereinbarten, komplexeren Tätigkeit zielbezogen und stetig nachgeht sowie entsprechende Tätigkeitsergebnisse erreicht. Voraussetzungen dafür sind unter anderem:

- ein hinreichend zuverlässiges Verständnis von der beabsichtigten Tätigkeit,
- Motivation für die Tätigkeit,
- ausreichende Fertigkeiten und Kenntnisse,
- sowie die Fähigkeit, das eigene Verhalten zielbezogen zu kontrollieren.

Aufmerksamkeit teilen – notwendig im Unterricht

Die tatsächlich gezeigte Aufmerksamkeit hängt jedoch nicht nur von diesen persönlichen Eigenschaften ab, sondern auch vom Umfeld.

Lehrer haben daher die Aufgabe, eine Lernumgebung zu schaffen, in der Aufmerksamkeit stimuliert und Ablenkung eher gehemmt wird.

Empfohlen wird dafür eine Dramaturgie des Unterrichts, die zunächst allgemeine Aufnahmebereitschaft (Wachheit) stimuliert, dann die Aufmerksamkeit durch Strukturierungs- und Selektionshilfen auf spezifische Aufgaben lenkt (Selektion) und schließlich durch Überwachung des Lernprozesses und Rückmeldung dafür sorgt, dass die Schüler zielstrebig tätig sind (Kontinuität).

Unterricht aufmerksam zu folgen setzt allerdings von Seiten der Schüler nicht nur Konzentration auf die jeweils vereinbarte oder erforderliche Tätigkeit voraus, sondern eine Teilung von Aufmerksamkeit.

Einerseits gilt es, die jeweils geforderte Tätigkeit konzentriert und zielstrebig auszuführen; andererseits muss man aufmerksam sein für das sonstige Geschehen nebenher. Schülerinnen und Schüler brauchen daher eigentlich nicht eine Art von Aufmerksamkeit, sondern zwei verschiedene Arten. Sie müssen eine tätigkeitsspezifische Aufmerksamkeit zeigen und das, was sie gerade tun, konzentriert tun. Außerdem benötigen sie eine geschehensorientierte Aufmerksamkeit für das, was sich sonst noch ereignet. Diese »Kontrollaufmerksamkeit« ist überall dort notwendig, wo eine sich rasch wandelnde Umwelt permanente Anpassungsleistungen von Menschen verlangt – so wie im Unterricht.

Dort verliert den Anschluss, wer das »time-sharing« zwischen einer tätigkeitsspezifischen Aufmerksamkeit und einer geschehensorientierten Aufmerksamkeit nicht beherrscht. Es gilt daher zum einen, den Anregungen und Äußerungen anderer zu folgen, etwas zu notieren, zu kombinieren, eigene Gedanken dabei nicht aus dem Sinn zu verlieren; andererseits muss weiter auf Reize gehört werden, die von anderen möglichen wichtigen Ereignissen künden.

Ohne die Teilung von Aufmerksamkeit fehlt der Ausrichtung auf die jeweiligen Anforderungen die Elastizität, die nötig ist, um zur richtigen Zeit zwischen »Hauptengagement« und »Nebenengagement« zu wechseln. Nicht der Grad an Aufmerksamkeit allein, sondern die angemessene Teilung von Aufmerksamkeit in tätigkeitsbezogene und geschehensorientierte Aufmerksamkeit ermöglicht es, Unterricht so zu folgen, dass der »conscious switch of attention« zur richtigen Zeit gelingt.

Gerade dieses Umschalten zur richtigen Zeit scheint für die Beständigkeit von Aufmerksamkeit wichtig zu sein. Wie eine Studie über die Aufmerksamkeit von Grundschulkindern beim Lesen zeigt, ist die Unaufmerksamkeit in den ersten 15 Sekunden besonders hoch; allerdings bleiben Kinder, die in den ersten Sekunden aufmerksam waren, mit hoher Wahrscheinlichkeit auch weiter aufmerksam. Dieser Effekt lässt sich interaktionstheoretisch gut interpretieren. Ist man erst einmal im »Hauptengagement« involviert, nehmen die Anforderungen der jeweiligen Tätigkeit den wesentlichen Teil von Interesse und Aufmerksamkeit in Anspruch. Es fällt leichter, dabei zu bleiben, als hinzuzukommen.

Lehrer sollten daher im Unterricht versuchen, durch Rhythmisierung des Dargebotenen den Schülern das Management ihrer Aufmerksamkeit zu erleichtern. Impulse, also Anregungen zur inneren Verarbeitung von Informationen, und Freiraum für die Verarbeitung von Informationen sollten so aufeinander abgestimmt werden, dass der Wechsel von Aufmerksamkeit gelingt. Dann stimmt im Unterricht der Takt.

Die für Unterricht typischen und wohl auch unverzichtbaren Mittel zum Management von Aufmerksamkeitsressourcen sind Sprechen und Hören.

Das Gehör erlaubt es, die Umgebung eher unbestimmt zu überwachen, um dann aufgrund eines besonderen Reizes aufmerksam hin- und zuzuhören. Dieses Umschalten von beiläufiger auf bewusste Aufmerksamkeit beim Hören vollzieht sich im Regelfall nicht reaktiv, sondern aktiv. »Wir wählen aus, was wir hören, indem wir uns aktiv damit beschäftigen, nicht indem wir das Konkurrierende ausschließen.«

Auf das Hören vorbereiten – »Listening Organizer«

Allerdings ist die verbale Geschehenssteuerung im Unterricht fragil. Die Schwierigkeit besteht darin, die Erwartung der Schüler als Hörende zum richtigen Zeitpunkt für das gleich Kommende zu mobilisieren. Immer zuzuhören und gleichmäßig aufmerksam zu sein, wäre unproduktiv und würde rasch zur Überforderung führen. Wer darauf setzt, dass Zuhören »just-in-time« geschieht, läuft Gefahr, dass Hörende verpassen, was sie hören sollten. Erfolgreicher dürfte es sein, in das Zuhören einzustimmen.

Um dies wiederum mit einem Beispiel zu veranschaulichen: Teilt eine Lehrerin in der Klasse mit, dass der Unterricht am nächsten Tag später als gewöhnlich beginnt, ist sie gut beraten, vor dieser Mitteilung zunächst dafür zu sorgen, dass alle aufmerksam zuhören. Die Ankündigung wird quasi angekündigt. Ohne diese Einstimmung auf das, was vernommen werden soll, wäre die Wahrscheinlichkeit hoch, dass am nächsten Tag einige Schüler zu früh da sind. Die Ankündigung der Ankündigung dagegen lässt aufmerken und unterstützt den Switch, der nötig ist, um vom bloßen Hören zum verarbeitenden, sinnerschließenden und -verstehenden Zuhören zu gelangen.

Diese Bedeutung des Eingestimmtseins für das Verstehen kennt jeder, der schon einmal eine Rede oder eine Diskussion verfolgt hat, ohne von Beginn an dabei gewesen zu sein. Zwar hört man die gleichen Wörter und Sätze wie die, die schon länger dabei sind, aber man benötigt eine Phase der Orientierung, um zu wissen, worum es geht. Schlüsselwörter erleichtern es in diesem Fall herauszuhören, um was es geht, und in das verstehende Zuhören hineinzukommen.

In der Lerntheorie gibt es heute den Begriff des »Advance Organizer«, der am ehesten mit »vorstrukturierender Lernhilfe« übersetzt werden kann. Gemeint ist damit, dass vor dem eigentlichen Lernprozess Impulse gesetzt werden sollen, die das schon vorhandene Wissen aktivieren. Advance Organizer haben die Funktion, vor dem Beginn des eigentlichen Lernprozesses die Aktivierung bestehender Wissensinhalte für den Erwerb neuen Wissens zu unterstützen. Ähnlich könnte der bewusste Einsatz von »Listening Organizern« in das aufmerksame Zuhören einstimmen.

Nach der von Margarete Imhof angebotenen Unterscheidung der »akustisch/auditiven« Reizmodalität hätten »Listening Organizer« den Charakter eines Signals, dessen Verarbeitung zunächst nur geringe und unspezifische Aufmerksamkeit erfordert, um dann die Aufmerksamkeit aufkommende Hörereignisse auszurichten, die, wie ein Gespräch oder eine Mitteilung, komplexere Anforderungen stellen und dadurch größere Aufmerksamkeitsressourcen binden.

Allgemeine Aufforderungen, doch endlich zuzuhören, sind dafür bekanntlich wenig geeignet. Sie stimmen nicht in das Zuhören ein, sondern weisen Fehlverhalten zu. Ihre Wirkung entfaltet sich dann auch eher auf der Beziehungs-, als auf der Inhaltsebene: Man hört nicht zu, tut aber so als ob. »Listening Organizer« hätten dagegen dafür zu sorgen, dass die Schüler »Hörziele vor dem Hören kennen, damit sie wissen, worauf sie beim Zuhören achten sollen«.

Schlüsselwörter, Formulierungen die Aufhorchen lassen, die Kurzschilderung eines Ereignisses oder auch optische Signale können diese Funktion erfüllen. Was als »Listening Organizer« konkret wirksam ist, hängt vom Sachverhalt, von der Lerngruppe, von der Persönlichkeit des Lehrers und von vielem mehr ab. Entscheidend ist, sich bewusst zu machen, dass es sich auch im Unterricht lohnt, in das Zuhören einzustimmen und gezielt nach Möglichkeiten dafür zu suchen. Gefordert wären dabei vor allem auch die Fachdidaktiken, die mit ihrem systematischen Überblick über den Aufbau und den Zusammenhang der von ihnen behandelten Inhalte am ehesten solche weiterführenden Signal- und Schlüsselwörter in ihren Gebieten identifizieren – und dann erproben – können.

Bausteine für die akustische Gestaltung von Schule

Die akustische Gestaltung von Schule zielt nicht in erster Linie auf die Schaffung physikalischer und räumlicher Bedingungen. Diese können zwar das Hören und Zuhören erleichtern, sind aber im Rahmen eines pädagogischen Programms nur ein Baustein unter anderen. Grundlegender ist es, die Förderung des Zuhörens und Hörens als eine Aufgabe bei der Gestaltung sozialer Prozesse zu verstehen. Dazu werden im Folgenden drei Bausteine skizziert: Verständigung über eine dem Hören und Zuhören dienliche Atmosphäre (Baustein Schulkultur); Hören schulen und Zuhören unterstützen (Baustein Unterricht); räumliche Bedingungen für unterschiedliche Hörerfahrungen und für die Förderung des Zuhörens (Baustein Raumgestaltung).

Baustein Schulkultur: Verständigung über die akustische Umwelt

Ein erster Schritt zur Entwicklung einer das Hören und Zuhören fördernden Schulkultur stellt die Auseinandersetzung mit der Frage dar, »Wie hört sich Schule an?« oder, spezifischer, »Wie hört sich unsere Schule an?« Diese Auseinandersetzung über die wahrgenommenen akustischen Gegebenheiten ist grundlegend und kann Teil der Schulkultur, des Schulprofils werden. Sie regt die gemeinsame Beschäftigung mit der Atmosphäre des Ortes an, an dem zahlreiche Kinder, Jugendliche und Erwachsene viele hundert Stunden im Jahr in ein dynamisches Netzwerk sozialer Beziehungen eingewoben sind, das sich nicht zuletzt als Geräuschkulisse bemerkbar macht.

Geräusche, Töne, Krach und Klang werden von Menschen unterschiedlich erlebt. Akustische Ereignisse sind mittels physikalisch messbarer Größen nur unzureichend zu erfassen, weil sie auch von Wahrnehmungsgewohnheiten beeinflusst werden. Allein aufgrund physikalischer Parameter wie Frequenz, Pegel und Zeitstruktur eines Schalls ist es kaum möglich, Aussagen über den empfundenen Wohlklang oder allgemein über Wirkungen von Schall oder von Tönen zu machen. Hinzu kommen müssen Größen, die auch Empfindungen skalierbar machen und die in der Psychoakustik als Lautheit, Tonheit und als Klangfarbenmerkmal wie Schärfe und Rauigkeit (d. h. die Modulationsfrequenz eines Geräusches) bezeichnet werden.

Auch die eigene Erfahrung kann bestätigen, dass die Ablehnung bzw. Akzeptanz eines Geräusches nicht von physikalischen Parametern allein abhängt. Den röhrenden Schrei Joe Cockers in »With a little help from my friend« mögen die heute 50-Jährigen anders erleben als Kinder und Jugendliche, die mit den vergleichsweise sanften Klängen der Kelly-Family oder einer anderen jeweils aktuellen Musik aufgewachsen sind.

Die Frage »Wie hört sich unsere Schule an?« kann zunächst zu einer Zusammenstellung von »Soundmarks« führen. »Soundmarks« bezeichnen, in Anlehnung an den kanadischen Psychologen Murray Schafer, die für einen Ort typischen, ihn kennzeichnenden Klänge und Geräusche. In der Schule sind das z. B. das Klingelzeichen, die an- und abschwellende Geräuschkulisse im Takt der Pausen, die laute Stimme diktierender Lehrer, trampelnde Schüler im Treppenhaus und vieles mehr.

Diese Verständigung über die Geräuschlandschaft Schule zielt auf das Bewusstmachen und Kommunizieren von Empfindungen, Assoziationen, Wirkungen von Geräuschen. Es geht also nicht in erster Linie um bloßes Sammeln und Registrieren typischer Geräusche, sondern um eine Verständigung darüber, was diese »Soundmarks« über das soziale Klima, den Respekt voreinander und über die Situation der Beteiligten ausdrücken.

Baustein Unterricht: Hören schulen und Zuhören unterstützen

- Stilleübungen können Achtsamkeit fördern: durch den Raum gehen, ohne Geräusche zu machen oder ein bestimmtes Geräusch beim Gehen zu erzeugen.
- Der Orientierung durch Hören dient zum Beispiel eine Übung, bei der sich das Kind mit verbundenen Augen durch die Klasse bewegt. Kommt es einem Hindernis nahe, wird es kurz davor durch ein leises Geräusch gewarnt, das ein Kind produziert, das sich unmittelbar beim Hindernis aufhält.
- Übungen zum Heraushören zielen auf das Wiedererkennen von Geräuschen und Tönen: Was ist im Klassenraum und was von draußen kommend zu hören? Bewusstes Hören auf Geräusche, die man bisher in der Schule nicht gehört hat (bei offenem Fenster, bei offener Schultür).
- Interpretieren produzierter Geräusche: Kinder vermuten, wie ein von anderen produziertes Geräusch (mit Händen, Füßen, mit Papier etc.) entstanden sein mag.
- Die gezielte Sammlung von Geräuschen mit Tonband und

Mikrofon schärft die Wahrnehmung für akustische Umweltreize: Geräusche in der Schule, typische Geräusche des Stadtteils, Schulorts, eines bestimmten Ortes zu ausgewählten Zeiten …
- In einem Hörtagebuch lässt sich festhalten, was man im Laufe eines Tages, einer Stunde, eines Vormittags etc. vernommen hat. Der Vergleich verschiedener Tagebücher offenbart sowohl Unterschiede in den akustischen Umgebungen als auch verschiedene Wahrnehmungsgewohnheiten.

Baustein Raumgestaltung: räumliche Bedingungen für unterschiedliche Hörerfahrungen und für die Förderung des Zuhörens

Auch wenn das bewusste Hören und Zuhören vor allem eine *Haltung* voraussetzt, können Gestaltungen des Raumes dabei unterstützen.

Interdisziplinäre Arbeitsgruppen aus Architekten, Städtebauern, Musikern, Elektroakustikern und Informatikern, wie die Gruppe Espaces Nouveaux, haben Klangräume für Städte wie den »Garten der Töne« in Hongkong und den »Garten der Stimmen« in Osaka geschaffen. Warum sollte es in Zukunft nicht möglich sein, auch Schulen durch bauliche Maßnahmen dabei zu unterstützen, eine angenehme akustische Atmosphäre zu entwickeln? Dafür braucht man ja nicht gleich die ganze Schule akustisch durchzustylen.

Ein erster Schritt könnte die Einrichtung einer »lärmfreien« Zone innerhalb der Schule sein. Dorthin kann sich zurückziehen, wer ungestört von den üblichen Geräuschen reden, nachdenken, arbeiten will.

Eine zweite, ohne großen Bauaufwand zu realisierende Idee ist der Vorschlag von Beck/Wellershoff, eine Hör-Bar einzurichten. In einer Hör-Bar wird gesammelt, was sich hören lässt:
- Musikinstrumente, Mittel zur Herstellung von Geräuschen wie Kamm, Flaschen, Bleche, Muscheln …,
- Tondokumente wie Schallplatten und Tonbänder,

- Geräuschaufzeichnungen mit schriftlichen Informationen zum Fundort, zum Finder, zu seiner Absicht bei der Aufnahme,
- Geschichten, in denen typische Geräusche vorkommen,
- Spiele, bei denen es um Geräusche geht,
- typische Geräusche von Berufen, Plätzen, funktionalen Orten wie Schwimmbädern, Geschäften, Parkplätzen.

Eine dritte, auch noch recht einfach zu realisierende Möglichkeit wäre die Gestaltung einer Informationswand, auf der verschiedene Teilthemen des Hörens und Zuhörens ansprechend gestaltet sind. Sie gibt den Mitgliedern der Schule und ihren Besuchern kund, dass es sich um eine Schule handelt, die der Förderung des Zuhörens besonderen Stellenwert einräumt.

Derzeit entstehen vor allem durch die Arbeit der Stiftung Zuhören (www.stiftung-zuhoeren.de) in einigen Schulen Konzepte, die in das jeweilige Schulprofil eingehen, zum Beispiel: »Hörclubs«, »Auf dem Weg zu einer zuhörfreundlichen Schule«, »Eine leisere Schule«, »Die zuhörende Schule«.

Sicherlich wäre die Erwartung überzogen, akustisches Design würde Schulen zu Oasen der Ruhe, Konzentration und Aufmerksamkeit machen. Ob Schule ein Ort des feinen Hörens und Zuhörens sein kann, hängt vor allem von den Menschen ab, die dort miteinander umgehen.

Die Idee der akustisch gestalteten Schule ist daher eher als ein Leitbild zu verstehen, weniger als Impuls für einen architektonischen Plan.

Dieser würde die Verantwortung für das Hören und Zuhören doch wieder an Fachleute wie Psychoakustiker, Architekten, Lehrer und Schulplaner delegieren. Aber ob einander zugehört wird, bleibt von der Fähigkeit und dem Willen der Anwesenden abhängig. In einer Schule, die sich die Förderung des Zuhörens zur Daueraufgabe macht, ist bereits der Weg ein Teil des Ziels.

Verständigung über die akustische Umwelt als Merkmal von Schulkultur

Eine Auseinandersetzung mit der Frage »Wie hört sich unsere Schule an?«

1. Zusammenstellung von »Soundmarks«
- Sammeln und Registrieren typischer Geräusche
- Verständigung darüber, was diese »Soundmarks«
- über das soziale Klima,
- den Respekt voreinander,
- über die Situation der Beteiligten ausdrücken.

2. Gibt es an der Schule Rückzugsmöglichkeiten/Orte, an denen man Stille erfahren kann?
- Wer hat überhaupt wann das Bedürfnis nach Stille?
- Wo und wann kann man miteinander sprechen, ohne dass man mit Unterbrechung oder Störung durch einen anderen rechnen muss?
- Wo und zu welchen Zeiten entsteht störender Lärm?

3. Gibt es auch an der Schule typische Geräusche, die Macht und Abhängigkeit ausdrücken?
- Wer verfügt über diese Geräusche?
- Was wird damit bewirkt und ausgedrückt?
- Kann die Verfügungsgewalt darüber verändert werden?
- Wer gibt das Zeichen, dass Aktivitäten zu beenden oder aufzunehmen sind? Wer verfügt über das Recht, Redeerlaubnis zu erteilen und zu nehmen?

Aus: Joachim Kahlert: Hören, Denken, Sprechen. Die Rolle der Akustik in der Schule. In: Kahlert, Joachim; Schröder, Michael; Schwanebeck, Axel (Hg.): Hören – ein Abenteuer. Akademie für Politische Bildung Tutzing ; Evangelische Akademie Tutzing. München, Reinhard Fischer, 2001, S. 55–75.

Hörenmachen – Imaginationen

von Stephan Froleyks

Zuhören lernt man durch Zuhören. Zuhören fördern heißt Hörenmachen. Stephan Froleyks ist Komponist und Percussionist. Ein Enthusiast aktiven Hörens, der mit seinen Texten anregt, das Hören bei sich selbst zu entdecken, genaues Hinhören zu versuchen und »Hörenswürdigkeiten im Alltag« zu finden – auch durch innere Vorstellungen.

»Außer dem physischen äußeren Gehör gibt es das psychische innere Gehör, das auf Vorstellung und Gedächtnis beruht und oft auch bei Ausfall des äußeren Gehörs funktioniert.«

Bekannt sind die Fälle der Komponisten Beethoven und Smetana, die auch im fortgeschrittensten Stadium der Ertaubung noch Musik komponieren konnten. Der hohe Rang der in diesem Zustand entstandenen Kompositionen läßt außer Zweifel, daß hier Komponisten sich nicht nur an ihre Tonsatzkenntnisse (die handwerklichen Grundlagen) erinnerten und sie abspulten.

Vielmehr muß in diesen Fällen eine bestimmte Form von gesamtheitlicher Musikwahrnehmung vorliegen, die – da sie nicht mehr aus der sinnlichen Wahrnehmung gespeist werden kann – aus der *erinnernden Vorstellung*, aus der Imagination resultiert. Da nicht nur bereits einmal gehörte Musik (im weiteren Sinn: Klänge und Geräusche) reproduziert wird, sondern auch Neues entsteht, muß die Fähigkeit eines »aktiven Hörens« existieren, das ohne Höreinflüsse von außen funktioniert.

Neben dem Hören mit dem Sinnesorgan »von außen nach innen« besteht also auch die Möglichkeit eines Hörens aus dem inneren Gehör heraus, »von innen nach außen«. Vorstellbar ist sind Hörübungen, die mit dem *aktiven Hören im inneren Gehör* spielen und arbeiteten.

Dem Gehörten wird etwas hinzugefügt oder abgezogen, es wird gestückelt und verformt. Ausgehend von kleinen Texten soll der Leser und Hörer hier versuchen, von innen heraus in sein akustisches Umfeld bzw. in dessen Wahrnehmung einzugreifen.

Störungen

Sie sitzen am Schreibtisch, links neben Ihnen summt gleichmäßig (nicht ganz gleichmäßig) der Computer. Ab und zu brummt eine Fliege an der Fensterscheibe, seltener fliegt eine Fliege von außen dagegen. Das Rauschen der Blätter an den Bäumen vor dem Fenster sieht man mehr, als daß man es hört.

Nehmen Sie Einfluß auf dieses relative Kontinuum, indem Sie Fremdgeräusche hinzuhören. Stellen Sie sich zusätzlich den Klang einer Sirene vor, ein Rauschen oder den Klang einer menschlichen Stimme. Wählen Sie unterschiedliche Störungen, beginnen sie mit »wahrscheinlichen« Varianten: Weinte da nicht gerade eines der Kinder im Schlaf, hört da nicht jemand Radio?

Verachten Sie aber auch nicht die weniger wahrscheinlichen Störungen: der Rabe auf der Schaukelstange, ein Trecker im Garten, ein umstürzender Baum. Werten Sie das imaginäre Resultat: Ist es unangenehm? Behagt es mir?

Eigenklangkombinationen

Sie sitzen immer noch am Schreibtisch und haben sich von einem befreundeten Mediziner ein Stethoskop ausgeliehen. Suchen Sie im Magen- und Darmbereich, auf der Lunge oder beim Herzen nach Orten, deren Klangproduktion Sie interessiert und/oder belustigt. Hören Sie sich selbst zu, gewöhnen Sie sich an die Klänge, entwickeln Sie ein Gespür für die Zyklen der Wiederkehr ähnlicher Geräusche. Versuchen Sie nach geraumer Zeit, das im Moment real

Gehörte (z. B. den Herzschlag) mit den erinnernd gehörten Klängen anderer Körperregionen zu verbinden.

Ausblendungen und Mischungen

Sie öffnen die Fenster Ihres Arbeitszimmers. Wie durch geöffnete Schleusen fließen die Außengeräusche hinein.

Der ebenfalls hineinströmende Lufthauch behagt Ihnen, das Blätterrauschen und der Autolärm aus der Ferne stört aber schon bald die Konzentration. Sie wünschen es sich wieder leiser, die Fenster sollen aber geöffnet bleiben.

Ohren haben keine Deckel, und da Sie ein Buch in den Händen halten, können Sie sich die Ohren auch nicht zuhalten. Jedes Radio aber hat einen Lautstärkeregler, Ihr CD-Player besitzt sogar eine »Fade out-Funktion«. Probieren Sie ähnliches, blenden Sie den Lärm einfach aus.

Drehen Sie mehrfach an einem imaginären Lautstärkeknopf, denken Sie an angenehme Dinge, konzentrieren Sie sich auf andere Sinneswahrnehmungen: Spüren Sie den Luftzug auf der Haut! Evozieren Sie Hörbilder von größtmöglicher Stille! Das Resultat könnte erträglich sein.

Umdeutungen aus der Erinnerung

Sie sitzen nach einem längeren Spaziergang oder einer anderen Tätigkeit wieder am Tisch. Sie verjagen alle Fliegen (damit die nicht brummen können), lassen den Computer ausgeschaltet (damit er nicht summt, Sie müssen jetzt nicht schreiben) und schauen aus dem hoffentlich großen Fenster in den Garten, in den Hof, oder über die Dächer.

Weil Ihr Haus isolierverglaste Fenster hat und weil die Kinder schon schlafen, ist es jetzt sehr still. Schließen Sie die Augen und erinnern Sie sich jetzt an die akustische Grundstimmung und an klingende Details Ihres Spaziergangs (oder der anderen Tätigkeit).

Hören Sie das Gehörte erneut, öffnen Sie langsam die Augen und passen Sie es dem neuen optischen Szenario an. Beim nächsten Spaziergang nehmen Sie dann das Bild Ihres Gartens oder des Hofes mit und kombinieren es mit dem dann Gehörten.

Verfremdungen

Will ich Musik hören, die auf einem Tonträger gespeichert ist, so muß ich in einen anderen Raum gehen. Auch dort ist ein großes Fenster. Wann haben Sie sich eigentlich zum letzten Mal einer Cassette, einer CD, einer Vinylschallplatte ausgesetzt, ohne daß Sie dabei gelesen, gesprochen, gegessen oder gemalt hätten? Gerne können Sie sich dabei auch hinlegen.

Wählen Sie irgendeine Musik – sollten Sie einen CD-Spieler mit Zufallswahlfunktion besitzen, so erledigt der das für Sie –, und hören Sie einen wirklich kurzen Ausschnitt von nicht mehr als 3 Sekunden.

Wiederholen Sie dieses Musikpartikelchen in Ihrem inneren Ohr immer wieder, später können Sie verändernd eingreifen: Imaginieren Sie es lauter oder leiser, transponieren Sie es, oder verfremden Sie die Klanglichkeiten.

Versuchen Sie zwischendurch immer wieder, sich an die Urgestalt Ihres »Themas« zu erinnern, und machen Sie nach einer guten Viertelstunde den Test, wie groß die Ähnlichkeit dessen, was Sie jetzt für das »Thema« halten, mit dem auf Band oder CD nachhörbaren Original ist.

Verpflanzungen

Vergessen sie das »Thema« noch nicht! Sehr leise beginnend steigen Sie jetzt an irgendeiner Stelle der CD ein. Sie hören sich in die musikalische Stilistik ein und an einer Ihnen günstig erscheinenden Stelle (vielleicht stimmt die Tonart, die Geschwindigkeit ...) montieren Sie jetzt aus der Erinnerung Ihr »Thema« in den musikalischen Kontext.

Nimmt der Organismus das Implantat an? Wenn er es abstößt, sollten Sie weiter suchen. Applaudieren Sie jedem geglückten Versuch!

Ablenkungen (decrescendo)

Sie hören eine CD oder ein Musikprogramm im Radio. Hören Sie so leise, daß Sie sicher sind, niemanden zu stören. Nach einer Zeit machen Sie die Musik noch leiser.

Drehen Sie also den Lautstärkeregler ganz vorsichtig immer weiter zurück, bis nur noch die dynamischen Spitzen der Musik für Sie hörbar sind.

Seien Sie sehr vorsichtig beim Zurückdrehen, vermeiden Sie es, die Lautstärke wieder hinaufregeln zu müssen. Bleiben Sie lange in diesem konspirativen Zustand. (Wäre es peinlich, von den Mitbewohnern vor dem Lautsprecher hockend entdeckt zu werden?) Lenken Sie jetzt Ihre Aufmerksamkeit von der technischen Schallquelle ab, hören Sie in den Raum hinein: der Fußboden knackt, ohne daß jemand geht – ab und zu gluckst die Heizung. Wenn Sie sich jetzt hinlegen, schlafen Sie vielleicht ein.

Ablenkungen (crescendo):

Wieder hören Sie eine CD oder ein Radioprogramm. Wählen Sie eine Musik, die Sie lange nicht mehr gehört haben. Hören Sie so leise, daß Sie sicher sind, niemanden zu stören.

Nach einer Zeit machen Sie die Musik lauter. Bieten Sie Ihren Mitbewohner von dem selten Gehörten an. Bleiben Sie vorerst in dem Lautstärkerahmen, den Ihre Mitbewohner und Nachbarn von Ihnen gewohnt sind. Steigern Sie die Lautstärke sehr sehr langsam, stellen Sie sich immer Ihre jeweilige akustische Reichweite vor (jetzt bin ich sicher schon im Keller, jetzt hören mich bereits die Nachbarn ...).

Gehen Sie soweit, wie Ohr und Sozialsinn es wollen, Ihr abschließendes decrescendo sollte zügig sein, damit Ihre Mithörer es deutlich registrieren.

Wiederholen Sie den Crescendo-Versuch zu unterschiedlichen Tageszeiten.

Zoom

Der gutbesetzte ICE gleitet gleichmäßig durch die Dunkelheit, im Großraumwagen werden die Fahrgeräusche durch ein Stimmengewirr gekrönt. Richten Sie die Wahrnehmung wie mit einem Hörrohr in den Sie umgebenden rasenden Raum, loten Sie Nähe und Ferne aus. Beginnen Sie in einem Extrempunkt des Raums und gehen Sie dann systematisch vor, Sitzreihe für Sitzreihe. Versuchen Sie die Gesprächsinhalte zu verstehen, ignorieren Sie die scheinbare Aussichtslosigkeit, die eine zu große Entfernung oder eine nicht beherrschte Fremdsprache darstellt.

Bei Hörzielen in der eigenen Sitzrichtung helfen die Augen den Ohren! Richten Sie sich langsam im ganzen Abteil ein: Die französischen Fetzen kommen von vorne links, die streitenden Kinder (mindestens 3, ich kann sie von meinem Platz aus nicht sehen) mit ihrem Vater von ganz hinten rechts. Der direkt vor mir zeitunglesende Geschäftsmann ist nur in den wenigen Momenten akustisch attraktiv, in denen er sein großformatiges Druckerzeugnis auf geräuschvollste Weise umblättert.

Zwischen Göttingen und Kassel beginne ich, einzelne Klangereignisse in Beziehung zueinander zu setzen: Vor einen französischsprachigen Hintergrund hole ich mir – solistisch – die Glocke der Mini-Bar, wandere dann mit dem »Brezel«-Ostinato des Verkäufers durch den Großraumwagen bis zu den 3 Kindern, kombiniere deren Gezeter um Eis oder Brezel mit den Kommentaren einer Gruppe »junger Wissenschaftler aus Hannover auf der Fahrt zu einem Kongreß in Basel« zu Leitartikeln der Tagespresse. Der Halt in Fulda beschert ein neues Klangenvironment: Neben akustisch irrelevanten Mitreisenden verlassen auch die 4(!) Kinder mit ihrem Vater den Zug, der Wagen handelt sich dafür eine japanische Reisegruppe ein (Barockstadt Fulda).

Das Fokussieren der akustischen Brennweite an einer gänzlich unverständlichen Sprache ist ein großes Vergnügen: Es gelingen fabelhafte Überblendungen (das war doch gerade noch eine Frauenstimme?), das von Mund zu Mund hüpfende Ohr webt scheinbar mühelos seinen klanglichen Faden ... Scheinbar mühelos: Wach wurde ich in der Ausstiegshektik des Frankfurter Hauptbahnhofs.

Balance?

Der Tag ist trostlos. Ein sonnenwarmer Vorfrühlingstag mit den ersten Narzissen, Krokussen und Traubenhyazinthen steht im extremen Gegensatz zum heutigen Ausbleiben erwarteter guter Nachrichten, die schmerzende Lendenwirbelsäule tut das ihrige. Sonne, Blumen und Co. wollen auch nach Stunden noch nicht mitleidend auf meinen Gefühlshaushalt reagieren, Sie verharren im denkbar größten Gegensatz. Aus dieser Stimmung heraus stelle ich – endlich – das Radio an und beginne sofort, mit dem inneren Ohr gegen das Gebotene zu opponieren.

Ich denke mir immer das »Gegenteil« von dem, was dort klingt: Der Schnulze widerstehe ich mit splitternden Scheiben, die Börsennachrichten sind nur mit einem samtschwarzen Streicherklang zu ertragen, funkigen Bläserriffs begegnen vereinzelte Wassertropfen. Der politische Kommentar benötigt sentimentale Streicher.

Erinnern und verändern

Vielleicht liegen Sie auf einem Teppich. Nehmen Sie sich ein Thema vor, dessen Klanglichkeit Sie erinnernd hören wollen.

Der 55jährige Mann wird sich an den Bauernhof der polnischen Kindheit erinnern wollen: das Schnattern der Gänse, das Quaken der Hausenten, die Pappeln im Wind, die Gedanken schweifen weiter …

Lassen Sie sich viel Zeit, bis die Klänge sehr präsent vor oder in Ihnen auftauchen. Dann beginnen Sie, die Intensität der Klänge zu verändern. Plötzlich schnattern nicht die vier erinnerten Gänse, sondern es sind 40, denen nur noch ein einziger Erpel antwortet. Die Pappeln rauschen wie bei einem Sturm.

Im nächsten Schritt verändern wir die Klangfarben: Wie klingt eine Gans, die zwei Meter groß ist? Wie klingt sie, wenn ein monströser Tierarzt durch eine Stimmbandoperation ihre Stimme der eines Hundes angenähert hat? Wie klingt sie, nachdem ein fanatischer Papageiensprachlehrer seine Künste an ihr ausprobiert hat? – Gib Küßchen!

… selbstgemachte Zusammenhänge

Akustische Ereignisse erklingen oft in festen Zusammenhängen. In der Kunstmusik folgt auf die Tonika die Dominante, auf die Exposition die Durchführung, nach A kommt B, dann wieder A, dann C. Im Alltag folgt auf die lauterwerdenden Motorengeräusche (BRUMMM!) das Quietschen der Bremsen (QUIIIEEETSCH!), darauf der Zusammenstoß (KA-RUMMMS!) und das Martinshorn (LALÜLALA!).Wenn Sie dieser Vorherhörbarkeit mal überdrüssig sein sollten – Sie sitzen vielleicht gerade in einem Konzert mit Bläsermusik der Frühklassik! – so können Sie eigene Hörzusammenhänge kreieren. Auf der Straße folge ich dem Motorengeräusch bis zur Ampel. Dann höre ich die zwei Vögel in der Hecke, wende mich dem Spielplatz zu. Ich mische das dortige Klangfeld mit dem der nebenan basketballspielenden Jugendlichen und eile nur mit dem Ohr die Treppen hinauf in den ersten Stock des großen alten Hauses.

Dort wohnt ein Journalist, seine Schreibmaschine höre ich nicht, ich stelle sie mir aber vor. Mit der Schreibmaschine tauche ich wieder in die Straßengeräusche hinab, die Bäckereitür quietscht. Schreibmaschine, leiserer Straßenlärm und Tür ergeben einen aparten Dreiklang, den ich nicht durch das Verkaufsgespräch zerstören lasse. Es wird immer anstrengender, die Schreibmaschine nicht zu verlieren.

Schließlich kopple ich ihr mechanisches Geklapper mit dem voluminös tuckernden Sound eines mit niedrigen Touren vorbeigleitenden schweren Motorrads. Die sich versetzt überlagernden Rhythmen kann ich einen Augenblick halten, dann lasse ich sie davonfahren und hole mir im Tausch dafür das Klappern hölzerner Sandalen. Auch das lasse ich bald ziehen …

… auf Teile hören, Konzentration auf das Wesentliche

Schon nach einigen Minuten ist klar, daß das mit dem äußerst vielversprechenden Titel angekündigte Grundsatzreferat nur ein Wiederaufguß alter und verbrauchter Ideen werden wird. Die Saaltüren sind geschlossen, ein Entkommen ist unmöglich.

Nach einigen weiteren Minuten bemerke ich: X spricht mit einem leicht rollenden R, wie ich es nur von einem Freund meines Vaters kenne, der im Siegerland gebürtig ist. Dieses Siegerländer R jetzt also auch bei X. Der gleichmäßige Vortragsstil erlaubt es mir, mich ganz diesem klanglichen Phänomen zu widmen. Ich filtere die vielen rollenden Rs – eine Sensation ist jedesmal die Vorsilbe »Pro«, sehr delikat ist der »Produktionsprozeß« – aus dem gleichmäßigen Strom der Wörter und Silben.

Nach wiederum einigen Minuten gelingt es mir, über die Wortgrenzen hinweg von R zu R zu hören, manchmal antizipiere ich sogar schon das nächste Glied der rollenden R-Rhythmuskette.

Einmal gut eingehört – X stört mit keiner Pointe, keiner rhetorischen Zuspitzung o. a. meine Konzentration – stelle ich eine weitere Eigentümlichkeit von X fest. Bevor er einatmet, stößt er jedesmal noch einen Posten Restluft aus.

Diese Restluft, die offensichtlich nicht mehr für die Formulierung weiterer Laute gebraucht werden kann, bildet zusammen mit dem viel längeren Einatmungsvorgang einen synkopisch wirkenden Rhythmus. Auf diesen Rhythmus in seiner ständig verschobenen Gleichmäßigkeit projiziere ich die solistisch rollenden Rs. Ich wünsche mir eine dritte Stimme dazu und entdecke die S- und SCH-Laute in der Vielfalt ihrer weichen und scharfen Ausprägungen.

Nach geraumer Zeit steht das dreistimmige Geflecht stabil, später bitte ich den Organisator der Veranstaltung um eine Cassettenkopie des Referats.

Ich liege nachts allein in einem sehr kleinen Zelt

Oder: Ich gehe spätabends noch in den Keller.
Oder: Ich bringe bei Neumond den Abfall in die Mülltonnen.

Situationen, in denen mir als Kind die nächtliche Geräuschwelt sehr geheimnisvoll und vor allem furchterregend war. Heutzutage kann ich die Geräusche entmythologisieren und bleibe so angstfrei: Das, was da knarrt, sind nur die Äste der alten Kiefern, der Sturmwind wird das Haus schon nicht auf meinen Kopf lallen lassen, und über das Klopfen des Buntspechts freue ich mich.

Bleiben Sie in solchen Momenten stehen, lauschen Sie weiter und versuchen Sie, die Klänge wieder mit dem Unheimlichen aus Ihrer Erinnerung aufzuladen. Reden Sie mit Ihren Gespenstern, tun Sie es aber nicht zu laut!

Reale Klangfarben in andere verwandeln

Sicher kennen Sie die Anzeigen in Zeitschriften, die für Schlankmacher werben. Ein Mensch wird im Vorher- und Nachher-Zustand präsentiert. Mit Computern kann man Bilder und Klänge verändern, aber auch mit dem inneren Ohr.

Ein Übeplan: Ich überlege mir einen Ausgangsklang und einen Zielklang.

Ausgangsklang und Zielklang sollten anfangs in ihrer Klangcharakteristik nicht zu weit voneinander entfernt sein, gut geeignet sind Klangkontinuen, wie z. B. die Klänge von zwei ähnlichen Maschinen (elektrischer Mixer und elektrische Bohrmaschine).

Zuerst versuche ich, reale Klangübergänge zu hören. Dafür lasse ich meinen Ausgangsklang in einem Raum klingen (der Mixer in der Küche), den Zielklang installiere ich in einem anderen Raum (der Bohrer im Bad). Einige Male wandere ich hörend zwischen den Klangzonen hin und her. Besonders spannend ist der Aufenthalt in den klanglichen Mischungszonen, denn dort werden die Unterschiede und Gemeinsamkeiten der Klänge sehr deutlich.

Die bestehenden Gemeinsamkeiten poliere ich hocherfreut, sie bilden die Basis für die zu leistenden Verwandlungen. Die sich unterscheidenden klanglichen Aspekte beim Mixer-Bohrer-Beispiel konstatiere ich in den mittleren Registern große Übereinstimmungen, in den extremen Registern muß ich modifizieren.

Wenn ich die Übergänge einige Male real gehört habe, versuche ich Durchgänge mit nur noch imaginierten Klängen. Bei den ersten Malen vollziehe ich dabei noch die Wege durch das Haus, später kann ich auch darauf verzichten. Ich übe die Verwandlungen immer in beide Richtungen.

Der fortgeschrittene Klangverzauberer und die fortgeschrittene Klangmodifiziererin werden sich immer schwierigeren Aufgaben stellen. Sie werden zum Beispiel die schrillen aperiodischen Pfiffe eines Sittichs innerhalb kürzester Zeit in das dunkelbrummende Geräusch der Zentralheizung verwandeln können. Dieses Kellergetön wird dann mit dem Sirren der Hochspannungsleitungen gekreuzt schließlich selbst zu jenem usw.

Zyklisch denkende Hörartisten werden erst zufrieden sein, wenn nach vielen Brückenschlägen, Kapriolen und einem abschließenden Salto der Ausgangsklang wieder erreicht ist.

Hören und Sehen, vom Segen sinnespaltender Doppelscheibenfenster

Zum Nachvollzug und zur Imagination: In Hannover lebte ich einige Jahre mitten in der Stadt im obersten Stockwerk eines kleineren Hochhauses. Nach vorne hinaus lag eine Kreuzung zweier Hauptverkehrsstraßen, vom Schreibtisch aus blickte ich nach hinten über einen großen Innenhof und über die niedrigere Bebauung auf die Gleisanlagen des Hauptbahnhofs.

Die Wohnung war »teilrenoviert«, was in diesem Fall hieß, daß Bad und Böden in schlechtem Zustand waren, die Fenster jedoch eine Doppelverglasung hatten. Unserem im Krieg ausgebombten Haus war nie mehr ein Dachstuhl aufgesetzt worden, und das mit Teerpappe abgedeckte Flachdachprovisorium direkt über den Köpfen führte im Sommer bereits bei mäßigen Außentemperaturen zu Hitzestaus in der Wohnung.

Wollte ich auch sommers dort arbeiten, mußte ich unbedingt – und mindestens – ein Fenster öffnen. Um die Lärmbelästigung so gering wie möglich zu halten, öffnete ich dann immer eines der Fenster an der Vorderfront und setzte mich an den Schreibtisch mit Bahnblick im hinteren Teil der Wohnung. Die Doppelscheibenfenster schützten mich vor den Geräuschen der vor mir vorbeifahrenden Eisenbahnen. Aber von hinten drang mit dem erwünschten Luftzug die Fülle der Straßenkreuzungsakustik zu mir hinein. Das »Züge sehen, Autos hören« gefiel mir zuerst nicht, später begann ich die Sinnespaltungen zu schätzen.

Im Laufe der Jahre arbeitete ich systematisch mit den Möglichkeiten, die sich mir boten. Ich öffnete und schloß Fenster, setzte mich in einen anderen Raum und zog Vorhänge auf und zu.

Besonders interessant waren nächtliche Situationen, wenn die hellerleuchteten Züge vor meinen Augen langsamer wurden, dann höre ich beim Blick aus dem Küchenfenster den in weiter Entfernung vor mir vorbeifahrenden Nahverkehrszug (hält an allen Bahnhöfen): Nicht zu laut, aber klar und deutlich, von ganz weit hinten links.

Aus: Stephan Froleyks: Hörenmachen. Köln, Thürmchen-Verlag, 1996, S. 161–176.

Statt eines Nachworts

von Markus Caspers

In Ohrdruf und in Öhringen-Ohrnberg hören Hörorgane, als Bindeohren, Blattohren und Breitohren, ab; Eselsohren, Fischohren und Hasenohren können sich anhören; Herzohren und Langohren hören hin, Mausohren mit, Mittelohren und Riesenohren weiter, Schlappohren weg, Schweins- und Schlitzohren zu. In Höhr-Grenzhausen ist, dem Hörensagen nach, die Hörschwelle der Hörmuschel hörig. Hörprüfer verhören die Hörerschaft auf Hörsamkeit in Hörden. Anders in Höringen: Hörbrillen erhören dort Hörbilder und Hörfolgen im Hörsaal. Weil aber in Hörscheid die Hörberichte der Zuhörer unüberhörbar zu Hörigkeit jenseits der Hörschwelle gehören, werden Hörbereiche von Hörapparaten, manchmal Hörrohren, mit Nadelöhren ausgehört. Aufgehört hat die Hörstummheit in Hörup. Dann also auf Wiederhören!

Aus: Das Buch vom Hören. Hg. von Robert Kuhn und Bernd Kreutz. Freiburg, Herder, 1991, S. 246.

Was bedeutet Ihnen Stille? Ergänzen Sie den Satz „Stille ist ..." auf so viele Arten wie möglich.

Hier sind einige Antworten von Schulkindern:

Stille ist, wenn man den Mund hält.

Stille ist, wenn ich denke.

Stille ist, wenn ich Tagträume habe.

Stille ist, wenn ich schlafe.

Stille ist, wenn man schweigt, nachdem der Lehrer weg ist und die ganze Klasse durcheinander redet.

Stille ist Dunkelheit.

Stille ist. wenn man seinen Arrest absitzt.

Stille ist, wenn man seine Aufgaben erledigt.

Stille ist, wenn man ein Geheimnis für sich behält.

Stille ist, wenn man einen Stummfilm anschaut.

Stille ist, wenn man Angst hat.

Und hier einige Antworten von Erwachsenen:

Stille ist nur ein Zustand des Bewußtseins.

Stille ist so wenig faßbar wie Freiheit oder Frieden.

Stille ist unmöglich.

Stille ist, wenn man bewußtlos oder tot ist.

Stille ist Gelassenheit.

Stille ist langweilig.

Stille ist das, was man nach drei Stunden Rockmusik hört.

Stille ist Isolation, schreckliche Isolation.

Stille ist Leere.

Stille ist, wenn ich nichts als das Klingeln in meinen Ohren höre.

Stille ist am besten zu spüren, wenn man große Angst hat.

Die Einstellung der Erwachsenen scheint negativer als die der Kinder zu sein. Die Antworten kommen alle von Nordamerikanern.

Ich frage mich, ob andere Kulturen mehr positive Werte in der Stille finden?

R. M. Schafer, Hörübung 70